POINT DE VUE
MATHÉMATIQUE

SYLVIO GUAY • **MARTIN DUCHARME** • **ANABEL VAN MOORHEM**

SYLVIE AMIDENEAU • FRANÇOIS DIONNE • ADRIENNE FRÈVE • DANIEL GAGNON

MARC LE NABEC • NADINE MARTIN • JEAN PICHETTE

Éditions Grand Duc
Groupe Éducalivres inc.
955, rue Bergar, Laval (Québec) H7L 4Z6
Téléphone: 514 334-8466 ▪ Télécopie: 514 334-8387
InfoService: 1 800 567-3671

REMERCIEMENTS

Pour son travail de vérification scientifique de la didactique et du contenu mathématique, l'Éditeur témoigne sa gratitude à M. Richard Pallascio, Ph. D., professeur au Département de mathématiques de l'Université du Québec à Montréal. Pour son travail de vérification scientifique de la didactique et du contenu historique, l'Éditeur souligne la collaboration de M. Louis Charbonneau, professeur au Département de mathématiques de l'Université du Québec à Montréal. Pour leur participation et leur soutien de tous les instants, l'Éditeur tient à remercier M. Gilbert Labelle, Ph. D., professeur au Département de mathématiques de l'Université du Québec à Montréal, et M. Pierre Mathieu, conseiller pédagogique en mathématiques. Pour leur précieuse collaboration, l'Éditeur tient à remercier Mme Magalie Pagé, étudiante au doctorat au Département de mathématiques de l'Université du Québec à Montréal, et M. Paul Patenaude, conseiller pédagogique en mathématiques.

Pour les suggestions et les judicieux commentaires qu'ils ont apportés en expérimentant le matériel en cours de production, l'Éditeur exprime ses remerciements à M. Jean Pichette, Ph. D., ainsi qu'à ses élèves du Collège Saint-Louis, C.s. Marguerite-Bourgeoys.

L'Éditeur tient aussi à remercier les consultantes et consultants suivants :

de l'École secondaire Anjou, C. s. de la Pointe-de-l'Île, M. Daniel Barré ;
du Collège Saint-Louis, C. s. Marguerite-Bourgeoys, Mme Isabelle Couture ;
de l'École polyvalente de Saint-Jérôme, C. s. de la Rivière-du-Nord, Mme Chantal Dion et M. Danick Valiquette ;
de l'École Lucien-Pagé, C. s. de Montréal, M. Pierre Lapalme ;
de l'École d'éducation internationale de Laval, C. s. de Laval, Mme Nadia Rivest ;
de l'École Compagnons-de-Cartier, C. s. des Découvreurs, Mme Marie Audet ;
du Collège Regina Assumpta, Mme Karine Saint-Georges et M. Sébastien Lamer ;
de l'École de L'Aubier, C. s. des Navigateurs, M. Jean-Claude Bégin ;
de l'École Fadette, C. s. de Saint-Hyacinthe, M. Guy Charbonneau ;
de l'École des Grandes-Marées, C. s. des Découvreurs, Mme Martine Côté ;
de l'École Cité étudiante Polyno, C. s. du Lac-Abitibi, Mme Manon Morin ;
de l'École Pointe-Lévy, C. s. des Navigateurs, Mmes Lucie Morasse et Caroline Trudeau et M. Éric Fillion ;
de l'École Cardinal-Roy, C. s. de la Capitale, Mme Nathalie Routhier.

© 2007, Éditions Grand Duc, une division du Groupe Éducalivres inc.
955, rue Bergar, Laval (Québec) H7L 4Z6
Téléphone : 514 334-8466 – Télécopie : 514 334-8387 – www.grandduc.com
Tous droits réservés

CONCEPTION GRAPHIQUE : Catapulte

ILLUSTRATIONS : Flexidée, Martin Gagnon, Bertrand Lachance, Volta Création

Nous reconnaissons l'aide financière du gouvernement du Canada par l'entremise du Programme d'aide au développement de l'industrie de l'édition (PADIÉ) pour nos activités d'édition.
Gouvernement du Québec – Programme de crédit d'impôt pour l'édition de livres – Gestion SODEC.

CODE PRODUIT 3579
ISBN 978-2-7655-0097-1

Dépôt légal
Bibliothèque et Archives nationales du Québec, 2007
Bibliothèque et Archives Canada, 2007

TABLE DES MATIÈRES

CHAPITRE 2

Les nombres : au cœur de la vie

L'ordinateur : un outil indispensable ? 198

Retour sur les chapitres 3 et 4 262

Tableau de la progression des apprentissages au cours de la 1re année du 2e cycle

ARITHMÉTIQUE ET ALGÈBRE (*suite*)

PROBABILITÉ ET STATISTIQUE

GÉOMÉTRIE

À la découverte de

POINT DE VUE
MATHÉMATIQUE

Ton manuel de l'élève, volume 1, comprend les chapitres 1 à 4.

Chaque chapitre est composé de quatre blocs d'apprentissage, soit deux séquences d'apprentissage et deux laboratoires.

Après deux chapitres, tu pourras faire le point à l'aide des sections Retour.

Toutes les sections de ton manuel favorisent le développement de tes compétences transversales et disciplinaires en mathématiques.

À la fin de ton manuel se trouvent les éléments suivants :

- la section Ma mémoire, qui résume les connaissances mathématiques acquises au cours des années précédentes ;

- la section Mes outils, qui résume les connaissances à l'étude dans l'année en cours ;

- le corrigé des rubriques Mise en pratique et Autoévaluation ainsi que le corrigé des activités numérotées en rouge dans les sections Exercices ;

- un glossaire reprenant les définitions des termes mathématiques du manuel ;

- un index.

Une *situation d'apprentissage* type

Les situations d'apprentissage et d'évaluation proposées dans *Point de vue mathématique* s'articulent autour des chapitres. Dans la préparation, tu prendras connaissance d'une problématique. Les apprentissages se feront dans quatre blocs comprenant deux séquences introduites par des situations-problèmes et deux laboratoires. Les apprentissages seront ensuite intégrés et réinvestis dans une tâche finale appelée Réalisation personnelle.

Chaque séquence d'apprentissage type comprend une situation-problème de départ et une séquence d'activités de développement de concepts ou de processus mathématiques. Les laboratoires présentent une séquence d'ateliers qui t'aideront à développer des concepts et des processus mathématiques.

Voici en détail les trois temps d'une situation d'apprentissage et d'évaluation type.

1er TEMPS : LA PRÉPARATION DES APPRENTISSAGES

Les pages de présentation du chapitre

LA THÉMATIQUE DU CHAPITRE

La première page de chaque chapitre présente la thématique qui servira de ligne directrice à l'ensemble du chapitre et te permettra d'établir des liens entre tes apprentissages scolaires, des situations de la vie quotidienne et des phénomènes sociaux actuels.

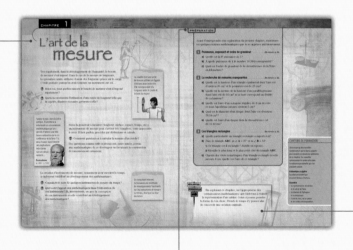

LA PRÉPARATION

Des exercices de révision te prépareront aux nouvelles notions à explorer dans le chapitre. À la fin de la préparation, tu découvriras le but ultime du chapitre, soit **la réalisation personnelle**. Tous les apprentissages faits au fil du chapitre t'aideront à planifier et à préparer graduellement le travail que tu devras accomplir à la fin du chapitre.

2ᵉ TEMPS : LA RÉALISATION DES APPRENTISSAGES

La réalisation des apprentissages se présente sous deux formes : **Séquence en…** ou **Laboratoire**. Les deux sections se ressemblent.

Séquence en… (arithmétique et algèbre, probabilité et statistique, géométrie)

Une séquence d'apprentissage est toujours constituée des éléments suivants.

UNE SITUATION-PROBLÈME DE DÉPART

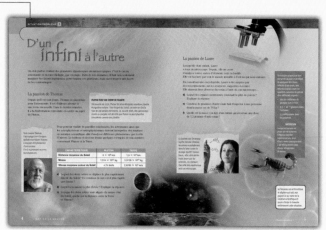

La situation-problème, qui constitue le cœur de ton travail, t'amènera à développer tout particulièrement la première compétence disciplinaire : Résoudre une situation-problème (C1). Il s'agit d'une situation plus ou moins complexe liée à la thématique du chapitre, qui présente un obstacle que tu tenteras de surmonter. Pour trouver une solution complète, tu devras essayer différentes stratégies et faire de nouveaux apprentissages. Tu pourras aussi faire appel aux ressources proposées dans la séquence d'activités qui suit la situation-problème. En effet, c'est dans cette séquence que tu approfondiras la ou les notions visées par la situation-problème.

UNE SÉQUENCE D'ACTIVITÉS

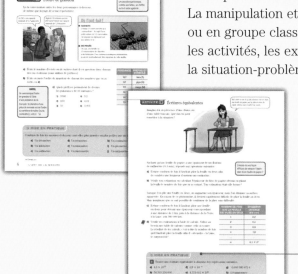

La séquence d'activités t'amènera à découvrir les concepts et les processus liés à la situation-problème de départ. La manipulation et différents modes de travail (individuel, en équipe ou en groupe classe) y sont encouragés. Quand tu auras terminé les activités, les exercices et les applications, tu devras revenir à la situation-problème du début pour en compléter la résolution.

La rubrique Mise en pratique, au bas de chaque page d'activités, te permettra d'appliquer immédiatement tes nouvelles connaissances. Après avoir répondu aux questions ou effectué les tâches demandées, tu pourras consulter le corrigé à la fin de ton manuel. En procédant ainsi à une autoévaluation, tu vérifieras si tu as bien compris. Comme le corrigé donne seulement les réponses, tu devras revoir ta démarche, s'il y a lieu.

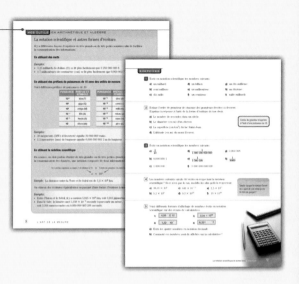

Après les activités d'une séquence, la rubrique Mes outils résume le contenu mathématique des pages précédentes. Le vocabulaire mathématique employé est précis et conforme au programme.

Les exercices qui suivent te permettront de mettre en pratique à nouveau tes apprentissages si tu as éprouvé des difficultés dans les rubriques Mise en pratique.

Des applications te seront ensuite proposées afin que tu puisses raffiner ta compréhension des contenus mathématiques et consolider tes nouveaux apprentissages. Les applications contribueront au développement de ta compétence disciplinaire à déployer un raisonnement mathématique (C2) et te donneront aussi de nombreuses occasions de développer ta compétence disciplinaire à communiquer à l'aide du langage mathématique (C3).

Les problèmes contribueront particulièrement au développement de ta compétence disciplinaire à résoudre une situation-problème (C1).

À la fin de la Séquence en… , une section Autoévaluation te permettra encore une fois de vérifier tes apprentissages.

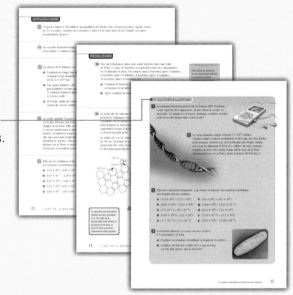

1	Numéros obligatoires (beige plein)
1	Numéros facultatifs (contour beige)
1	Numéros d'autoévaluation (rouge)

Laboratoire de perception spatiale ou d'outils technologiques

Les laboratoires sont constitués des éléments suivants.

DES ATELIERS

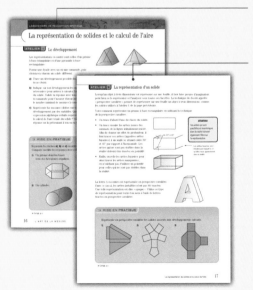

- Les ateliers de perception spatiale te permettront de développer tes connaissances sur les objets à trois dimensions en dessinant et en manipulant des objets.

- Les ateliers d'outils technologiques t'amèneront à utiliser différents outils (calculatrice à affichage graphique, logiciels sur ordinateur, etc.) qui te permettront d'approfondir tes connaissances.

La rubrique Mise en pratique, au bas de chaque page d'atelier, te permettra d'appliquer immédiatement tes nouvelles connaissances et de vérifier ainsi ta compréhension.

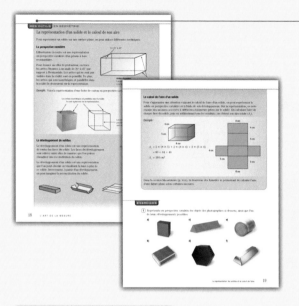

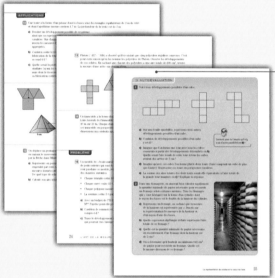

MES OUTILS, EXERCICES, APPLICATIONS ET PROBLÈMES

Après les ateliers du laboratoire, une rubrique Mes outils résume le contenu mathématique des pages précédentes.

Les exercices qui suivent te permettront de mettre en pratique à nouveau tes apprentissages si tu as éprouvé des difficultés dans les rubriques Mise en pratique.

Les situations d'application proposées ensuite contribueront au développement de ta compétence disciplinaire à déployer un raisonnement mathématique (C2) et te donneront aussi de nombreuses occasions de développer ta compétence disciplinaire à communiquer à l'aide du langage mathématique (C3).

Quant aux problèmes qui suivent, ils t'amèneront à développer encore davantage ta compétence disciplinaire à résoudre une situation-problème (C1).

À la fin du laboratoire, une section Autoévaluation te permettra de vérifier tes apprentissages.

1 Numéros obligatoires (beige plein)

1 Numéros facultatifs (contour beige)

1 Numéros d'autoévaluation (rouge)

3e TEMPS : L'INTÉGRATION ET LE RÉINVESTISSEMENT DES APPRENTISSAGES

Réalisation personnelle

La réalisation personnelle favorisera le réinvestissement des apprentissages faits dans un chapitre. Tu devras en outre faire preuve de créativité et de débrouillardise. Ce sera le moment de faire appel à toutes tes compétences.

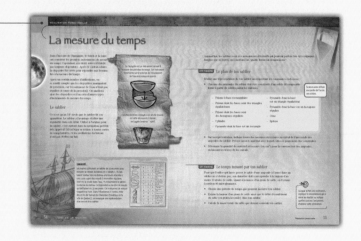

Développement de stratégies et banque de problèmes à résoudre

La section Développement de stratégies vise essentiellement le développement de la première compétence disciplinaire : Résoudre une situation-problème (C1). Cette partie t'amènera à prendre conscience des attitudes et des habiletés à acquérir pour développer cette compétence.

Finalement, la banque de problèmes à résoudre te fournira l'occasion de développer des stratégies et de réinvestir tes nouvelles connaissances.

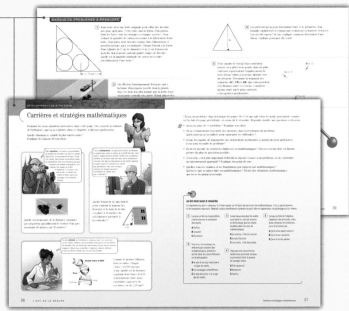

APRÈS DEUX CHAPITRES…
RETOUR SUR LES APPRENTISSAGES ET LES COMPÉTENCES

Retour sur les apprentissages

Après deux chapitres, neuf pages d'applications te permettront de faire un retour sur les concepts et les processus mathématiques étudiés dans ces deux chapitres. C'est l'occasion pour toi de faire le point sur tes apprentissages, sur le développement de ta compétence à déployer un raisonnement mathématique (C2) et à communiquer à l'aide du langage mathématique (C3).

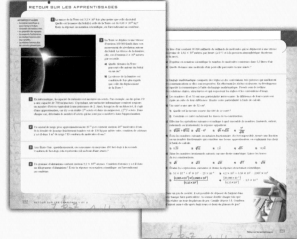

Retour sur les compétences

Trois pages te proposeront une situation d'apprentissage et d'évaluation particulière. Ce retour est constitué d'une tâche intégratrice à caractère authentique et signifiant qui te permettra de témoigner de ton développement de diverses compétences transversales et disciplinaires.

Les encadrés et les pictogrammes de Point de vue mathématique

Repères culturels

Ces encadrés présentent de l'information pour enrichir ta culture personnelle ou préciser le sens de la situation.

Savais-tu que, dans la Grèce antique, Ératosthène a échafaudé un raisonnement mathématique qui lui a permis d'obtenir une très bonne estimation de la circonférence de la Terre ? Tu peux trouver dans Internet des explications très claires sur son raisonnement…

Ératosthène
(v. -284 – v. -192)

Contenu mathématique

Ces encadrés te proposeront un contenu mathématique ou un conseil lié à l'activité ou à la tâche à réaliser.

Tu as déjà appris des méthodes de dénombrement qui pourraient t'aider. Consulte la section Ma mémoire, p. 303.

Métacognition de type retour

Tu devras profiter de ces encadrés pour te questionner sur ta façon d'apprendre.

Les aires que tu as trouvées sont-elles des mesures exactes ?

Métacognition de type cible

Les conseils donnés dans ces encadrés ciblent l'appropriation d'une situation-problème, l'élaboration de la solution, la communication ou la validation de la résolution d'un problème. Ils contribueront à augmenter tes chances de réussite.

À l'aide d'une ficelle marquée avec un feutre, tu peux créer une représentation de la corde et la manipuler afin de mieux t'approprier la situation.

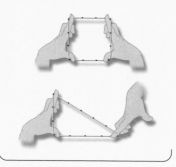

Les pictogrammes

 Tu peux avoir recours à l'ordinateur.

 Tu peux te servir de la feuille reproductible offerte.

 Tu peux utiliser la calculatrice.

 Tu dois réaliser cette tâche sans utiliser la calculatrice.

 Tu peux te servir de tes instruments de géométrie.

CHAPITRE 1

L'art de la mesure

Très rapidement, dans le développement de l'humanité, le besoin de mesurer s'est imposé. Dans le cas de la mesure de longueurs, les premières unités utilisées étaient des longueurs prises sur le corps. C'était pratique, puisqu'on avait toujours un instrument sur soi…

? Selon toi, pour quelles raisons le besoin de mesurer s'est-il imposé rapidement ?

? Quels inconvénients l'utilisation d'une unité de longueur telle que la coudée, illustrée ci-contre, présente-t-elle ?

La *coudée* était une unité de mesure utilisée en Égypte 2000 ans avant notre ère. Elle correspondait à la longueur entre le coude et le bout du majeur.

Savais-tu que, dans la Grèce antique, Ératosthène a échafaudé un raisonnement mathématique qui lui a permis d'obtenir une très bonne estimation de la circonférence de la Terre ? Tu peux trouver dans Internet des explications très claires sur son raisonnement…

Ératosthène
(v. −284 – v. −192)

Selon la grandeur à mesurer (longueur, surface, espace, temps, etc.), un instrument de mesure peut s'avérer très complexe, voire impossible, à créer. Il faut parfois procéder par déductions et calculs.

? Comment parvient-on à calculer la mesure d'un cercle ?

Des questions comme celle ci-dessus ont, entre autres, permis aux mathématiques de se développer en favorisant la construction de raisonnements astucieux.

La création d'instruments de mesure, notamment pour mesurer le temps, a également contribué au développement des mathématiques.

? Connais-tu le nom de quelques instruments de mesure du temps ?

? Quel a été l'apport des mathématiques dans l'élaboration de ces instruments ? Et, inversement, en quoi la conception de ces instruments a-t-elle contribué au développement des mathématiques ?

En consultant Internet, tu trouveras une multitude de renseignements fascinants sur les instruments de mesure du temps, ainsi que sur leur évolution.

PRÉPARATION

Avant d'entreprendre ton exploration du premier chapitre, remémore-toi quelques notions mathématiques que tu as apprises antérieurement.

1 Puissance, exposant et ordre de grandeur .... (Ma mémoire, p. 276)

a) Quelle est la 8e puissance de 5 ?

b) À quelle puissance de 4 le nombre 16 384 correspond-il ?

c) Quel est l'ordre de grandeur de la circonférence de la Terre en kilomètres ?

2 La recherche de mesures manquantes .... (Ma mémoire, p. 324)

a) Quelle est la hauteur d'un triangle équilatéral dont l'aire est d'environ 35 cm^2 et le périmètre est de 27 cm ?

b) Quelle est la mesure de la hauteur d'un parallélogramme dont l'aire est de 93 cm^2 si sa base correspond au double de sa hauteur ?

c) Quelle est l'aire d'un octogone régulier de 4 cm de côté et dont l'apothème mesure environ 5 cm ?

d) Quel est le diamètre d'un disque dont l'aire est d'environ 78,54 cm^2 ?

e) Quelle est l'aire d'un disque dont la circonférence est de 31,42 cm ?

3 Les triangles rectangles .... (Ma mémoire, p. 317)

a) Quelle particularité un triangle rectangle comporte-t-il ?

b) Dans le triangle **ABC**, m $\angle$ **A** = 37° et m $\angle$ **B** = 53°.

1) Ce triangle est-il rectangle ? Justifie ta réponse.

2) Identifie le plus long et le plus petit côté du triangle **ABC**.

c) Chacun des côtés isométriques d'un triangle rectangle isocèle mesure 8 cm. Quelle est l'aire de ce triangle ?

RÉALISATION
PERSONNELLE

En explorant ce chapitre, tu t'approprieras des connaissances mathématiques qui t'aideront à réaliser la représentation d'un sablier. Celui-ci pourra prendre la forme de ton choix. Prends le temps d'y penser afin de concevoir une création originale.

CONTENU DE FORMATION

Voici un aperçu des nouvelles connaissances que tu devras acquérir pour résoudre les situations-problèmes de ce chapitre. Ces nouvelles connaissances te seront utiles dans la réalisation personnelle qui t'est proposée ensuite.

Arithmétique et algèbre
La notation scientifique et autres formes d'écriture.

Géométrie
• La représentation de solides et le calcul de l'aire.
• La relation de Pythagore et sa réciproque.
• L'aire du cône, de la sphère et de solides décomposables.

D'un infini à l'autre

On doit parfois évaluer des grandeurs gigantesques ou microscopiques. C'est le cas en astronomie et en microbiologie, par exemple. Dans de tels domaines, il faut non seulement imaginer des façons ingénieuses pour évaluer ces grandeurs, mais aussi trouver une façon de les communiquer.

La passion de Thomas

Depuis qu'il est tout jeune, Thomas se passionne pour l'astronomie. Il est d'ailleurs abonné à une revue mensuelle. Dans le dernier numéro, il a lu l'information reproduite ci-contre au sujet de Pluton.

PLUTON PERD SON STATUT DE PLANÈTE

Découverte en 1930, Pluton fut alors désignée neuvième planète du système solaire. Très éloigné du Soleil, cet astre en fait le tour en 249 années terrestres. Le 24 août 2006, des astronomes réunis en congrès ont décrété que Pluton ne peut plus être considérée comme une planète.

Pour pouvoir établir de pareilles conclusions, les astronomes ainsi que les astrophysiciens et astrophysiciennes doivent interpréter des nombres en notation scientifique afin d'analyser différents phénomènes que recèle l'Univers. Le tableau ci-dessous donne quelques exemples de tels nombres concernant Pluton et la Terre.

Tout comme Thomas, l'astrophysicien d'origine québécoise Hubert Reeves a toujours été passionné d'astronomie.

Il est maintenant reconnu mondialement.

CARACTÉRISTIQUE	PLUTON	TERRE
Distance moyenne du Soleil	6×10^9 km	$1,5 \times 10^8$ km
Masse	$1,314 \times 10^{22}$ kg	$5,9736 \times 10^{24}$ kg
Vitesse moyenne autour du Soleil	4,74 km/s	$2,9783 \times 10^4$ m/s

a) Lequel des deux astres se déplace le plus rapidement autour du Soleil ? De combien de m/s est-il plus rapide que l'autre ?

b) Lequel a la masse la plus élevée ? Explique ta réponse.

c) Lorsque les deux astres sont alignés du même côté du Soleil, quelle est la distance entre la Terre et Pluton ?

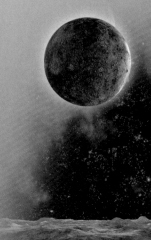

La passion de Laure

Lorsqu'elle était enfant, Laure
a reçu un microscope. Depuis, elle ne cesse
d'analyser toutes sortes d'éléments sous sa lentille.
Elle est fascinée par tout le monde invisible à l'œil nu qui nous entoure.

En consultant une encyclopédie, Laure a été surprise par
des renseignements sur les scorpions, rapportés ci-contre.
Elle aimerait bien observer du venin à l'aide de son microscope…

d) Lequel des organes mentionnés dans l'encadré contenait le plus
de poison ? Explique ta réponse.

e) Combien de grammes d'anti-venin faut-il injecter à une personne
dont la masse est de 70 kg ?

f) Quelle est la masse (kg) d'un enfant qui recevrait une dose
de 1,2 g d'anti-venin ?

Un scorpion pique pour tuer
une proie ou pour se protéger.
En analysant des tissus
infectés d'une proie, une
microbiologiste a noté les
quantités suivantes de poison
dans différents organes :

- 104 dix-millièmes de
  gramme dans le foie ;
- $8{,}7 \times 10^{-4}$ grammes dans
  l'estomac ;
- 1,9 milligramme dans
  les poumons.

ANTIPOISON

Lorsqu'un humain est
piqué par un scorpion,
il faut lui injecter
rapidement une dose
d'anti-venin correspondant
à 40 milligrammes pour
chaque kilogramme
de masse.

La Québécoise Christiane
Ayotte est une chimiste
reconnue mondialement
dans la lutte contre le
dopage sportif. Comme
Laure, elle a été attirée
toute jeune par les
sciences, en réalisant
chez elle des expériences
avec un microscope.

La Séquence en arithmétique
et algèbre qui suit, aux
pages 6 à 14, traite de la
notation scientifique et
pourra t'aider à résoudre
entièrement cette situation.

La notation scientifique et autres formes d'écriture

ACTIVITÉ 1 L'ordre de grandeur

> Un octet permet de mémoriser un caractère quelconque, comme une lettre, un chiffre ou tout autre symbole.

Lis la conversation entre les deux personnages ci-dessous, de même que la page de revue représentée.

Ce DVD a une capacité maximale de 4,7 gigaoctets.

Regarde ! On annonce que les DVD auront bientôt une capacité maximale de 1,6 téraoctets.

Ils l'ont fait !

■ **GADGETS**

L'image ci-contre montre une « nanovoiture ». Il s'agit d'une petite voiture de 3,5 nanomètres de longueur se déplaçant sur une surface d'or.

■ **VIE PRIVÉE**

Une lentille de 10 micromètres de diamètre a été fabriquée. Des caméras numériques miniaturisées pourront éventuellement être équipées de cette lentille.

a) Écris le nombre d'octets ou de mètres dont il est question dans chacun des cas ci-dessus (sans utiliser de préfixes).

b) Écris en mots l'ordre de grandeur de chacun des nombres que tu as écrits en **a)**.

PUISSANCE	PRÉFIXE ET SYMBOLE
10^{12}	téra (T)
10^{9}	giga (G)
10^{6}	méga (M)
10^{-6}	micro (μ)
10^{-9}	nano (n)
10^{-12}	pico (p)

RAPPEL

On communique l'**ordre de grandeur** à l'aide d'une puissance de 10.

Exemple : le diamètre d'une pièce de monnaie est de l'ordre du centième de mètre (ou du centimètre), soit 10^{-2} m.

c) Quels préfixes permettent de décrire les puissances de 10 suivantes ?

1) 1000   **4)** 0,1

2) 100   **5)** 0,01

3) 10   **6)** 0,001

» MISE EN PRATIQUE

1 Combien de fois les mesures ci-dessous sont-elles plus grandes ou plus petites que un mètre ?

a) Un décimètre   **d)** Un téramètre   **g)** Un centimètre

b) Un kilomètre   **e)** Un nanomètre   **h)** Un picomètre

c) Un millimètre   **f)** Un micromètre   **i)** Un mégamètre

» Corrigé, p. 358

Écritures équivalentes

Imagine-toi en présence d'une chaise
ou d'une table bancale. Que fais-tu
pour remédier à la situation?

Moi, dans ce cas-là, je plie plusieurs fois en deux une feuille de papier, puis je place le bloc de papier obtenu sous la patte trop courte.

Sachant qu'une feuille de papier a une épaisseur de un dixième
de millimètre (0,1 mm), réponds aux questions suivantes.

Connais-tu une façon efficace de mesurer l'épaisseur d'une feuille de papier?

a) Estime combien de fois il faudrait plier la feuille en deux afin
de combler une longueur d'environ un centimètre.

b) Vérifie ton estimation en calculant l'épaisseur du bloc de papier obtenu en pliant
la feuille le nombre de fois que tu as estimé. Ton estimation était-elle bonne?

Lorsqu'on plie une feuille en deux, on augmente son épaisseur, mais l'on diminue sa surface
apparente. En raison de ce phénomène, il devient rapidement difficile de plier la feuille en deux.
Mais imaginons que ce soit possible de continuer de la plier sans difficulté…

c) Estime combien de fois il faudrait plier une feuille
en deux pour obtenir une épaisseur correspondant
à une distance de 1 km, puis à la distance de la Terre
à la Lune, soit 380 000 km.

d) Vérifie tes estimations à l'aide de calculs. Utilise au
besoin une table de valeurs comme celle ci-contre.
Le résultat de tes calculs, c'est-à-dire le nombre de fois
qu'il faudrait plier la feuille afin d'« atteindre » la Lune,
te surprend-il? Explique pourquoi.

NOMBRE DE FOIS QUE LA FEUILLE EST PLIÉE EN DEUX	ÉPAISSEUR OBTENUE (mm)
1	0,2
2	0,4
3	0,8
4	1,6
…	…
n	$0,1 \times 2^n$

>> MISE EN PRATIQUE

1 Trouve une écriture équivalente à chacune des expressions suivantes.

a) $4,5 \times 10^{12}$

b) 34 765 234 000

c) 0,000 000 085

d) $6,9 \times 10^{-6}$

e) $4,713\ 612 \times 10^8$

f) $-7,91 \times 10^{-9}$

g) $-0,000\ 000\ 072\ 4$

h) 4,9 gigatonnes

i) 15 nanosecondes

>> Corrigé, p. 358

La notation scientifique et autres formes d'écriture

Il y a différentes façons d'exprimer de très grands ou de très petits nombres afin de faciliter la communication des informations.

En utilisant des mots

Exemples :

1) 3,25 milliards de dollars ($) se lit plus facilement que 3 250 000 000 $.

2) 2,7 millionièmes de centimètre (cm) se lit plus facilement que 0,000 002 7 cm.

En utilisant des préfixes de puissances de 10 avec des unités de mesure

Voici différents préfixes de puissances de 10.

PUISSANCE	PRÉFIXE ET SYMBOLE	PUISSANCE	PRÉFIXE ET SYMBOLE
10^{12}	téra (T)	10^{-1}	déci (d)
10^9	giga (G)	10^{-2}	centi (c)
10^6	méga (M)	10^{-3}	milli (m)
10^3	kilo (k)	10^{-6}	micro (µ)
10^2	hecto (h)	10^{-9}	nano (n)
10	déca (da)	10^{-12}	pico (p)

Exemples :

1) 30 mégawatts (MW) d'électricité signifie 30 000 000 watts.

2) 1,2 nanomètre (nm) de longueur signifie 0,000 000 001 2 m de longueur.

En utilisant la notation scientifique

En science, on doit parfois étudier de très grandes ou de très petites grandeurs. Afin de faciliter la communication des données, une notation composée de deux informations est utilisée :

Un nombre supérieur ou égal à 1 et inférieur à 10   et   l'ordre de grandeur du phénomène observé.

$$a \times 10^n$$

Exemple : La distance entre la Terre et le Soleil est de $1,5 \times 10^8$ km.

On obtient des écritures équivalentes en passant d'une forme d'écriture à une autre.

Exemples :

1) Entre Pluton et le Soleil, il y a environ $5,915 \times 10^9$ km, soit 5,915 gigamètres ou 5 915 000 000 km.

2) Dans le vide, la lumière met $3,336 \times 10^{-9}$ seconde à parcourir un mètre, soit 3,336 nanosecondes ou 0,000 000 003 336 seconde.

1 Écris en notation scientifique les nombres suivants.

a) un milliard

b) cent millions

c) dix mille

d) un billion

e) un millionième

f) un centième

g) un dix-millième

h) un dixième

i) mille milliards

---

2 Estime l'ordre de grandeur de chacune des grandeurs décrites ci-dessous. Exprime ta réponse à l'aide de la forme d'écriture de ton choix.

a) Le nombre de secondes dans un siècle.

b) Le diamètre (m) d'un cheveu.

c) La superficie (km^2) du lac Saint-Jean.

d) L'altitude (m) du mont Everest.

> L'ordre de grandeur s'exprime à l'aide d'une puissance de 10.

---

3 Écris en notation scientifique les nombres suivants.

a) $\dfrac{1}{10}$

b) 0,000 000 1

c) 1 000 000

d) $\dfrac{1}{1\ 000\ 000\ 000\ 000}$

e) $\dfrac{1}{1\ 000\ 000}$

f) 5 000 000 000 000

g) 0,000 006

h) $\dfrac{1}{8000}$

---

4 Les nombres suivants ont-ils été écrits en respectant la notation scientifique ? Si ce n'est pas le cas, modifie-les afin qu'ils la respectent.

a) $38{,}35 \times 10^2$

b) $5{,}2 \times 10^0$

c) 641×10^{-3}

d) $0{,}3 \times 10^{35}$

e) $2{,}5 \times 10^7$

f) 10×10^{99}

> Savais-tu que le nombre formé de 1 suivi de 100 zéros porte le nom de *googol* ?

---

5 Voici différents formats d'affichage de nombres écrits en notation scientifique sur des écrans de calculatrices.

1) | 4,59   E 12 |

2) | 1,32 10^{-8} |

3) | 2,34 × 10^{09} |

4) | 6,321 -7 |

a) Écris les quatre nombres en notation décimale.

b) Comment ces nombres sont-ils affichés sur ta calculatrice ?

6 Écris en notation décimale les grandeurs suivantes.

   a) $7,8521 \times 10^2$ km   **c)** $3,141 \times 10^4$ octets   **e)** $2,1 \times 10^{-6}$ s

   b) $1,245 \times 10^{-1}$ L   **d)** $8,9 \times 10^{-3}$ g   **f)** 5×10^7 personnes

---

7 Écris en notation scientifique les mesures suivantes, en arrondissant au centième.

   a) 2 567 000 kg   **c)** 0,000 123 s   **e)** 569 000 000 000 s

   b) 0,000 000 1 g   **d)** 62 357 451,46 $ **f)** 0,003 501 cm

---

8 Transcris les grandeurs suivantes en notation scientifique avec l'unité de base.

   a) 355 millisecondes   **d)** 615 millilitres

   b) 40 000 kilomètres   **e)** 22 picooctets

   c) 4326 gigawatts   **f)** 579 nanosecondes

> Le système international d'unités (SI) est fondé sur les sept unités suivantes, appelées **unités de base** : ampère (A), candela (cd), kelvin (K), kilogramme (kg), mètre (m), mole (mol), seconde (s).
>
> Connais-tu l'usage de ces unités ?
>
> - Dérivés du SI, le hertz (Hz) et le watt (W) sont des unités utilisées en électricité.
> - L'octet s'utilise en électronique pour mesurer la capacité de mémorisation. Un octet correspond à la mémorisation d'un caractère (lettre, chiffre, etc.).

9 Transcris les grandeurs suivantes en notation scientifique en enlevant les préfixes.

   a) 355 millilitres   **d)** 4326 décilitres

   b) 8 gigaoctets   **e)** 3 gigahertz

   c) 570 mégaoctets   **f)** 1000 gigawatts

---

10 Transcris les grandeurs suivantes en utilisant les préfixes de puissances de 10.

   a) $4,2 \times 10^{-6}$ gramme   **c)** 4×10^9 octets   **e)** 9×10^5 watts

   b) $5,9 \times 10^{-3}$ litre   **d)** $8,3 \times 10^{10}$ secondes   **f)** $1,3 \times 10^7$ grammes

---

11 Écris les mesures suivantes en mètres en respectant la notation scientifique, puis place-les par ordre croissant.

A	B	C	D	E	F
$26\,000 \times 10^5$ m	450×10^{-6} cm	606×10 m	$0,011 \times 10^{-4}$ m	$1,9 \times 10^6$ km	$0,017 \times 10^{-7}$ m

12 Écris en notation scientifique les grandeurs suivantes en utilisant l'unité de base.

a) Cent téramètres.

b) Dix mégasecondes.

c) Huit cents nanogrammes.

d) Deux mille kilolitres.

e) Soixante microsecondes.

f) Cinq et deux dixièmes de gigamètres.

g) Trois et quatre centièmes de picogrammes.

h) Quatre millièmes de millimètres.

13 Dans chaque cas ci-dessous, donne la réponse en notation scientifique, puis arrondis à l'unité.

a) Un podomètre sert à calculer le nombre de pas effectués par une personne. Le podomètre de Marie l'informe qu'elle a fait 5760 pas dans une journée. Dans 50 ans, combien de pas Marie aura-t-elle faits si elle conserve le même rythme chaque jour ?

> Des spécialistes ont évalué qu'il faut faire en moyenne 10 000 pas par jour pour garder la forme.

b) À quelle fraction d'une année une seconde correspond-elle ?

c) Combien de secondes auras-tu vécu lorsque tu atteindras l'âge de 82 ans ?

d) La distance de la Terre à la Lune est d'environ $3,8 \times 10^8$ mètres. Combien de jours mettrais-tu pour atteindre la Lune si tu te déplaçais à 100 km/h ?

e) En 1957, la petite chienne russe Laïka fut le premier être vivant envoyé en orbite autour de la Terre. Elle fit 132 fois le tour du globe. Sachant que le diamètre de la Terre est de 12 758 km et que Laïka se trouvait à 1600 km de la surface, détermine la distance qu'elle a parcourue.

Spoutnik 2, à bord duquel se trouvait Laïka

14 On peut estimer à 300 millions la population des États-Unis. Si une personne s'ajoute toutes les 11 secondes, combien de personnes y aura-t-il de plus dans un an ? Quelle sera alors la population du pays ?

15 La centrale hydroélectrique La Grande-2, à la Baie-James, produit en moyenne 5,4 gigawatts d'électricité. Combien d'ampoules de 60 watts peut-elle alimenter en même temps ?

16 La vitesse de la lumière est d'environ 300 000 km/s.

a) Combien de temps faut-il à la lumière de l'étoile Alpha du Centaure pour atteindre la Terre si la distance à parcourir est de 4×10^{16} km ?

b) Une année-lumière (al) est la distance parcourue dans le vide par la lumière en une année terrestre (365,25 jours). À combien d'années-lumière de nous l'étoile Alpha du Centaure se trouve-t-elle ?

c) Si l'étoile Alpha du Centaure s'était éteinte en janvier 2007, serait-elle encore visible aujourd'hui ?

> Savais-tu que l'étoile Alpha du Centaure est l'étoile la plus « près » de la Terre après le Soleil ?

17 La sonde spatiale *Voyager 1*, lancée le 5 septembre 1977, est l'objet fabriqué par l'être humain qui est le plus éloigné de la Terre. Elle se déplace à 60 000 km/h et se trouve maintenant à environ $1,35 \times 10^{10}$ km de notre planète. Pendant le temps que tu mettras à lire ce texte, elle aura parcouru l'équivalent de la distance entre Montréal et Québec, soit environ 250 km. À quelle distance de la Terre se trouvera-t-elle alors ? Écris ta réponse en notation scientifique.

> **L'ADDITION ET LA SOUSTRACTION DE NOMBRES EXPRIMÉS EN NOTATION SCIENTIFIQUE**
>
> Lorsqu'on additionne ou soustrait des nombres exprimés en notation scientifique, il faut tenir compte de l'ordre de grandeur de chaque nombre. En effet, si l'on additionne une nanoseconde à une année, par exemple, cela ne change pas de façon significative le temps correspondant à une année.

18 Effectue les additions et les soustractions suivantes. Note tes réponses en notation scientifique, en arrondissant au centième.

a) $3,56 \times 10^9 + 4,85 \times 10^9$

b) $9,02 \times 10^{-7} - 2,14 \times 10^{-7}$

c) $8,42 \times 10^{12} + 3,82 \times 10^{-4}$

d) $5,21 \times 10^8 + 4,87 \times 10^7$

e) $1,83 \times 10^6 - 3,45 \times 10^2$

f) $3,22 \times 10^{-5} + 4,02 \times 10^{-6}$

g) $8,05 \times 10^{-9} - 2,99 \times 10^{-10}$

h) $5,4 \times 10^7 + 4,32 \times 10^5 + 7,01 \times 10^6$

i) $6,43 \times 10^8 - 1,02 \times 10^{-3} + 5,27 \times 10^7$

j) $1,09 \times 10^{-4} - 3,87 \times 10^{-5} + 2,34 \times 10^6$

19 Sophie s'amuse à composer des mélodies sur son xylophone, qui peut produire 14 sons différents. Combien de mélodies de 14 sons différents peut-elle créer sans répéter le même son ? Écris ta réponse en notation scientifique, en arrondissant au centième.

> Tu as déjà appris des méthodes de dénombrement qui pourraient t'aider. Consulte la section Ma mémoire, p. 303.

20 Si la montre au quartz d'Alexandre retarde de 7×10^{-7} seconde à chaque seconde, dans combien de jours sera-t-elle en retard d'une seconde ?

21 Sachant qu'une horloge atomique retarde d'une seconde tous les 30 millions d'années, exprime à l'aide d'une puissance de 10 la précision avec laquelle elle mesure une seconde.

22 Les poupées en caoutchouc ont fait leur entrée sur le marché dans les années 1950. La plus illustre, la poupée Barbie, est apparue en 1959 et, aujourd'hui, il s'en vend deux à la seconde.

La fabrication d'une poupée nécessite 48 g de caoutchouc, dont 70 % est synthétique. Quelle quantité (en kilogrammes) de caoutchouc d'origine naturelle faut-il pour confectionner les poupées Barbie vendues dans une année ?

Exprime ta réponse en notation scientifique.

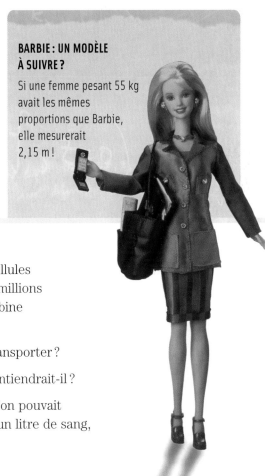

BARBIE : UN MODÈLE À SUIVRE ?
Si une femme pesant 55 kg avait les mêmes proportions que Barbie, elle mesurerait 2,15 m !

23 Nous avons en moyenne 5×10^{12} globules rouges par litre de sang. Leur rôle est de distribuer l'oxygène à toutes les cellules de notre corps. Chaque globule rouge contient environ 250 millions de molécules d'hémoglobine, et chaque molécule d'hémoglobine transporte quatre atomes d'oxygène.

a) Combien d'atomes d'oxygène un globule rouge peut-il transporter ?

b) Environ combien d'atomes d'oxygène un litre de sang contiendrait-il ?

c) L'épaisseur d'un globule rouge est de 2 micromètres. Si l'on pouvait empiler les uns sur les autres tous les globules rouges d'un litre de sang, quelle serait la hauteur de la pile ?

24 Une microbiologiste place une seule bactérie dans une boîte de Pétri. Ce type de bactérie se reproduit toutes les cinq minutes en se divisant en deux. On compte ainsi 2 bactéries après 5 minutes, 4 bactéries après 10 minutes, 8 bactéries après 15 minutes, 16 bactéries après 20 minutes, etc.

a) Combien de bactéries y aura-t-il après trois heures ? Écris ta réponse en notation scientifique, en arrondissant au centième.

b) Après combien de temps y aurait-il plus d'un milliard de bactéries ?

Pour étudier les bactéries, les microbiologistes utilisent un récipient circulaire en plastique nommé boîte de Pétri.

25 La molécule de carbone 60 possède des propriétés chimiques remarquables. Elle est constituée de 60 atomes de carbone disposés dans l'espace de façon hautement symétrique rappelant la forme d'un ballon de soccer, mais en beaucoup plus petit.

Le ballon de soccer, d'une circonférence de 94 cm, est formé de pentagones et d'hexagones ayant tous des côtés isométriques, disposés selon le développement illustré ci-dessous.

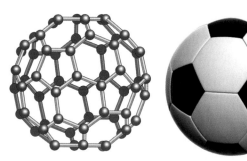

Molécule de C60 et ballon de soccer

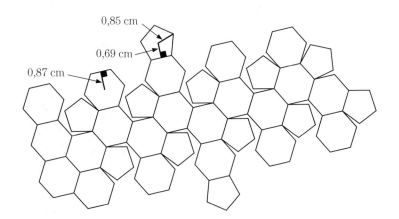

0,85 cm

0,69 cm

0,87 cm

La molécule de C60 est aussi appelée Buckminsterfullerène, en l'honneur de Buckminster Fuller, l'architecte américain qui a conçu le dôme géodésique de la biosphère à l'île Sainte-Hélène, ou Buckyball, qui vient de la forme d'un ballon de soccer.

Le Laboratoire de perception spatiale qui suit, aux pages 16 à 26, traite de la représentation de solides et du calcul de leur aire, et pourra t'aider à résoudre entièrement cette situation.

Détermine la distance minimale approximative entre deux atomes de carbone dans une molécule de carbone 60, sachant que le diamètre d'une telle molécule est de 0,7 nanomètre.

1 La mémoire du nouveau lecteur de fichiers MP3 d'Antoine
a une capacité de 3 gigaoctets. Si une chanson occupe en
moyenne 1,5 mégaoctet d'espace mémoire, combien Antoine
peut-il en télécharger dans son lecteur ?

2 Le corps humain compte environ 6×10^{13} cellules.
Chaque cellule contient un filament d'ADN qui, une fois déplié,
peut mesurer environ 2 m. Si l'on formait une longue chaîne
avec tous les filaments d'ADN des cellules du corps humain,
combien de fois cette chaîne ferait-elle le tour de la Terre
(la circonférence de la Terre étant d'environ 40 000 km) ?

3 Effectue l'opération demandée, puis donne ta réponse en notation scientifique,
en arrondissant au centième.

a) $(5,4 \times 10^6) + (2,3 \times 10^9)$ **f)** $(4,2 \times 10^6) + (9,1 \times 10^5)$

b) $(8,05 \times 10^6) - (2,15 \times 10^5)$ **g)** $(2,84 \times 10^0) - (2,15 \times 10^{-5})$

c) $(6 \times 10^{-2}) + (8 \times 10^{-3})$ **h)** $(8,25 \times 10^5) + (1,5 \times 10^3)$

d) $(5,42 \times 10^{10}) - (2,1 \times 10^5)$ **i)** $(7,33 \times 10^{-2}) + (3,1 \times 10^2)$

e) $(1 \times 10^{-11}) + (2 \times 10^{-4})$ **j)** $(3,33 \times 10^8) - (5,78 \times 10^{-3})$

4 La bactérie illustrée ci-contre mesure environ
0,7 micromètre de long.

a) Exprime en notation scientifique sa longueur en mètres.

b) Combien de fois une cellule de 0,1 mm de long
est-elle plus grosse que la bactérie ?

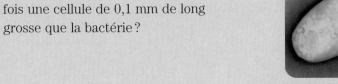

Es-tu maintenant capable de résoudre entièrement
la situation-problème D'un infini à l'autre, aux pages 4 et 5 ?

» Corrigé, p. 358

La notation scientifique et autres formes d'écriture

La représentation de solides et le calcul de l'aire

ATELIER 1 Le développement

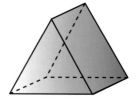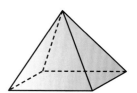

Les représentations ci-contre sont celles d'un prisme à base triangulaire et d'une pyramide à base rectangulaire.

Forme une dyade avec un ou une camarade, puis choisissez chacun un solide différent.

a) Trace un développement possible du solide que tu as choisi.

b) Indique sur ton développement les mesures nécessaires pour arriver à calculer l'aire totale du solide. Valide ta réponse avec ton ou ta camarade pour t'assurer d'avoir indiqué le nombre minimal de mesures à considérer.

c) Représente les mesures ciblées sur ton développement par des variables. Quelle expression algébrique réduite représente le calcul de l'aire totale du solide ? Valide ta réponse en la présentant à ton ou ta camarade.

RAPPEL

Le **développement d'un solide** est une représentation sur un plan de toutes les faces du solide. Les faces du développement sont reliées entre elles de manière que l'on puisse s'imaginer une reconstitution du solide.

Observe ci-contre, par exemple, un développement possible d'un prisme à base rectangulaire.

Le développement d'un solide est une représentation que l'on peut obtenir en visualisant la mise à plat de ce solide. Inversement, à partir d'un développement, on peut imaginer la reconstitution du solide.

» MISE EN PRATIQUE

1 Reprends les tâches **a)**, **b)** et **c)** en utilisant les solides représentés ci-dessous. Compare ensuite tes réponses avec celles de ton ou ta camarade.

1) Un prisme dont les bases sont des hexagones réguliers.

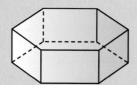

3) Un cube.

2) Un cylindre.

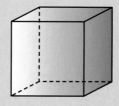

4) Un tétraèdre régulier.

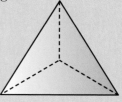

» Corrigé, p. 358

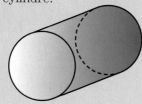

Lorsqu'un objet à trois dimensions est représenté sur une feuille, il faut faire preuve d'imagination pour bien se le représenter et l'analyser sous toutes ses facettes. La technique de dessin appelée « perspective cavalière » permet de représenter sur une feuille un objet à trois dimensions, comme les solides utilisés à l'atelier 1 de la page précédente.

Voici comment représenter un prisme à base rectangulaire en utilisant la technique de la perspective cavalière.

- On trace d'abord l'une des faces du solide.

- On trace ensuite les arêtes issues des sommets de la figure initialement tracée. Afin de donner un effet de profondeur, il faut tracer ces arêtes (appelées arêtes fuyantes) à un angle se situant entre 30° et 45° par rapport à l'horizontale. Les arêtes qui ne sont pas visibles dans la réalité doivent être tracées en pointillé.

- Enfin, on relie les arêtes fuyantes pour ainsi tracer les arêtes manquantes, en n'oubliant pas d'utiliser un pointillé pour celles qui ne sont pas visibles dans la réalité.

de 30° à 45°

> **ATTENTION !**
>
> Les arêtes qui sont parallèles et isométriques dans la réalité doivent également l'être sur la représentation.

Les arêtes fuyantes sont réduites par rapport à ce qu'elles nous apparaissent dans la réalité.

La lettre A ci-contre est représentée en perspective cavalière. Dans ce cas-ci, les arêtes invisibles n'ont pas été tracées. Une telle représentation est dite « opaque ». Utilise ce type de représentation pour écrire ton nom à l'aide de lettres tracées en perspective cavalière.

>> **MISE EN PRATIQUE**

1 Représente en perspective cavalière les solides associés aux développements suivants.

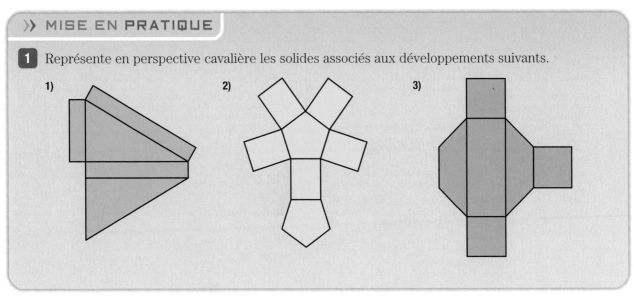

1)   2)   3)

» Corrigé, p. 358

La représentation d'un solide et le calcul de son aire

Pour représenter un solide sur une surface plane, on peut utiliser différentes techniques.

La perspective cavalière

L'illustration ci-contre est une représentation en perspective cavalière d'un prisme à base rectangulaire.

Pour donner un effet de profondeur, on trace les arêtes fuyantes à un angle de 30° à 45° par rapport à l'horizontale. Les arêtes qui ne sont pas visibles dans la réalité sont en pointillé. De plus, les arêtes qui sont isométriques et parallèles dans la réalité le demeurent sur la représentation.

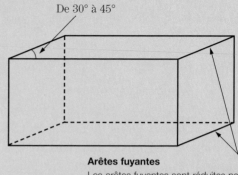

De 30° à 45°

Arêtes fuyantes
Les arêtes fuyantes sont réduites par rapport à ce qu'elles nous apparaissent dans la réalité.

Exemple : Voici la représentation d'une boîte de carton en perspective cavalière.

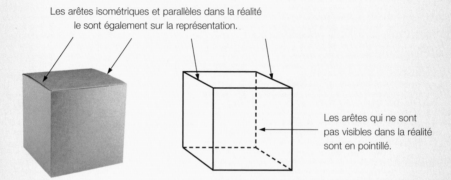

Les arêtes isométriques et parallèles dans la réalité le sont également sur la représentation.

Les arêtes qui ne sont pas visibles dans la réalité sont en pointillé.

Le développement de solides

Le développement d'un solide est une représentation de toutes les faces du solide. Les faces du développement sont reliées entre elles de manière que l'on puisse s'imaginer une reconstitution du solide.

Le développement d'un solide est une représentation que l'on peut obtenir en visualisant la mise à plat de ce solide. Inversement, à partir d'un développement, on peut imaginer la reconstitution du solide.

Développement possible
d'un prisme à base rectangulaire

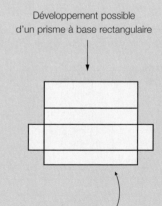

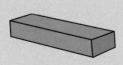
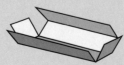

Le calcul de l'aire d'un solide

Pour s'approprier une situation exigeant le calcul de l'aire d'un solide, on peut représenter le solide en perspective cavalière ou à l'aide de son développement. Sur la représentation, on note ensuite des mesures associées à différentes longueurs prises sur le solide. En calculant l'aire de chaque face du solide, puis en additionnant tous les résultats, on obtient son aire totale (A_t).

Exemple :

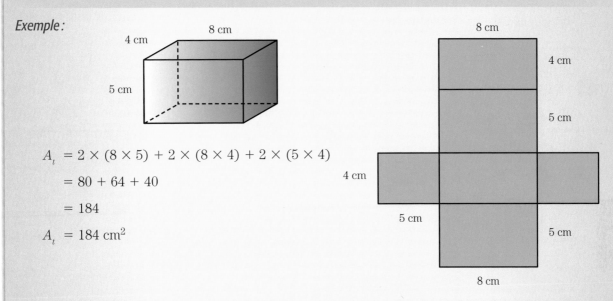

$A_t = 2 \times (8 \times 5) + 2 \times (8 \times 4) + 2 \times (5 \times 4)$

$ = 80 + 64 + 40$

$ = 184$

$A_t = 184 \text{ cm}^2$

Dans la section Ma mémoire (p. 315, 316 et 322), tu trouveras des formules te permettant de calculer l'aire d'une figure plane selon certaines mesures.

EXERCICES

1 Représente en perspective cavalière les objets des photographies ci-dessous, ainsi que l'un de leurs développements possibles.

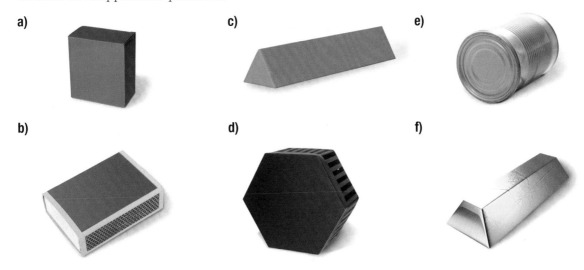

a)

c)

e)

b)

d)

f)

2 Le rectangle à la base d'un prisme à base rectangulaire a une largeur de 3 cm et une longueur de 5 cm. La hauteur du prisme est de 2 cm.

a) Représente ce prisme à l'aide de l'un de ses développements possibles et en perspective cavalière. Sur chacune des représentations, inscris les mesures données aux endroits appropriés.

b) Quelle est l'aire totale de ce prisme ?

3 Observe les développements de solides ci-dessous.

1)

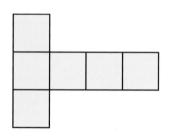

4)

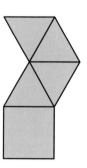

6)

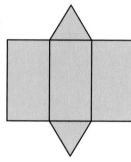

2)

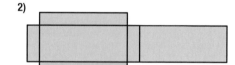

5)

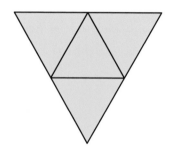

3)

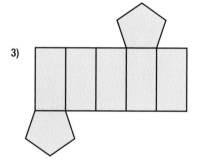

Le mathématicien Leonhard Euler (1707–1783) a découvert la relation ci-dessous, qui s'applique à tous les polyèdres convexes.

$$S + F = A + 2$$

Dans cette formule, **S** correspond au nombre de sommets, **F** au nombre de faces et **A** au nombre d'arêtes. Tu as peut-être déjà exploré cette relation. Elle pourrait s'avérer utile pour trouver les réponses demandées en **b)**.

a) Donne le nom de chaque solide et représente chacun en perspective cavalière.

b) Dans le cas de chacun des solides, précise le nombre de faces, d'arêtes et de sommets qui le composent. Vérifie tes réponses en utilisant la relation découverte par Euler.

4 Reproduis et complète le tableau ci-dessous en te référant au besoin à la représentation du prisme.

a	6 dm	40 cm	8 m	5 cm
b	3 dm	70 cm		5 cm
h	4 dm		4 m	
Aire d'une base			40 m²	
Aire latérale				130 cm²
Aire totale		12 200 cm²		

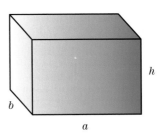

5 Le développement d'un prisme à base rectangulaire est illustré ci-contre.

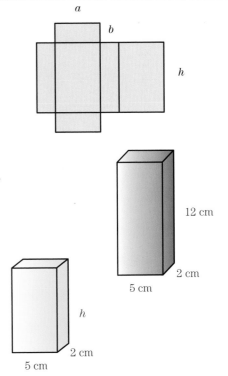

a) À l'aide des variables a, b et h, trouve une expression algébrique réduite représentant l'aire latérale du prisme.

b) Si $a = 5$ unités, $b = 2$ unités et $h = 10$ unités, représente ce prisme en perspective cavalière en indiquant les mesures aux endroits appropriés.

c) Quelle est l'aire latérale du prisme que tu as représenté ?

d) Quelle est l'aire totale du prisme que tu as représenté ?

e) Quelle est l'aire totale du prisme rouge représenté ci-contre ?

f) Détermine la hauteur (h) du prisme jaune représenté ci-contre si son aire latérale est de 98 cm².

6 La représentation ci-contre est celle d'une pyramide droite dont la base est un pentagone régulier.

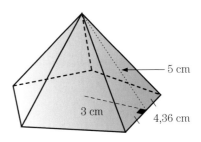

a) Représente un développement possible de cette pyramide et inscris les mesures données aux endroits appropriés.

b) Quelle est l'aire latérale de cette pyramide ?

c) Quelle est son aire totale ?

7 Reproduis et complète le tableau suivant en y inscrivant les mesures manquantes. Dans chaque cas, les données décrivent une pyramide droite dont la base est un polygone régulier.

N'hésite pas à faire une représentation de la pyramide afin de mieux t'approprier la situation.

POLYGONE À LA BASE	CARRÉ	CARRÉ	HEXAGONE	PENTAGONE	HEXAGONE
Mesure d'un côté de la base	5 cm	4 m	16 cm		5 dm
Apothème de la base			14 cm	14 mm	4,3 dm
Apothème de la pyramide	6 cm		20 cm	30 mm	
Périmètre de la base					
Aire latérale				1500 mm²	75 dm²
Aire de la base					
Aire totale		30 m²			

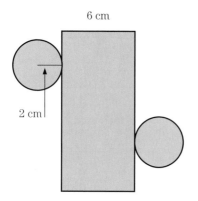

6 cm

2 cm

8 Un développement possible d'un cylindre droit est illustré ci-contre.

a) Représente ce cylindre en perspective cavalière et inscris les mesures données aux endroits appropriés.

b) Quelle est l'aire latérale de ce cylindre ?

c) Quelle est son aire totale ?

9 Imagine que l'on découpe le rectangle illustré ci-contre dans du carton, puis qu'on le fasse tourner très rapidement autour d'un axe passant par le côté **AB**.

a) Représente le solide que la rotation du rectangle autour de l'axe permettrait d'apercevoir.

b) Quelle serait l'aire totale de ce solide ?

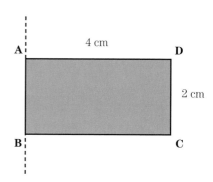

10 Une tente a la forme d'un prisme dont les bases sont des triangles équilatéraux de 2 m de côté et dont la hauteur mesure environ 1,7 m. La profondeur de la tente est de 3 m.

a) Dessine un développement possible de ce prisme, ainsi que sa représentation en perspective cavalière. Sur chaque représentation, inscris les mesures données aux endroits appropriés.

b) Combien coûte le tissu nécessaire à la fabrication de la tente si un mètre carré se vend 6 $?

c) Quelle serait la profondeur d'une tente similaire (ayant les mêmes bases), mais dont le tissu nécessaire à sa fabrication coûterait 106,80 $?

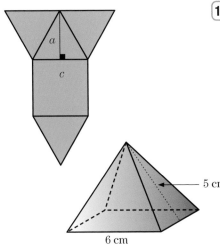

11 Un développement d'une pyramide régulière à base carrée est illustré ci-contre.

a) Exprime, à l'aide des variables a et c, l'aire totale de la pyramide.

b) Quelle expression algébrique réduite correspond au périmètre de la base de cette pyramide ?

c) Calcule l'aire latérale et l'aire totale de la pyramide rouge représentée ci-contre.

d) Quelle est la mesure de l'apothème d'un tétraèdre régulier si son aire totale est de 85 cm² et que chaque arête mesure 7 cm ?

> Un **tétraèdre régulier** est une pyramide à base triangulaire dont chaque face est un triangle équilatéral.

12 On déplace un pentagone régulier dans l'espace en suivant le mouvement de translation décrit par la flèche dans l'illustration.

a) Représente en perspective cavalière le solide engendré par cette translation et inscris les mesures données aux endroits appropriés. De quel type de solide s'agit-il ?

b) Calcule son aire totale.

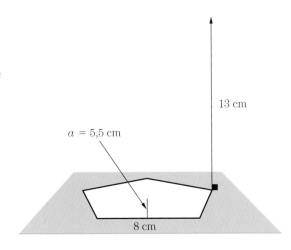

13 Platon (⁻427 – ⁻348) a observé qu'il n'existait que cinq polyèdres réguliers convexes. C'est pour cette raison qu'on les nomme les polyèdres de Platon. Observe les développements de ces solides. En sachant que chacun des polyèdres a une aire totale de 600 cm², trouve la mesure d'une arête sur chacun d'eux.

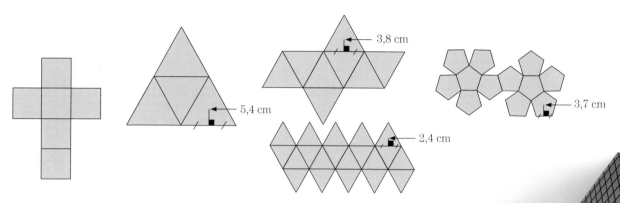

14 Un immeuble a la forme d'un prisme à base rectangulaire. L'aire latérale de l'immeuble est de 7560 m² et la base mesure 40 m sur 20 m. Chaque étage mesure 3 m de haut. Représente cet immeuble en perspective cavalière, en inscrivant ses trois dimensions aux endroits appropriés.

PROBLÈME

15 Un modèle de « boule-miroir » pour discothèque a la forme d'un polyèdre convexe formé de petits miroirs qui sont des polygones réguliers soudés les uns aux autres. Mᵐᵉ Payette veut produire ce modèle, représenté par le développement ci-dessous. Elle doit tenir compte des données suivantes.

- Chaque triangle coûte 10 ¢.

- Chaque carré coûte 15 ¢.

- Chaque polygone mesure 2 cm de côté.

- La soudure coûte 3 ¢ par centimètre.

a) Avec un budget de 770 $, combien de boules Mᵐᵉ Payette peut-elle produire ?

b) Combien de sommets ce modèle de boule compte-t-il ?

c) Trace le développement d'un autre modèle de boule qui pourrait être fabriqué avec des triangles équilatéraux et des carrés.

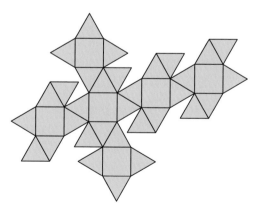

1 Voici trois développements possibles d'un cube.

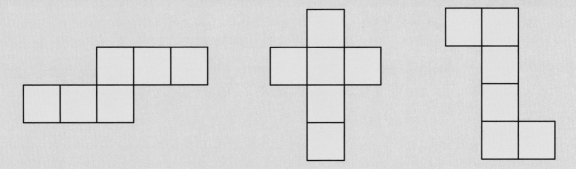

a) Sur une feuille quadrillée, représente trois autres développements possibles d'un cube.

b) Combien de développements différents d'un cube y a-t-il ?

Comment peux-tu t'assurer qu'il n'y a pas d'autres possibilités en **b)** ?

c) Imagine que l'on forme une tour avec tous les cubes construits à partir des développements dénombrés en **b)**. Quelle serait l'aire totale de cette tour si tous les cubes avaient des arêtes de 5 cm ?

d) Imagine qu'avec ces cubes l'on forme plutôt deux tours (l'une comptant un cube de plus que l'autre). Représente ces tours en perspective cavalière.

e) La somme des aires totales des deux tours serait-elle équivalente à l'aire totale de la grande tour imaginée en **c)** ? Explique ta réponse.

2 Dans une fromagerie, on aimerait bien calculer rapidement la quantité minimale de papier nécessaire pour recouvrir un fromage selon certaines mesures. Tous les fromages qui y sont fabriqués ont la forme d'un cylindre dont le rayon des bases est le double de la hauteur du cylindre.

a) Représente un fromage, en sachant que la mesure de la hauteur est représentée par x. Inscris sur ta représentation les mesures de la hauteur et d'un rayon d'une des bases.

b) Quelle expression algébrique réduite représente l'aire totale de ce fromage ?

c) Quelle est la quantité minimale de papier nécessaire au recouvrement d'un fromage dont la hauteur est de 2 cm ?

d) On a déterminé qu'il faudrait au minimum 942 cm^2 de papier pour recouvrir un fromage. Quelle est la mesure du rayon de ce fromage ?

>> Corrigé, p. 359

Profession : « tendeur de corde »

La civilisation de l'Égypte ancienne devait sa prospérité aux fortes crues du Nil qui inondaient les terres chaque année. L'inconvénient, c'est que l'eau effaçait les limites entre les champs ! Le peuple égyptien de l'Antiquité a dû développer des techniques de mesure pour remédier à la situation, ce qui a donné un essor de la géométrie.

Le mot *géométrie* signifie « mesure de la terre ».

Cette image détaillée montre le barrage d'Assouan qui retient maintenant les eaux du lac Nasser, stabilisant ainsi le niveau d'eau du Nil.

L'une de ces techniques pour délimiter les champs consistait à utiliser une corde comportant des nœuds. Ceux-ci marquaient 12 intervalles de même mesure servant à déterminer des angles droits afin de s'assurer que les champs soient bien perpendiculaires au Nil. Chaque intervalle correspondait à la longueur d'une coudée.

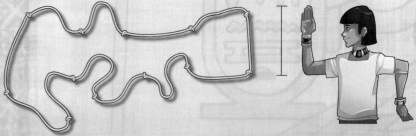

Une *coudée*

Aujourd'hui, à Guédelon, en France, il existe un chantier de construction pas comme les autres. Une équipe construit un château fortifié avec les méthodes et les outils du 13ᵉ siècle. En particulier, on se sert de la technique de la corde égyptienne qui, au Moyen Âge, était encore utilisée pour s'assurer que tout était bien droit.

a) Imagine que tu participes à ce projet extraordinaire. Comment utiliserais-tu la corde à 12 intervalles de même mesure pour t'assurer de former un angle droit ?

Observe les deux utilisations illustrées ci-dessous.

> Tu peux trouver beaucoup d'information sur ce chantier dans Internet.

❶

Former un quadrilatère dont les quatre côtés mesurent 3 unités chacun et utiliser l'un des angles comme gabarit.

❷

Former un triangle dont les côtés mesurent 3, 4 et 5 unités, puis utiliser l'angle opposé au plus long côté comme gabarit.

> À l'aide d'une ficelle marquée avec un feutre, tu peux créer une représentation de la corde et la manipuler afin de mieux t'approprier la situation.

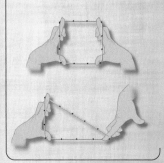

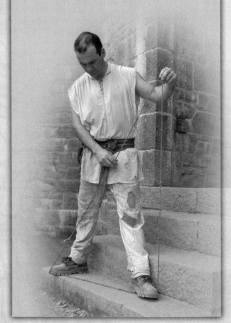

b) Peut-on dans chaque cas être certain qu'un angle intérieur de la figure formée est bel et bien droit ? Dans les deux cas, justifie ta réponse à l'aide de définitions ou de propriétés géométriques.

> La Séquence en géométrie qui suit, aux pages 28 à 39, traite de la relation de Pythagore et pourra t'aider à résoudre entièrement cette situation.

La relation de Pythagore et sa réciproque

ACTIVITÉ 1   La relation de Pythagore

Pythagore (v. $^-580$ – v. $^-490$) était un mathématicien, philosophe et astronome de la Grèce antique. Encore aujourd'hui, il est célèbre parce qu'on l'associe à une relation établissant un lien entre les mesures des trois côtés de tout triangle rectangle. On a cependant trouvé des écrits montrant que cette relation était également connue en Chine et en Inde à la même époque que Pythagore. Si cette relation est associée à Pythagore, c'est qu'il semble être le premier à avoir démontré qu'elle s'applique à tous les triangles rectangles.

On a trouvé des traces de cette relation remontant bien avant l'existence de Pythagore.

Égypte antique
$^-2000$ ans

Tablette d'argile, Babylonie
$^-1700$ ans

Stonehenge, en Angleterre
$^-2500$ ans

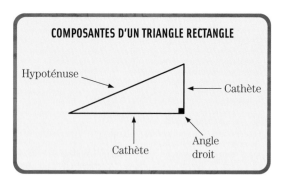

COMPOSANTES D'UN TRIANGLE RECTANGLE

Hypoténuse

Cathète

Cathète

Angle droit

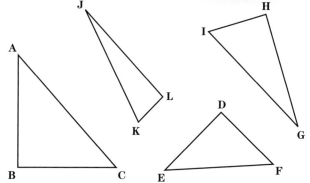

a) Pour chacun des triangles rectangles ci-contre, nomme

    1) l'angle droit ;

    2) l'hypoténuse ;

    3) les deux cathètes.

 b) Avec un ou une camarade, suis les étapes de construction décrites sur la feuille que l'on vous remet.

c) D'après la construction que vous avez réalisée, formulez par écrit la relation de Pythagore. Comparez ensuite votre énoncé avec celui des autres dyades.

›› MISE EN PRATIQUE

1 Trouve la mesure de l'hypoténuse d'un triangle rectangle dont les cathètes mesurent

    a) 12 et 16 unités ;   **b)** 8,4 et 11,2 unités.

2 Trouve la mesure d'une cathète du triangle rectangle dont l'autre cathète mesure 7 unités et l'hypoténuse, 25 unités.

›› Corrigé, p. 359

Tu sais mesurer des angles à l'aide d'un rapporteur. Cet outil est pratique lorsque les angles se trouvent sur des figures relativement petites.

Dans le domaine de la construction ou de l'arpentage, les angles droits sont très utiles. Imagine que tu doives mesurer des angles sur des bâtiments ou des terrains. Le recours au rapporteur ne s'avère alors pas très pratique.

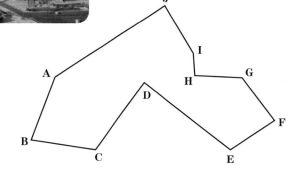

 a) En te servant uniquement d'une règle graduée en millimètres, trouve une stratégie efficace pour déterminer les angles qui sont droits autant à l'intérieur qu'à l'extérieur du polygone ci-contre. Pour plus de précision, tu peux utiliser la feuille que l'on te remet.

b) Compare ta façon de procéder avec celle d'un ou une camarade.

c) En groupe classe, rassemblez toutes les façons différentes de procéder et validez-les.

> **RAPPEL**
>
> Un triangle est **acutangle** si ses angles intérieurs sont aigus et un triangle est **obtusangle** si l'un de ses angles intérieurs est obtus.

>> **MISE EN PRATIQUE**

1 Les triangles décrits ci-dessous sont-ils des triangles rectangles ?

Si ce n'est pas le cas, détermine s'ils sont acutangles ou obtusangles.

a) Un triangle **ABC** dont les côtés mesurent 63,3 cm, 84,4 cm et 105,5 cm.

b) Un triangle **CDE** dont les côtés mesurent 50 m, 75 m et 100 m.

c) Un triangle **DFG** dont les côtés mesurent 6 cm, 2 cm et 5,8 cm.

Triangle acutangle

Triangle obtusangle

» Corrigé, p. 359

La relation de Pythagore et sa réciproque

Le côté opposé à l'angle droit d'un triangle rectangle est toujours le côté le plus long. Il s'appelle l'**hypoténuse**. Les côtés adjacents à l'angle droit sont les **cathètes** du triangle rectangle.

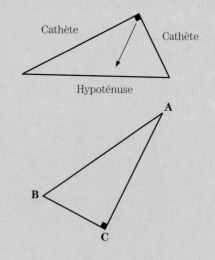

La relation de Pythagore

Dans un triangle rectangle, le carré de la mesure de l'hypoténuse est égal à la somme des carrés des mesures des autres côtés (les cathètes).

$$\left(m\overline{AB}\right)^2 = \left(m\overline{AC}\right)^2 + \left(m\overline{BC}\right)^2$$

Rechercher des mesures manquantes

Dans un triangle rectangle, la relation de Pythagore permet de trouver la mesure d'un côté lorsqu'on connaît celle des deux autres côtés.

Exemples :

1) Trouver la mesure h de l'hypoténuse d'un triangle rectangle dont les autres côtés mesurent 6 et 8 unités.

$h^2 = 8^2 + 6^2$

$h^2 = 64 + 36$

$h^2 = 100$

$h = \sqrt{100}$

$h = 10$

L'hypoténuse mesure 10 unités.

2) Déduire la valeur de x dans le triangle rectangle ci-dessous.

$14^2 = 12^2 + x^2$

$196 = 144 + x^2$

$196 - 144 = x^2$

$52 = x^2$

$\sqrt{52} = x$

$7{,}21 \approx x$

La valeur exacte de x est $\sqrt{52}$ unités et sa valeur approximative, 7,21 unités.

La réciproque de la relation de Pythagore

Si un triangle est tel que le carré de la mesure d'un côté est égal à la somme des carrés des mesures des deux autres côtés, alors ce triangle est rectangle.

Exemple 1 :

Les côtés d'un triangle mesurent 3 cm, 4 cm et 5 cm.

Ce triangle est-il rectangle ?

L'hypoténuse est le côté le plus long.

Puisque dans un triangle rectangle l'hypoténuse est

le côté le plus long, il sera rectangle si l'égalité suivante est vraie : $5^2 = 4^2 + 3^2$.

Puisque $25 = 16 + 9$, ce triangle est un triangle rectangle.

Exemple 2 :

Les côtés d'un triangle mesurent 5,2 cm, 8,4 cm et 4,6 cm.

Ce triangle est-il rectangle ? L'hypoténuse est le côté le plus long.

Il sera rectangle si l'égalité suivante est vraie : $8,4^2 = 5,2^2 + 4,6^2$.

Puisque 70,56 $\neq$ 27,04 + 21,16, ce triangle n'est pas un triangle rectangle.

De plus, puisque 70,56 > 48,20, soit le carré de la mesure Mesure attendue de l'hypoténuse
attendue de l'hypoténuse, alors ce triangle est obtusangle.

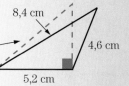

Exemple 3 :

Les côtés d'un triangle mesurent 10,4 cm, 9,2 cm et 12,5 cm.

Ce triangle est-il rectangle ? L'hypoténuse est le côté le plus long.

Il sera rectangle si l'égalité suivante est vraie : $12,5^2 = 10,4^2 + 9,2^2$.

Puisque 156,25 $\neq$ 108,16 + 84,64, ce triangle n'est pas un triangle rectangle.

De plus, puisque 156,25 < 192,80, soit le carré de la mesure attendue
de l'hypoténuse, alors ce triangle est acutangle.

Mesure attendue de l'hypoténuse

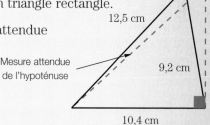

EXERCICES

1 Trouve la mesure de l'hypoténuse d'un triangle rectangle dont les cathètes mesurent

a) 5 et 12 unités ;

b) 3 et 5 unités ;

c) 4,5 et 6 unités ;

d) 14 et 20 unités ;

e) 28 et 45 unités ;

f) 18,5 et 21,5 unités.

2 Trouve la mesure manquante de l'un des côtés du triangle rectangle dont l'une des cathètes
et l'hypoténuse mesurent

a) 18 et 82 unités ;

b) 13 et 48 unités ;

c) 11,5 et 55 unités ;

d) 23 et 72 unités ;

e) 99 et 165 unités ;

f) 48 et 73 unités.

3 Pour chacun des triangles rectangles suivants, déduis la mesure manquante du côté ciblé.

a)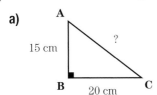

b)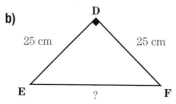

c)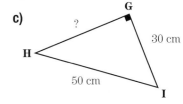

4 Calcule la mesure d'une des cathètes d'un triangle rectangle, sachant que l'hypoténuse mesure 70 m et que l'autre cathète mesure 42 m.

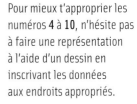

Pour mieux t'approprier les numéros **4** à **10**, n'hésite pas à faire une représentation à l'aide d'un dessin en inscrivant les données aux endroits appropriés.

5 Quelle est la mesure de la longueur d'un rectangle si l'une des diagonales mesure 34 cm et que la largeur mesure 12 cm ?

6 Quelle est la mesure de l'une des diagonales d'un carré de 12 cm de côté ?

7 Quelle est la mesure de la hauteur d'un triangle équilatéral de 15 cm de côté ?

8 Quelle est la mesure de la hauteur d'un triangle équilatéral dont le périmètre est de 81 cm ?

9 Les diagonales d'un losange mesurent 90 cm et 56 cm. Quel est le périmètre de ce losange ?

10 Identifie l'angle droit dans les triangles rectangles décrits ci-dessous.

a) Le triangle **ABC**, dont les côtés **AB**, **BC** et **CA** mesurent respectivement 36 cm, 15 cm et 39 cm.

b) Le triangle **CDE**, dont les côtés **CD**, **DE** et **EC** mesurent respectivement 25 cm, 14 cm et $\sqrt{429}$ cm.

11 Les mesures suivantes ont été prises sur les côtés de triangles. Détermine quels triangles sont rectangles.

a) 1,2 cm, 1,6 cm et 2 cm.

b) 2,3 m, 2,7 m et 4,1 m.

c) 5,2 cm, 8,5 cm et 11,2 cm.

d) 1 m, 2,4 m et 2,6 m.

e) 0,28 mm, 0,96 mm et 1 mm.

f) 4,2 km, 7,5 km et 8,6 km.

g) 23 μm, 32 μm et 44 μm.

h) 1,73 km, 1,73 km et 3 km.

---

12 En te référant au triangle rectangle représenté ci-contre, détermine la mesure manquante (les mesures sont exprimées en centimètres).

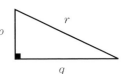

a) Si $p = 26{,}4$ et $q = 35{,}2$, quelle est la valeur de r ?

b) Si $p = 22$ et $r = 43$, quelle est la valeur de q ?

c) Si $r = 33$ et $q = 25{,}5$, quelle est la valeur de p ?

---

13 Les triangles suivants sont-ils rectangles ? Dans le cas de ceux qui ne le sont pas, détermine s'ils sont acutangles ou obtusangles.

a) m $\overline{\mathbf{AB}}$ = 1 dm, m $\overline{\mathbf{BC}}$ = 1 dm et m $\overline{\mathbf{AC}}$ = $\sqrt{2}$ dm.

b) m $\overline{\mathbf{XY}}$ = 2,4 cm, m $\overline{\mathbf{YZ}}$ = 3,2 cm et m $\overline{\mathbf{XZ}}$ = 4 cm.

c) m $\overline{\mathbf{DE}}$ = 8 mm, m $\overline{\mathbf{EF}}$ = 8 mm et m $\overline{\mathbf{DF}}$ = 10 mm.

d) m $\overline{\mathbf{RS}}$ = 1,5 m, m $\overline{\mathbf{ST}}$ = 2 m et m $\overline{\mathbf{RT}}$ = 2,5 m.

e) m $\overline{\mathbf{HI}}$ = 22 mm, m $\overline{\mathbf{IJ}}$ = 25,5 mm et m $\overline{\mathbf{HJ}}$ = 36 mm.

> **RAPPELS**
>
> Un angle aigu est plus petit qu'un angle droit (90°) et un angle obtus est compris entre un angle droit (90°) et un angle plat (180°).
>
> Un triangle acutangle comporte trois angles aigus et un triangle obtusangle compte un angle obtus.

---

14 Pour chacun des triangles suivants, précise si la mesure du segment en pointillé est exacte, sachant que ce segment est une hauteur du triangle. Justifie ta réponse.

a)

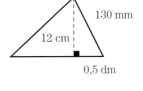

130 mm

12 cm

0,5 dm

c)

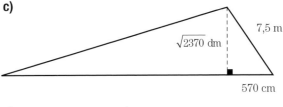

7,5 m

$\sqrt{2370}$ dm

570 cm

b)

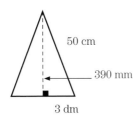

50 cm

390 mm

3 dm

d)

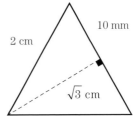

10 mm

2 cm

$\sqrt{3}$ cm

15 Trouve la valeur de x dans chacune des figures ci-dessous (les mesures sont en centimètres).

a)

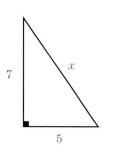

e)

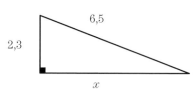

b)

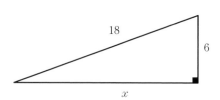

f)

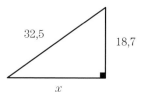

c)

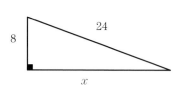

g)

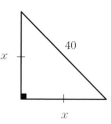

d)

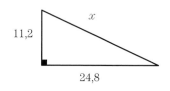

h)

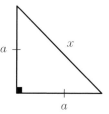

16 Deux bateaux quittent ensemble le même port et naviguent l'un vers l'ouest, l'autre vers le sud. Lorsque le premier a parcouru 275 km et le second, 368 km, à quelle distance approximative se trouvent-ils l'un de l'autre ?

17 Une charpentière érige deux murs extérieurs adjacents d'une maison qui aura une forme rectangulaire. La maison a une largeur de 7,75 m et une longueur de 10,20 m. Quelle doit être la distance entre les deux extrémités libres des murs si la charpentière veut s'assurer que les murs sont disposés à un angle droit ?

18 Un arbre de 8 m de hauteur a été frappé par la foudre à 2,2 m du sol. La partie au-dessus du point d'impact est tombée de telle manière que la cime touche le sol et que l'autre extrémité est restée attachée au tronc. À quelle distance du pied de l'arbre la cime touche-t-elle le sol?

19 Sur une feuille d'acier rectangulaire de 36 cm sur 96 cm, à quelle distance de chaque coin le centre de la feuille se trouve-t-il?

20 Détermine si le triangle **ABC** est rectangle. Justifie ta réponse.

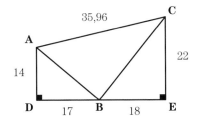

21 Détermine la mesure du segment **AB** dans chacune des figures suivantes.

a)

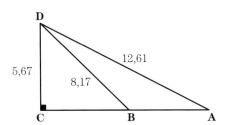

d)

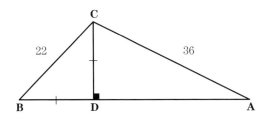

b)

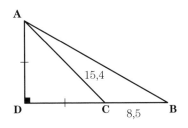

e)

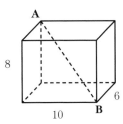

c)

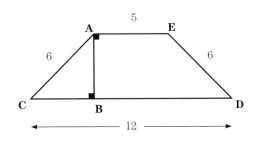

f)

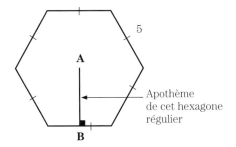

22 Un campeur solidifie sa tente (qui a la forme d'un prisme à base triangulaire) à l'aide d'une corde afin qu'elle résiste au vent. La représentation ci-contre montre comment il installe cette corde. Quelle est la longueur minimale de la corde ?

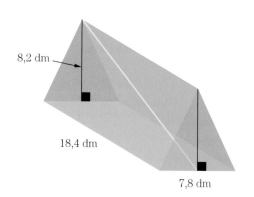

8,2 dm

18,4 dm

7,8 dm

23 Le cerf-volant d'Anne-Sophie est pris au sommet d'un arbre. Lorsque la jeune fille se tient à 15 m de l'arbre, la ficelle du cerf-volant est tendue. Si la ficelle mesure 20 m et qu'Anne-Sophie en maintient l'extrémité libre au sol, quelle est la hauteur de l'arbre ?

24 Éléonore installe perpendiculairement à un mur une tablette de 60 cm de long sur 20 cm de large, représentée ci-contre. Pour plus de solidité, elle doit ajouter sous la tablette deux supports de 25 cm, comme dans l'illustration.

À quelle distance sous la tablette Éléonore doit-elle visser chacun des supports ?

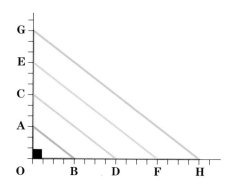

25 Un triplet de Pythagore est un ensemble de trois nombres naturels (a, b, c) qui satisfont à la règle $a^2 + b^2 = c^2$. Le plus connu est le triplet $(3, 4, 5)$.

a) Les triplets suivants sont-ils des triplets de Pythagore ?

1) $(6, 8, 10)$ **3)** $(12, 18, 24)$ **5)** $(119, 120, 169)$

2) $(8, 15, 17)$ **4)** $(9, 40, 41)$ **6)** $(220, 340, 680)$

b) Louisa a tracé la figure ci-contre à partir d'un triangle rectangle (le triangle **AOB**) dont les mesures des côtés correspondent au triplet de Pythagore $(3, 4, 5)$.

Quelles sont les mesures des côtés des autres triangles rectangles composant la figure de Louisa ?

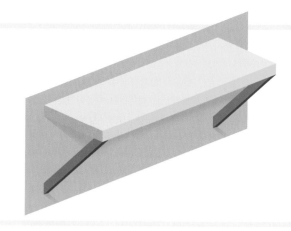

c) Si l'on multiplie chaque nombre d'un triplet de Pythagore par 2, 3 ou 4, les triplets obtenus sont-ils aussi pythagoriciens ? Est-ce vrai pour n'importe quel facteur correspondant à un nombre naturel ? Justifie ta réponse.

26 La base de la pyramide de Khéops est de forme carrée et mesure 227 m de côté. Sa hauteur est de 139 m. Quelle est la mesure d'une arête latérale de cette pyramide.

27 Sur une carte routière, les routes sont représentées à vol d'oiseau, sans tenir compte des côtes qu'elles peuvent descendre ou monter. Ainsi, les distances représentées sur une carte sont souvent plus petites que les distances réellement parcourues par les véhicules.

a) Sur une route, on suit un trajet de 300 m en ligne droite pour dévaler une côte. La carte routière indique une distance de 230 m pour cette partie de la route. Quelle est la différence d'altitude entre le haut et le bas de la côte ?

b) Dans la signalisation routière, on indique les pentes abruptes par un rapport, exprimé en pourcentage, entre la différence d'altitude et la longueur de route à parcourir. Si descendre une pente de 10 % nous fait perdre 150 mètres d'altitude, quelle serait la distance parcourue à vol d'oiseau, selon la carte routière ?

28 Voici le plan d'un mur de corridor d'un hôtel.

Un entrepreneur doit acheter des moulures (en brun sur le plan) pour ensuite les installer selon les indications. Sachant que tous les losanges sont isométriques, estime la longueur minimale de moulure (en mètres) que l'entrepreneur doit acheter.

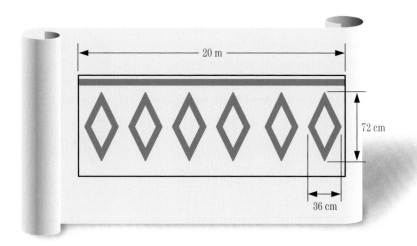

29 Imagine que, pour faire une surprise à ta famille, tu as acheté un magnifique sapin de Noël.

La famille décide de l'installer au sol devant la maison. Pour qu'il reste bien droit, quatre câbles d'une longueur de 3,5 m chacun seront utilisés, placés selon la représentation ci-contre. L'endroit où les câbles sont fixés sur le sapin se trouve à 3 m du sol.

a) À quelle distance du tronc faudra-t-il fixer l'autre extrémité des câbles pour que le sapin se tienne droit ?

b) Estime la distance au sol séparant deux câbles consécutifs. Explique ton estimation.

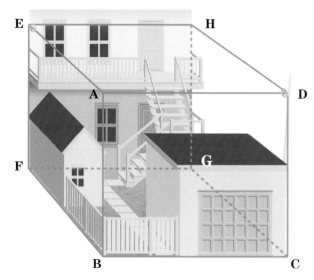

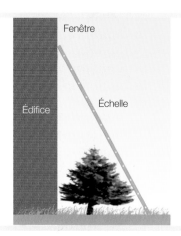

30 Une entrepreneure en construction a une échelle de 4 m. Elle doit la mettre à une distance de 2,25 m du mur, car un obstacle l'empêche de se placer plus près. Pourra-t-elle atteindre une fenêtre située à une hauteur de 3,6 m ? Justifie ta réponse.

31 La famille de Rafidul habite un duplex à Montréal. L'illustration ci-contre montre la cour arrière du duplex. Cet espace peut être délimité par un prisme à base rectangulaire. Rafidul voudrait prendre les mesures nécessaires pour acheter une corde à linge qui joindrait les deux poulies représentées par les sommets **D** et **E** du prisme.

a) En tenant compte des obstacles dans la cour et du fait que Rafidul utilisera seulement un ruban à mesurer, propose une façon de procéder pour qu'il parvienne à obtenir la mesure dont il a besoin, sans commettre d'imprudences. Justifie les étapes à suivre.

b) Quelle est la longueur minimale de corde que Rafidul devra acheter ?

32 Lors de son dernier déménagement, Julien a dû faire face à un problème de taille. Sa bibliothèque de bois massif, qu'il adore, n'allait pas pouvoir passer par la porte de sa nouvelle maison. Il suffisait de regarder la bibliothèque, illustrée ci-dessous, pour constater que cela semblait en effet impossible ! Elle était plus haute et plus large que la porte. Heureusement, sa copine Charlotte, très ingénieuse, a trouvé une façon de la faire entrer. Étant donné que la porte mesure 2 m de haut et 160 cm de large, comment Charlotte s'y est-elle prise ? Explique comment la bibliothèque peut passer par la porte.

Profondeur : 30 cm

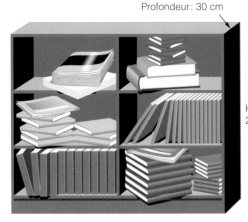

Hauteur : 225 cm

Largeur : 2,75 m

33 Le satellite météorologique M216 photographie constamment la Terre en suivant une orbite circulaire autour de l'équateur à une hauteur égale au quart du rayon terrestre.

La zone pâle autour de l'équateur dans les figures montre la région visible à partir du satellite (c'est-à-dire les points de la Terre que le satellite peut photographier).

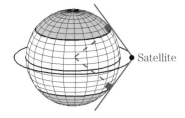
Satellite

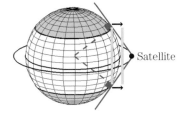
Satellite

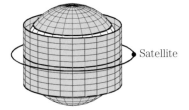
Satellite

a) Sachant que le rayon de la Terre est de 6375 km, détermine la hauteur du cylindre qui contient cette zone (illustré en jaune).

b) Donne une estimation (en kilomètres carrés) de l'aire de la région visible à partir du satellite.

> Le Laboratoire de perception spatiale qui suit, aux pages 41 à 51, traite de l'aire du cône et de la sphère, et pourra t'aider à résoudre entièrement cette situation.

1 On veut solidifier une tour de télécommunication à l'aide de câbles d'acier. Les câbles seront fixés sur la tour à une hauteur de 5,2 m et tendus au sol à 2,8 m de la tour. Quelle doit être la longueur minimale de chaque câble ?

2 Au baseball, lorsque le frappeur attend la balle près du marbre, il se trouve à 38,89 m du deuxième coussin (celui qui lui fait face). Sachant que les trois coussins et le marbre correspondent aux sommets d'un carré, détermine la longueur minimale parcourue par un joueur qui fait le tour des coussins.

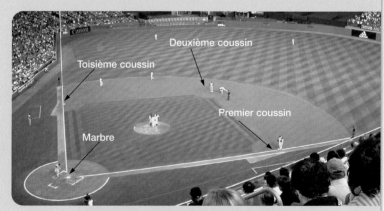

Deuxième coussin

Toisième coussin

Premier coussin

Marbre

3 Sara veut installer une clôture au fond de sa cour arrière. La vue aérienne ci-dessous montre sa propriété et celles de ses voisins. Les clôtures de chaque côté de sa cour mesurent respectivement 8,5 m et 14 m de long. Sa maison a 10 m de largeur. Quelle est la longueur de la clôture à installer ?

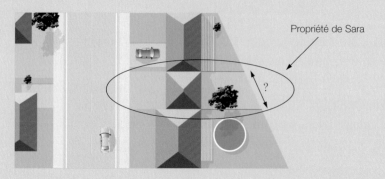

Propriété de Sara

?

4 Laure a représenté sa maison par un prisme à base rectangulaire surmonté d'un prisme dont les bases sont des triangles isocèles. Sur la représentation, elle a noté quelques mesures. Quelle est la hauteur du pignon de sa maison ?

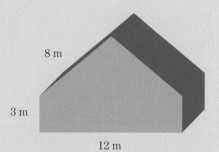

8 m

3 m

12 m

Es-tu maintenant capable de résoudre entièrement la situation-problème Profession : « tendeur de corde », aux pages 26 et 27 ?

» Corrigé, p. 360

L'aire du cône, de la sphère et de solides décomposables

ATELIER 1 De la pyramide au cône

Observe les pyramides droites, qui ont toutes la même hauteur et un apothème mesurant 5 cm, et dont la base est un polygone régulier.

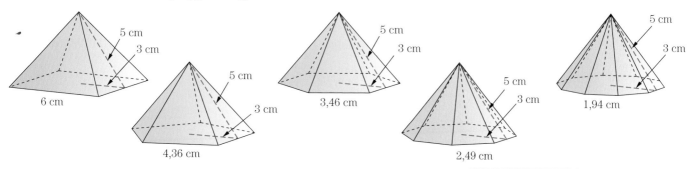

a) Imagine que l'on continue de construire des pyramides régulières de manière qu'elles aient toutes le même apothème et la même hauteur. À quel solide ressemblerait celle qui compterait le plus de côtés à sa base ?

b) À l'aide des données relatives à chacune des pyramides ci-dessus, remplis le tableau sur la feuille qu'on te remet.

c) Si le rayon de la base d'un cône est représenté par r et que l'apothème de ce cône est représenté par a, donne une expression algébrique représentant l'aire totale de ce cône.

d) Compare ton expression avec celle d'un ou une autre élève de la classe. Vos expressions sont-elles équivalentes ?

> **RAPPEL**
>
> L'**apothème** d'une pyramide droite régulière est un segment joignant l'**apex** au milieu de l'un des côtés du polygone lui servant de base.
>
> L'**apothème** d'un cône droit est un segment qui joint l'apex à l'un des points du cercle délimitant sa base. Dans les deux cas, la grandeur d'un tel segment est aussi appelée apothème.
>
> L'**apex** d'une pyramide ou d'un cône correspond au sommet opposé à la base.

» MISE EN PRATIQUE

1 Quelle est l'aire latérale du cône dont le développement est donné ci-contre ?

2 Quelle est, au centième près, l'aire totale d'un cône dont l'apothème mesure 8 cm, si l'aire de sa base est d'environ 50,26 cm² ?

3 Quelle est l'aire totale du cône ci-contre, si son apothème mesure 25 cm ?

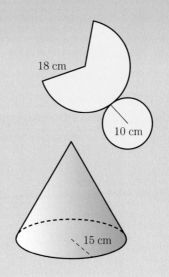

> Les aires que tu as trouvées sont-elles des mesures exactes ?

» Corrigé, p. 360

L'aire de la sphère

Parmi tous les solides comportant une surface courbe que tu connais, certains peuvent être représentés par un développement.

a) Peux-tu en nommer deux ?

b) Qu'en est-il de la sphère ? Crois-tu qu'il soit possible de la représenter par un développement ? Explique ton point de vue.

La sphère ne peut être mise à plat, mais certaines stratégies permettent de pallier ce problème. En géographie par exemple, pour représenter la surface de la Terre, on imagine une feuille de papier enroulée autour comme un cylindre, sur laquelle on trace les continents. La mappemonde obtenue est une projection cylindrique. Selon le type de projection utilisée, l'image des continents peut être plus ou moins déformée par rapport à ce que montrent les vues de la Terre prises de l'espace.

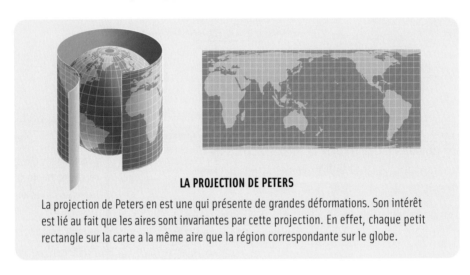

LA PROJECTION DE PETERS

La projection de Peters en est une qui présente de grandes déformations. Son intérêt est lié au fait que les aires sont invariantes par cette projection. En effet, chaque petit rectangle sur la carte a la même aire que la région correspondante sur le globe.

c) L'illustration ci-dessus montre une projection de Peters. Par rapport au globe qu'elle entoure, quelles sont la longueur et la largeur de la carte ?

d) Selon toi, quelle propriété de cette projection s'avère utile au calcul de l'aire de la sphère ?

Dans un document de l'Égypte ancienne (rédigé vers -1850) connu sous le nom de papyrus de Moscou, on trouve une explication sur la relation entre l'aire d'une sphère et celle d'un cylindre. On y précise que, si l'on place une sphère dans un cylindre dont le diamètre des disques des bases et la hauteur correspondent au diamètre de la sphère, l'aire de cette sphère correspondra à l'aire latérale du cylindre.

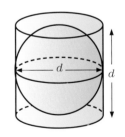

e) À partir de cette information, trouve une expression algébrique représentant l'aire d'une sphère dont le rayon est représenté par r.

>> MISE EN PRATIQUE

1 Le diamètre d'une balle de caoutchouc est de 2,5 cm. Quelle est l'aire de cette balle ?

2 Quel est le rayon d'une sphère dont l'aire est de 484π unités carrées ?

» Corrigé, p. 360

Certains objets sont composés de plusieurs solides. Lorsqu'on veut calculer l'aire totale de ces objets, certaines régions des solides qui les composent ne doivent pas être considérées.

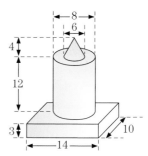

Observe le solide décomposable ci-contre :

a) Décris les solides qui composent cet objet.

b) Imagine que l'on plonge cet objet dans de la peinture. Décris les régions qui ne seront pas recouvertes de peinture. Les régions peintes correspondront-elles aux régions qu'il faut considérer dans le calcul de l'aire totale de ce solide décomposable ?

 c) Sur la feuille que l'on te remet est présentée une stratégie pouvant être utilisée pour calculer l'aire totale de certains solides décomposables. Réponds aux questions posées sur cette feuille.

> Parfois, la projection orthogonale de certaines faces de solides décomposables peut nous aider à déterminer des mesures pertinentes dans le calcul de l'aire totale des solides.

Observe les illustrations ci-contre (les mesures sont en centimètres).

d) Quels solides composent ce solide décomposable ?

e) Que représente le point au centre de la vue de dessus ?

f) Joins-toi à un ou une autre élève et, ensemble, calculez l'aire totale de ce solide décomposable en laissant les traces de votre solution.

g) Comparez votre solution avec celle d'une autre dyade. Avez-vous procédé de la même façon ?

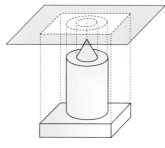

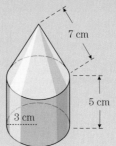

Vue de dessus

» MISE EN PRATIQUE

1 Détermine quels solides composent les objets illustrés ci-dessous, puis calcule l'aire totale de ces deux objets.

a)

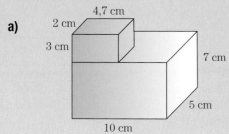

b)

4,7 cm
2 cm
3 cm
7 cm
5 cm
10 cm

7 cm
5 cm
3 cm

» Corrigé, p. 360

L'aire du cône, de la sphère et de solides décomposables

L'aire totale du cône

L'aire totale du cône correspond à la somme des aires de toutes ses faces, soit son aire latérale et l'aire de sa base.

$$A_{totale} = A_{latérale} + A_{base}$$

$$A_t = \frac{2\pi r \times a}{2} + \pi r^2$$

$$A_t = \pi r a + \pi r^2$$

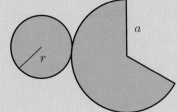

Exemple :

L'aire totale du cône ci-contre est :

$$A_{totale} = \pi r a + \pi r^2$$

$$A_t = (\pi)(2)(8) + \pi(2)^2$$

$$A_t = 16\pi + 4\pi$$

$$A_t = 20\pi \quad \longleftarrow \quad \text{Valeur exacte de l'aire totale de ce cône (cm}^2)$$

$$A_t \approx 20(3{,}1416)$$

$$A_t \approx 62{,}83 \text{ cm}^2 \quad \longleftarrow \quad \text{Valeur approximative de l'aire totale de ce cône en considérant que } \pi \approx 3{,}1416$$

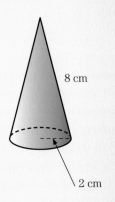

8 cm

2 cm

L'aire de la sphère

$$A = 4\pi r^2$$

Exemple :

L'aire d'une sphère dont le diamètre est de 10 cm est :

$$A = 4\pi r^2$$

$$A = 4\pi(5)^2 \quad \longleftarrow \quad \text{Le rayon est la moitié du diamètre.}$$

$$A = 4\pi(25)$$

$$A = 100\pi \quad \longleftarrow \quad \text{Valeur exacte de l'aire de cette sphère (cm}^2)$$

$$A \approx 100(3{,}1416)$$

$$A \approx 314{,}16 \text{ cm}^2 \quad \longleftarrow \quad \text{Valeur approximative de l'aire de cette sphère en considérant que } \pi \approx 3{,}1416$$

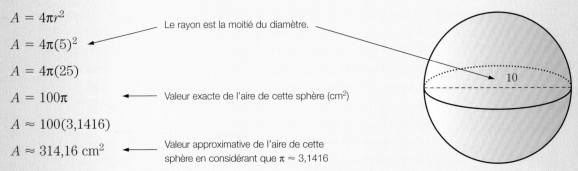

10

L'aire de solides décomposables

Pour calculer l'aire totale d'un solide décomposable, il faut considérer l'aire de toutes les régions visibles si l'on observe les différentes vues possibles de ce solide.

Exemple 1 :

Quelle est l'aire totale du solide ci-dessous (les mesures sont en centimètres) ?

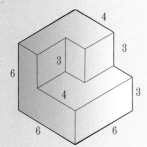

Dans certains cas, on peut utiliser des projections orthogonales pour guider notre calcul.

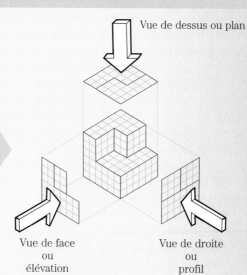

Vue de dessus ou plan

Vue de face
ou
élévation

Vue de droite
ou
profil

Vue de face : $A_1 = (6 \times 6) - (2 \times 3) = 30$

Vue de dessus : $A_2 = 6 \times 6 = 36$

Vue de droite : $A_3 = 6 \times 6 = 36$

Aire totale : $A_t = 2 \times A_1 + 2 \times A_2 + 2 \times A_3$

$A_t = (2 \times 30) + (2 \times 36) + (2 \times 36) = 204$

$A_t = 204$ cm^2

Vue de dessus

Vue de face   Vue de droite

Exemple 2 :

Quelle est l'aire du solide décomposable ci-contre (les mesures sont en centimètres) ?

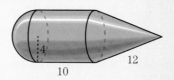

Ce solide est composé d'une demi-sphère, d'un cylindre et d'un cône.

Aire totale = Aire d'une demi-sphère + Aire latérale du cylindre + Aire latérale du cône

$$A_t = \frac{4\pi r^2}{2} + 2\pi rh + \pi ra$$

$$A_t = \frac{4\pi(4)^2}{2} + 2\pi(4)(10) + \pi(4)(12)$$

$$A_t = 32\pi + 80\pi + 48\pi$$

$$A_t = 160\pi \quad \longleftarrow$$ Valeur exacte de l'aire de ce solide (cm^2)

$$A_t \approx 502,66 \text{ cm}^2 \quad \longleftarrow$$ Valeur approximative de l'aire de ce solide en considérant que $\pi \approx 3,1416$

1 Quelle est l'aire des sphères de centre **O** ci-dessous (les mesures sont en centimètres).

a)

b)

c)

d)
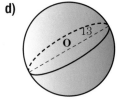

e)
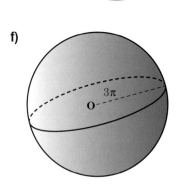

f)

2 Quelles sont l'aire latérale et l'aire totale des cônes ci-dessous
(les mesures sont en centimètres) ?

a)
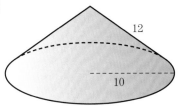

b)

c)
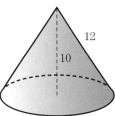

d)
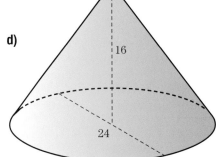

e)

f)

3 Reproduis et complète le tableau suivant en y ajoutant les mesures pertinentes.

FIGURE	APOTHÈME	RAYON	AIRE LATÉRALE	AIRE DE LA BASE	AIRE TOTALE
	18 cm	7 cm		/	
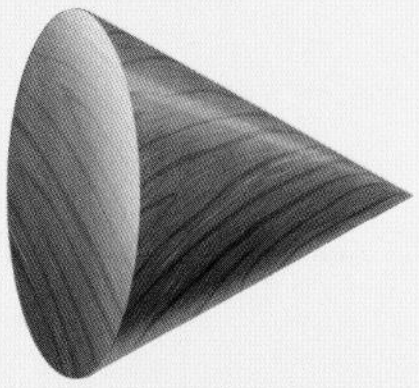	7,8 unités			25π unités carrées	
	/	17,8 cm	/	/	
	/			≈ 58 cm^2	

4 Représente par un dessin les cônes décrits ci-dessous en notant les mesures données aux endroits appropriés. Calcule ensuite l'aire totale de chaque cône.

a) Le rayon du disque formant la base du cône est de 7 cm et son apothème mesure environ 18,5 cm.

b) Le diamètre du disque formant la base du cône est de 58,7 cm et son apothème est trois fois plus long.

c) La hauteur du cône est de 16,54 dm et le rayon du disque de sa base mesure 7,7 dm.

d) Le diamètre du disque de la base et l'apothème du cône mesurent chacun $2x$ unités.

Ta représentation doit respecter approximativement les proportions entre les mesures.

L'aire du cône, de la sphère et de solides décomposables   47

5 Quelle est l'aire des sphères correspondant aux données suivantes ?

a) Le rayon mesure 13,5 mm.

b) La circonférence est de 7π unités.

c) Le diamètre est de $10x$ unités. (Exprime ta réponse à l'aide d'une expression réduite.)

6 Exprime la mesure du rayon des solides suivants.

a) Un cône de $8x$ unités de hauteur et dont l'apothème est de $10x$ unités.

b) Un cône dont l'aire latérale est de 16π unités carrées et l'apothème est de 2 unités.

c) Une sphère dont l'aire est de 400π unités carrées.

7 Quelle est la mesure de l'apothème des cônes droits correspondant aux données suivantes ?

a) L'aire latérale est environ de 109,96 dm^2 et le diamètre de la base mesure 7 dm.

b) La hauteur du cône et le rayon du disque de sa base mesurent 6 cm.

8 Reproduis et complète le tableau suivant en te référant au cône illustré.

r	*a*	*h*	AIRE LATÉRALE	AIRE TOTALE
5 cm		12 cm		
	17 cm	15 cm		
20 cm	29 cm			
		8 cm	188,5 cm^2	301,6 cm^2

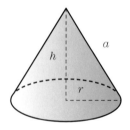

9 Voici la représentation d'un cylindre droit.

a) Représente les solides décomposables obtenus si l'on ajoute sur l'un des disques de ses bases (de façon centrée) les solides décrits ci-dessous. Sur tes représentations, inscris les mesures aux endroits appropriés.

1) Une demi-sphère ayant le même diamètre que le cylindre.

2) Un cône de 8 cm de haut dont le disque de la base mesure 3 cm de diamètre.

3) Un autre cylindre de 5 cm de haut et dont les bases ont un rayon de 4 cm.

b) Calcule l'aire totale de chacun des solides décomposables que tu as représentés.

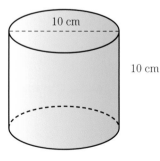

10 L'aire latérale d'un cône et l'aire d'une sphère sont de 5284 cm² chacune. Quelle est la mesure de l'apothème du cône si le rayon du disque de sa base correspond au double du rayon de la sphère ?

11 À chacune des extrémités d'un cylindre de 60 cm de diamètre et de 60 cm de hauteur, on colle un cône de 40 cm de hauteur, dont la base correspond au disque de la base du cylindre. Quelle est, au centimètre carré près, l'aire totale du solide ainsi obtenu ?

12 Trace la vue de dessus, de face et de droite de chacun des solides suivants et indique les mesures aux endroits appropriés (en **a)** et en **c)**, les solides ont été obtenus en empilant des cubes). Calcule ensuite l'aire totale de chaque solide.

a)

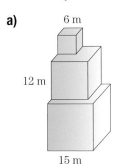

6 m
12 m
15 m

b)

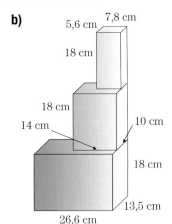

5,6 cm 7,8 cm
18 cm
18 cm
14 cm   10 cm
18 cm
13,5 cm
26,6 cm

c)

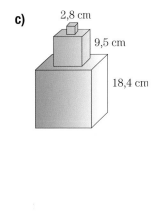

2,8 cm
9,5 cm
18,4 cm

13 Trouve l'aire totale des solides suivants.

   a) Le solide ci-contre, où le cube rouge a 6 cm d'arête et où le diamètre des disques formant les bases du cylindre est de 6 cm.

   b) Un cylindre de 15 cm de haut dont le diamètre des bases est de 30 cm. Chacune de ses bases est entièrement recouverte par une demi-sphère.

   c) Un solide composé d'un cône de 10 cm de haut et de 14 cm de diamètre centré sur un des disques de 5 cm de rayon appartenant à un cylindre de 8 cm de haut.

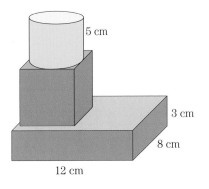

5 cm
3 cm
8 cm
12 cm

14 Un contenant de teinture permet de couvrir environ 4 m². Avec un contenant, pourrait-on teindre un cône droit de 4 dm de rayon et une pyramide à base carrée mesurant 4 dm de côté, si tous deux ont un apothème de 12,5 dm ? Explique ta réponse.

15 Avec l'intention de construire un cône de 10 cm de hauteur, Leonardo découpe d'abord dans un carton un disque de 50 cm² qui servira de base au cône. Quelle est la quantité minimale de carton nécessaire à la réalisation de la face latérale ?

16 Mélina construit un mobile en bois qui comprendra cinq sphères de 2 cm de rayon et cinq demi-sphères de 4 cm de rayon. Elle veut peindre les sphères en bleu et les demi-sphères en rouge. Elle croit qu'elle utilisera autant de peinture rouge que de bleu pour les recouvrir. A-t-elle raison ? Justifie ta réponse.

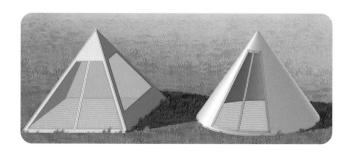

17 Les responsables d'un petit centre de ski veulent installer des écrans en plexiglas sur les remontées mécaniques afin de protéger les skieurs et skieuses du vent. Chaque écran a la forme d'un quart d'une sphère de 1,5 m de rayon. Quelle est la quantité de plexiglas requise pour fabriquer des écrans pour 75 télésièges à deux places ?

18 La compagnie À la belle étoile propose deux modèles de tente de 2 m de hauteur. La première tente a la forme d'une pyramide avec une base carrée de 2,1 m de côté. La seconde est conique et le disque de sa base mesure 1,25 m de rayon. Quelle tente exige le plus de tissu pour sa fabrication ?

19 Un immense cornet orne l'entrée de la crémerie Le Roi du cornet. En forme de cône, il a un apothème de 2 m et il est surmonté d'une demi-sphère de 0,6 m de rayon. Lequel de ces deux solides requerra le plus de peinture pour être recouvert ?

20 Quelle est la grandeur de la surface disponible pour exposer des objets sur le présentoir illustré ci-contre, où l'on utilise que les surfaces horizontales ? Explique ton raisonnement.

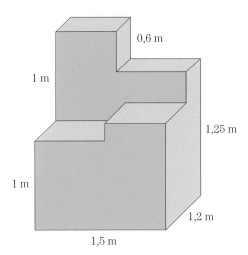

21 Deux projets sont à l'étude pour décorer un parc. Le projet A propose un obélisque formé d'un prisme à base carrée de 3,5 m de côté et de 10 m de haut, surmonté d'une pyramide à base carrée de 3,2 m d'apothème. Le projet B propose une colonne cylindrique de 10 m de haut et de 3 m de diamètre, surmontée d'un cône de 3,2 m d'apothème.

Quel monument présenterait la plus petite surface à couvrir ?

22 Le tableau ci-contre donne le diamètre des quatre planètes les plus près du Soleil. La superficie totale de ces planètes est-elle plus grande ou plus petite que la superficie de Jupiter, dont le diamètre est de 142 984 km ?

PLANÈTE	DIAMÈTRE
Mercure	4878 km
Vénus	12 102 km
Terre	12 756 km
Mars	6794 km

23 Clara a lu dans une revue scientifique qu'environ 70 % de la surface de la Terre est recouverte d'eau. Afin d'estimer l'aire que cela représente, elle utilise son globe terrestre. À la hauteur de l'équateur, elle l'entoure d'une corde, qui mesure environ 110 cm. L'échelle du globe terrestre est 1 : 41 849 600.

Combien de kilomètres carrés sont recouverts d'eau sur la Terre ?

24 Dans un atelier où l'on fabrique des boules de bois, le format le plus populaire a une aire d'environ 4071,50 cm². M. Beaudry commande 150 de ces boules. Il demande que l'on coupe les deux tiers des boules en deux parties isométriques et que l'on peigne le tout en rouge. Combien faudra-t-il débourser pour la peinture si un contenant coûte 19,65 $ (taxes incluses) et couvre environ 44,4 m² ?

25 Le cône de bois représenté ci-contre, que l'on compte peindre, a une hauteur de 8 cm et le rayon du disque de sa base est de 6 cm.

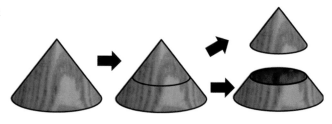

Avant de le peindre, on décide de le couper parallèlement à sa base, obtenant ainsi deux morceaux. Le cône correspondant au morceau supérieur a une hauteur de 5 cm.

a) De combien de centimètres carrés a-t-on augmenté la surface à peindre ?

b) Quelle est l'aire totale de la partie inférieure ?

PROBLÈME

26 Un groupe de recherche en océanographie possède trois laboratoires aménagés sur les plateformes **A**, **B** et **C**, dans l'océan Pacifique. Les recherches effectuées se limitent à la portion de l'océan comprise dans le triangle sphérique **ABC**.

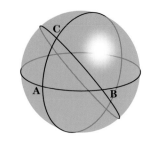

On sait que m ∠**CAB** = 90°, m ∠**ABC** = 45°, m ∠**BCA** = 60° et que le rayon de la Terre mesure 6375 km. Comment pourrais-tu calculer l'aire totale du triangle sphérique **ABC** ? Voici quelques pistes qui pourront t'aider.

a) Calcule d'abord l'aire d'un croissant délimité par deux grands cercles passant par un point, connaissant l'angle entre les deux grands cercles.

b) Applique la méthode décrite en **a)** aux trois points **A**, **B**, **C**, pour finalement déduire l'aire du triangle sphérique **ABC**.

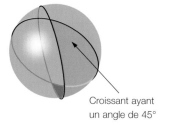

Croissant ayant un angle de 45°

Contrairement à ce que tu as appris pour les triangles plans, dans un triangle sphérique la somme des angles n'est pas égale à 180 degrés. Elle peut varier, en étant toujours supérieure à 180 degrés, comme l'illustre la figure ci-contre où les sommets **A** et **B** du triangle se situent à l'équateur et le sommet **C**, au pôle Nord. Les trois angles sont de 90 degrés chacun et leur somme est de 270 degrés.

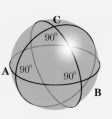

1 Représente par un dessin un cône et une sphère en respectant les deux conditions suivantes.

- L'aire de la sphère doit être égale à l'aire latérale du cône.

- Le rayon de la sphère doit avoir la même mesure que celui du disque à la base du cône.

Sur tes représentations, indique les mesures (en centimètres) aux endroits appropriés et donne l'aire totale de chaque solide.

2 Une municipalité veut démonter le réservoir illustré ci-contre afin de récupérer le métal avec lequel il a été construit. Une compagnie de récupération des métaux offre 1,25 $/m² pour le métal. Le réservoir a un diamètre de 14 m et une hauteur totale de 25 m. Il est composé d'un cône, d'un cylindre et d'une demi-sphère. La hauteur du cône est la moitié de celle du cylindre. Combien d'argent la municipalité obtiendra-t-elle ?

3 Le diamètre d'une boîte cylindrique est de 85 cm et sa hauteur, de 1,18 m. Dans cette boîte, on place d'abord le plus grand cône possible, en s'assurant de pouvoir fermer le couvercle. Puis, après avoir retiré le cône, on y place la plus grande sphère possible. Lequel de ces deux solides, le cône ou la sphère, a la plus grande aire totale ? Justifie ta réponse.

» Corrigé, p. 360

La mesure du temps

Dans l'histoire de l'humanité, le Soleil et la Lune ont constitué les premiers instruments de mesure du temps. Cependant, ces deux astres n'étaient pas toujours disponibles. Après le cadran solaire, la clepsydre fut créée pour répondre aux besoins liés à la mesure du temps.

Après un certain nombre d'utilisations, on se rendit compte que les clepsydres manquaient de précision, car l'écoulement de l'eau n'était pas régulier (à cause de la pression). On améliora alors les clepsydres et l'on créa d'autres types d'instruments de mesure du temps.

Le sablier

Ce n'est qu'au 14e siècle que le sablier fit son apparition. Le sablier a l'avantage d'offrir une régularité dans son débit. Utilisé à l'origine pour la cuisine, c'est surtout dans la navigation qu'il fut très apprécié (il est léger et résiste à toutes sortes de températures, et les oscillations du bateau n'ont pas d'effet sur lui).

La clepsydre est un instrument servant à mesurer des périodes de temps. Cet instrument fonctionne sur le principe de l'écoulement de l'eau entre deux récipients.

La plus ancienne clepsydre qui ait été trouvée est celle découverte à Karnak, en Égypte (environ −1500).

CURIOSITÉ...

Les marins utilisaient un sablier de 30 secondes pour mesurer la vitesse du bateau en « nœuds ». Ils laissaient tomber hors du bateau une bouée attachée à une corde ayant des nœuds à intervalles réguliers. Une fois la bouée dans l'eau, ils retournaient le sablier. La vitesse du bateau correspondait au nombre de nœuds qui défilaient en 30 secondes. Cet instrument de mesure s'appelle un loch. Dans l'illustration ci-contre, tirée des écrits de Samuel de Champlain (fondateur de la ville de Québec), on remarque une représentation d'un loch et d'un sablier.

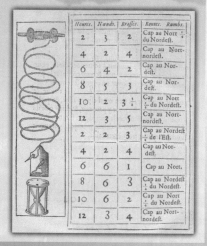

Heures.	Nœuds.	Brasses.	Routes. Rumbs.
2	3	2	Cap au Nort du Nordeft.
4	2	4	Cap au Nort-nordeft.
6	4	2	Cap au Nordeft.
8	5	3	Cap au Nordeft.
10	2	3 ¼	Cap au Nort ¼ du Nordeft.
12	3	5	Cap au Nort-nordeft.
2	2	3	Cap au Nordeft ½ de l'Eft.
4	2	4	Cap au Nor-deft.
6	6	1	Cap au Nort.
8	6	3	Cap au Nordeft ¼ du Nort.
10	6	2	Cap au Nort ¼ du Nordeft.
12	3	4	Cap au Nort-nordeft.

Aujourd'hui, les sabliers sont des instruments décoratifs qui peuvent parfois être très originaux. Imagine que tu doives en construire un. Quelle forme lui donnerais-tu ?

1er TEMPS Le plan de ton sablier

Réalise une représentation de ton sablier en respectant les contraintes ci-dessous.

- Chacune des ampoules du sablier doit être constituée d'un solide décomposable formé à partir de solides parmi les suivants.

> Tu peux aussi utiliser une partie de l'un de ces solides.

- Prisme à base rectangulaire

- Prisme dont les bases sont des triangles équilatéraux

- Prisme dont les bases sont des hexagones réguliers

- Cylindre

- Pyramide à base rectangulaire

- Pyramide dont la base est un triangle équilatéral

- Pyramide dont la base est un hexagone régulier

- Cône

- Sphère

- Sur ta représentation, indique toutes les mesures nécessaires au calcul de l'aire totale des ampoules du sablier. N'oublie pas de tenir compte du passage entre les deux ampoules (voir le 2e temps ci-dessous).

- Détermine la quantité de matériel nécessaire (en centimètres carrés) pour la construction des ampoules, en laissant les traces de tes calculs.

2e TEMPS Le temps mesuré par ton sablier

Pour que l'orifice qui laisse passer le sable d'une ampoule à l'autre dans un sablier ne s'obstrue pas, son diamètre doit correspondre à la largeur d'au moins 10 grains de sable. Quant à la masse d'un grain de sable, on l'estime à environ 80 microgrammes.

- Choisis une période de temps que pourrait mesurer ton sablier.

- Estime la largeur d'un grain de sable ainsi que le débit d'écoulement du sable (en grains/seconde) dans ton sablier.

- Calcule la masse totale du sable que devrait contenir ton sablier.

> Lorsque tu fais une estimation, explique le raisonnement qui a mené au résultat ou indique quelles sources t'ont permis d'obtenir cette estimation.

Carrières et stratégies mathématiques

Examine les trois situations présentées dans cette page. On y associe la relation de Pythagore, que tu as explorée dans ce chapitre, à diverses professions.

Quelle situation te semble la plus intéressante ?
Explique les raisons de ton choix.

*Étant **arpenteur**, j'ai souvent la responsabilité de planifier les nouvelles rues dans un quartier. Aujourd'hui, on me demande de tracer le plan d'un sentier dans un parc qui profitera à toute la communauté. Avez-vous remarqué que, pour traverser une surface rectangulaire, il est toujours plus rapide de le faire en diagonale ? Je propose donc, pour le parc, un sentier qui réduira le temps requis pour se rendre d'une extrémité à l'autre.*

Quelle est la mesure de la distance épargnée par un piéton qui utiliserait le sentier d'un parc mesurant 50 mètres sur 25 mètres ?

*À titre d'**entrepreneur**, j'ai aujourd'hui la tâche de fabriquer un support pour sauver la maison de la famille Boucher. Cette maison, dangereusement inclinée, semble avoir un important problème de structure. Sans mon aide, elle va certainement s'écrouler. Une tige de métal placée au bon endroit apportera le support requis en attendant une solution plus permanente. Avez-vous remarqué comment les triangles procurent énormément de stabilité dans une construction ?*

Quelle longueur de tige faut-il pour soutenir la maison des Boucher si le haut de la tige est placé à 10 mètres du sol (distance mesurée à la verticale) ?

6 m

*Comme **chimiste**, je m'intéresse à l'infiniment petit. Les recherches sur les cellules humaines sont essentielles pour pouvoir un jour éliminer les maladies. Avec un microscope électronique, je peux mesurer diverses longueurs ciblées avec un pointeur. À l'aide des mesures obtenues, je peux en déduire d'autres qui me sont inaccessibles.*

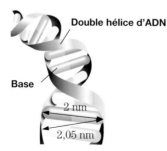

Double hélice d'ADN

Base

2 nm

2,05 nm

Comme le montre l'illustration ci-contre, chaque « base » d'ADN mesure 2 nm. Quelle est la distance séparant deux bases d'ADN si la longueur entre deux extrémités opposées de ces bases est de 2,05 nm ?

Choisis un problème dans la banque des pages 58 et 59 qui suit selon tes goûts personnels, comme tu l'as fait à la page précédente, et essaie de le résoudre. Réponds ensuite aux questions ci-dessous.

- Qu'as-tu aimé de ce problème ? Explique ton choix.

- Tu as certainement rencontré des obstacles dans la résolution du problème. Quels moyens as-tu utilisés pour surmonter tes difficultés ?

- Serais-tu capable de transmettre des instructions pertinentes à quelqu'un pour qu'il puisse à son tour résoudre le problème ?

- Es-tu en mesure de cerner tes faiblesses en mathématiques ? Dresses-en une liste en faisant preuve du plus de précision possible.

- À ton avis, est-il plus important d'obtenir la réponse exacte à un problème ou de construire un raisonnement approprié ? Explique ton point de vue.

- Quelles sont tes craintes et tes frustrations par rapport aux mathématiques ? Qu'est-ce que tu aimes faire en mathématiques ? Décris des situations mathématiques que tu as du plaisir à résoudre.

UN TEST POUR MIEUX TE CONNAÎTRE

En répondant au test ci-dessous, tu t'interrogeras sur ta façon de percevoir les mathématiques. Il n'y a pas de bonnes ni de mauvaises réponses. Réponds le plus honnêtement possible et peut-être en apprendras-tu davantage sur toi-même…

1 Lorsque je fais de la géométrie, j'aime mesurer et manipuler des objets.

A Parfois.   **B** Souvent.   **C** Rarement.

2 Pour moi, les sondages ne relèvent pas vraiment des mathématiques, puisqu'on en fait dans les cours d'histoire ou de géographie.

A Je suis d'accord, mais j'aime ce type de maths.

B Les sondages m'indiffèrent.

C Je suis d'accord, il ne s'agit pas de maths.

3 J'aime beaucoup plus les maths vues dans le cours de science et technologie que les maths étudiées dans le cours de mathématiques.

A La science, c'est du concret.   **B** Je suis d'accord.   **C** Les maths, c'est des maths.

4 J'éprouve une sensation de satisfaction profonde lorsque je parviens à faire la preuve de quelque chose.

A Très rarement.   **B** Rarement.   **C** Parfois.

5 Lorsque je fais de l'algèbre, j'applique des principes, mais, dans certaines circonstances, ça ne fonctionne pas.

A Ça m'arrive assez souvent.   **B** Ça m'arrive rarement.   **C** Ça ne m'arrive jamais.

1 Jean veut créer une boîte originale pour offrir des biscuits aux gens qu'il aime. Cette boîte aura la forme d'un prisme dont les bases sont des triangles rectangles isocèles. Pour évaluer la quantité de carton nécessaire à la fabrication d'une boîte, Jean place trois biscuits comme dans l'illustration et prend la mesure qui y est indiquée. Chaque biscuit a la forme d'un cylindre de 6 cm de diamètre et de 1 cm d'épaisseur. La boîte doit pouvoir contenir quatre étages de biscuits. Quelle est la quantité minimale de carton nécessaire à la fabrication d'une boîte ?

2 On effectue l'aménagement d'un parc qui a la forme d'un trapèze isocèle dont la grande base est trois fois plus longue que la petite base et la partie centrale est carrée. Il faut placer des lampadaires autour du parc à tous les 10 mètres environ. Sachant que la distance correspondant à la petite base du trapèze mesure 70 m, détermine combien de lampadaires il faudra installer.

3 La tour de Pise, d'un diamètre de 15,5 m, est dangereusement inclinée. Une solution temporaire consisterait à placer un câble d'acier pour la retenir, comme dans l'illustration. Pour faciliter l'estimation de la longueur du câble, la tour peut être comparée à un cylindre incliné dont les disques des bases sont horizontaux. Si le câble est fixé au sol à 10 m de la base de la tour, estime la longueur minimale de câble nécessaire.

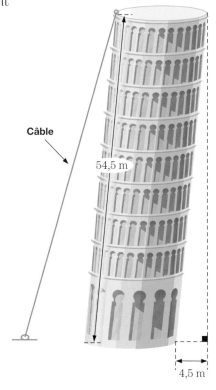

Câble

54,5 m

4,5 m

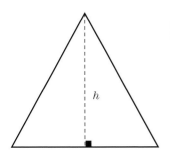

h

4 Léa prétend que l'on peut déterminer l'aire et le périmètre d'un triangle équilatéral en connaissant seulement sa hauteur. Selon toi, Léa a-t-elle raison ? Si oui, explique comment déterminer l'aire. Sinon, explique pourquoi elle a tort.

5 Pour simuler le travail d'un contrôleur aérien, on a placé trois points dans un plan cartésien représentant l'emplacement de trois avions volant à la même altitude vers un aéroport. Détermine la longueur des segments **AC**, **CB** et **AB**, qui correspondent à la distance entre ces avions. Considère qu'une unité sur le plan cartésien correspond à un kilomètre.

B (4, 5)

A (-2, 3)

C (1, -3)

6 Lorsqu'on mélange du trioxyde de soufre (SO_3) à de l'eau, on obtient de l'acide sulfurique (un acide très puissant). L'illustration ci-contre représente une molécule de trioxyde de soufre. La molécule a la forme d'une pyramide à base triangulaire dont les faces latérales sont des triangles isocèles isométriques et dont l'apex correspond à l'atome de soufre (en jaune). Supposons que, comparée à la distance entre deux atomes d'oxygène (en rouge), la distance entre l'atome de soufre et un atome d'oxygène correspond au rapport $2 : 3$. Si la distance entre l'atome de soufre et un atome d'oxygène est représentée par la variable x, exprime algébriquement la longueur de l'apothème de cette pyramide à l'aide de cette variable.

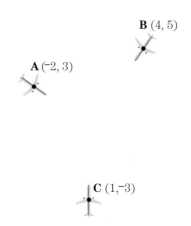

As-tu aimé résoudre le problème que tu as choisi ? Une fois ton travail de résolution terminé, n'oublie pas de répondre aux questions de la page 57.

Un autre des six problèmes t'a-t-il semblé intéressant ? Lequel ? Dans ce problème, qu'est-ce qui a exercé un attrait sur toi ? La situation ? Le sujet mathématique ? Peux-tu résoudre cet autre problème ?

CHAPITRE 2

Les nombres :
au cœur de la vie

Les nombres sont tellement présents dans la vie de tous les jours qu'il arrive même que l'on ne les remarque plus. Jette un regard autour de toi... Il est très probable que tu verras au moins un nombre écrit sous une forme quelconque.

L'écriture et l'utilisation des nombres ont beaucoup changé au cours des siècles. Toi-même, tu utilises aujourd'hui des nombres que tu ne connaissais probablement pas quand tu as commencé l'école primaire.

? Quelles formes avaient les premiers nombres que tu as utilisés dans ta vie ? Dans quel contexte t'en servais-tu ?

? Quelles formes d'écriture des nombres as-tu apprises par la suite ? Dans quel contexte les utilisait-on ?

Les nombres sont souvent employés pour représenter des grandeurs. Quand ils ont ainsi été associés à des grandeurs, il est rapidement devenu utile de les comparer entre eux ou d'effectuer des opérations sur eux.

? Quelles opérations sur les nombres connais-tu ?

? Quelles opérations sur les nombres parviens-tu à effectuer sans outil technologique, peu importe la forme d'écriture des nombres ?

> Dans certains cas, les nombres sont utilisés pour identifier quelque chose. Il s'agit alors de numéros. Peux-tu penser à quelques exemples d'un tel emploi des nombres ?

En associant nombres et grandeurs, il est possible de modéliser des liens entre les grandeurs et de réussir ainsi à faire des prédictions ou à résoudre des problèmes.

? T'est-il déjà arrivé d'établir des relations entre différentes grandeurs ? Décris une situation où cela serait utile.

> Les tables de valeurs, les équations, les graphiques, les diagrammes sont autant d'outils servant à modéliser des situations.

Avant d'entreprendre ton exploration de ce chapitre, remémore-toi quelques notions mathématiques que tu as apprises antérieurement.

1 **L'écriture et l'interprétation des nombres** .... (Ma mémoire, p. 274)

a) Mathéo a franchi 100 m à la nage en $1\frac{2}{5}$ minute. Combien de secondes cela représente-t-il ?

b) Sur une mappemonde, Naïma a mesuré une distance de 3 cm entre deux villes. Quelle est la distance réelle entre ces villes si l'échelle de la carte est 1 : 32 500 000 ?

c) Parmi les jeunes interrogés dans un sondage, 342 ont affirmé n'avoir pas d'opinion sur le sujet, soit 38 % des personnes sondées. À combien de jeunes s'est-on adressé pour ce sondage ?

d) Ce matin, il fait $^-$12 °C. Avec le passage du front froid au cours de la nuit, la température a chuté de 15 degrés par rapport à la veille. Quelle température faisait-il hier ?

2 **La représentation de situations de proportionnalité** . (Ma mémoire, p. 291)

Situation 1

Une automobiliste fait le plein d'essence après une panne sèche. Le débit de la pompe est de 12 L/min.

Situation 2

Constatant qu'il lui reste peu d'essence dans son réservoir (environ 2 L), un automobiliste fait le plein avec une pompe ayant un débit de 15 L/min.

a) Pour chacune de ces situations,

1) élabore une table de valeurs contenant au moins cinq couples de valeurs exprimant la relation entre la quantité d'essence dans le réservoir et le temps ;

2) sur une feuille quadrillée, trace le graphique représentant la situation.

b) Quelle situation en est une de proportionnalité ? Explique ta réponse.

CONTENU DE FORMATION

Voici un aperçu des nouvelles connaissances que tu devras acquérir pour résoudre les situations-problèmes de ce chapitre. Ces nouvelles connaissances te seront utiles dans la réalisation pesonnelle qui t'est proposée ensuite.

Arithmétique et algèbre

- L'ensemble des nombres réels.
- Les propriétés des exposants et les exposants fractionnaires.
- Les relations linéaires entre deux variables.
- Les relations linéaires dans des contextes géométriques.

RÉALISATION
PERSONNELLE

En explorant ce chapitre, tu consolideras tes connaissances sur les nombres et tu t'approprieras de nouvelles connaissances mathématiques. À la fin de ton exploration, on te proposera d'analyser certains nombres ou certaines opérations sur les nombres. Tu devras alors faire un choix et réaliser une affiche pour présenter ton analyse.

Controverse
chez les disciples
de Pythagore...

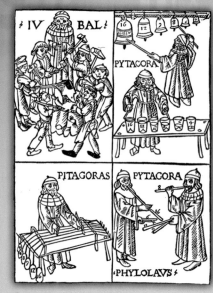

Pythagore serait né dans l'île grecque de Samos (tout près des côtes de l'actuelle Turquie) vers ‾580. Il voyagea beaucoup et acquit de nombreuses connaissances au cours de ses voyages. Lorsqu'il s'installa à Crotone (ville du sud de l'Italie), il partagea ses connaissances avec un groupe de gens qui observaient les phénomènes naturels et essayaient de les représenter à l'aide de modèles mathématiques pour ainsi mieux les comprendre.

Pythagore a établi un lien entre la musique et les nombres.

Les disciples de l'école de pensée pythagoricienne avaient la préoccupation de tout expliquer en élaborant un raisonnement rigoureux et convaincant à l'aide uniquement de nombres naturels ou de fractions.

Un jour, une controverse éclata au sujet d'un problème qui, au départ, pouvait paraître assez simple. Ce problème est reproduit ci-contre.

Quelle est la mesure de l'une des diagonales d'un carré dont les côtés mesurent une unité ?

1er TEMPS

Pour effectuer les tâches ci-dessous, imagine-toi à l'époque des disciples de Pythagore, il y a plus de 2500 ans. Bien sûr, tu n'aurais alors disposé d'aucun outil technologique.

a) Exprime la mesure exacte de la diagonale du carré.
Quelle relation as-tu utilisée pour obtenir cette mesure ?

b) En observant la figure, trouve un nombre fractionnaire correspondant à une bonne approximation de la valeur que tu as exprimée en **a)**.
Explique ton raisonnement.

> **RAPPEL**
>
> Un **nombre fractionnaire** s'exprime à l'aide d'un entier et d'une fraction. Par exemple, $2\frac{3}{4}$ est un nombre fractionnaire.

2e TEMPS

Joins-toi à un ou une camarade pour effectuer les tâches suivantes.

c) Ensemble, exprimez chacune de vos estimations à l'aide d'un nombre décimal.

d) Selon vous, quelle estimation est la plus près de la mesure recherchée ?
Expliquez votre réponse.

e) Trouvez une valeur plus précise que l'une ou l'autre de vos estimations.
Exprimez cette valeur à l'aide d'un nombre fractionnaire.

f) Comparez la valeur trouvée en **e)** avec celle d'une autre dyade. Laquelle est la plus près de la mesure recherchée ? Expliquez votre réponse.

g) Exprimez à l'aide d'un nombre fractionnaire la valeur exacte de la mesure recherchée. Expliquez votre démarche.

h) Selon vous, pourquoi la résolution de ce problème a-t-elle suscité une controverse chez les disciples de l'école pythagoricienne ?

> La Séquence en arithmétique et algèbre qui suit, aux pages 64 à 73, traite de l'ensemble des nombres réels et pourra t'aider à résoudre cette situation.

Défi à la grecque : $\sqrt{2}$ est-il vraiment un nombre irrationnel ?

Différents raisonnements ont été élaborés pour montrer l'irrationalité de $\sqrt{2}$. En voici un. Est-il convaincant pour toi ?

Supposons que l'on ait trouvé une fraction $\frac{p}{q}$ (où $p \in \mathbb{Z}$ et $q \in \mathbb{Z}^*$) qui est la valeur exacte de $\sqrt{2}$. S'il ne s'agit pas déjà d'une fraction réduite, on peut la réduire de manière que le numérateur et le dénominateur n'aient aucun diviseur commun. Disons que la fraction réduite est $\frac{a}{b}$ (où $a \in \mathbb{Z}$ et $b \in \mathbb{Z}^*$). Alors $\frac{a}{b} = \sqrt{2}$.

a) À partir de l'équation $\sqrt{2} = \frac{a}{b}$, exprime les manipulations qui conduisent à l'équation $2b^2 = a^2$.

b) Observe maintenant, dans le tableau ci-dessous, les différentes possibilités pour le chiffre des unités du carré des nombres représentés par a et b.

Si un nombre entier se termine par...	0	1	2	3	4	5	6	7	8	9
le carré de ce nombre devra se terminer par...	0	1	4	9	6	5	6	9	4	1
et donc le double du carré du nombre devra se terminer par...										

Reproduis et complète le tableau en indiquant par quel chiffre se terminera le double du carré d'un nombre dans tous les cas possibles.

c) Pour que deux nombres a et b soient tels que $2b^2 = a^2$, il faut, entre autres, que le dernier chiffre de a^2 soit le même que le dernier chiffre de $2b^2$. Or, selon le tableau rempli en **b)**, cette égalité des derniers chiffres n'est possible que pour des paires de nombres se terminant par des chiffres bien précis. Quels sont ces chiffres pour a et pour b ?

> Selon une légende, Hippase de Métaponte, le pythagoricien qui aurait démontré que la diagonale du carré ne peut s'exprimer comme un nombre fractionnaire du côté, aurait été assassiné, parce que les autres membres du groupe préféraient garder secret ce qu'il avait découvert...

La conséquence de ce que tu as trouvé en **c)** est que si deux nombres a et b satisfont l'égalité $2b^2 = a^2$, alors ils sont nécessairement divisibles tous les deux par 5. Cela signifie que $\frac{a}{b}$ n'est pas une fraction réduite. Or, au départ, on a supposé que la fraction $\frac{a}{b}$ était réduite. Serait-elle à la fois réduite et non réduite ? Non, c'est évidemment impossible. Donc, il ne peut pas y avoir de fraction réduite qui soit égale à $\sqrt{2}$.

L'ensemble des nombres réels

ACTIVITÉ 1 D'une forme à l'autre

Dans la vie de tous les jours, on voit des nombres partout. Selon le contexte d'utilisation, les nombres sont écrits sous diverses formes.

a) Quelles sont les formes d'écriture de nombres que tu connais ? Dans chaque cas, donne un exemple d'un nombre et décris un type de situation où cette forme d'écriture est souvent employée.

b) Compare tes réponses en **a)** avec celles d'un ou une camarade. Les situations que vous avez décrites sont-elles les mêmes ? Assurez-vous que tous les types d'écriture de nombres que vous connaissez soient représentés par au moins un exemple.

c) Écrivez sous la forme d'un nombre décimal la valeur exacte de tous les nombres que vous avez notés. Réussirez-vous à transformer tous vos exemples de nombres en nombre décimal ?

d) Écrivez sous la forme d'une fraction la valeur exacte de tous les nombres que vous avez donnés en exemple. Réussirez-vous à exprimer tous ces nombres sous la forme d'une fraction ?

> **RAPPEL**
>
> Un nombre décimal a une partie entière et une partie décimale comportant une suite finie de chiffres à droite de la virgule.

En groupe classe, validez vos réponses.

e) Selon vous, certains nombres peuvent-ils s'écrire sous la forme d'une fraction, mais pas sous celle d'un nombre décimal ? Si oui, donnez des exemples. Sinon, expliquez pourquoi.

» MISE EN PRATIQUE

1 Reproduis et complète le tableau suivant.

FRACTION OU NOMBRE FRACTIONNAIRE	NOMBRE DÉCIMAL	POURCENTAGE	RAPPORT	FORME EXPONENTIELLE
	0,0625			
				2^{-5}
			4 : 5	
		12,5 %		
$\frac{1}{3}$	---------			

» Corrigé, p. 361

Pourquoi ne peut-il pas y avoir de réponse dans la dernière case de la colonne « Nombre décimal » ?

PARTIE 1

La figure ci-contre est la représentation d'un carré dont l'aire, en unités carrées, est de 3.

a) Comment procéderais-tu pour trouver la mesure, en unités, de l'un des côtés du carré sans utiliser d'instrument de mesure ?

b) Joins-toi à un ou une camarade. Partagez vos façons de procéder, puis entendez-vous sur une façon de faire et calculez la mesure d'un côté du carré.

c) Comparez la mesure obtenue avec celles obtenues par d'autres élèves de la classe. Quelle mesure est la plus précise selon vous ? Quelle est la mesure exacte ?

PARTIE 2

La figure ci-contre est la représentation d'un cube dont le volume, en unités cubes, est de 5.

d) En dyade, calculez la mesure, en unités, de l'une des arêtes du cube.

e) Comparez la mesure obtenue avec celle des autres dyades. Selon vous, quelle mesure est la plus précise ? Quelle est la mesure exacte ?

> On obtient le **cube** d'un nombre en effectuant le produit de trois facteurs égaux à ce nombre.
>
> *Exemple :* 8 est le cube de 2, car $2 \times 2 \times 2 = 8$ ou $2^3 = 8$.
>
> Par contre, si l'on connaît le cube d'un nombre et que l'on cherche ce nombre, on recherche alors une **racine cubique**, notée $\sqrt[3]{}$.
>
> *Exemple :* $\sqrt[3]{64} = 4$
>
> On dit que 4 est la racine cubique de 64, car $4 \times 4 \times 4 = 64$ ou $4^3 = 64$.

PARTIE 3

f) Les mesures exactes trouvées aux parties **1** et **2** peuvent-elles s'écrire sous la forme d'une fraction ou d'un nombre décimal ? Expliquez votre réponse.

g) Quelle mesure est la plus grande : le côté du carré (partie **1**) ou l'arête du cube (partie **2**) ? Comment procéderiez-vous pour faire la comparaison ?

h) Connaissez-vous d'autres nombres dont la valeur exacte ne peut être exprimée sous la forme d'une fraction ou d'un nombre décimal ?

>> **MISE EN PRATIQUE**

1 Parmi les nombres suivants, détermine lesquels sont **rationnels** et lesquels sont **irrationnels**.

$$\sqrt{2}, \sqrt[3]{10}, \sqrt{121}, \sqrt[3]{36}, \sqrt[3]{343}, \sqrt{1000}, \sqrt[3]{1000}, \sqrt{169}$$

2 Donne trois autres exemples de nombres rationnels et trois autres exemples de nombres irrationnels.

> Les nombres pouvant s'écrire sous la forme d'une fraction ($\frac{a}{b}$, où a et b sont des entiers et $b \neq 0$) sont appelés des nombres **rationnels**. Sinon, ce sont des nombres **irrationnels**.

>> Corrigé, p. 361

L'ensemble des nombres réels

Les ensembles de nombres

Voici différents ensembles de nombres utilisés en mathématiques.

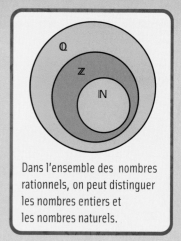

Dans l'ensemble des nombres rationnels, on peut distinguer les nombres entiers et les nombres naturels.

- Les nombres naturels, soit $\mathbb{N} = \{0, 1, 2, 3, 4, 5, \ldots\}$

- Les nombres entiers, soit $\mathbb{Z} = \{\ldots, {}^{-}3, {}^{-}2, {}^{-}1, 0, 1, 2, 3, \ldots\}$

- L'ensemble de tous les nombres pouvant s'écrire sous la forme d'une fraction ($\frac{a}{b}$, où a et b sont des entiers et $b \neq 0$). C'est l'ensemble des nombres rationnels, symbolisé par $\mathbb{Q}$.

Exemple : $\dfrac{2}{3}$; $-\dfrac{5}{7}$; $0{,}5$; 1 ; $^{-}100\ 000$; $8\dfrac{3}{5}$; $745\ 892$; 0 ; $9{,}999$ sont des nombres rationnels.

- Il y a aussi l'ensemble de tous les nombres dont la valeur exacte ne peut pas s'écrire sous la forme d'une fraction. C'est l'ensemble des nombres irrationnels, symbolisé par $\mathbb{Q}'$.

Exemple : $\sqrt{2}$, $\sqrt{3}$, $^{-}\sqrt{2}$, $\sqrt[3]{5}$, $\dfrac{\sqrt{3}}{2}$, π sont des nombres irrationnels.

Le regroupement de tous ces ensembles de nombres s'appelle l'ensemble des nombres réels, symbolisé par $\mathbb{R}$.

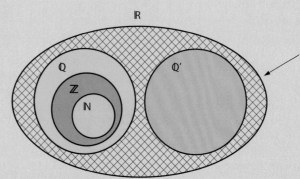

Aucun nombre ne peut se trouver dans la section hachurée, car tout nombre réel est soit rationnel, soit irrationnel.

La notation des ensembles de nombres

Dans une communication, il existe des façons d'indiquer certaines restrictions sur l'utilisation des nombres dans un ensemble donné.

- Un astérisque accompagnant le symbole d'un ensemble de nombres indique que le zéro ne doit pas être considéré. Par exemple : $\mathbb{N}^*$, $\mathbb{Z}^*$, $\mathbb{Q}^*$ ou $\mathbb{R}^*$.

Savais-tu que zéro est le seul nombre qui est considéré comme étant à la fois positif et négatif ?

- Si le signe $+$ ou le signe $-$ accompagne le symbole d'un ensemble de nombres, cela signifie que dans cet ensemble il ne faut considérer que les nombres positifs ou négatifs, selon le cas. Par exemple : $\mathbb{Z}_+$, $\mathbb{Q}_-$, $\mathbb{R}_+$.

Exemple : On peut indiquer plus d'une restriction : la notation $\mathbb{R}_+^*$ précise qu'il faut considérer tous les nombres réels positifs sans le zéro.

La notation décimale

Avec l'invention de la calculatrice, la notation décimale a pris une grande importance pour l'écriture des nombres réels. Lorsqu'on exprime certaines fractions sous la forme décimale, on obtient un développement décimal illimité et périodique.

Exemples:

$\dfrac{2}{3} = 0{,}666\ 66\ldots$, que l'on note $0{,}\overline{6}$ (la période est 6).

$\dfrac{5}{6} = 0{,}833\ 33\ldots$, que l'on note $0{,}8\overline{3}$ (la période est 3).

$\dfrac{3}{11} = 0{,}272\ 727\ 27\ldots$, que l'on note $0{,}\overline{27}$ (la période est 27).

$\dfrac{1}{7} = 0{,}142\ 857\ 142\ 857\ 142\ldots$, que l'on note $0{,}\overline{142\ 857}$ (la période est 142 857).

> Lorsqu'on écrit un nombre rationnel en notation décimale, la **période** est un groupe de chiffres qui se répètent indéfiniment dans la partie décimale.

Dans le cas des nombres irrationnels, leur forme décimale aura également un développement décimal illimité, mais non périodique.

Exemples: Les développements décimaux des nombres irrationnels $\sqrt{2}$, π et $\sqrt{101}$ ne deviennent jamais périodiques.

$$\sqrt{2} = 1{,}414\ 213\ 562\ 37\ldots$$

$$\pi = 3{,}141\ 592\ 653\ 59\ldots$$

$$\sqrt{101} = 10{,}049\ 875\ 621\ 12\ldots$$

> Pourquoi utilise-t-on les lettres $\mathbb{Q}$ et $\mathbb{Z}$ pour noter l'ensemble des nombres rationnels et celui des entiers relatifs ? C'est que les travaux menant à parler de ces nombres en termes d'ensembles sont principalement l'œuvre d'un Allemand, Richard Dedekind (1831-1916), et d'un Italien, Giuseppe Peano (1858-1932). Le $\mathbb{Z}$ correspond à la première lettre du mot allemand Zahl (nombre) et le $\mathbb{Q}$, à la première du mot italien quoziente (quotient). En fait, même $\mathbb{N}$ et $\mathbb{R}$ viennent de ces mathématiciens : de *naturale* (mot italien signifiant « naturel ») et de *real* (mot allemand signifiant « réel », que Dedekind représentait par la lettre gothique $\mathfrak{R}$).

EXERCICES

1 Les nombres suivants sont-ils rationnels ou irrationnels ?

a) $\sqrt{12}$ **c)** $3{,}1416$ **e)** $\sqrt{8}$ **g)** $\sqrt[3]{125}$ **i)** $5\dfrac{7}{8}$

b) π **d)** $^{-}99$ **f)** $^{-}105{,}7$ **h)** $\sqrt{625}$ **j)** $^{-}\sqrt{100}$

2 Détermine si les énoncés suivants sont vrais ou faux.

a) $\dfrac{1}{7} = 0{,}142\ 857$ **c)** $\sqrt{2} = 1{,}\overline{41}$ **e)** $\sqrt{25}$ est rationnel.

b) $\dfrac{2}{3} \neq 0{,}67$ **d)** $\sqrt{5} = 2{,}236\ 067\ 9\overline{7}$ **f)** $\dfrac{83}{66}$ n'est pas rationnel.

3 Reproduis et complète le tableau de nombres ci-dessous. Pour la notation fractionnaire, trouve l'expression la plus réduite possible ; dans la notation décimale, identifie la période ; et dans le cas des pourcentages, arrondis à l'unité.

NOTATION FRACTIONNAIRE	NOTATION DÉCIMALE	POURCENTAGE
$\dfrac{1}{5}$		
	$0,\overline{6}$	
$\dfrac{4}{9}$		
	$6,\overline{3}$	
		15 %
$2\dfrac{1}{8}$		
		8 %
	$0,25$	

4 Écris les nombres suivants sous la forme décimale. Lorsqu'il y a une période, indique-la à l'aide d'un trait au-dessus des chiffres qui la composent.

a) $\dfrac{1}{3}$

c) $\dfrac{4}{7}$

e) $2\dfrac{3}{4}$

g) $-\dfrac{5}{12}$

b) $\dfrac{333}{1000}$

d) $\dfrac{5}{8}$

f) $12\dfrac{2}{9}$

h) $\sqrt{5}$

5 Compare les nombres suivants en utilisant les symboles $<$, $>$ ou $=$.

a) $2,41$ et $2,\overline{4}$

b) $0,7$ et $0,\overline{70}$

c) $0,5\overline{6}$ et $0,5\overline{62}$

d) $9,\overline{3}$ et $9,\overline{33}$

6 Trouve trois nombres qui se situent entre

a) $2,3$ et $2,4$

c) $7,008$ et $7,0081$

e) $0,\overline{3}$ et $0,\overline{4}$

b) $^{-}3,01$ et $^{-}3,1$

d) 0 et $0,000\,09$

f) $\sqrt{2}$ et $\sqrt{3}$

7 Place les nombres suivants par ordre croissant.

$$\dfrac{1}{3} \qquad 1,5 \qquad \dfrac{^{-}5}{12} \qquad ^{-}1,\overline{4} \qquad 2\dfrac{1}{2}$$

$$^{-}\sqrt{2} \qquad \pi \qquad \sqrt{4} \qquad -\dfrac{5}{5} \qquad \dfrac{6}{2}$$

8 Complète les énoncés avec le symbole $\in$ ou $\notin$.

a) $\sqrt{144} \,...\, \mathbb{Q}$

e) $\sqrt{1} \,...\, \mathbb{Q}$

b) $4\frac{1}{2} \,...\, \mathbb{Q}$

f) $3,56 \,...\, \mathbb{Q}'$

c) $\sqrt{400} \,...\, \mathbb{Q}'$

g) $\pi \,...\, \mathbb{Q}'$

d) $\sqrt[3]{64} \,...\, \mathbb{Q}$

h) $^-\sqrt{25} \,...\, \mathbb{Q}$

> Le symbole $\in$ placé entre un élément et un ensemble signifie « est un élément de l'ensemble » et le symbole $\notin$ signifie « n'est pas un élément de l'ensemble ».
>
> *Exemple :* $2 \in \mathbb{N}$ et $\sqrt{3} \notin \mathbb{Q}$ sont des énoncés vrais, car 2 est un nombre naturel et $\sqrt{3}$ n'est pas un nombre rationnel.

9 Les énoncés ci-dessous sont-ils vrais ou faux ?

a) $^-5 \in \mathbb{N}^*$

e) $\frac{5}{7} \notin \mathbb{Q}$

b) $0 \in \mathbb{Q}$

f) $^-\sqrt[3]{27} \in \mathbb{Q}_-$

c) $3,1416 \notin \mathbb{Q}'$

g) $1,154\ 89 \in \mathbb{Q}$

d) $\sqrt[3]{125} \in \mathbb{Q}'$

h) $2,5 \in \mathbb{Z}$

10 a) Reproduis en plus grand le schéma ci-dessous et place les nombres dans la région appropriée.

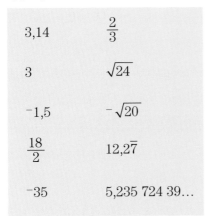

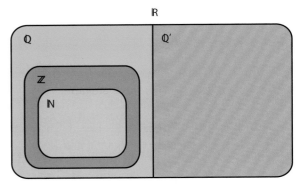

b) Tous ces nombres sont-ils des nombres réels ? Existe-t-il un nombre réel qui n'est ni rationnel ni irrationnel ? Si oui, lequel ?

11 Précise le ou les ensembles de nombres auxquels appartiennent les nombres suivants.

a) $-\frac{1}{4}$

c) $\frac{8}{4}$

e) $^-\sqrt{8}$

g) $^-2\frac{1}{4}$

i) $3,5$

b) π

d) $\sqrt{16}$

f) $^-9$

h) $1,256...$

j) $2,6\overline{89}$

12 Reproduis et complète le tableau ci-dessous en utilisant le symbole $\in$ ou $\notin$.

	$\mathbb{N}^*$	$\mathbb{N}$	$\mathbb{Z}$	$\mathbb{Z}_-$	$\mathbb{Q}$	$\mathbb{Q}'$	$\mathbb{R}^*_+$	$\mathbb{R}$
$15,5$								
$\sqrt{34}$								
$\dfrac{7}{9}$								
$^-38$								
0								
$\dfrac{-5}{4}$								
$-\sqrt{16}$								
π								
$-\sqrt[3]{36}$								
$\sqrt{121}$								

APPLICATIONS

13 Pour écrire en notation fractionnaire un nombre exprimé en notation décimale et comportant une période, on peut procéder de la façon suivante.

DESCRIPTION	EXEMPLE 1	EXEMPLE 2	EXEMPLE 3
Représenter ce nombre par *n*. (Si la partie décimale ne commence pas par la période, multiplier par une puissance de 10 appropriée.)	$n = 0,\overline{56}$	$n = 1,\overline{2}$	$n = 7,2\overline{4}$ $10n = 72,\overline{4}$
En multipliant par une puissance de 10, trouver une équation équivalente de manière à ce que le ou les chiffres composant la période se retrouvent dans la partie entière.	$100n = 56,\overline{56}$	$10n = 12,\overline{2}$	$100n = 724,\overline{4}$
De l'équation équivalente obtenue, soustraire l'équation initiale. On élimine ainsi la période dans la partie décimale.	$\begin{aligned}100n &= 56,\overline{56}\\ -\quad n &= 0,\overline{56}\\ \hline 99n &= 56\end{aligned}$	$\begin{aligned}10n &= 12,\overline{2}\\ -\quad n &= 1,\overline{2}\\ \hline 9n &= 11\end{aligned}$	$\begin{aligned}100n &= 724,\overline{4}\\ -\ 10n &= 72,\overline{4}\\ \hline 90n &= 652\end{aligned}$
Isoler *n* dans l'équation obtenue.	$n = \dfrac{56}{99}$	$n = \dfrac{11}{9}$ ou $1\dfrac{2}{9}$	$n = \dfrac{652}{90}$ ou $\dfrac{326}{45}$

a) En suivant cette méthode, écris les nombres ci-dessous en notation fractionnaire.

1) $0,\overline{5}$

2) $1,\overline{45}$

3) $0,8\overline{3}$

4) $^-1,5\overline{7}$

5) $1,6\overline{45}$

6) $3,\overline{285\ 714}$

b) Crois-tu que $0,\overline{9} = 1$? Explique ta réponse.

14 La figure ci-contre illustre un procédé pour situer un nombre irrationnel sur une droite numérique.

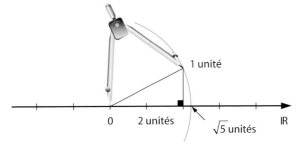

a) Quelles propriétés géométriques sont utilisées dans ce procédé pour situer le nombre $\sqrt{5}$ sur la droite numérique ?

b) Trace une droite numérique pour y situer les nombres irrationnels suivants en t'inspirant du procédé illustré. Laisse les traces de ta construction.

1) $\sqrt{2}$ **2)** $\sqrt{10}$ **3)** $^-\sqrt{5}$ **4)** $\sqrt{3}$ **5)** $\sqrt{20}$

15 **a)** À quel ensemble de nombres le résultat des opérations suivantes appartient-il ?

1) $(^-5) + 7$

2) $3 + \dfrac{1}{2}$

3) $-\dfrac{1}{2} + 3{,}54$

4) $2{,}35 + 0{,}\overline{3}$

5) $7 + (^-3)$

6) $\dfrac{1}{4} + (-\dfrac{3}{4})$

7) $2{,}35 + 3$

8) $\sqrt{2} + \sqrt{2}$

9) $(^-15) + (^-2)$

10) $\dfrac{1}{3} + \dfrac{1}{5}$

11) $8{,}5 + (^-3{,}5)$

12) $\sqrt{2} + (^-\sqrt{2})$

b) Selon les résultats obtenus en **a)**, quels ensembles, parmi $\mathbb{Z}$, $\mathbb{Q}$, $\mathbb{Q}'$ et $\mathbb{R}$, sont fermés pour l'addition ?

> ### FERMETURE DES OPÉRATIONS
>
> En mathématiques, on dit qu'un ensemble de nombres est fermé pour une opération donnée si, en effectuant cette opération avec n'importe quels éléments de l'ensemble de nombres, on obtient toujours un résultat qui est un élément de cet ensemble.
>
> Par exemple, l'ensemble des nombres naturels ($\mathbb{IN}$) est fermé pour l'addition, car peu importe les nombres naturels que l'on additionne, on obtient toujours un résultat qui est un nombre naturel.
>
> Par contre, les nombres naturels ne sont pas fermés pour la soustraction, car il est possible de trouver au moins un cas de soustraction où le résultat n'est pas un élément des nombres naturels.
>
> *Exemple* : $2 - 3 \notin \mathbb{IN}$.

16 **a)** À quel ensemble de nombres le résultat des opérations suivantes appartient-il ?

1) $(^-5) - 7$

2) $3 - \dfrac{1}{2}$

3) $\dfrac{1}{2} - 3{,}54$

4) $2{,}35 - 0{,}\overline{3}$

5) $7 - (^-3)$

6) $\dfrac{1}{4} - (-\dfrac{3}{4})$

7) $2{,}35 - 3$

8) $\sqrt{2} - \sqrt{2}$

9) $(^-15) - (^-2)$

10) $\dfrac{1}{3} - \dfrac{1}{5}$

11) $8{,}5 - (^-3{,}5)$

12) $\sqrt{2} - (^-\sqrt{2})$

b) Selon les résultats obtenus en **a)**, quels ensembles, parmi $\mathbb{Z}$, $\mathbb{Q}$, $\mathbb{Q}'$ et $\mathbb{R}$, sont fermés pour la soustraction ?

17 a) Effectue les opérations suivantes.

1) $7 \div 2$ **3)** $(^-5) \div 7$ **5)** $3 \div \frac{1}{2}$ **7)** $\frac{1}{2} \div 3,54$ **9)** $\sqrt{3} \div \sqrt{3}$

2) $27 \div 39$ **4)** $6 \div (^-3)$ **6)** $\frac{1}{4} \div (-\frac{3}{4})$ **8)** $^-8,5 \div {}^-3,5$ **10)** $\sqrt{2} \div (^-\sqrt{2})$

b) Selon les résultats obtenus en **a)**, précise quels ensembles, parmi $\mathbb{N}^*$, $\mathbb{Z}^*$, $\mathbb{Q}^*$, $\mathbb{Q}'^*$ et $\mathbb{R}^*$, sont fermés pour la division. Qu'en est-il des ensembles $\mathbb{N}$, $\mathbb{Z}$, $\mathbb{Q}$, $\mathbb{Q}'$ et $\mathbb{R}$ pour la division ?

---

18 Une **fraction égyptienne** correspond à une somme de fractions dont chaque numérateur est 1 et dont les dénominateurs appartiennent à $\mathbb{Z}_+$. De plus, les dénominateurs doivent être différents les uns des autres.

a) Parmi les trois expressions ci-dessous, laquelle ou lesquelles correspondent à une fraction égyptienne ?

1) $\frac{1}{2} + \frac{2}{5} + \frac{1}{6}$ **2)** $\frac{1}{3} + \frac{1}{\sqrt{2}} + \frac{1}{7}$ **3)** $\frac{1}{6} + \frac{1}{8} + \frac{1}{2}$

b) Parmi les fractions égyptiennes suivantes, laquelle représente le nombre 1 ?

1) $\frac{1}{2} + \frac{1}{4} + \frac{1}{5} + \frac{1}{20}$ **2)** $\frac{1}{2} + \frac{1}{3} + \frac{1}{4}$ **3)** $\frac{1}{2} + \frac{1}{3} + \frac{1}{6}$

c) Est-ce possible de représenter le nombre $\sqrt{2}$ par une fraction égyptienne ? Explique ta réponse.

PROBLÈMES

19 Avant l'existence de la calculatrice, on utilisait diverses techniques pour trouver une valeur approximative des racines carrées. L'une d'elles est la technique des fractions continues. Pour trouver une valeur proche de $\sqrt{2}$, la suite de fractions suivante était utilisée :

$$\frac{1}{1}, \ \frac{3}{2}, \ \frac{7}{5}, \ \frac{17}{12}, \ \frac{41}{29}, \ \cdots$$

Pour former une fraction de la suite, on procédait de la façon suivante.

POUR LE NUMÉRATEUR	Au dénominateur de la fraction précédente, on additionne la somme de son numérateur et de son dénominateur.	$12 + (17 + 12) = 41$
POUR LE DÉNOMINATEUR	On fait la somme du numérateur et du dénominateur de la fraction précédente.	$17 + 12 = 29$

Ainsi, à partir de $\frac{17}{12}$, on a formé $\frac{41}{29}$.

a) Trouve trois autres fractions qui composent cette suite.

b) Parmi les huit premières fractions de cette suite, laquelle peut être considérée comme la meilleure approximation de $\sqrt{2}$? Explique ta réponse.

c) Trouve une fraction qui serait une meilleure approximation de $\sqrt{2}$ que celle déterminée en **b)**.

20 Lorsqu'on place à la banque un capital de 10 000 $ à un taux d'intérêt composé de 1 % calculé mensuellement, cela signifie que chaque mois le capital augmente de 1 % par rapport au mois précédent, comme il est démontré ci-dessous.

NOMBRE DE MOIS	CAPITAL ACCUMULÉ
Après 1 mois	$1,01 \times 10\ 000\ \$ = 10\ 100\ \$$
Après 2 mois	$1,01 \times 10\ 100\ \$ = 1,01 \times 1,01 \times 10\ 000\ \$ = 10\ 201\ \$$
Après 3 mois	$1,01 \times 10\ 201\ \$ = 1,01 \times 1,01 \times 1,01 \times 10\ 000\ \$ = 10\ 303,01\ \$$

En d'autres mots, après n mois, le capital accumulé est de $1,01^n \times 10\ 000\ \$$.

a) D'après toi, placer 1000 $ à un taux d'intérêt composé de 1 % calculé mensuellement équivaut-il à placer 1000 $ à un taux d'intérêt composé de 4 % calculé tous les quatre mois ? Explique ta réponse.

b) Imagine que tu as 2000 $ à placer. Trouve, en procédant par essais et erreurs, le taux d'intérêt composé calculé mensuellement qui serait équivalent à un taux d'intérêt composé de 6 % calculé tous les trois mois.

> Le Laboratoire d'outils technologiques qui suit, aux pages 74 à 85, traite des propriétés des exposants et des exposants fractionnaires, et pourra t'aider à résoudre entièrement cette situation.

c) Élise prétend que le taux d'intérêt déterminé en **b)** est un nombre rationnel. Que penses-tu de cette affirmation ? Quelle est la valeur exacte de ce taux ?

≫ AUTOÉVALUATION

1 Observe la figure ci-contre. Le carré **ABCD** a été tracé en joignant les milieux des côtés du carré **EFGH**.

a) Si le carré **ABCD** a des côtés d'une longueur de 1 unité, quelle est l'aire du carré **EFGH** ? Explique ton raisonnement. Ce nombre est-il rationnel ?

b) Trouve la mesure du côté du carré **EFGH**. Ce nombre est-il rationnel ?

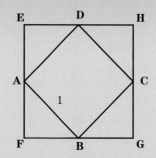

2 **a)** À quel ensemble de nombres le résultat des opérations suivantes appartient-il ?

1) 7×2

2) 8×4

3) 27×39

4) $(^-5) \times 7$

5) $7 \times (^-3)$

6) $(^-15) \times (^-2)$

7) $3 \times \dfrac{1}{2}$

8) $\dfrac{1}{4} \times \left(^-\dfrac{3}{4}\right)$

9) $\dfrac{5}{3} \times \dfrac{6}{5}$

10) $\dfrac{1}{2} \times 3,54$

11) $2,35 \times 3$

12) $8,5 \times (^-3,5)$

13) $2,35 \times 0,\overline{3}$

14) $\sqrt{2} \times \sqrt{3}$

15) $\sqrt{2} \times (^-\sqrt{2})$

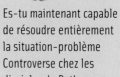

> Es-tu maintenant capable de résoudre entièrement la situation-problème Controverse chez les disciples de Pythagore…, aux pages 62 et 63 ?

b) Selon les résultats obtenus en **a)**, quels ensembles, parmi $\mathbb{N}$, $\mathbb{Z}$, $\mathbb{Q}$, $\mathbb{Q}'$ et $\mathbb{R}$, sont fermés pour la multiplication ?

≫ Corrigé, p. 361

Les propriétés des exposants et les exposants fractionnaires

Les propriétés des exposants

a) Sans utiliser ta calculatrice, remplis le tableau de la feuille que l'on te remet.

b) Fais équipe avec un ou une camarade. Ensemble, validez d'abord vos réponses.

> Comment parviens-tu à calculer une exponentiation sur ta calculatrice ?

c) Choisissez l'un des questionnements ci-dessous. Amorcez votre réflexion à l'aide des valeurs du tableau rempli en **a)**. Précisez ensuite vos réponses en utilisant des valeurs de votre choix $(a \neq 0)$. Trouvez des arguments convaincants pour appuyer vos réponses.

Questionnement 1

Si m et n représentent des nombres entiers,

- l'expression $a^m \cdot a^n$ est-elle équivalente à l'expression a^{m+n} ?
- l'expression $\left(\dfrac{a^m}{b^n}\right)$ est-elle équivalente à l'expression a^{m-n} ?
- l'expression $(a^m)^n$ est-elle équivalente à l'expression a^{mn} ?

Questionnement 2

Si m et n représentent des nombres entiers,

- l'expression $a^m \cdot b^m$ est-elle équivalente à l'expression $(ab)^m$?
- l'expression $\left(\dfrac{a}{b}\right)^m$ est-elle équivalente à l'expression $\dfrac{a^m}{b^m}$?

---

d) Joignez-vous aux membres d'une dyade n'ayant pas exploré le même questionnement que vous. Présentez-leur vos réponses et réflexions. Celles-ci les convainquent-ils ?

e) En groupe classe, partagez vos réflexions sur les deux questionnements.

> Le point dans une expression algébrique indique une multiplication : il permet d'éviter d'utiliser le signe $\times$, qui peut être confondu avec la variable x. Une autre solution consiste à écrire les facteurs l'un à côté de l'autre en se servant au besoin de parenthèses.

» MISE EN PRATIQUE

1 Écris les expressions algébriques suivantes sous une forme réduite.

a) $(x \cdot x \cdot x)(y \cdot y)(z \cdot z \cdot z \cdot z)$

b) $\dfrac{n \cdot n \cdot n + (m \cdot m \cdot m \cdot m)(p \cdot p)}{m \cdot m \cdot n \cdot p}$

c) $\dfrac{a \cdot a \cdot a \cdot b \cdot b \cdot c}{(a \cdot a \cdot b)(a \cdot a \cdot a \cdot b \cdot b)} + (a \cdot a \cdot b \cdot b \cdot c \cdot c \cdot c)$

d) $\dfrac{(x \cdot x \cdot x)^2(y \cdot y \cdot z)^3}{xy^2z}$

2 Réduis les expressions suivantes.

a) $\dfrac{a^2b^2a^3}{b}$

b) $m^3 + \dfrac{m^2n^5}{n^4}$

c) $\left(x^2y^3\right)^2 + \dfrac{x^6y^2}{x^5}$

d) $\left(\dfrac{a^4}{a^3b}\right)^2$

» Corrigé, p. 361

Les exposants fractionnaires

a) Reproduis et remplis le tableau ci-dessous (s'il y a lieu, arrondis au dix-millième).

a	$\sqrt{a}$	$a^{\frac{1}{2}}$	$a^{\frac{3}{2}}$	$\sqrt{a^3}$
1				
2				
3				
4				
5				
6				
7				
8				
9				

Avec ta calculatrice, comment parviens-tu à calculer une exponentiation comportant un exposant fractionnaire ?

b) Joins-toi à un ou une camarade et, ensemble, validez vos réponses.

c) En vous basant sur les valeurs du tableau que vous avez rempli, que pouvez-vous dire de l'affirmation suivante ?

> Si m et n représentent des nombres entiers ($n \neq 0$), l'expression $a^{\frac{m}{n}}$ est équivalente à l'expression $\sqrt[n]{a^m}$.

Précisez votre réponse en utilisant des valeurs positives de a.

›› MISE EN PRATIQUE

1 Écris les expressions suivantes à l'aide d'un radical, puis évalue-les. S'il y a lieu, arrondis-les au centième.

a) $169^{\frac{1}{2}}$ **b)** $8^{\frac{2}{3}}$ **c)** $625^{\frac{1}{4}}$ **d)** $6^{\frac{3}{4}}$ **e)** $2^{\frac{1}{2}} \times 2^{\frac{1}{4}}$

2 Écris les expressions suivantes à l'aide d'un exposant.

a) $\sqrt{2}$ **b)** $\sqrt[3]{3^2}$ **c)** $\sqrt{4^3}$ **d)** $\sqrt[4]{5^3}$ **e)** $\sqrt{6^2 \times 6^3}$

3 Évalue les expressions suivantes, sachant que $a = 2$ et $b = 3$. S'il y a lieu, arrondis ton résultat au centième.

a) $\sqrt[3]{a^2}$ **b)** $\sqrt{a^3}$ **c)** $\sqrt{6ab}$ **d)** $(5b)^{\frac{2}{3}}$ **e)** $a^{\frac{3}{2}} \cdot b^{\frac{1}{2}}$

›› Corrigé, p. 361

Les propriétés des exposants et les exposants fractionnaires

Les propriétés des exposants

Si a représente n'importe quel nombre réel (sauf 0) et que m représente un nombre naturel, alors $a^{-m} = \dfrac{1}{a^m}$ et $a^0 = 1$.

Si m et n représentent des nombres entiers et que a et b représentent des nombres réels, alors les cinq propriétés des exposants ci-dessous sont vraies.

Propriété 1 : $a^m \times a^n = a^{m+n}$

Exemples :   **1)** $4^5 \times 4^3 = 4^{5+3}$ ou 4^8 **2)** $10^{-3} \times 10^7 = 10^{-3+7}$ ou 10^4 **3)** $y^2 \cdot y^4 = y^{2+4}$ ou y^6

Propriété 2 : $\dfrac{a^m}{a^n} = a^{m-n}$

Exemples :   **1)** $\dfrac{3^7}{3^2} = 3^{7-2}$ ou 3^5 **2)** $\dfrac{10^4}{10^9} = 10^{4-9}$ ou 10^{-5} **3)** $\dfrac{x^4}{x^5} = x^{4-5}$ ou x^{-1}

Propriété 3 : $(a^m)^n = a^{mn}$

Exemples :   **1)** $(5^2)^3 = 5^{2\times3}$ ou 5^6 **2)** $(x^4)^2 = x^{4\times2}$ ou x^8

Propriété 4 : $a^m \times b^m = (ab)^m$

Exemples :   **1)** $2^4 \times 3^4 = (2 \times 3)^4$ ou 6^4 **3)** $(xy)^5 = (x \cdot y)^5$ ou x^5y^5

2) $x^2y^2 = (x \cdot y)^2$ ou $(xy)^2$ **4)** $10^3 = (2 \times 5)^3$ ou $2^3 \times 5^3$

Propriété 5 : $\left(\dfrac{a}{b}\right)^m = \dfrac{a^m}{b^m}$, $(b \neq 0)$

Exemples :   **1)** $\left(\dfrac{3}{5}\right)^2 = \dfrac{9}{25}$ **2)** $\left(\dfrac{x}{y}\right)^3 = \dfrac{x^3}{y^3}$ **3)** $\dfrac{6^4}{3^4} = \left(\dfrac{6}{3}\right)^4$ ou 2^4

L'interprétation des exposants fractionnaires

Si m et n représentent des entiers positifs et que a représente un nombre réel, alors $a^{\frac{m}{n}} = \sqrt[n]{a^m}$, $(n \neq 0)$.

Exemples : $5^{\frac{4}{3}} = \sqrt[3]{5^4}$

$4^{\frac{3}{2}} = \sqrt{4^3}$ ⟵ Un radical n'ayant pas d'indice indique que l'on veut évaluer la racine carrée.

$x^{\frac{1}{4}} = \sqrt[4]{x}$

$\sqrt[3]{y^2} = y^{\frac{2}{3}}$

1 Effectue les opérations suivantes.

a) $7^3 \times 7^8$

b) $5^5 \times 5^9 \times 5^2$

c) $3^{-4} \times 3^{-2} \times 3^8$

d) $2^5 \times 2^6 \times 2^{-2}$

e) $(8 \times 7)^5$

f) $(2 \times 3 \times 4)^3$

g) $\left(-\dfrac{1}{2}\right)^3 \times \left(-\dfrac{1}{2}\right)^4$

h) $\left(\dfrac{2}{3}\right)^0 \times \left(\dfrac{2}{3}\right)^4 \times \left(\dfrac{2}{3}\right)^{-1}$

Avant que l'on en vienne à écrire les puissances de x avec des exposants, différentes façons de faire furent proposées. Ainsi, en 1172, al-Samaw'al (v. 1130 – v. 1180) utilisait un tableau divisé en colonnes, un peu comme un abaque. Il pouvait ainsi effectuer des calculs aussi bien avec des puissances de l'inconnue que de l'inverse de l'inconnue. L'idée d'un exposant négatif se trouve dans un manuscrit de la Renaissance écrit par Nicolas Chuquet (1445-1500), un professeur enseignant à des fils de marchands. Celui-ci écrivait 5^{m2} pour $5x^{-2}$. La façon actuelle d'écrire les exposants, même fractionnaires, a été popularisée par le grand Isaac Newton à la fin des années 1600. Imagine, il a fallu plus de 500 ans pour en arriver à la notation efficace que l'on connaît aujourd'hui !

2 Trouve les quotients demandés.

a) $5^{13} \div 5^8$

b) $3^4 \div 3^{-3}$

c) $7^{-2} \div 7^{-8}$

d) $2^{-4} \div 2^3$

e) $\left(\dfrac{1}{4}\right)^6 \div \left(\dfrac{1}{4}\right)^8$

f) $(4^3 \times 3^2 + 4^2) \div 2^3$

3 Réduis les expressions suivantes. Donne ta réponse à l'aide d'exposants positifs seulement.

a) $a^6 \cdot a^2 \cdot a^{-5}$

b) $b^0 \cdot b^{-2} \cdot b^2$

c) $(xy) \cdot (xyz)^{-2}$

d) $a^6 \cdot a^5 \div a^9$

e) $(3a^2b)^4$

f) $\left(\dfrac{x^{-1}}{y^2}\right)^4$

g) $(2a^2 \div b)^2$

h) $\left(\dfrac{3a^2b^2}{c}\right)^4$

i) $\left(\left(\dfrac{1}{x}\right)^2\right)^{-2}$

4 Effectue les opérations suivantes.

a) 5^3

b) $\left(\dfrac{2}{5}\right)^4$

c) $(^-3)^3$

d) $(2^2)^6$

e) $(^-5^3)^2$

f) $2^4 + (^-2)^2$

g) $3^5 \times (^-3^2) \div 3^4$

h) $10^3 \times 10^2 \div 10^4 + 10^3$

i) $2^4 \times 5^2 \times 2 \div 2^3$

5 Écris les expressions ci-dessous à l'aide d'un radical.

a) $5^{\frac{1}{2}}$

b) $a^{\frac{1}{3}}$

c) $b^{\frac{2}{5}}$

d) $\left(y^2\right)^{\frac{1}{3}}$

e) $(a^3)^{\frac{1}{2}}$

f) $\left(5a^2\right)^{\frac{2}{3}}$

g) $7^{\frac{3}{5}}$

h) $20^{\frac{1}{3}}$

6 Exprime les expressions suivantes sans radical.

a) $\sqrt[3]{6}$

b) $\sqrt{a^3}$

c) $\sqrt{ab^3}$

d) $\sqrt[4]{2^2 \times 3^3}$

7 Reproduis et complète le tableau suivant. Chaque colonne doit contenir des expressions équivalentes.

EXPRESSION NE CONTENANT PAS DE RADICAL	$\left(2^{\frac{3}{2}}5^{\frac{1}{3}}\right)^{-2}$		$\dfrac{ab^2}{a^{\frac{1}{2}}b^{\frac{4}{3}}}$	
EXPRESSION NE CONTENANT PAS D'EXPOSANT FRACTIONNAIRE		$\sqrt[3]{x}\cdot\sqrt{xy}$		$\dfrac{\sqrt{2\cdot3}}{2\cdot\sqrt[5]{3}}$

8 Effectue les opérations ci-dessous sachant que $a = 3$ et $b = 2$.

a) $\left(\dfrac{a^4b}{a^2b^0}\right)^2$

b) $\left(\dfrac{a}{b}\right)^2 \div \left(\dfrac{a}{b}\right)^{-1} + \left(\dfrac{a}{b}\right)^3$

c) $(a^3b^2)^{-2} \div (a^{-3}b^{-2})^3$

9 Dans les expressions ci-dessous, quelle valeur faut-il donner à x pour que chaque énoncé soit vrai?

a) $2^6 = 2^{-2} \times 2^x$

b) $3^8 = 3^6 \div 3^x$

c) $5^{14} = (5^x)^3$

d) $7^2 \times 6^3 = (7^4 \times 6^6)^x$

e) $5^6 = 5^8 \times 5^x \div 5^{2x}$

f) $\dfrac{2}{3^6} = \left(\dfrac{2^{\frac{1}{3}}}{3^2}\right)^x$

10 Les énoncés suivants sont-ils vrais ou faux?

a) $(xy)^2 = xy^2$

b) $(x + y)^3 = x^3 + y^3$

c) $(2xy)^2 = 2x^2y^2$

d) $(a - b)^4 = a^4 - b^4$

e) $\left(\dfrac{a}{b}\right)^2 = \dfrac{a^2}{b}$

f) $(7x^2y)^3 = 343x^6y^3$

g) $(ab)^0 = ab$

h) $(^-3xy)^4 = 81x^4y^4$

i) $ab^2a^{\frac{1}{2}} = a^{\frac{3}{2}}b^2$

11 Réduis les expressions ci-dessous.

a) $\dfrac{x^5 x^7}{x^2 x^0}$

b) $\left(\dfrac{x^2 y}{y}\right)^2 \left(\dfrac{y^3}{x}\right)^2$

c) $\dfrac{\left(\dfrac{1}{2}\right)^3 \left(\dfrac{1}{2}\right)^2}{\left(\dfrac{1}{2}\right)^{-3} \left(\dfrac{1}{2}\right)^0}$

d) $\left(3 \cdot \left(2x^2\right)^{-2}\right)^{-1}$

e) $\left(\dfrac{a}{b}\right)^4 \div \left(\dfrac{a}{b}\right)^{-1} + \left(\dfrac{a}{b}\right)^2$

f) $\left(\dfrac{x^2 y^3}{xy^2}\right)^2$

g) $\left(\dfrac{m^2}{n^5}\right)^2 \cdot \left(\dfrac{m^4 n^{10}}{m}\right)$

h) $\left(\dfrac{m^2 \cdot \left(m^3\right)^{-2} \cdot m}{m^3 \cdot m^4 \cdot m^0}\right)$

i) $\left(\dfrac{x^4 y^3}{x^2}\right)^2 + \left(\dfrac{x^3 y^4}{xy^2}\right)^3$

j) $\left(\dfrac{x^3}{xy^2}\right)^2$

12 Pour que les énoncés suivants soient vrais, quelle doit être la valeur de y ?

a) $(3^4 \times 9^2)^{\frac{1}{2}} \times 9 = 3^y$

b) $16^{\frac{x}{2}} = (2^2)^3$

c) $\left(\dfrac{2}{3^2}\right)^{\frac{1}{2}} \div \dfrac{1}{3} = 3^y \cdot \sqrt{2}$

d) $9y = 3^3 \cdot 5$

e) $a^2 b \times (a^2 b)^{-2} \div a^{\frac{1}{2}} = a^y b^{-1}$

f) $\left(m^4 n^3 m^2\right)^{\frac{1}{3}} \div m^5 n = m^y n^{3+y}$

13 Détermine si les énoncés suivants sont vrais ou faux.

a) $2^3 + 2^{-3} = (2^{-4})^{\frac{1}{4}} \times 2$

b) $\left(\dfrac{3^5}{27}\right)^{-2} = 9^{-3} \times 3^2$

c) $(m^2 n^3)^{-2} = m^0 n^1$

d) $(2 \div 16)^{-1} = 2^4 + (^-2)^3$

e) $m^5 n^{-2} + \dfrac{m^3}{(mn)^{-2}} = 0$

f) $(2ab)^3 = 6a^3 b^3$

g) $\left(\dfrac{a}{2^0}\right)^{-3} = a^{\frac{1}{3}}$

h) $\left(\sqrt[3]{a} \cdot b\right)^3 = a^0 b^3$

14 Trouve la valeur exacte des expressions numériques suivantes.

a) $3^3 + 2^{-3}$

b) $(9)^{-2} \div 3^{-5} + (5^3 \cdot 5^{-5} \cdot 5^3)^0$

c) $\left(\dfrac{2^4 \cdot 2^{-5}}{2^3}\right)^{\frac{1}{2}} \times \sqrt[3]{2^9 \cdot 6^0}$

d) $(4 \div 16)^{-2} \times \sqrt{2^3}$

e) $\dfrac{10^3}{\sqrt{100}} - 3^2$

f) $(^-3)^2 \times 3^{-3} + \left(\dfrac{3}{2}\right)^{-1}$

g) $\dfrac{3^4}{(^-3)^3} + (2^2 + 2)^2$

h) $(3^4 + 3^2)^2 \times \left(3^2 \cdot 3 + \sqrt[3]{27^2}\right)^{-2}$

15 Réduis les expressions suivantes.

a) $\dfrac{\sqrt[3]{2^6} \times 4^5}{2^{-2}}$

b) $\dfrac{\sqrt[3]{2^{-6}} \times 4^5}{2^{-2}}$

c) $\dfrac{b^4 c^4}{b^2 b^{-1}} + \dfrac{b^5}{\sqrt[4]{b^8}}$

d) $\left(\dfrac{25}{5^{-3}}\right)^{\frac{1}{2}} \times 5^{\frac{-3}{2}}$

e) $x^6 \dfrac{\sqrt{4x}}{2^3 x^4}$

f) $(ab)^2 + \dfrac{3a^{-3}b^2}{a^{-5}}$

g) $\sqrt[5]{32^3} \div 2^4$

h) $\left(\dfrac{x^3}{y}\right)\left(\dfrac{x}{y^{-1}}\right) \div \sqrt{x}$

16 Simplifie les expressions suivantes.

a) $(25x^2 y^4)^2 \cdot \dfrac{5x^3 y^3}{(xy^4)^2}$

b) $\left(\dfrac{x^2 y^3}{x^2 y^5}\right) \cdot \left(\dfrac{6xy^4}{3xy}\right)^3$

c) $a^4 b^3 c^2 \cdot (a^2 b)^3 \div 3b^3 c^2 \cdot b^0 c$

17 Exprime les produits suivants à l'aide d'une expression exponentielle de base 2.

a) $8^4 \times 4^{\frac{3}{2}}$

b) $8^{-2} \times 2^5$

c) $16^{\frac{1}{3}} \times \left(\dfrac{1}{4}\right)^{-3} \times 2^6$

d) $2^{-\frac{1}{2}} \times \left(\dfrac{32}{4}\right)^{\frac{1}{2}}$

e) $\sqrt[3]{4} \times \dfrac{64}{2^3}$

f) $\sqrt{2^3 \times 2^5}$

g) $64^a \times 16^{-\frac{a}{2}}$

h) $\sqrt[4]{16} \times 2^x$

18 L'acétaminophène a une demi-vie dans le sang de 20 minutes. En d'autres mots, à partir du moment où cet analgésique est absorbé par le corps, sa concentration dans le sang diminue de moitié toutes les 20 minutes.

> La demi-vie d'une substance chimique est le temps nécessaire pour que cette substance perde la moitié de sa masse en se désintégrant.

a) Il y a une heure, Pascal a pris deux comprimés de 325 mg d'acétaminophène. Parmi les expressions suivantes, laquelle correspond à la quantité d'analgésique, en milligrammes, présente dans son organisme ?

1) $650 - 60^1$

2) 650×20^3

3) $650 \times 2^{\frac{1}{3}}$

4) 650×2^{-3}

b) Précise à l'aide d'une expression exponentielle la quantité d'acétaminophène, en milligrammes, qui sera présente dans l'organisme de Pascal deux heures après la prise des comprimés.

19 Pour multiplier ou diviser des nombres exprimés en notation scientifique, on utilise les propriétés des exposants. On effectue d'abord l'opération demandée sur les valeurs décimales, puis on applique la propriété des exposants sur les puissances de 10 représentant l'ordre de grandeur. Finalement, on ajuste le résultat afin qu'il respecte la convention d'écriture des nombres en notation scientifique.

Exemple : $(2{,}35 \times 10^9) \times (6{,}05 \times 10^{12}) = (2{,}35 \times 6{,}05) \times (10^9 \times 10^{12})$
$$= 14{,}2175 \times 10^{21}$$
$$= 1{,}42175 \times 10^{22}$$

Évalue les expressions suivantes et donne tes réponses en notation scientifique.

a) $(2{,}3 \times 10^3) \times (1{,}02 \times 10^6) \times (7{,}3 \times 10^{-4})$

b) $4{,}05 \times 10^9 + 2{,}04 \times 10^3 \times 5{,}7 \times 10^4$

c) $\dfrac{(2{,}4 \times 10^5) \times (4{,}02 \times 10^7)}{(3{,}15 \times 10^4)}$

d) $\dfrac{8{,}02 \times 10^8}{2{,}99 \times 10^{-6}} + 7{,}02 \times 10^{15}$

20 En moyenne, une personne a 120 000 cheveux. La masse d'un cheveu de un centimètre de long est d'environ $5{,}0 \times 10^{-8}$ kg. Si quelqu'un a des cheveux d'une longueur moyenne de 20 cm, quelle est la masse totale de sa chevelure ? Exprime ta réponse en notation scientifique.

21 Quand on voit le Soleil se coucher, en réalité il y a déjà quelques instants qu'il est disparu derrière l'horizon. La lumière, qui se déplace à une vitesse d'environ 3×10^5 km/s, met en effet un certain temps à parvenir jusqu'a nos yeux. Cela explique le petit décalage entre la position réelle du Soleil et l'image que l'on perçoit.

a) Sachant que le Soleil est à environ $1,5 \times 10^8$ kilomètres de la Terre, estime depuis combien de temps il est disparu derrière l'horizon lorsque tu le vois se coucher.

b) Si une année-lumière correspond à la distance parcourue par la lumière en 365 jours, à combien de kilomètres cela équivaut-il ?

22 Les nuages sont formés de gouttelettes d'un diamètre d'environ $1,2 \times 10^{-6}$ m. Un nuage sphérique de 60 m de diamètre en contiendrait environ 5×10^{15}. Si on alignait ces gouttelettes, à combien de tours de Terre la longueur obtenue correspondrait-elle ?

> La circonférence de la Terre est d'environ 40 000 km.

23 On peut simplifier certaines racines carrées en exprimant le radicande comme le produit d'un nombre carré et d'un autre nombre.

Exemple : $\sqrt{50} = \sqrt{25 \times 2} = \sqrt{25} \times \sqrt{2} = 5\sqrt{2}$

a) Récris l'exemple donné à l'aide d'exposants fractionnaires.

b) Quelle loi des exposants a-t-on utilisée pour faire cette simplification ?

c) Simplifie les racines carrées suivantes.

1) $\sqrt{40}$ 4) $\sqrt{32}$ 7) $\sqrt{63}$

2) $\sqrt{125}$ 5) $\sqrt{45}$ 8) $\sqrt{147}$

3) $\sqrt{27}$ 6) $\sqrt{24}$

> **ATTENTION !**
> Tu dois chercher dans le produit le plus grand nombre carré.

> À l'aide de ta calculatrice, vérifie si la racine carrée initiale et l'expression simplifiée que tu as trouvée sont équivalentes.

24 Pour aménager un terrain de volleyball de plage, il faut environ 150 tonnes de sable. On estime la masse d'un grain de sable à environ 80 microgrammes. Quel est l'ordre de grandeur du nombre de grains de sable recouvrant un terrain de volleyball de plage ?

> Une **tonne** vaut 1000 kilogrammes.

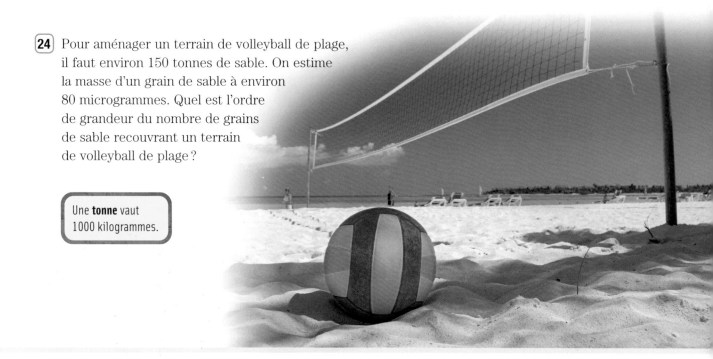

25 Mercure est la plus petite planète du système solaire et Jupiter, la plus grosse. Le tableau ci-dessous présente des données relatives à ces deux planètes ainsi qu'à la Terre.

PLANÈTE	DIAMÈTRE À L'ÉQUATEUR (km)	MASSE (kg)
Mercure	4878	$3,29 \times 10^{23}$
Terre	12 756	$5,97 \times 10^{24}$
Jupiter	142 984	$1,9 \times 10^{27}$

Combien de fois la Terre est-elle plus lourde ou plus légère que chacune des deux autres planètes ?

26 Observe dans la démarche présentée ci-contre comment Théo est parvenu à résoudre une équation comportant des expressions exponentielles.

$$128^3 = 2^x$$
$$(2^7)^3 = 2^x$$
$$2^{21} = 2^x$$
$$21 = x$$

> Les deux membres de l'équation ont été exprimés avec une expression exponentielle ayant la même base.

a) Quelle propriété des exposants a-t-il utilisée dans son raisonnement ?

b) En procédant de la même façon que Théo, résous les équations suivantes.

1) $3^x = 243^2$

2) $7776^3 = 6^x$

3) $3125^4 = 5^{x+1}$

4) $2^{12} = 4^{x-1}$

5) $3^8 = 9^{2x+1}$

6) $4^6 = 8^x$

27 Quand une note est jouée sur un instrument de musique, le son qui se propage dans l'air se mesure en nombre de vibrations par seconde. Ce nombre s'appelle la fréquence de la note. Lorsque la fréquence d'une note double, l'oreille perçoit la même note, mais en plus aigu.

Prenons la note *do* à une certaine fréquence. Si l'on double cette fréquence, on obtient une note que l'oreille perçoit toujours comme un *do*, mais plus aigu. L'expression $do2 : do1 = 2$ exprime ce fait. On dit que le second *do* se situe une octave plus haut que le premier.

Dans la gamme tempérée, l'intervalle entre 2 *do* est subdivisé en 12 demi-tons par d'autres notes, comme on peut le voir sur le clavier représenté ci-contre. Avec ces notes, on obtient toujours le même rapport des fréquences entre deux notes successives.

12 demi-tons

do1 · do‼ · ré · ré‼ · mi · fa · fa‼ · sol · sol‼ · la · la‼ · si · do2

Si *z* représente la valeur exacte de ce rapport, les deux expressions de cette relation données ci-dessous sont donc équivalentes.

$$z = \frac{do\sharp}{do1}$$

$$z = \frac{ré}{do\sharp}$$

a) Donne 10 autres façons équivalentes d'exprimer *z*.

b) Quelle est la valeur exacte du rapport *z* ?

c) Sachant que la fréquence de la note *do*1 est de 261,63 vibrations par seconde, exprime à l'aide d'un exposant fractionnaire la fréquence de la note *fa*.

> Le calcul du produit de toutes les expressions équivalentes du rapport *z* pourra t'aider à déterminer sa valeur exacte.

d) Choisis une autre note de la gamme tempérée et calcule sa fréquence.

1 Voici des renseignements sur quelques îles.

ÎLE	SUPERFICIE (m²)	NONBRE D'HABITANTS ET HABITANTES
Groenland (Danemark)	$2{,}18 \times 10^{10}$	$5{,}1 \times 10^4$
Hondo (Japon)	$2{,}28 \times 10^9$	$9{,}67 \times 10^7$
Cuba	$1{,}15 \times 10^9$	$1{,}25 \times 10^7$
Taiwan (Chine)	$3{,}6 \times 10^8$	$22{,}5 \times 10^6$

a) Dans chacune de ces îles, combien y a-t-il d'habitants et habitantes par mètre carré ?

b) Comment interprètes-tu un tel rapport ? Peut-on vraiment l'utiliser pour comparer la densité de population sur ces territoires ? Explique ta réponse.

2 Pour extraire la racine carrée de fractions dont le numérateur et le dénominateur sont des nombres carrés, on peut procéder comme dans l'exemple suivant.

$$\sqrt{\frac{4}{25}} = \frac{\sqrt{4}}{\sqrt{25}} = \frac{2}{5}$$

a) Récris cet exemple à l'aide d'exposants fractionnaires.

b) Quelle propriété des exposants a-t-on utilisée pour faire cette extraction ?

c) Extrais les racines carrées demandées et donne ta réponse sous la forme fractionnaire.

1) $\sqrt{\dfrac{16}{81}}$ **2)** $\sqrt{\dfrac{25}{100}}$ **3)** $\sqrt{\dfrac{1}{4}}$ **4)** $\sqrt{\dfrac{36}{49}}$ **5)** $\sqrt{\dfrac{169}{625}}$ **6)** $\sqrt{\dfrac{1}{64}}$

d) De façon similaire, extrais les racines cubiques demandées ci-dessous en donnant ta réponse sous la forme fractionnaire.

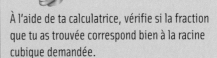

À l'aide de ta calculatrice, vérifie si la fraction que tu as trouvée correspond bien à la racine cubique demandée.

1) $\sqrt[3]{\dfrac{1}{64}}$ **2)** $\sqrt[3]{\dfrac{1}{8}}$ **3)** $\sqrt[3]{\dfrac{27}{1000}}$

3 Une bactérie se déplace à différentes vitesses selon les situations. Reproduis et complète le tableau ci-contre afin de déterminer, selon le cas, son déplacement total, sa vitesse moyenne ou son temps de déplacement. Exprime tes réponses en notation scientifique.

TEMPS DE DÉPLACEMENT	VITESSE MOYENNE	DÉPLACEMENT TOTAL
$4{,}5 \times 10^3$ secondes	$1{,}7 \times 10^{-4}$ km/h	
	$4{,}6 \times 10^{-5}$ m/s	$3{,}7 \times 10^8$ micromètres
$0{,}4 \times 10^2$ minutes		6,3 mm
	$1{,}2 \times 10^{-4}$ km/h	$2{,}3 \times 10^{-2}$ cm

» Corrigé, p. 362

L'affaire est ketchup !

En 1876, un Américain a eu l'idée de commercialiser sa fameuse recette secrète de ketchup. Au début, le ketchup était vendu seulement aux États-Unis, au Canada et au Royaume-Uni. À cette époque, ces trois pays utilisaient le même système de mesure (le système impérial), ce qui facilitait leurs échanges commerciaux.

Observe les différents formats de contenants de ketchup que l'on peut trouver aujourd'hui dans ces pays.

Parmi tous les contenants de ketchup offerts, cette bouteille en verre est le contenant emblématique de ce produit.

Ketchup aux tomates
2,25 onces
64 g

Ketchup aux tomates
14 onces
397 g

Ketchup aux tomates
500 mL
570 g

Ketchup aux tomates
400 mL
460 g

Ketchup
12 mL

Ketchup aux tomates
750 mL

Parmi les trois pays, seuls les États-Unis ont conservé le système impérial. L'exportation de leurs produits exige donc une conversion d'unités de mesure.

a) Les étiquettes des contenants provenant du Royaume-Uni affichent deux unités de mesure : les millilitres et les grammes. Sur un graphique, place des points associés aux deux types de mesures de manière à observer le nombre de millilitres selon le nombre de grammes. Le nombre de millilitres de ketchup est-il proportionnel au nombre de grammes ? Explique ton point de vue.

b) Si les deux contenants fabriqués au Canada étaient vendus au Royaume-Uni, quelles mesures seraient inscrites sur les étiquettes ? Laisse les traces de ta démarche.

> La Séquence en arithmétique et algèbre qui suit, aux pages 88 à 103, traite des relations linéaires entre deux variables et pourra t'aider à résoudre cette situation.

En 2000, la compagnie américaine a produit une quantité limitée de bouteilles de 14 onces contenant du ketchup vert.

c) Si certaines de ces bouteilles ont été vendues au Canada, quel était le nombre de millilitres inscrits sur l'étiquette ? Laisse les traces de ta démarche.

LE SYSTÈME INTERNATIONAL D'UNITÉS (SI)

Un outil pour une meilleure communication entre les peuples…

Tu connais le système international de mesure puisque tu t'en sers depuis toujours. Le SI fut mis en place pour simplifier les échanges dans le monde et diminuer les erreurs de conversion d'unités. Il est simple à utiliser, car les subdivisions des unités correspondent à notre système de numération (le système décimal). La communauté scientifique internationale a depuis longtemps opté pour ce système de mesure. Cependant, quelques pays, dont les États-Unis, ne l'ont pas adopté, ce qui entraîne souvent des problèmes dans les échanges commerciaux ou scientifiques.

La prochaine fois que tu iras à l'épicerie, observe les unités de mesure sur différents contenants. Dans certains cas, tu remarqueras des quantités qui pourront te paraître étranges puisqu'elles ne sont pas arrondies. C'est que ces contenants proviennent de pays qui n'utilisent pas le SI.

Les relations linéaires entre deux variables

ACTIVITÉ 1   La relation entre deux grandeurs

 Sur la feuille que l'on te remet, il y a six situations où l'on peut établir une relation entre deux grandeurs.

a) Pour chacune de ces situations,

- détermine les deux grandeurs mises en relation ;

- représente globalement, en traçant un graphique sans graduation des axes, la relation entre ces deux grandeurs. Pour ce faire, détermine d'abord la variable indépendante (inscris-la au bout de l'axe horizontal) et la variable dépendante (inscris-la au bout de l'axe vertical).

> Lorsque deux grandeurs sont mises en relation, les valeurs de l'une d'elles (la **variable dépendante**) sont déterminées par les valeurs de l'autre grandeur (la **variable indépendante**). On établit alors une correspondance, c'est-à-dire un lien, entre les deux grandeurs. Cette correspondance peut s'exprimer de différentes façons : avec des mots, par exemple, ou par une règle, une équation, un graphique, une table de valeurs, etc.

Fais ensuite équipe avec un ou une camarade. Ensemble, validez vos représentations, puis mettez-vous d'accord sur une seule façon de représenter globalement chacune des relations.

Finalement, en groupe classe, répondez aux questions suivantes.

b) Dans le cas de chaque situation, les mêmes variables dépendantes et indépendantes ont-elles été identifiées ?

c) Quelles situations sont représentées graphiquement par une droite ?

d) Selon vous, qu'est-ce qui distingue les relations représentées graphiquement par une droite de celles qui ne le sont pas ?

≫ MISE EN PRATIQUE

1 Dans chaque situation ci-dessous, détermine la variable dépendante et la variable indépendante. Identifie ensuite les axes et représente globalement la relation entre les variables par un graphique (sans graduer les axes).

a) Le réservoir d'un véhicule contient une certaine quantité de carburant. Le véhicule consomme 15 litres aux 100 kilomètres.

b) On s'intéresse à la relation entre le prix à payer pour participer à un camp de vacances et la durée du séjour.

c) On étudie la relation entre le coût de la location d'un appareil de jeux vidéo et le nombre de jours de location, sachant qu'il y a un tarif de base à payer initialement.

≫ Corrigé, p. 362

Les modes de représentation

Les compagnies offrant des téléphones cellulaires proposent différents forfaits plus ou moins avantageux selon nos besoins. Dans la conversation illustrée ci-dessous, quatre amis parlent du coût des appels supplémentaires, non inclus dans leurs forfaits mensuels.

Un appel supplémentaire de 50 minutes m'a coûté 12 $ et un autre de 75 minutes, 18 $.

Léon

Ce mois-ci, ma mère a déposé 45 $ dans mon compte pour couvrir mes appels supplémentaires. Après 100 minutes, il restait encore 21 $ dans mon compte.

Juliette

En plus des 15 $ de frais de réseau, je paie 12 ¢/min pour chaque appel supplémentaire.

Jasmina

Je paie 38 $ par mois, peu importe mon temps d'utilisation.

Édouardo

- Forme un quatuor avec d'autres élèves. Choisissez chacun un forfait et remplissez la feuille que l'on vous remet.

- Partagez vos réponses en expliquant comment vous avez procédé pour les trouver. Dans chaque cas, assurez-vous que tous les membres de l'équipe sont d'accord avec les réponses et la façon de procéder.

En groupe classe, validez les différentes règles associées aux forfaits et répondez aux questions suivantes.

a) Toutes les situations sont-elles représentées graphiquement par une droite ?

b) Dans quelle situation peut-on dire que le coût est proportionnel au temps ? Expliquez vos réponses.

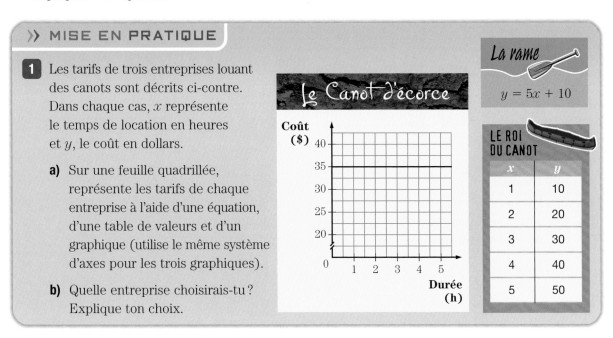

>> **MISE EN PRATIQUE**

1 Les tarifs de trois entreprises louant des canots sont décrits ci-contre. Dans chaque cas, x représente le temps de location en heures et y, le coût en dollars.

a) Sur une feuille quadrillée, représente les tarifs de chaque entreprise à l'aide d'une équation, d'une table de valeurs et d'un graphique (utilise le même système d'axes pour les trois graphiques).

b) Quelle entreprise choisirais-tu ? Explique ton choix.

Le Canot d'écorce

La rame

$$y = 5x + 10$$

LE ROI DU CANOT

x	y
1	10
2	20
3	30
4	40
5	50

» Corrigé, p. 362

Les propriétés d'une relation entre deux grandeurs

Réponds aux questions suivantes en utilisant la feuille que tu as remplie à l'Activité **2** (p. 89) relativement au forfait que tu as analysé.

a) Une augmentation du temps dans la situation entraîne-t-elle une augmentation du coût, une diminution ou aucun changement ?

b) Quel est le taux de variation dans cette situation ?

c) Combien coûte une heure d'appels supplémentaires ?

d) À combien de minutes supplémentaires une somme de 30 $ correspond-elle ?

e) Si aucun appel supplémentaire n'a été fait (la variable indépendante vaut 0), y a-t-il tout de même un coût à payer ? Si oui, à quel personnage cette situation correspond-elle et quel est ce coût ?

f) À quel ensemble de nombres (ou partie d'ensemble) peut-on associer les différentes valeurs que peut prendre la variable indépendante dans la situation ? Qu'en est-il pour la variable dépendante ?

> Lorsque deux grandeurs sont en relation, une variation des valeurs de la variable indépendante entraîne une variation des valeurs correspondantes de la variable dépendante. On peut alors établir le **taux de variation** de la façon suivante.
>
> $$\frac{\text{Variation de la variable dépendante}}{\text{Variation de la variable indépendante}}$$
>
> *Exemple :* Si un appel de 14 minutes entraîne un coût de 13,50 $ et un appel de 20 minutes, un coût de 15 $, alors le taux de variation sera de :
>
> $$\frac{15 - 13,50}{20 - 14} = \frac{1,50}{6}$$
>
> Ainsi, à chaque variation de 6 minutes correspond une variation de 1,50 $, soit un coût de 0,25 $/min.

Ton travail terminé, explique tes réponses aux membres du quatuor avec qui tu as travaillé à l'Activité **2**.

g) Quel lien y a-t-il entre les réponses en **b)** et **e)** et la règle ou l'équation trouvée à l'Activité **2** ?

» MISE EN PRATIQUE

1 **a)** Décris des situations pouvant être représentées par les graphiques suivants.

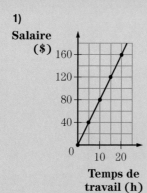

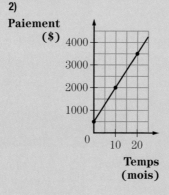

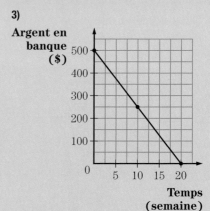

b) Détermine le taux de variation de chaque relation et sa signification dans la situation décrite en **a)**.

c) Dans chaque cas, détermine la valeur de y lorsque $x = 0$. Que signifie cette valeur dans la situation ?

d) Pour chaque situation, détermine s'il s'agit d'une situation de proportionnalité et précise si la relation est croissante ou décroissante.

» Corrigé, p. 363

Les relations linéaires entre deux variables

Variable indépendante et variable dépendante

Lorsqu'il existe un lien entre deux grandeurs, les valeurs de l'une d'elles (la variable dépendante) sont déterminées par les valeurs de l'autre grandeur (la variable indépendante).

La représentation d'une relation

On peut représenter la relation entre les deux grandeurs de différentes façons : à l'aide d'un contexte, d'une table de valeurs, d'un graphique, d'un taux de variation ou d'une équation qui traduit la règle de cette relation.

Exemple :

Situation 1

On remplit avec un débit constant un bassin où le niveau de l'eau est à 2 cm du fond.

Table de valeurs :

TEMPS (min)	NIVEAU (cm)
0	2
1	6
3	14
6	26
10	42

$+3$ $+5$ $+12$ $+20$

Graphique :

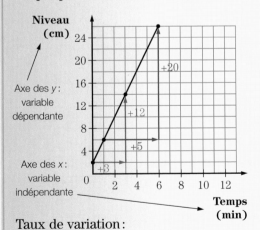

Taux de variation :

$$\dfrac{4\ \text{cm}}{1\ \text{min}}, \text{ soit } \dfrac{12}{3} \text{ ou } \dfrac{20}{5}, \text{ etc.}$$

Équation : $y = 4x + 2$

Exemple :

Situation 2

On vide avec un débit constant un bassin où le niveau de l'eau est à 30 cm du fond.

Table de valeurs :

TEMPS (min)	NIVEAU (cm)
0	30
1	25
2	20
4	10
6	0

$+2$ $+3$ -10 -15

Graphique :

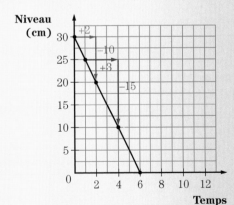

Taux de variation :

$$\dfrac{-5\ \text{cm}}{1\ \text{min}}, \text{ soit } \dfrac{-10}{2} \text{ ou } \dfrac{-15}{3}, \text{ etc.}$$

Équation : $y = {}^-5x + 30$ ou
$y = 30 - 5x$ ← Ces équations sont équivalentes.

L'équation d'une droite

Lorsqu'une relation entre deux variables a un taux de variation constant, cette relation est linéaire. Elle est représentée graphiquement par une droite et peut toujours s'exprimer par une équation sous la forme suivante.

$$y = ax + b$$

Valeur du taux de variation, soit :

$$\frac{\text{variation de la variable dépendante}}{\text{variation de la variable indépendante}}$$

Valeur de la variable dépendante lorsque la variable indépendante vaut 0.

La recherche d'une valeur

• Avec l'équation, on peut trouver une valeur précise de la variable dépendante à partir d'une valeur de la variable indépendante, et vice versa.

Exemples :

Dans la **situation 1**, à la page 91, quel sera le niveau de l'eau, en centimètres, après 3 minutes et 45 secondes de remplissage ? L'eau aura atteint 17 cm.

$$y = 4x + 2$$
$$y = 4(3{,}75) + 2$$
$$y = 17$$

Dans la **situation 2**, lorsque le niveau de l'eau aura atteint 16 cm, depuis combien de temps l'eau s'écoulera-t-elle ?

$$y = {}^-5x + 30$$
$$16 = {}^-5x + 30$$
$$16 - 30 = {}^-5x + 30 - 30$$
$${}^-14 = {}^-5x$$
$$\frac{{}^-14}{{}^-5} = \frac{{}^-5x}{{}^-5}$$

L'eau s'écoulera depuis 2,8 minutes ou 2 minutes et 48 secondes.

$$2{,}8 = x$$

• Dans certains cas, on peut se servir de la table de valeurs ou du graphique pour trouver une valeur dans la relation.

Exemple : Dans la **situation 2**, quel sera le niveau de l'eau, en centimètres, après trois secondes d'écoulement ?

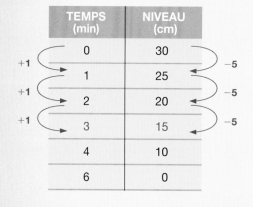 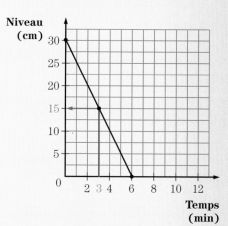

L'eau aura atteint 15 cm.

Propriétés d'une relation linéaire

- Si le taux de variation est positif (les deux variables mises en relation varient dans le même sens), alors la relation est croissante.

Exemple : Dans la **situation 1**, la relation est croissante.

- Si le taux de variation est négatif (les deux variables mises en relation varient l'une dans le sens contraire de l'autre), alors la relation est décroissante.

Exemple : Dans la **situation 2** de la page 91, la relation est décroissante.

- Si le taux de variation est nul, la relation sera représentée par une droite horizontale. Peu importent les valeurs de la variable indépendante, la valeur de la variable dépendante sera toujours la même.

- Lorsqu'une relation entre deux grandeurs est directement proportionnelle,
  - le graphique représentant cette relation est une droite passant par l'origine $(0, 0)$;
  - l'équation associée à cette relation est de la forme $y = ax$.

Exemple :

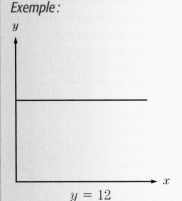

x	y
0	12
1	12
2	12
6	12
12	12
20	12

$y = 12$

Exemple :

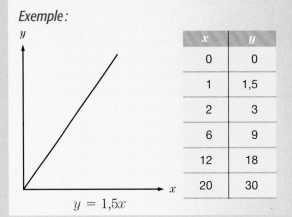

x	y
0	0
1	1,5
2	3
6	9
12	18
20	30

$y = 1,5x$

- Lorsqu'une relation linéaire entre deux grandeurs n'est pas directement proportionnelle,
  - le graphique représentant cette relation est une droite ne passant pas par l'origine ;
  - l'équation associée à cette relation est de la forme $y = ax + b$, où $b \neq 0$.

Exemples :

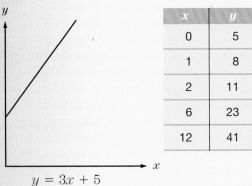

x	y
0	5
1	8
2	11
6	23
12	41

$y = 3x + 5$

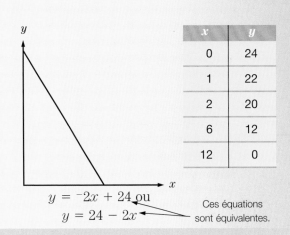

x	y
0	24
1	22
2	20
6	12
12	0

$y = {}^-2x + 24$ ou
$y = 24 - 2x$ ← Ces équations sont équivalentes.

1 Dans chaque situation décrite, détermine les deux variables mises en relation et identifie la variable dépendante et la variable indépendante.

a) Pour son entraînement, une cycliste utilise un compte-tours pour déterminer le nombre de tours effectués par la roue avant de son vélo selon la distance parcourue.

b) À une station-service, l'essence ordinaire coûte 0,92 $/L. Lorsqu'un automobiliste fait le plein, la quantité d'essence et le prix à payer s'affichent sur l'écran de la pompe.

c) Léopold travaille comme aide-cuisinier pour un traiteur. Selon le nombre de personnes qui font appel aux services du traiteur, il doit adapter les recettes. Il s'interroge sur la quantité de farine nécessaire pour différents groupes si la recette stipule qu'il en faut 200 g pour cinq personnes.

d) Un dépliant indique le prix à payer pour diverses distances quand on prend un train de banlieue. Le prix est calculé selon la distance parcourue, plus un coût initial de 0,50 $ peu importe la destination. Anastasia a payé 2,10 $ pour un trajet de 20 km.

2 Geneviève a loué un jeu vidéo au club vidéo de son quartier. La table de valeurs ci-contre illustre le coût de la location selon le nombre de jours que l'on conserve le jeu.

a) Reproduis et complète la table de valeurs.

b) Identifie la variable dépendante et la variable indépendante.

c) Exprime le prix de location du jeu sous la forme d'un taux.

DURÉE (en jours)	COÛT ($)
1	3
2	6
3	9
5	
7	
10	
14	

3 La table de valeurs ci-contre met en relation le nombre de kilomètres parcourus par une automobile et certaines quantités de carburant consommé.

a) Identifie la variable dépendante et la variable indépendante.

b) Si x représente la variable indépendante et y, la variable dépendante, exprime la règle de cette relation.

c) Cette relation est-elle croissante ou décroissante ?

QUANTITÉ (L)	DISTANCE (km)
10	150
15	225
20	300
25	375
30	450

4 Dans le cas de chaque situation ci-dessous,

    a) identifie les variables dépendantes et indépendantes ;

    b) donne la valeur de la variable dépendante lorsque la variable indépendante vaut 0 et décris à quoi correspond cette valeur dans la situation ;

    c) précise si la relation entre les deux variables est croissante ou décroissante.

Situation 1

Les 1000 billets pour assister à un concert se vendent au rythme de 20 billets à l'heure. On étudie la relation entre le nombre de billets offerts et le temps.

Situation 2

La tarification d'un fournisseur d'électricité est de 0,41 $ par jour, plus le coût de l'électricité consommée, fixé à 0,05 $ par kilowattheure. Au fil des jours, on s'intéresse au coût de la consommation d'électricité.

Situation 3

Au marché public, les oranges coûtent 2,50 $/kg. On examine la relation entre le coût des oranges et leur masse.

Oranges 2,50$ / kg

5 Dans chaque cas ci-dessous, représente la relation par un graphique, sur une feuille quadrillée. De plus, si x représente le temps et y, le coût, exprime la relation par une équation, sous le graphique.

a)

TEMPS	COÛT
0	0
2	12
3	18
4	24
6	36
8	48

b)

TEMPS	COÛT
15	0
23	2
35	5
43	7
51	9
87	18

c)

TEMPS	COÛT
0	22
1	19
2	16
3	13
4	10
5	7

d)

TEMPS	COÛT
0	6
10	6
20	6
30	6
40	6
50	6

6 Voici six relations exprimées à l'aide de différents modes de représentation. Pour chacune, détermine le taux de variation et indique si la relation est croissante ou décroissante. Précise ensuite quelles relations expriment un lien directement proportionnel entre les variables.

a)
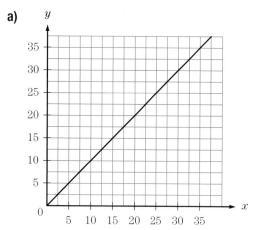

d)
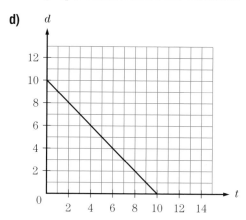

b)

t	d
⁻2	0
0	4
2	8
5	14
9	22

e)

x	y
⁻2	1
0	0
2	⁻1
4	⁻2
8	⁻4

c) $y = -\dfrac{1}{5}x + 6$

f) $d = 5t$

7 Judith remplit un aquarium contenant déjà 10 litres d'eau à un rythme de 3,5 litres par minute. Détermine les deux variables qui peuvent être mises en relation dans cette situation et représente la situation par une équation.

Au Moyen Âge, lorsque le philosophe Nicolas Oresme (1323–1382), originaire de Normandie, commence à s'intéresser aux relations linéaires, il parle de « formes uniformément difformes ». Il les qualifie ainsi de « difformes » parce que la valeur change continuellement. Quant à la précision « uniformément », elle signifie que le changement est très régulier ; aujourd'hui, nous disons que le taux de variation est constant.

8 Dans chaque cas ci-dessous, les trois couples de nombres (x, y) proviennent d'une relation entre deux variables, x représentant la variable indépendante et y, la variable dépendante.

1) $(3, 1)$; $(6, 2)$; $(15, 5)$ **3)** $(2, 2)$; $(6, 4)$; $(3, 4)$

2) $(5, 2)$; $(2, 3)$; $(4, 9)$ **4)** $(1, 1)$; $(1, 4)$; $(3, 3)$

a) Dans quelles relations le taux de variation est-il constant ? Dans ces cas, quel est ce taux ?

b) Trace le graphique de la relation dans les cas ciblés en **a)**.

9 Pour chaque situation représentée par un graphique ci-dessous, réponds aux questions suivantes.

a) Quelles sont les variables dépendantes et indépendantes ?

b) De quel ensemble de nombres les valeurs de la variable indépendante peuvent-elles provenir, et qu'en est-il pour la variable dépendante ?

c) Quel est le taux de variation associé à la situation et que représente ce taux dans la situation ?

d) Si x représente la variable indépendante et y, la variable dépendante, quelle est l'équation exprimant cette relation ?

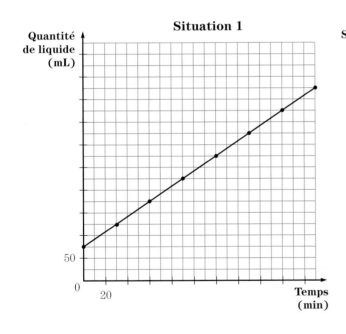

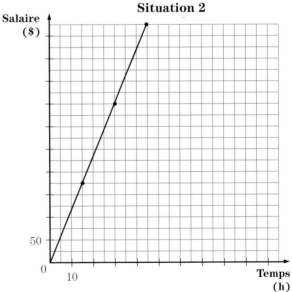

10 **a)** À partir des équations suivantes, élabore une table de valeurs contenant au moins cinq couples de valeurs, puis trace le graphique représentant la relation.

1) $y = 12x$ **2)** $y = 4x + 8$ **3)** $y = {}^-2x + 28$ **4)** $y = 18$

b) Dans quel cas s'agit-il d'une relation directement proportionnelle entre les variables ?

11 Ali veut devenir camelot pour le journal *Le Quotidien*, qu'il distribuerait chaque matin. Sa rémunération serait de 0,35 $ par exemplaire livré. Il s'intéresse à la somme qu'il pourrait gagner quotidiennement.

a) Quelle est la variable indépendante de cette situation ?

b) Trace le graphique représentant les différentes rémunérations possibles d'Ali.

> Pour avoir une vue d'ensemble de la situation, on relie les points même si les valeurs de *x* sont entières.

12 Pour aider Viviane à commencer une collection de timbres, un ami philatéliste offre de lui en vendre à 1 $ par lot de 15. L'album pour ranger les timbres vaut 4 $. Représente par un graphique la relation entre le nombre de timbres achetés et le coût de l'achat.

13 Les équations ci-dessous expriment la relation entre deux variables (*x* représente la variable indépendante et *y*, la variable dépendante). Quel est le taux de variation de chacune de ces relations ?

a) $3x + 5y - 8 = 0$

b) $y = 5(x + 6)$

c) $x + y = 0$

d) $3(x - 2y) = 5x + 6y - 4$

e) $\dfrac{x - 3}{4} = \dfrac{y - 5}{7}$

f) $\dfrac{x}{4} + \dfrac{y}{6} = 1$

14 Au restaurant Maurice Patates, on utilise environ 12 bouteilles de ketchup chaque jour.

a) Élabore une table de valeurs et un graphique représentant la relation entre le nombre de bouteilles de ketchup utilisées et le nombre de jours d'ouverture du restaurant.

b) Quelle est l'équation représentant cette situation ?

c) Combien de bouteilles de ketchup le restaurant utilise-t-il en 365 jours ?

15 Mariska travaille dans un magasin d'électronique où sa rémunération dépend en partie des ventes qu'elle réalise. Elle reçoit en effet un salaire hebdomadaire de base de 450 $, auquel s'ajoute une commission de 8 % sur le chiffre de ses ventes de la semaine.

a) Élabore une table de valeurs pour des ventes se situant entre 3000 $ et 8000 $, par tranches de 500 $.

b) Représente cette situation par un graphique.

c) Il y a deux semaines, Mariska a été payée 890 $. À combien les ventes qu'elle a réalisées se sont-elles élevées ?

d) La semaine suivante, ses ventes correspondaient à la moitié de celles de la semaine précédente. Quelle somme Mariska a-t-elle reçue ?

16 Dans le système impérial d'unités de mesure, un pied correspond à 12 pouces et un pouce, à 2,54 cm du système métrique.

a) Si x représente le nombre de pieds et y, le nombre de mètres, exprime une règle qui permet de transformer un nombre de pieds du système impérial en un nombre de mètres.

b) La relation entre ces deux variables est-elle directement proportionnelle ? Explique ta réponse.

c) Combien de mètres équivalent à $35\frac{3}{4}$ pieds ?

d) Combien de pieds équivalent à 12,8 mètres ?

17 Victor a payé 350 $ pour le travail effectué par un plombier en 5 heures. Anne, qui a fait appel au même plombier, a payé 784 $ pour 12 heures de travail.

a) Cette situation reflète-t-elle une relation directement proportionnelle entre le coût des travaux et le temps de travail ? Explique ta réponse.

b) Quel est le tarif horaire de ce plombier ?

c) Le plombier exige-t-il une somme de base peu importe le temps de travail ? Si oui, quelle est-elle ? Sinon, explique ta réponse.

18 Chaque soir, Daphné lit en moyenne 23 pages d'un roman qui en compte 587. Elle a déjà lu 265 pages, alors qu'Andréa n'a lu que 195 pages du même roman. Comme son amie, Andréa voudrait lire un certain nombre de pages chaque soir. Combien de pages par soir doit-elle lire si elle veut finir sa lecture en même temps que Daphné ?

19 Depuis le début du 20e siècle, les populations de renards roux se déplacent vers le nord du Canada. Après avoir été vus pour la première fois sur l'île de Baffin en 1918, les renards roux se sont déplacés encore plus au nord, atteignant l'île Bylot en 1977. Guillaume Szor, un étudiant à la maîtrise à l'Université Laval, a effectué une étude sur la compétition entre le renard roux et le renard arctique. Le renard roux étant plus gros et plus agressif que le renard arctique, il risque d'influer négativement sur la population de ce dernier. Voici une hypothèse graphique illustrant l'influence que peut avoir la population de renards roux sur celle des renards arctiques sur l'île Bylot.

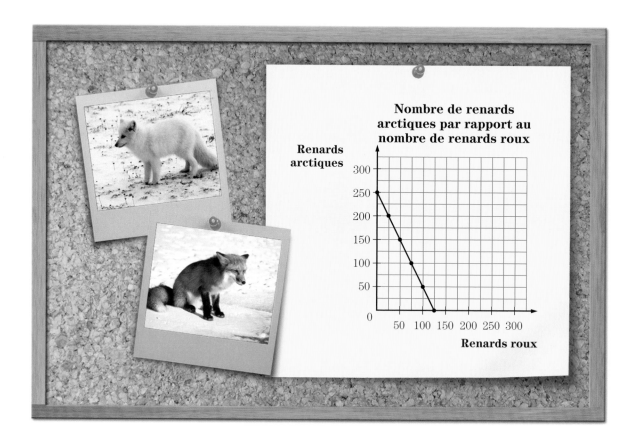

a) Trouve une équation reflétant la situation représentée par le graphique.

b) Que vaut la variable dépendante lorsque la variable indépendante vaut 0 ? Que représente cette valeur dans la situation ?

c) Combien de renards arctiques y aurait-il s'il y avait 50 renards roux sur l'île ?

d) S'il n'y avait que 50 renards arctiques sur l'île, combien de renards roux y aurait-il alors ?

e) Décris, selon l'hypothèse illustrée, l'avenir de la population des renards arctiques advenant une augmentation continuelle de la population des renards roux. De quelles données du graphique tires-tu tes conclusions ?

20 Imagine que, à titre de responsable de l'emballage dans une imprimerie, tu dois mettre des bandes dessinées dans des boîtes. Selon les normes de sécurité de l'entreprise, les boîtes ne doivent pas excéder 15 kilogrammes.

a) Combien de bédés de 34 pages mettras-tu par boîte, sachant que la masse d'une bédé est déterminée par sa couverture (125 g) et le nombre de ses pages (4,5 g/page) ?

b) Combien de boîtes te faudra-t-il pour emballer 5000 bédés de 23 pages ?

---

21 Chargée des envois postaux dans une entreprise près de chez elle, Valérie doit chaque jour prévoir le coût des envois à effectuer. Aujourd'hui, par exemple, elle doit mettre à la poste 145 enveloppes de format standard. Elle aimerait pouvoir déterminer rapidement la somme à payer selon le nombre d'enveloppes de format standard à poster.

a) Suggère-lui un mode de représentation qui lui conviendrait. Explique ton choix.

b) Combien d'argent doit-elle prévoir pour mettre à la poste les 145 enveloppes ?

> Informe-toi du coût en vigueur pour poster une enveloppe de format standard.

c) Combien de timbres peut-elle acheter avec 80 $?

---

22 Antoine aimerait modifier l'indicateur de niveau d'essence de sa voiture pour qu'il indique le nombre de kilomètres qu'il lui reste à parcourir avant une panne d'essence. Sur une autoroute, il peut faire 500 kilomètres avec un réservoir plein.

a) Calcule les valeurs manquantes dans la table de valeurs ci-dessous, puis trace le graphique correspondant aux données.

INDICATION DU NIVEAU D'ESSENCE	0 Réservoir vide	$\frac{1}{8}$	$\frac{1}{4}$	$\frac{3}{8}$	$\frac{1}{2}$	$\frac{5}{8}$	$\frac{3}{4}$	$\frac{7}{8}$	1 Réservoir plein
KILOMÈTRES RESTANTS	0								500

b) À quel ensemble de nombres les valeurs de la variable indépendante peuvent-elles appartenir ? Qu'en est-il des valeurs possibles de la variable dépendante ?

c) La relation entre les variables est-elle directement proportionnelle ? Explique ta réponse.

d) Cette relation est-elle croissante ou décroissante ?

---

23 Guillaume navigue dans Internet et télécharge des fichiers, à une vitesse de 128 ko/s. Ayant commencé le téléchargement d'un fichier de 6,4 Mo, il aimerait connaître le pourcentage des données téléchargées selon le temps.

a) Cette relation est-elle croissante ou décroissante ? Explique ta réponse.

b) La relation entre les variables est-elle linéaire ? Si oui, exprime-la graphiquement.

c) Combien de temps faudra-t-il à Guillaume pour télécharger les trois quarts des données ?

24 Une piscicultrice doit nettoyer deux bassins. Pour ce faire, elle les vide en même temps dans un troisième bassin contenant déjà une certaine quantité d'eau. Le premier bassin contient 85 000 L d'eau et se vide à une vitesse de 60 L/min ; le deuxième contient 65 000 L d'eau et se vide à un rythme de 20 L/min. La vidange des bassins commence au même moment. Combien d'eau y avait-il à l'origine dans le troisième bassin si à un moment donné au cours des vidanges les trois bassins contiennent la même quantité d'eau ?

25 Une entreprise vend des piscines dont le fond a la forme d'un rectangle arrondi aux quatre coins.

Le modèle de base a les dimensions (en mètres) données dans la figure ci-dessous. En faisant varier ces dimensions, on obtient d'autres modèles.

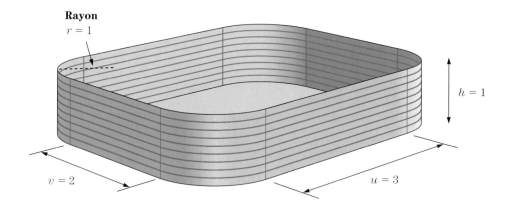

La toile imperméable de la piscine recouvre complètement le fond et remonte le long de la surface latérale. Le coût de cette toile, au mètre carré, est très élevé. Pour préparer sa liste de prix, l'entreprise souhaite donc établir clairement comment les variables u, v, r et h, prises individuellement, influent sur l'aire de la toile.

a) Exprime l'aire de la toile à l'aide d'une relation impliquant les variables u, v, r et h.

b) La relation entre l'aire de la toile et la variable u est-elle linéaire (si v, r et h sont fixées à leur valeur de base) ? Qu'en est-il dans le cas des variables v, r et h si les autres variables sont fixées à leur valeur de base ?

c) À partir des dimensions du modèle de base, est-il plus avantageux pour un acheteur d'agrandir la piscine selon la dimension représentée par u ou par v ?

> Le Laboratoire d'outils technologiques qui suit, aux pages 104 à 115, traite des relations linéaires dans des contextes géométriques et pourra t'aider à résoudre entièrement cette situation.

1 Deux entreprises offrent des forfaits différents pour les appels interurbains.

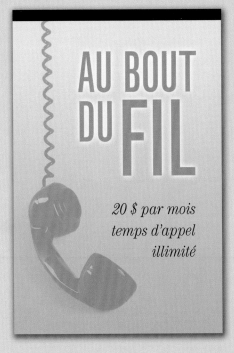

20 $ par mois
temps d'appel
illimité

2,55 $ par mois pour les frais de réseau
et 0,05 $/minute par appel

a) Trace le graphique des deux relations sur le même système d'axes.

b) Représente par une équation le plan tarifaire de chacune des compagnies.

c) Selon toi, quelle compagnie offre le forfait le plus avantageux ? Justifie ta réponse.

2 Imagine que tu prépares, pour la rubrique environnementale du journal de l'école, une étude sur la consommation d'essence de deux marques de voiture très populaires. La voiture compacte consomme 3,8 litres d'essence aux 100 kilomètres. La voiture de luxe, elle, consomme 13,7 L/100 km.

a) Quelles seront les variables indépendante et dépendante dans ton analyse ?

b) Sur un même système d'axes, trace le graphique des deux relations.

c) Quelle distance chaque voiture parcourt-elle avec un plein d'essence de 40 litres ?

d) Sur le graphique, comment repères-tu la voiture qui consomme le moins ?

e) Comment un tel graphique pourrait-il appuyer ce que tu avanceras dans ton article ?

Autrefois, on indiquait la consommation d'essence en kilomètres par litre (km/L).

f) Trace le graphique des relations sur un autre système d'axes en considérant maintenant cette façon d'indiquer la consommation.

g) Compare les graphiques tracés en **b)** et **f)**. Que penses-tu de la façon dont on indiquait la consommation d'essence autrefois par rapport à celle d'aujourd'hui ?

Es-tu maintenant capable de résoudre entièrement la situation-problème L'affaire est ketchup !, aux pages 86 et 87 ?

Les relations linéaires dans des contextes géométriques

ATELIER 1 Les représentations et la règle

En superposant deux pyramides identiques, on crée des solides en forme de sablier. Pour ce faire, on joint les apex des deux pyramides de manière à ce que les bases (en forme de polygones réguliers) soient parallèles. Les illustrations ci-dessous montrent quelques exemples de « sabliers » obtenus.

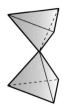

Sablier formé à partir de deux pyramides dont la base est un triangle équilatéral.

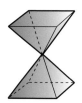

Sablier formé à partir de deux pyramides dont la base est un carré.

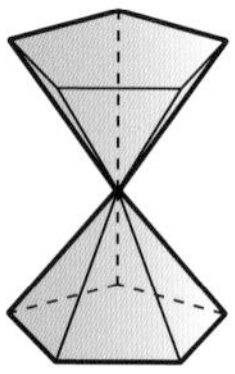

Sablier formé à partir de deux pyramides dont la base est un pentagone régulier.

Imagine que l'on forme ainsi d'autres sabliers en augmentant toujours de un le nombre de côtés de la base des pyramides.

a) Si n représente le nombre de côtés de la base d'une pyramide, quelle expression algébrique représente

1) le nombre de sommets du sablier (considère le point central comme un sommet)?

2) le nombre d'arêtes du sablier?

3) le nombre de faces du sablier?

b) Joins-toi à un ou une camarade pour comparer les trois expressions obtenues en **a)**. Avez-vous procédé de la même façon pour trouver les expressions algébriques demandées? Avez-vous utilisé un ou des modes de représentations (table de valeurs, graphiques, etc.)?

» MISE EN PRATIQUE

1 À l'aide de bâtonnets à café, Julia forme la figure illustrée ci-contre.

Puis, elle poursuit sa construction en formant un rectangle de plus en plus long.

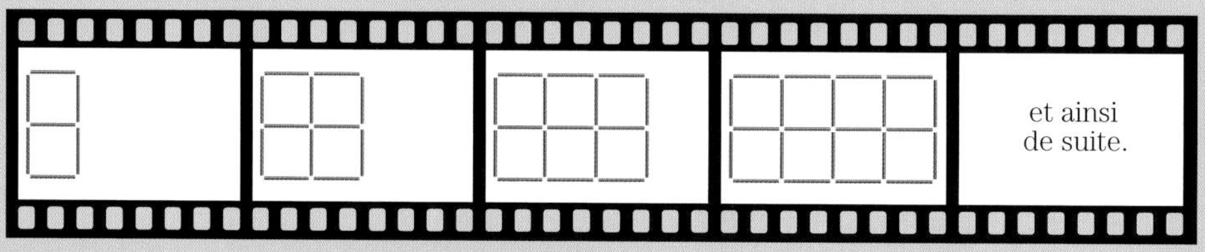

et ainsi de suite.

Si n représente la longueur du rectangle, quelle expression algébrique représente le nombre de bâtonnets utilisés pour le construire?

» Corrigé, p. 365

Réalise les trois temps de cet atelier en te référant à la situation décrite à l'Atelier **1** (p. 104).

1er TEMPS

a) Pour chacune des trois relations établies, décris la variable indépendante et la variable dépendante. Exprime les trois relations par des équations utilisant les variables x et y.

b) Représente chaque relation à l'aide d'une table de valeurs et d'un graphique (utilise le même système d'axes pour les trois relations).

> En **b)**, tu pourrais utiliser une calculatrice à affichage graphique ou un logiciel traceur de courbes.

2e TEMPS

En répondant aux questions qui suivent, prends note du mode de représentation (contexte, table de valeurs, graphique ou équation) que tu as utilisé, ainsi que de ta façon de l'utiliser.

c) Quel est le taux de variation dans chacune des trois relations ?

d) Parmi les trois relations, y en a-t-il une qui exprime une relation directement proportionnelle entre les variables ? Si oui, laquelle ? Sinon, pourquoi ?

e) Quel est le nombre d'arêtes d'un sablier dont les bases des pyramides sont des polygones à 24 côtés ?

f) Quel est le nombre de côtés du polygone à la base d'une pyramide lorsqu'un sablier comporte 63 sommets ?

g) Peut-on obtenir un nombre pair de sommets sur un sablier ?

h) Peut-on obtenir un nombre impair de faces sur un sablier ?

i) Le nombre de faces sur un sablier sera-t-il toujours supérieur à son nombre de sommets ? Explique ton raisonnement.

3e TEMPS

En groupe classe, partagez vos réponses et vos façons de procéder.

>> **MISE EN PRATIQUE**

1 Léopold réalise un dessin comportant des figures de forme carrée imbriquées les unes dans les autres.

a) Dans le dessin où l'on dénombrera 65 points d'intersection, combien de carrés y aura-t-il ?

et ainsi de suite.

b) Est-ce possible de tracer de cette façon un dessin dont le nombre de points d'intersection correspondrait à un multiple de 8 ? Explique ta réponse.

>> Corrigé, p. 365

Les relations linéaires dans des contextes géométriques

En utilisant l'équation associée à une relation, il est possible de créer une table de valeurs et un graphique représentant cette relation à l'aide d'un outil technologique (traceur de courbes, calculatrice à affichage graphique, etc.).

Exemple :

En formant une suite de triangles avec des cure-dents, on veut analyser la relation entre le nombre de triangles formés et le nombre de cure-dents utilisés.

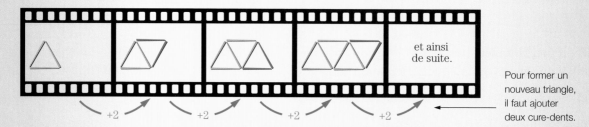

et ainsi de suite.

Pour former un nouveau triangle, il faut ajouter deux cure-dents.

À l'aide de dessins ou de matériel, on peut s'approprier la situation. On constate que pour chaque variation d'un triangle il y a une variation de deux cure-dents. On conclut ainsi que cette relation est linéaire puisque les taux de variation sont constants.

Toute relation linéaire peut se représenter par une équation de la forme suivante.

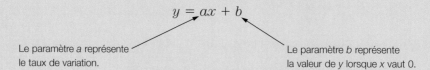

$$y = ax + b$$

Le paramètre a représente le taux de variation.

Le paramètre b représente la valeur de y lorsque x vaut 0.

En analysant la situation, on peut déduire l'équation de la forme $y = ax + b$ qui lui est spécifique.

(suite de l'exemple)

Déterminer a Dans un premier temps, on constate que dans cette situation, comme il a été démontré, le taux de variation est de 2. Ainsi, on peut déterminer l'équation $y = 2x + b$.

Déterminer b En analysant ensuite un cas dans la situation, on attribue des valeurs à x et y. Par exemple, on sait qu'avec 7 cure-dents on forme 3 triangles. On introduit alors ces valeurs dans l'équation $y = 2x + b$, dont la résolution donnera la valeur de b.

> Dans la situation, on peut repérer d'autres valeurs de x et de y. Par exemple, avec 5 cure-dents, on forme 2 triangles ou avec 9 cure-dents on forme 4 triangles. Dans tous les cas, le couple (x, y) ainsi formé peut être utilisé pour déduire l'équation.

$$7 = 2(3) + b$$
$$7 = 6 + b$$
$$1 = b$$

L'équation représentant cette situation est donc $y = 2x + 1$.

Après avoir déduit l'équation, on peut se servir d'un outil technologique.

(*suite de l'exemple*)

On entre d'abord l'équation trouvée
à l'endroit approprié sur l'outil technologique.

Puis, après qu'on a donné quelques indications relatives à l'affichage,
l'outil technologique produit une table de valeurs et un graphique,
comme ceux ci-dessous qui correspondent à l'exemple.

(*suite de l'exemple*)

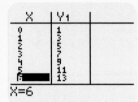

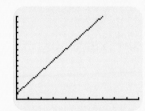

> Les outils technologiques produisent des modes de représentation en considérant que la situation se réalise dans l'ensemble des nombres réels. Lorsqu'on fait une analyse de la situation, il faut déterminer soi-même certaines restrictions sur les valeurs obtenues selon la situation.

Par la suite, à l'aide de ces deux modes de représentation, on peut
faire une analyse de la situation et répondre à certaines questions.

Exemple : Combien de cure-dents faudrait-il pour former 123 triangles ?

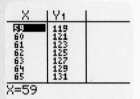

> En manipulant la table de valeurs, on peut atteindre une valeur précise.

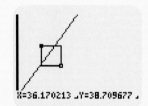

> En utilisant l'outil Zoom ou Loupe, on peut « explorer » la droite et atteindre des valeurs spécifiques.

1 Reproduis et complète le tableau ci-dessous en trouvant les données manquantes,
sachant que la relation est linéaire.

ÉQUATION	$y = 5x + 3$			
TAUX DE VARIATION		3,4		
VALEUR DE y LORSQUE $x = 0$		6	$\dfrac{1}{2}$	
DEUX COUPLES DE COORDONNÉES CORRESPONDANT À LA RELATION			(1, 2) et (3, 5)	(1, 3) et (2, 7)

2 Trace le graphique des relations suivantes, puis donne le taux de variation de chacune.

a) $y = 3x + 5$

b) $\dfrac{x}{3} + \dfrac{y}{4} = 1$

c) $2x + 7y - 8 = 0$

d) $x = \left(\dfrac{1}{5}\right)y - 7$

e) $y = 5(x + 3)$

f) $\dfrac{(y - 6)}{4} = \dfrac{(x + 3)}{5}$

> Écris d'abord chaque équation sous la forme $y = ax + b$.

---

3 Dans chaque cas ci-dessous, détermine si toutes les coordonnées indiquées correspondent à des points de la droite associée à l'équation donnée.

a) $3x + 4y = 12$

$(0, 3)\,;\left(2, \dfrac{3}{2}\right)\,;$

$(4, 0)\,; (5, {}^-1)$

b) $\dfrac{x}{3} + \dfrac{y}{4} = 1$

$(0, 0)\,; (3, 0)\,;$

$\left(1, \dfrac{8}{3}\right)\,; (0, 4)$

c) $y = 2x + 5$

$(0, 5)\,;\left(\dfrac{{}^-2}{5}, 0\right)\,;$

$(5, 15)\,; (1, 7)$

d) $y - 3 = 4(x - 5)$

$(1, 0)\,; (3, 5)\,;$

$(0, {}^-17)\,;\left(4\dfrac{1}{4}, 0\right)$

---

4 Parmi les tables de valeurs suivantes, lesquelles expriment une relation linéaire entre les variables ? Dans le cas de ces tables, exprime à l'aide d'une équation la relation représentée.

a)

x	y
4	6
5	8,5
8	16
13	28,5
23	43,5

b)

x	y
3	7,2
5	12
17	40,8
31	74,4
37	88,8

c)

x	y
0	0
4	16
8	64
15	225
20	400

d)

x	y
0	3
${}^-3$	${}^-3$
${}^-5$	${}^-7$
${}^-8$	${}^-13$
${}^-12$	${}^-21$

---

5 Avec des bâtonnets, on forme une suite de carrés comportant une diagonale.

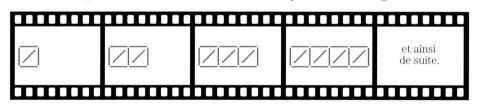

et ainsi de suite.

a) Dessine la prochaine figure qui serait construite. Combien de carrés compte-t-elle ? Combien de bâtonnets faut-il pour la réaliser ? Qu'en est-il de la figure suivante ?

b) Combien de bâtonnets sont nécessaires à la réalisation d'une figure comptant 20 carrés ?

c) Dans une figure construite avec 129 bâtonnets, combien de carrés y a-t-il ?

d) Si l'on met en relation le nombre de carrés dans une figure et le nombre de bâtonnets nécessaires à sa réalisation, quel est le taux de variation de cette situation ?

e) Si x représente le nombre de carrés et y, le nombre de bâtonnets, quelle est l'équation représentant cette situation ?

f) Le nombre de carrés est-il proportionnel au nombre de bâtonnets ? Explique ta réponse.

6 Reproduis et complète le tableau suivant.

NOMBRE DE CÔTÉS	3	4	5	6	···	x
POLYGONE	△	▢	⬠	⬡	···	
SOMME DES ANGLES INTÉRIEURS	180°		540°		···	

a) Si y représente la somme des angles intérieurs d'un polygone, exprime à l'aide d'une équation la relation entre les variables x et y.

b) Donne toutes les valeurs possibles que peut prendre la variable x dans cette relation. Qu'en est-il des valeurs que peut prendre la variable y ?

c) Précise l'ensemble de nombres auxquels appartiennent les nombres décrits en **b)**.

---

7 Le nombre de monocristaux dans un flocon de neige varie selon la taille de ce dernier. On approxime ce nombre par une relation dont l'équation est $m = 500d - 20$, où d représente la taille du flocon en millimètres.

a) Cette relation est-elle linéaire ? Explique ta réponse.

b) Quel est le nombre de monocristaux dans un flocon de 2,1 mm ?

c) Quelle est la taille d'un flocon composé de 3600 monocristaux ?

d) Quelle est la diminution du nombre de monocristaux pour chaque diminution de 0,2 mm de la taille d'un flocon ?

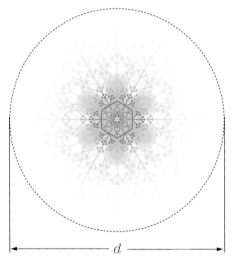

La taille d'un flocon est donnée par le diamètre du cercle qui le contient.

---

8 Pour les décors d'une pièce de théâtre, tu dois réaliser des nœuds sur des cordes de différentes longueurs. Un nœud exige environ 8,5 cm de corde et il doit y avoir une distance de 10 cm entre chaque nœud. De plus, tu dois laisser 25 cm entre chaque extrémité de la corde et le premier nœud rencontré. Tu veux savoir la longueur minimale de corde nécessaire selon le nombre de nœuds à faire.

a) Pour des cordes devant compter 15, 34 et 72 nœuds, quelles longueurs minimales de corde faudra-t-il ?

b) Combien de nœuds peut-on former avec une corde de 5 m ? Explique ta réponse.

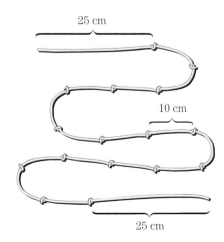

9 Dans la figure ci-contre, le cercle a un rayon de 10 cm. On observe les différentes aires des secteurs circulaires qu'il est possible de tracer dans ce cercle selon le nombre de degrés de l'angle au centre du secteur tracé.

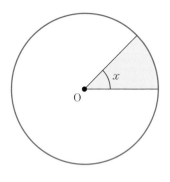

a) Quelle est l'aire exacte des secteurs circulaires dont les angles au centre sont respectivement de 5°, 32° et 250° ?

b) Si x représente la mesure de l'angle au centre d'un secteur circulaire et y, celle de son aire, exprime cette relation à l'aide d'une équation.

c) Quelle est la mesure des angles au centre des secteurs circulaires dont les aires exactes se situent entre 10π cm^2 et 15π cm^2 ?

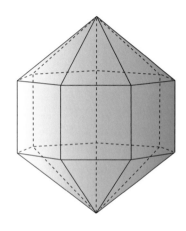

10 François représente des cristaux en suivant le modèle illustré ci-contre. Le dessus et le dessous du cristal sont des pyramides identiques dont la base est un polygone régulier. Le milieu du cristal est formé de carrés. En variant le nombre de côtés du polygone à la base des pyramides, François obtient des cristaux différents.

a) Si x représente le nombre de côtés de la base d'une pyramide, trouve une équation qui exprime la relation entre cette variable et la variable y, sachant que cette dernière représente

1) le nombre de faces d'un cristal ;

2) le nombre de sommets d'un cristal ;

3) le nombre d'arêtes d'un cristal.

b) Parmi les trois relations représentées en **a)**, laquelle ou lesquelles représentent une relation directement proportionnelle entre les variables ? Pour chacune d'elles, donne le coefficient de proportionnalité.

c) Donne toutes les valeurs possibles que peut prendre la variable x dans les relations exprimées en **a)**. Qu'en est-il des valeurs que peut prendre la variable y ?

> Dans une relation directement proportionnelle, le coefficient de proportionnalité est le facteur par lequel il faut multiplier chacune des valeurs de la variable indépendante afin d'obtenir les valeurs correspondantes de la variable dépendante.

11 On fait varier la longueur d'un rectangle dont la hauteur est fixée à 3 cm. À partir des quatre côtés des rectangles ainsi obtenus, on forme quatre demi-cercles, comme le montre la figure ci-contre. On observe la mesure totale de la ligne bleue selon la longueur du rectangle.

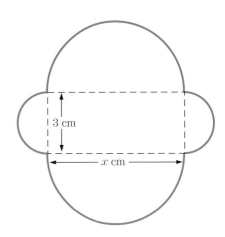

a) Quelle est la mesure exacte de la ligne bleue tracée à partir d'un rectangle dont la longueur est de 5 cm ?

b) À partir d'un rectangle de quelle longueur a été tracée une ligne bleue de 10π cm ?

c) Quel est le taux de variation dans cette relation ?

d) La mesure de la ligne bleue est-elle proportionnelle à la longueur du rectangle ? Explique ta réponse.

12 Afin de modéliser une toile d'araignée, on peut utiliser une succession d'hexagones concentriques avec un point d'intersection en plein centre de la toile.

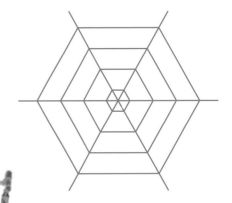

a) Combien de points d'intersection une toile formée de 15 hexagones comporte-t-elle ?

b) Combien d'hexagones une toile comportant 139 points d'intersection forme-t-elle ?

c) Le nombre d'hexagones formant une toile est-il proportionnel au nombre de points d'intersection ? Explique ta réponse.

d) Est-ce possible que le nombre de points d'intersection soit pair ? Explique ta réponse.

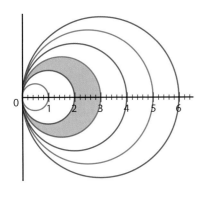

13 On trace des cercles passant tous par l'origine d'un axe de nombres et différents points dont l'abscisse est un nombre entier. Chaque nouveau cercle ainsi tracé forme un croissant avec le cercle qui le précède. Par exemple, le cercle passant par le point 3 forme un croissant (en gris sur l'illustration) avec le cercle passant par le point 2.

La relation entre l'aire, A, d'un croissant et la longueur d de son diamètre est-elle linéaire ? Explique ta réponse.

14 Le tableau ci-dessous présente des données expérimentales visant à déterminer la masse d'un poids suspendu à un ressort selon l'étirement du ressort.

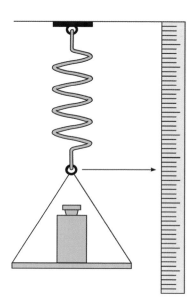

ÉTIREMENT DU RESSORT (cm)	17,1	18,9	33,3	41,4	70,2
MASSE (g)	3,8	4,2	7,4	9,2	15,6

a) La relation entre la masse d'un poids et la longueur de l'étirement du ressort est-elle linéaire ? Explique ta réponse.

b) Exprime, à l'aide d'une équation, la relation entre les deux variables mises en relation dans cette expérience.

c) De quelle longueur le ressort s'allongerait-il si l'on y suspendait une masse de 8 g ?

d) Si le ressort s'étire de 27 cm, quelle est la masse du poids qui y est suspendu ?

15 Dans les années 50, beaucoup de planchers de salle de bains étaient recouverts d'un assemblage de carreaux de forme carrée et octogonale, disposés comme dans la figure ci-dessous. Observe l'octogone central (en jaune) ; on peut voir qu'il est entouré de quatre carreaux gris, de forme carrée. Puis, la première série d'octogones (en orangé) est entourée de 12 carrés gris.

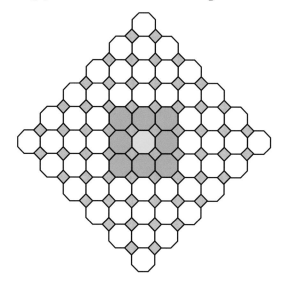

Tisha s'intéresse au nombre de carrés entourant les octogones d'une série donnée. Par exemple, combien de carrés entourent les octogones de la 5ᵉ série ? Ou combien de carrés entourent ceux de la 8ᵉ série ? Et ainsi de suite.

Tisha conclut que le nombre de carrés recherché sera toujours un multiple de 4. Es-tu d'accord avec son affirmation ? Explique ta réponse.

16 À l'automne, des champignons poussent près de la maison de Gabrielle selon un arrangement circulaire appelé « rond de sorcière ».

Année après année, le rond s'agrandit de telle sorte que le nouveau rayon est toujours environ 10 cm plus grand que celui de l'année précédente.

À l'achat de la maison, en 1990, le rayon mesurait 32 cm.
Gabrielle s'intéresse à l'évolution du diamètre du rond de sorcière au fil des années.

a) La relation entre le diamètre et les années est-elle proportionnelle ? Explique ta réponse.

b) Quel était le diamètre du rond de sorcière en 2002 ?

c) En quelle année le diamètre devrait-il atteindre 5,64 m ?

d) En quelle année le diamètre du rond de sorcière a-t-il doublé par rapport à son diamètre au moment de l'achat de la maison ?

---

17 Comme on le sait déjà depuis un bon moment, la transmission du son n'est pas instantanée. Au début du 18e siècle, des expériences ont été réalisées pour en évaluer la vitesse à l'aide de coups de canon. Ces expériences consistaient à mesurer le temps entre l'éclair du coup de canon et la détonation entendue à une certaine distance du canon. Les données ci-dessous sont liées à un des résultats obtenus.

- Délai entre l'apparition de l'éclair et la détonation : 5,9 s.

- Distance entre le canon et la personne chargée du chronométrage : 2 km.

a) À l'aide de ces informations, détermine la vitesse du son mesurée.

b) Selon le résultat de cette expérience, combien de temps le son met-il pour parcourir 100 mètres ? Et un kilomètre ?

Aujourd'hui, on sait que la vitesse du son augmente avec la température. Le tableau ci-contre donne la vitesse du son en m/s pour des températures variant de ⁻10 °C à 20 °C.

c) Selon ces données, trouve une équation qui met en relation la vitesse du son, v, selon la température, t.

d) Trace le graphique correspondant à cette relation.

e) À quelle température l'expérience du canon a-t-elle été réalisée ?

VITESSE DU SON SELON LA TEMPÉRATURE	
Température (°C)	Vitessse (m/s)
⁻10	325,5
⁻5	328,5
0	331,5
5	334,5
10	337,5
15	340,5
20	343,5

18 **a)** En sachant que 6×10^{23} atomes d'hydrogène ont une masse totale de 1 g et que le carbone est 12 fois plus lourd que l'hydrogène, exprime la masse de chaque molécule représentée dans le tableau selon le nombre d'atomes de carbone.

MOLÉCULE	Méthane	Éthane	Propane	Butane	Pentane
FORMULE	CH_4	C_2H_6	C_3H_8	C_4H_{10}	C_5H_{12}
REPRÉSENTATION					

Légende

Hydrogène : ●

Carbone : ●

b) Si l'on poursuivait le tableau, on y trouverait aussi le triacontane. Quelle est la masse d'une molécule de triacontane, qui contient 30 atomes de carbone ?

19 Pour des raisons de sécurité et d'économie d'énergie, trois camions lourds, **A**, **B**, **C**, se déplacent, sur une même autoroute, à des vitesses constantes de 40 km/h, 60 km/h et 70 km/h, respectivement. Ils transportent des marchandises au Canada, en provenance des États-Unis. À midi, les trois camions sont au Canada, respectivement distants de 80 km, 60 km et 20 km de la frontière américaine.

a) À partir de quel moment le camion **C** aura-t-il dépassé les camions **A** et **B** ?

b) Durant combien de temps le camion **B** sera-t-il devant les camions **A** et **C** ?

1 Anne-Laure a une montre qui retarde de deux minutes par jour. À midi, le dimanche, elle met sa montre à l'heure. Anne-Laure s'intéresse au temps de retard de sa montre selon le nombre d'heures qui a suivi sa mise à l'heure.

a) Une heure après sa mise à l'heure, combien de temps de retard la montre d'Anne-Laure aura-t-elle pris ? Et 12 heures plus tard ?

b) La relation entre les variables décrites est-elle proportionnelle ? Explique ta réponse.

c) Le mardi suivant la mise à l'heure de la montre, la radio annonce qu'il est 13 h. Quelle heure indique alors la montre d'Anne-Laure ?

d) Si la montre d'Anne-Laure a pris 30 minutes de retard, depuis combien de jours celle-ci l'a-t-elle mise à l'heure ?

2 Une bande magnétique avance à la vitesse de 1,2 cm à la seconde. Au début et à la fin de la bande, on trouve une section non enregistrable de 2,5 cm chacune. On s'intéresse aux différentes longueurs possibles du ruban de la bande selon le temps maximal d'enregistrement.

a) Exprime par une équation la relation entre les deux variables décrites. Identifie bien tes variables.

b) La relation entre les variables est-elle linéaire ? Explique ta réponse.

c) Dans cette situation, que signifie la longueur associée à un temps d'enregistrement équivalent à 0 ?

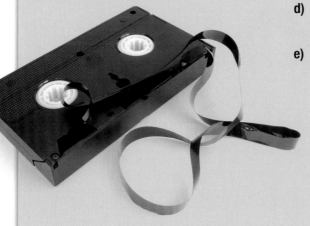

d) Quelle est la longueur d'une bande pouvant enregistrer 2 h ?

e) Combien de temps peut-on enregistrer sur une bande de 100 m ?

» Corrigé, p. 365

Nombres et algorithmes de calculs

Avant la venue de la technologie, des mathématiciens et mathématiciennes ont développé diverses façons pour effectuer des calculs avec des nombres. Au fur et à mesure que les nombres se complexifiaient, ils et elles devaient recourir à des moyens de plus en plus ingénieux pour parvenir à trouver les valeurs recherchées. Dans le cas de nombres irrationnels, les calculs menaient à des approximations. C'était alors la course à qui trouverait la meilleure approximation possible !

TÂCHE À RÉALISER

Fais équipe avec un ou une camarade. Choisissez ensemble l'une des trois situations proposées dans ces pages et faites-en une analyse à l'aide de la question qui y est associée. En consultant Internet, vous trouverez beaucoup d'information sur le sujet que vous aurez choisi.

- Assurez-vous que vos explications sont assez claires, de manière qu'une personne qui les consulte n'ait pas besoin de renseignements complémentaires.

- Réalisez une affiche attrayante pour présenter les résultats de votre analyse.

- Sur une feuille à remettre à votre enseignant ou enseignante, donnez par écrit votre réponse (appuyée par un graphique) à la question en lien avec la situation choisie.

- Faites une présentation très visuelle de vos résultats, en réalisant certains éléments de votre affiche à l'aide de l'ordinateur, par exemple.

SITUATION 1

Le nombre pi (symbolisé par π)

L'affiche pourrait comprendre

- une présentation de ce qu'est le nombre pi ;

- un bref historique des différentes valeurs de pi ;

- un exemple d'une méthode de calcul de quelques décimales du nombre pi, avec des explications ;

- quelques curiosités liées au nombre pi.

Question

La circonférence d'un cercle est-elle proportionnelle à son diamètre ? Si oui, quel est le coefficient de proportionnalité ? Sinon, expliquez pourquoi.

SITUATION 2

Le nombre d'or (symbolisé par φ)

L'affiche pourrait comprendre

- une présentation de ce qu'est le nombre d'or ;

- le lien de ce nombre avec la nature et les réalisations humaines ;

- sa valeur exacte et un exemple d'une méthode de calcul de quelques décimales du nombre d'or, avec des explications ;

- quelques curiosités liées au nombre d'or.

Question

La longueur d'un rectangle d'or est-elle proportionnelle à sa largeur ? Si oui, quel est le coefficient de proportionnalité ? Sinon, expliquez pourquoi.

La réalisation personnelle terminée, pourquoi ne pas exposer toutes les affiches dans la classe pendant quelque temps ? Vous verrez comment d'autres dyades ont présenté la situation que vous avez choisie. Attardez-vous également aux affiches présentant des situations différentes de la vôtre.

SITUATION 3

Extraire la racine carrée d'un nombre

L'affiche pourrait comprendre

- une présentation expliquant en quoi consiste cette opération ;

- deux façons de calculer à la main une racine carrée, avec un exemple pour chacune ;

- quelques curiosités sur la racine carrée (par exemple, pourquoi on dit « extraire » une racine d'un nombre).

Question

La racine carrée d'un nombre est-elle proportionnelle au nombre duquel elle est extraite ? Si oui, quel est le coefficient de proportionnalité ? Sinon, expliquez pourquoi.

Erreurs et stratégies mathématiques

Commettre des erreurs fait partie du processus d'apprentissage. Mais il faut s'apercevoir que l'on a commis une erreur. La validation du travail, une étape trop souvent négligée, est donc essentielle.

- Nomme quelques façons de procéder qui permettrait de valider une solution.

- Observe les solutions associées aux questions ci-dessous. Certaines comportent-elles une ou des erreurs ? Si oui, écris une solution qui te paraît plus appropriée. Discutes-en ensuite avec toute la classe.

QUESTION 1

Quelles sont les dimensions d'un rectangle ayant la même aire et le même périmètre qu'un rectangle dont les dimensions sont 6 cm sur 8 cm ?

Solution :
En doublant l'une des dimensions et en réduisant l'autre de moitié, j'obtiens les dimensions du rectangle recherché, soit 12 cm sur 4 cm.

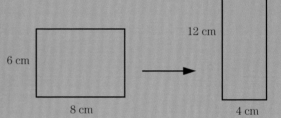

6 cm

8 cm

12 cm

4 cm

QUESTION 2

Quelle est la mesure du côté d'un triangle rectangle dont l'hypoténuse mesure 12 cm et l'une de ses cathètes mesure 7 cm ?

?   12 cm

7 cm

Solution :

$$h = \sqrt{12^2 - 7^2}$$
$$h = \sqrt{5^2}$$
$$h = \sqrt{25}$$
$$h = 5$$

La mesure du côté est 5 cm.

QUESTION 3

Quelle est la valeur de x dans l'équation suivante ?

$$\frac{3x - 8}{2} = \frac{6x}{5} + 2$$

Solution :

$$\frac{3x - 8}{2} \diagdown\!\!\!\!\diagup \frac{6x}{5} + 2$$
$$15x - 40 = 12x + 2$$
$$15x - 40 - 12x = 12x + 2 - 12x$$
$$3x - 40 = 2$$
$$3x - 40 + 40 = 2 + 40$$
$$3x = 42$$
$$\frac{3x}{3} = \frac{42}{3}$$
$$x = 14$$

Choisis un problème dans la banque des pages 120 et 121 et essaie de le résoudre.
Vérifie ta solution afin de repérer d'éventuelles erreurs ou pour confirmer son exactitude.
Réponds ensuite aux questions suivantes.

- Comment réagis-tu lorsque tu commets une erreur ?

- Comment réagis-tu lorsque quelqu'un d'autre t'indique que tu as commis une erreur ?

- Donne un exemple de situation où il est inacceptable, selon toi, de commettre une erreur.

- Que signifie pour toi l'expression « apprendre de ses erreurs » ?

- À ton avis, l'utilisation d'outils technologiques en mathématiques (calculatrice, logiciel traceur de courbes, etc.) diminue-t-elle le nombre d'erreurs qu'il est possible de faire ? Explique ton point de vue.

- En mathématiques, es-tu capable de repérer une erreur lorsqu'on t'indique que tu en as commis une ? Comment procèdes-tu ?

- Y a-t-il des types d'erreurs mathématiques que tu répètes souvent ? Crois-tu que lorsqu'on prend conscience de répéter une erreur, c'est que l'on commence à se corriger ? Explique ton point de vue.

STRATÉGIES DE VALIDATION

Lorsqu'on résout un problème en mathématiques, il arrive que l'on commette des erreurs. Afin de minimiser le risque d'erreur, diverses stratégies de validation peuvent être utilisées. En voici quelques-unes que tu pourrais mettre en pratique.

- Lorsque c'est possible, estimer la réponse avant d'entreprendre la résolution. Puis comparer la réponse obtenue avec l'estimation.

- Rédiger clairement sa démarche afin de pouvoir la réviser facilement ou la faire réviser par quelqu'un d'autre.

- Reprendre la résolution avec un autre raisonnement. Puis comparer les deux résultats obtenus.

- Procéder à une vérification systématique en séparant la démarche complète en petites parties pour les vérifier les unes après les autres.

Connais-tu d'autres stratégies de validation ?
Partage-les avec tes camarades de classe.

1 Imagine que tu es responsable de la mise en page du journal étudiant de ton école. L'imprimeur demande que les marges supérieure et inférieure soient de 2,4 cm. Quant aux marges latérales, tu peux déterminer leur largeur, pourvu qu'elles soient de la même grandeur. Sachant qu'une feuille du journal, de format lettre, mesure 21,6 cm sur 27,9 cm, donne l'équation de la relation entre l'aire de la surface imprimable et la grandeur des marges latérales.

2 Le tétraèdre est un polyèdre régulier dont les quatre faces sont des triangles équilatéraux. Quelle relation y a-t-il entre la longueur de l'arête du tétraèdre et sa surface totale ?

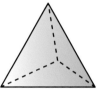

3 Un ensemble dénombrable est un ensemble infini dont on peut « compter » les éléments, c'est-à-dire les jumeler chacun avec un nombre naturel. On dit aussi que les ensembles dénombrables ont la même cardinalité que $\mathbb{N}$.

Myriam affirme que l'ensemble des nombres entiers ($\mathbb{Z}$) est dénombrable, mais selon Simon ce n'est pas possible puisqu'il y a deux fois plus de nombres dans $\mathbb{Z}$ que dans $\mathbb{N}$. Es-tu d'accord avec Myriam ? Si oui, montre comment on peut jumeler les éléments des deux ensembles ; sinon, explique pourquoi il est impossible de les jumeler.

4 Un café-terrasse est doté d'un auvent rétractable qui peut être ouvert à différentes longueurs. Lorsqu'elle est complètement déployée, la toile fait 8 m de long sur 5 m de large. Comme le montre l'illustration ci-contre, quand la toile est complètement déroulée, le côté qui est le plus éloigné du mur a une dénivellation de 2 m par rapport à son point d'origine au mur.

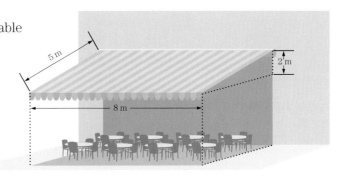

Quelle est l'équation de la relation entre la longueur de toile déployée et l'aire de l'ombre projetée au sol lorsque le soleil est directement au-dessus de la toile?

5 Dans un parc, on construit un bassin de forme circulaire ayant au milieu un piédestal à base rectangulaire. Le rayon du cercle est de 4 m et les dimensions de la base du piédestal sont de 2 m sur 3 m.

Si l'on veut imperméabiliser le béton du bassin avec une peinture spéciale, quelle équation donne la relation entre la mesure de la surface à peindre et une certaine hauteur jusqu'à laquelle on peindra le bassin?

6 Le nombre 4913 est particulier, car la somme de tous ses chiffres est égale à sa racine cubique. Trouve une démarche pour déterminer les nombres qui ont cette propriété et utilise-la pour en trouver au moins un autre.

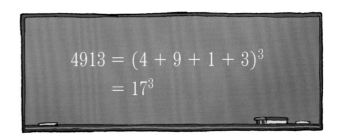

$$4913 = (4 + 9 + 1 + 3)^3$$
$$= 17^3$$

Comment savoir si tu as fait une erreur dans la résolution du problème que tu as choisi? As-tu mis en pratique une ou des stratégies de validation? Lesquelles? Pourrais-tu utiliser ces mêmes stratégies pour valider ta résolution d'un autre des six problèmes?

Une fois ton travail de résolution et de validation terminé, n'oublie pas de répondre aux questions de la page 119.

1 La masse de la Terre est $3,3 \times 10^5$ fois plus petite que celle du Soleil. Quelle est la masse du Soleil si celle de la Terre est de $6,06 \times 10^{24}$ kg ? Écris ta réponse en notation scientifique, en l'arrondissant au centième.

2 La Terre se déplace à une vitesse d'environ 100 000 km/h dans son mouvement de révolution autour du Soleil. La vitesse de la lumière, elle, est d'environ 3×10^8 mètres par seconde.

a) Quelle distance la Terre parcourt-elle autour du Soleil en un an ?

b) La vitesse de la lumière est combien de fois plus rapide que celle du déplacement de la Terre ?

3 En informatique, la capacité de mémoire est mesurée en octets. Par exemple, on dit qu'un CD a une capacité de 700 mégaoctets. Cependant, une mémoire informatique contient toujours un nombre d'octets équivalent à une puissance de 2. Ainsi, lorsqu'on dit un kilooctet, il s'agit d'une approximation, car il y a en réalité 2^{10} octets et dans un mégaoctet, $(2^{10})^2$ octets. Dans chaque cas, détermine le nombre d'octets qui ne sont pas considérés dans l'approximation.

4 Un cristal de neige pèse approximativement 10^{-6} g et contient environ 10^{16} molécules d'eau. Si la densité de la neige fraîchement tombée est de 110 kg par mètre cube, combien de cristaux y a-t-il dans 1 m^3 de neige ? Et combien de molécules d'eau ?

5 Aux États-Unis, quotidiennement, on consomme en moyenne 450 hot-dogs à la seconde. Combien de hot-dogs cela représente-t-il au bout d'une année ?

6 Un gramme d'aluminium contient environ $2,2 \times 10^{22}$ atomes. Combien d'atomes y a-t-il dans un kilogramme d'aluminium ? Écris ta réponse en notation scientifique, en l'arrondissant au centième.

7 Un litre d'air contient 30 000 milliards de milliards de molécules qui se déplacent à une vitesse moyenne de $1,62 \times 10^6$ mètres par heure (à 0 °C et à la pression atmosphérique du niveau de la mer).

a) Exprime en notation scientifique le nombre de molécules contenues dans 5,3 litres d'air.

b) Quelle distance une molécule d'air peut-elle parcourir en une année ?

8 Le langage mathématique comporte des règles et des conventions très précises qui améliorent les communications si elles sont respectées. En effectuant les tâches ci-dessous, tu développeras ta capacité à communiquer à l'aide du langage mathématique. Prends soin de rédiger des solutions claires, structurées et qui respectent les règles et les conventions d'usage.

a) Les nombres 45 et 55 ont une particularité intéressante : la différence de leurs carrés est égale au cube de leur différence. Montre cette particularité à l'aide de calculs.

 b) Un carré a une aire de 32 cm².

    1) Quelle est la mesure exacte du côté de ce carré ?

    2) Construis ce carré en laissant les traces de ta construction.

c) Effectue les opérations suivantes et indique à quel ensemble de nombres (naturels, entiers, rationnels ou irrationnels) la réponse appartient.

    1) $\sqrt[3]{216} + \sqrt[3]{512}$ **2)** $\sqrt{12} - 6^2$ **3)** $\sqrt[3]{6} \times \sqrt{25}$ **4)** $\dfrac{7^3}{\sqrt{49}}$

d) Écris les nombres suivants en notation fractionnaire. Si c'est impossible, trouve une fraction ou un nombre fractionnaire qui constitue une bonne approximation, en expliquant ton choix à l'aide de calculs.

    1) $0,\overline{18}$ **2)** $\sqrt[3]{12}$ **3)** $1,\overline{6}$ **4)** $\sqrt{15}$ **5)** $^-0,9\overline{4}$

 e) Situe les nombres irrationnels suivants sur une droite numérique. Laisse les traces de tes constructions.

    1) $\sqrt{8}$ **2)** $\sqrt{13}$ **3)** $\sqrt{26}$ **4)** $^-\sqrt{17}$ **5)** $^-\sqrt{34}$

f) Évalue les expressions suivantes et donne la réponse en notation scientifique.

    1) $53 \times 10^{-4} + 8^5 \times 10^3 - 23 \times 10^{-6}$ **3)** $4,2 \times 10^2 + 6,58 \times 10^5 - 3,007 \times 10^4$

    2) $\dfrac{\left(0,005 \times 10^7\right) \times \left(1,0603 \times 10^5\right)}{\left(0,23 \times 10^3\right)}$ **4)** $\dfrac{\left(16,098 \times 10^{-1}\right)}{\left(0,25 \times 10^2\right)} - 2,5 \times 10^{-3}$

9 Dans un jeu de société, il est possible de déposer de l'argent dans une banque bien particulière : la somme double chaque fois que l'on réalise un tour du plateau de jeu. Camille dépose 1 $. Combien d'argent aura-t-elle après huit tours et demi du plateau de jeu ?

10 Alfonso voudrait savoir le coût engendré lorsqu'il laisse son ordinateur fonctionner pendant des heures sans s'en servir. Il trouve les informations suivantes : un ordinateur laissé sous tension inutilement consomme en moyenne 0,4 kilowatt par heure et le coût d'un kilowatt d'électricité est de 0,07 $.

Le kilowattheure (kWh) est une unité de mesure de la consommation d'électricité qui fait appel à la notion de temps.

• Watt : unité de mesure de l'intensité électrique.

• 1 wattheure correspond à 1 watt d'électricité consommé durant 1 heure.

a) Quelle est la variable indépendante dans cette situation ? Et la variable dépendante ?

b) Construis une table de valeurs illustrant au moins cinq couples de valeurs associés à la relation dans cette situation. Décris à l'aide d'un exemple ce que représentent dans la situation les valeurs composant l'un de ces couples.

c) Trace le graphique représentant le coût en électricité d'un ordinateur qui fonctionne inutilement pendant des jours.

d) Dans cette situation, la relation décrit-elle un lien directement proportionnel entre les variables ? Explique ta réponse.

e) Durant combien de temps un ordinateur a-t-il été laissé sous tension inutilement si la dépense engendrée est de 10,08 $?

11 À l'aide de jetons de couleur, Pandora compose des figures en forme de pentagone. Elle forme un premier pentagone (en rouge ci-dessous) comportant une pièce centrale, puis, autour de cette figure, un deuxième pentagone (en bleu) ayant une pièce de plus sur chacun de ses côtés. Elle en ajoute ensuite un troisième (en jaune) comportant lui aussi une pièce de plus sur chacun de ses côtés. Elle continue ainsi, formant un nouveau pentagone autour du précédent.

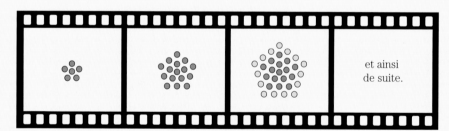

et ainsi de suite.

a) Combien de jetons Pandora ajoutera-t-elle autour du cinquième pentagone pour former le sixième ?

b) En poursuivant ses constructions, Pandora obtient un pentagone en ajoutant 60 jetons autour du pentagone précédent. Combien de pentagones a-t-elle formés en tout ?

12 Amélie habite Hong Kong. Léon veut lui envoyer un cadeau pour son anniversaire. Il sait que le coût de l'expédition dépendra de la masse du colis. Sur le site d'une compagnie de livraison de colis, il trouve l'information ci-contre.

HONG KONG

Des frais fixes de 55 $ sont exigés. Ensuite, il faut compter 0,05 $ par gramme.

   a) Quelle est la variable indépendante dans cette situation ? Et la variable dépendante ?

   b) La relation entre ces deux variables est-elle directement proportionnelle ? Explique ta réponse.

   c) Si x représente la masse du colis et y, le coût à payer, exprime par une équation la règle de cette relation.

   d) Représente graphiquement cette situation.

   e) Si Léon est prêt à débourser jusqu'à 80 $, quelle pourra être la masse maximale de son colis ?

   f) Le mois suivant, les frais fixes augmentent de 2,50 $ (le tarif par gramme restant le même). Avec le même budget (80 $), de combien de grammes la masse maximale que Léon pourrait expédier diminuera-t-elle ?

13 La longueur d'un rectangle est le triple de sa largeur.

   a) La relation entre la mesure de la longueur du rectangle et son périmètre est-elle directement proportionnelle ? Explique ta réponse. Qu'en est-il de la largeur et du périmètre ? Explique ta réponse.

   b) Si x représente la mesure de la largeur du rectangle et y, son périmètre, exprime par une équation la relation entre ces deux variables.

   c) Si x représentait plutôt la mesure de la longueur du rectangle et y, son périmètre, exprime par une équation la relation entre ces deux variables.

   d) Quelle serait la longueur d'un tel rectangle s'il mesure 12 cm de largeur ?

   e) Quel serait le périmètre d'un tel rectangle de 27 cm de longueur ?

   f) Quelle serait la largeur d'un tel rectangle de 88 cm de périmètre ?

   g) Quelle serait la longueur d'un tel rectangle de 120 cm de périmètre ?

GÉOMÉTRIE
• La représentation de solides
  et le calcul de l'aire.
• La relation de Pythagore
  et sa réciproque.
• L'aire du cône, de la sphère
  et de solides décomposables.

14 Mikela a un petit oiseau qu'elle adore, mais il chante très tôt le matin et il la réveille. Pour remédier à ce problème, elle décide de confectionner une housse pour recouvrir la cage et ainsi faire croire à l'oiseau que c'est la nuit. Au centre du disque de tissu formant le dessus de la housse, elle doit découper un trou de 10 cm de diamètre pour pouvoir installer la housse sur la cage. Le diamètre de la cage est de 40 cm et sa hauteur, de 50 cm.

a) Représente par un dessin le plan de la housse et inscris-y les mesures nécessaires au calcul de la quantité minimale de tissu dont Mikela aura besoin.

b) Quel sera le coût minimal du tissu nécessaire à la confection de la housse si 1 m² de tissu coûte 4,50 $?

15 L'entrée du musée du Louvre, à Paris, a la forme d'une pyramide en verre entourée de trois autres pyramides plus petites (rappelant le site de Gizeh, en Égypte). Conçue par l'architecte américain Ieoh Ming Pei, cette entrée fut inaugurée en 1989. La grande pyramide a une hauteur de 21,6 m et sa base carrée a une largeur de 35 m. Les trois petites pyramides ont une hauteur de 5 m et une base carrée de 8 m de large.

> Savais-tu que les dimensions des pyramides du Louvre ont un lien avec le nombre d'or ? Découvre ce lien.

a) Représente la grande pyramide ainsi que l'une des petites et inscris sur tes représentations les mesures nécessaires au calcul de l'aire latérale de chaque pyramide.

b) Détermine la quantité minimale totale de verre qui fut utilisée pour construire la grande pyramide du Louvre et les trois petites qui l'entourent.

16 La plus grosse émeraude connue appartient à un duc de Londres. Elle a la forme d'un prisme dont les bases sont des hexagones réguliers. La grande diagonale d'un hexagone mesure 5 cm et la hauteur de l'émeraude est de 6 cm.

a) Fais une représentation de cette émeraude et inscris-y les mesures appropriées au calcul de son aire totale. Justifie les mesures que tu déduis à l'aide de propriétés géométriques.

b) Calcule l'aire totale de l'émeraude.

17 Une entreprise a reçu le contrat de repeindre des bouées du fleuve Saint-Laurent qui ont été abîmées par la rouille. Au total, il y a 65 bouées identiques à repeindre, dont l'une est représentée ci-contre.

a) Quelle quantité minimale de peinture sera nécessaire pour repeindre ces bouées si un litre de peinture couvre 10 m² ?

b) Si la compagnie demande 20,49 $/m², quel sera le coût minimal pour repeindre les bouées ?

18 Le polygone ci-contre est le plan des bases d'un prisme droit correspondant à la forme d'une remise de jardin. Cette remise a une hauteur de 2,3 m. On souhaite repeindre la remise (excepté le dessous).

a) Calcule la grandeur de la surface à peindre. Appuie tes calculs d'une représentation.

b) Détermine combien de contenants de peinture il faudra acheter si l'on compte en mettre deux couches, sachant qu'un contenant contient 3,78 L et qu'un litre couvre 10 m².

c) Quel sera le coût si un contenant de peinture coûte 39,99 $?

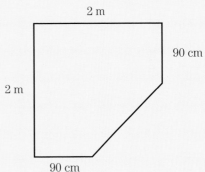

19 Deux bateaux de croisière quittent le port de Miami à 9 h du matin. Le premier va vers l'est à une vitesse de 20 nœuds et le second se dirige vers le sud à une vitesse de 25 nœuds. Les deux bateaux naviguent ainsi sans changer de direction. Sachant qu'un nœud correspond à 1,852 km/h, détermine la distance qui sépare les bateaux à 11 h 30.

20 La statue de la Liberté a une hauteur totale (du sol au bout de la flamme) de 93 m. Si quelqu'un se trouve au sol à une distance de 100 m du sommet de la flamme, à quelle distance cette personne se trouve-t-elle du point au sol directement en dessous de la flamme ?

21 Ariane veut ranger un ancien parapluie d'une longueur de 103 cm dans un coffre ayant la forme d'un prisme à base rectangulaire et dont les dimensions sont les suivantes : 75 cm sur 50 cm sur 55 cm. Est-ce possible ? Justifie ta réponse.

22 Lorsqu'on construit une rampe d'accès pour personne handicapée, il y a certaines normes à respecter. Par exemple, l'inclinaison de la rampe doit être d'environ 7 %. Ce pourcentage signifie que toute élévation de 7 unités correspond à une distance horizontale de 100 unités.

a) Quelle doit être la distance (x) au sol entre la porte et le début de la rampe d'accès si la porte se trouve à 45 cm du sol ?

b) Selon ce critère, quelle devra être la longueur de la rampe d'accès ?

---

23 En août 2006, le sort de Pluton a été décidé : ce n'est plus une planète ! Elle avait été découverte en 1930 par l'Américain Clyde W. Tombaugh. L'une des raisons de son déclassement est sa petite taille ; son diamètre est pourtant d'environ 2320 km. Dans son cours de science, Émilie veut illustrer la différence de taille entre Pluton et la Terre qui, elle, a un diamètre de 12 756 km. Pour ce faire, elle veut se procurer des boules de styromousse de la bonne grandeur.

a) Quelle échelle de réduction serait appropriée pour déterminer les diamètres des deux boules de styromousse ?

b) Si Émilie souhaite peindre les deux boules, quelle surface totale devra-t-elle peindre ?

24 Le musée de la Biosphère, à Montréal, est dédié à l'eau et à l'environnement. Il est situé dans l'ancien pavillon des États-Unis, construit pour Expo 67 et conçu par l'architecte Richard Buckminster Fuller. La Biosphère est un dôme géodésique de 80 m de diamètre.

a) Estime l'aire du revêtement de polymère de la Biosphère.

b) Au parc EPCOT à Walt Disney World, il y a également un dôme géodésique. L'aire de ce dernier est d'environ 7854 m². Quel est son diamètre ?

25 L'abat-jour représenté ci-contre a la forme d'un cône dont on aurait coupé la partie supérieure à la moitié de sa hauteur totale. Le diamètre de l'abat-jour à la base mesure 25 cm, sa hauteur actuelle est de 20 cm et le diamètre du haut mesure 12,5 cm. Delphine veut le recouvrir d'un nouveau tissu afin qu'il s'agence mieux à son décor. Sachant qu'elle doit prévoir une quantité supplémentaire de 10 % pour les pertes, calcule la quantité de tissu que Delphine devra acheter.

26 Dans le désert australien, un ambitieux projet de construction de centrale solaire est en cours. Il s'agit d'un gigantesque miroir circulaire dont l'aire totale est de 45 km^2 ! Le miroir chauffe l'air se trouvant entre lui et le sol, qui est ensuite dirigé vers une cheminée s'élevant au centre du miroir. L'air monte rapidement en altitude à l'intérieur de la cheminée qui a 1 km de haut. Ce puissant vent ascendant active alors des turbines.

a) À une vitesse de 5 km/h, combien de temps met-on pour faire à pied le tour du gigantesque miroir ?

b) Si la cheminée a une surface latérale de 1,1 km^2, quelle est la grandeur de la surface au centre du miroir qui est occupée par la cheminée ?

Changer le monde

Dès les premiers tours du monde, un problème s'est imposé : comment représenter la planète entière sur une carte plane ? En effet, la forme de la Terre ne peut être développée sur un plan. Tous ceux et celles qui ont essayé ont dû sacrifier un aspect ou l'autre de la réalité (la forme des continents, les angles entre les parallèles et les méridiens, la proportion des distances, etc.) Ne serait-ce pas plus simple si notre planète avait une autre forme ?

Le planisphère dessiné par Rumold Mercator en 1595, d'après celui de son père. Gerardus Mercator croyait que l'Antarctique devait être immense pour que sa masse empêche la Terre de basculer !

Dans le film de science-fiction *Le guide galactique* (2005), un des personnages découvre une usine où l'on fabrique des planètes de différentes formes, au goût du client ! C'est là que la Terre aurait été fabriquée… Imagine que tu travailles à cette usine et que l'on te confie la conception d'une nouvelle planète Terre. Quelle belle occasion de refaire le monde !

Parmi les solides représentés ci-dessous, lequel choisirais-tu pour remplacer la sphère terrestre ?

Un cylindre   **Un cône**   **Un cube**   **Un prisme à base rectangulaire**

 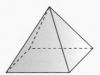

Un prisme dont les bases sont des hexagones réguliers   **Une pyramide dont la base est un carré**   **Une pyramide dont la base est un hexagone régulier**

Des représentations particulières

La représentation ci-dessous est une représentation de la Terre que l'on appelle la projection de Fuller. Elle est obtenue en remplaçant la sphère terrestre par un icosaèdre (un solide régulier à 20 faces). Pour obtenir une mappemonde, on utilise le développement de l'icosaèdre. Qu'en penses-tu ?

La projection de Robinson est l'une des représentations de la Terre les plus utilisées pour obtenir une mappemonde. Dans cette projection cartographique, certaines manipulations ont été faites afin de limiter les déformations. As-tu déjà vu ce type de représentation de la Terre ?

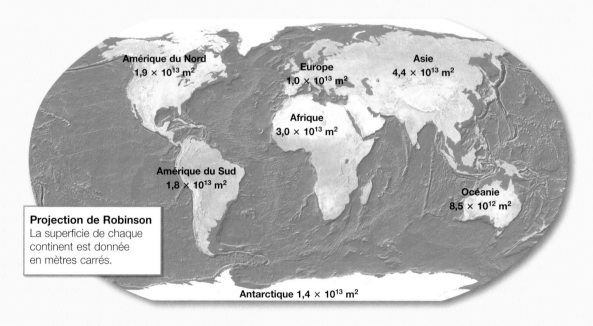

Amérique du Nord
$1,9 \times 10^{13}$ m²

Europe
$1,0 \times 10^{13}$ m²

Asie
$4,4 \times 10^{13}$ m²

Afrique
$3,0 \times 10^{13}$ m²

Amérique du Sud
$1,8 \times 10^{13}$ m²

Océanie
$8,5 \times 10^{12}$ m²

Projection de Robinson
La superficie de chaque continent est donnée en mètres carrés.

Antarctique $1,4 \times 10^{13}$ m²

 Les feuilles que l'on te remettra comportent une tâche à accomplir. Lis bien toutes les étapes de cette tâche, puis réalise-la, en conservant toutes les feuilles de brouillon que tu utiliseras.

La présentation de ton travail

Après avoir complété la tâche, constitue un dossier incluant les éléments suivants, dans l'ordre.

- Une page titre comprenant ton nom et le nom que tu as donné à ta réalisation.

- Les deux feuilles que l'on t'a remises dûment remplies.

- Ta réalisation.

- Les feuilles de brouillon que tu as utilisées.

Remets ton dossier à ton enseignant ou enseignante.

Il pourrait être intéressant d'organiser une exposition des différentes réalisations élaborées dans cette tâche. Celles-ci pourraient être regroupées selon leurs ressemblances ou leurs différences, ou en fonction de critères préalablement établis. Et pourquoi ne pas inviter à l'exposition d'autres personnes de l'extérieur de la classe?

Direction carrière

L'ingénieure en géomatique se sert des techniques de la cartographie, de la géodésie et de la télédétection pour faire un relevé exact des caractéristiques physiques d'un terrain ou d'un territoire. Elle est alors en mesure d'utiliser les données recueillies en relation avec la géométrie afin de déterminer les aspects d'un terrain. Elle peut, par exemple, évaluer des données bathymétriques, soit la mesure des profondeurs marines. Elle peut alors établir les meilleures zones pour le passage de câbles sous-marins permettant des télécommunications entre des îles et les continents.

Pour sa part, l'architecte utilise quotidiennement différents aspects de la géométrie pour l'établissement de plans architecturaux. Il y a recours après la collecte de diverses données concernant l'aire de terrains où des clients ou clientes souhaitent faire ériger des constructions. Ces données de superficie, établies par un arpenteur ou une arpenteuse, influeront sur la forme structurale des bâtiments, ainsi que sur leur emplacement lorsqu'il doit y en avoir plus d'un sur un même terrain. De plus, l'architecte doit établir la répartition idéale des pièces à l'intérieur des bâtiments en fonction des besoins exprimés par le client, et ce, afin de maximiser l'utilisation des surfaces et minimiser la perte des aires disponibles.

CHAPITRE 3

Qu'est-ce qu'il y a dans ton sac ?

> Dans mon sac, la petite monnaie est éparpillée partout. De plus, lorsque j'en tire des produits de beauté, ils sont souvent décapsulés.

> Parfois, un objet appuie sur un bouton de mon téléphone cellulaire, ce qui me cause des ennuis. De plus, les lentilles de mes lunettes ont été égratignées par de petits objets se trouvant dans mon sac.

Tu as peut-être déjà ressenti le besoin d'avoir un étui pour y mettre un petit objet personnel important pour toi, ce qui te permettrait de le repérer plus rapidement dans ton sac. Les étuis qui existent déjà sur le marché ne conviennent pas nécessairement à tes besoins ou peut-être sont-ils peu attrayants à tes yeux. Alors, pourquoi ne pas essayer de fabriquer ton propre étui ? Qui sait, ta création pourrait aussi convenir à d'autres personnes qui en voudraient un semblable…

? Selon toi, quelles sont les étapes menant à la mise en marché d'un tel produit ?

? Parmi ces étapes, lesquelles aimerais-tu le plus réaliser ?

? À quoi ressemblerait ton étui ? Quelles caractéristiques essentielles devrait-il posséder pour toi ?

Avant d'entreprendre l'exploration de ce chapitre, il serait bon de te remémorer quelques notions mathématiques que tu as apprises antérieurement.

1 **La mise en équation et la résolution d'équations** . (Ma mémoire, p. 298-299)

a) Chacun des cas ci-dessous met en relation l'avoir de Léa et celui de Paolo. Sachant que x représente l'avoir de Léa, complète le tableau selon les informations données.

EXPRESSION ALGÉBRIQUE REPRÉSENTANT L'AVOIR DE PAOLO	INTERPRÉTATION EN MOTS DE L'EXPRESSION ALGÉBRIQUE
	L'avoir de Paolo excède de 15 $ le double de l'avoir de Léa.
	Il manque 12,45 $ à Paolo pour atteindre trois fois et demie l'avoir de Léa.
$6x + 4,25$	
$45 - 3x$	

Si les deux premières lignes du tableau décrivent différemment l'avoir de Paolo, quel est cet avoir ?

b) Résous les équations suivantes.

1) $12(2,25y - 9,75) = 0,5y + 4$

2) $5(n + 2) + (3n - 4) + n = 240$

3) $2a + 76 = 7a - 45$

4) $\dfrac{3x + 1}{3} = \dfrac{x - 4}{2}$

2 **L'aire de solides** .... (Mes outils, p. 350)

Quelle est l'aire totale des solides représentés ci-dessous.

a)
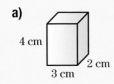
4 cm
3 cm
2 cm

b)

3 cm
Circonférence des bases : 15,7 cm

c)

5 cm
2 cm
Apothème des hexagones : 1,7 cm

3 **La moyenne arithmétique**................................. (Ma mémoire, p. 309)

La moyenne des âges de Laure et de quatre de ses amies est 14,6 ans. Si deux filles ont 15 ans et Laure, 14 ans, quel peut être l'âge des deux autres ?

CONTENU DE FORMATION

Voici un aperçu des nouvelles connaissances que tu devras acquérir pour résoudre les situations-problèmes du présent chapitre. Ces nouvelles connaissances te seront utiles dans la réalisation personnelle qui t'est proposée ensuite.

Arithmétique et algèbre
La résolution d'inéquations.

Probabilité et statistique
• Les mesures statistiques.
• Les diagrammes de quartiles.

Géométrie
Le calcul du volume de solides (prismes, cylindres, pyramides, cônes et boules).

En explorant ce chapitre, tu t'approprieras des connaissances nécessaires à la réalisation du plan d'un étui pouvant contenir un objet personnel et respectant certaines contraintes. Dans la tâche à réaliser, tu devras aussi fixer le prix de vente de l'étui, en justifiant ton choix à l'aide d'une étude statistique. Fais preuve d'originalité dans la conception de ta création...

Pourquoi pas un porte-crayons ?

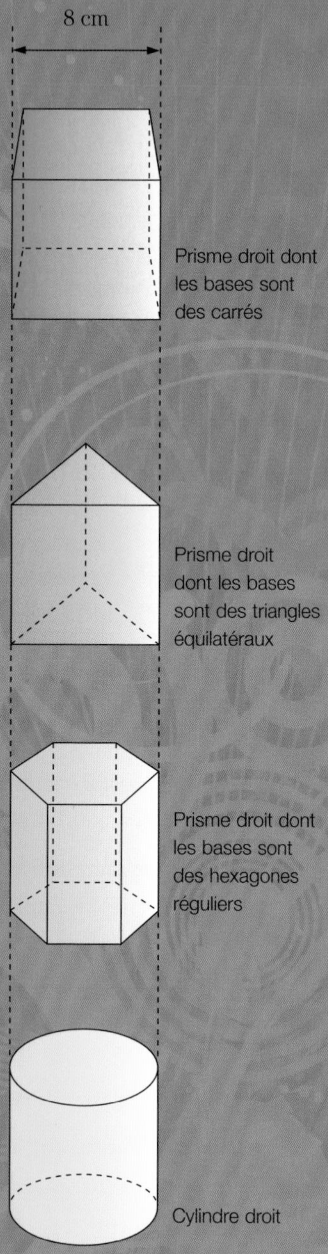

8 cm

Prisme droit dont les bases sont des carrés

Prisme droit dont les bases sont des triangles équilatéraux

Prisme droit dont les bases sont des hexagones réguliers

Cylindre droit

Pour une campagne de financement à leur école, Alex et Tania veulent suggérer la vente de porte-crayons en plexiglas. Ils doivent donc choisir un modèle à la fois pratique et peu coûteux à produire.

Alex a déterminé que la largeur idéale pour un porte-crayons est de 8 cm, pour que l'objet n'occupe pas trop de place sur un bureau et qu'il puisse contenir suffisamment de crayons. Tania, quant à elle, a calculé qu'il ne faudrait pas utiliser plus de 480 cm^2 de plexiglas par porte-crayons pour que l'opération soit rentable.

a) Regarde les différents modèles de porte-crayons illustrés ci-contre. Dans le cas de chacun, détermine la hauteur maximale qui respecterait la quantité de plexiglas à utiliser.

N'oublie pas que les porte-crayons doivent avoir un fond !

b) Évidemment, plus on utilise de matériel, plus les porte-crayons coûtent cher à produire. Pour diminuer les coûts de production, on pourrait utiliser moins de 480 cm^2 de plexiglas, tout en ayant une hauteur permettant de bien tenir les crayons.

- D'après toi, quelle serait la hauteur minimale à respecter ? Explique ton choix.

- Pour chacun des modèles représentés ci-contre, quelle quantité de matériel cela représente-t-il ?

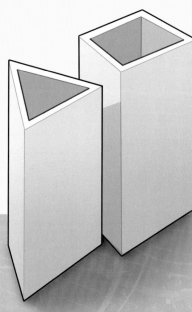

c) Entre la hauteur minimale que tu as fixée en **b)** et la hauteur maximale calculée en **a)**, il y a plusieurs possibilités.

- Donne trois hauteurs acceptables pour chaque modèle de porte-crayons.

- En réalité, combien de possibilités y a-t-il pour les hauteurs de chacun des modèles ? Dans chaque cas, trouve une façon de décrire toutes les possibilités.

d) Quel modèle de porte-crayons choisirais-tu ? Fais-en une représentation en y inscrivant les mesures de ses dimensions et explique tes choix.

Une compagnie accepte de produire le modèle de porte-crayons qu'Alex et Tania choisiront selon les conditions suivantes : la préparation du moule coûtera 125 $ et chaque porte-crayons commandé, 1,75 $.

Alex et Tania présentent leur suggestion pour la campagne de financement à la direction de l'école, qui est impressionnée par le dossier qu'ils ont préparé. Ensemble, ils fixent le prix de vente d'un porte-crayons à 5 $. La direction accepte de payer les coûts de production à la condition que la campagne de financement assure un profit de plus de 5000 $.

> Un profit correspond à la différence entre les revenus et les dépenses.

e) Si x représente le nombre de porte-crayons à produire, exprime à l'aide d'une inéquation la condition établie par la direction de l'école.

f) Sachant que 400 élèves participeront à la campagne de financement en ayant chacun le même nombre de porte-crayons à vendre, détermine le nombre minimal que chaque élève devra vendre.

> La Séquence en arithmétique et algèbre qui suit, aux pages 138 à 148, traite de la résolution d'inéquations et pourra t'aider à résoudre entièrement cette situation.

La résolution d'inéquations

ACTIVITÉ 1 De l'équation à l'inéquation

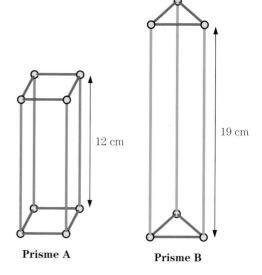

Prisme A

Prisme B

12 cm

19 cm

Ludovic a réalisé les deux représentations de prismes ci-contre à l'aide de tiges et de pâte à modeler (les tiges d'une même couleur sont isométriques).

Il aligne ensuite bout à bout (sans laisser d'espace) les tiges ayant servi à construire le prisme **A** et, à côté, celles du prisme **B**.

a) Si les deux alignements de tiges sont de la même longueur, quelle est la longueur des tiges formant les bases de chacun des prismes ? Laisse les traces de ta démarche.

Joins-toi à un ou une camarade et, ensemble, validez vos solutions.

b) Si l'alignement des tiges formant le prisme **A** est plus long que l'alignement des tiges du prisme **B**, quelle pourrait alors être la mesure des tiges formant les bases de chacun des prismes ? Y a-t-il une seule réponse possible ? Sinon, donnez quelques exemples.

c) Si l'alignement des tiges formant le prisme **A** est plus court que l'alignement des tiges du prisme **B**, quelle pourrait être la mesure des tiges formant les bases de chacun des prismes ? Y a-t-il une seule réponse possible ? Sinon, donnez quelques exemples.

d) Décrivez toutes les solutions possibles pouvant faire partie des ensembles-solutions liés aux questions **b)** et **c)** en vous assurant qu'aucune solution possible ne soit oubliée.

> Un ensemble-solution est l'ensemble de toutes les solutions possibles qui satisfont une relation.

Prenez connaissance des descriptions des ensembles-solutions faites par une autre dyade. Ces descriptions incluent-elles toutes les solutions possibles ? Expliquez votre point de vue aux membres de l'autre dyade.

» MISE EN PRATIQUE

1 Réponds aux questions **a)**, **b)** et **c)** de l'activité **1** en utilisant les deux prismes représentés ci-contre.

19,2 cm

11 cm

Prisme A

Prisme B

» Corrigé, p. 365

La résolution d'inéquations

Lis attentivement la situation suivante.

Cette semaine, sous l'influence d'un front froid, la moyenne des températures maximales a été de ⁻1 °C. Mardi, en effet, le nombre maximal de degrés atteint a été réduit de moitié par rapport à celui de lundi. Mercredi, toujours sous l'effet du front froid, il y a eu une diminution de 6° par rapport à la température maximale de la veille. Jeudi, la diminution s'est poursuivie et la température a atteint 3° de moins que mercredi. Aujourd'hui, vendredi, la température s'est élevée à 1° de plus qu'hier.

a) Sachant que x représente la température atteinte mardi, trouve une équation traduisant cette situation.

Jusqu'à présent, tu as traduit diverses situations à l'aide d'équations afin de les résoudre algébriquement. Cependant, certaines situations peuvent également se traduire par une inéquation.

 b) Sur la feuille que l'on te remet, tu trouveras des versions où la situation présentée ci-dessus a été en partie modifiée. Dans chaque cas, traduis la nouvelle situation à l'aide d'une inéquation.

c) Compare tes inéquations avec celles d'un ou une camarade. Ensemble, déterminez quelle température peut avoir été atteinte le mardi, de manière que chaque situation soit respectée. Donnez d'abord quelques solutions possibles, puis une description précise de l'ensemble-solution.

> Une **inéquation** est une relation d'**inégalité** comportant au moins une variable.
>
> Tout comme une égalité, une **inégalité** est un énoncé qui est vrai ou faux. Dans une inégalité cependant, le symbole utilisé est l'un des suivants : $<$, $>$, $\leq$ ou $\geq$.

> Les règles pour résoudre une inéquation ressemblent beaucoup à celles permettant de résoudre une équation (voir *Ma mémoire*, p. 298).
>
> À l'activité suivante, tu découvriras en quoi elles diffèrent de celles que tu connais déjà.

≫ MISE EN PRATIQUE

1 Traduis chacune des situations suivantes par une inéquation, puis résous-la et exprime avec des mots l'ensemble-solution.

a) Une tempête fait rage. Il est déjà tombé 9 cm de neige, mais la tempête s'intensifie et la neige s'accumule à un rythme de 2 cm à l'heure. Une accumulation totale d'au plus 30 cm est prévue. Pendant combien d'heures au maximum neigera-t-il encore ?

b) À 6 h du matin, il faisait ⁻6 °C. La température a augmenté régulièrement au cours de la journée, de sorte que vers 15 h elle avait dépassé le point de congélation. D'au moins combien de degrés la température a-t-elle augmenté à chaque heure ?

≫ Corrigé, p. 365

L'expression d'un ensemble-solution

 En réalisant les activités précédentes, tu as constaté que, lorsqu'on résout une inéquation, il faut bien exprimer l'ensemble-solution afin de n'oublier aucune solution. La feuille que tu as reçue explique une des façons utilisées en mathématiques pour exprimer un ensemble-solution.

a) Assure-toi de bien comprendre les explications données de manière à pouvoir ensuite expliquer à d'autres élèves cette façon d'exprimer l'ensemble-solution. Donne quelques éléments possibles de l'ensemble-solution.

 b) Joins-toi à trois élèves ayant reçu un document explicatif différent du tien. Résolvez les différentes inéquations ci-dessous et exprimez les ensembles-solutions sur la feuille que l'on vous remet.

A

Soit x l'avoir de Rose (en dollars)
$$5000 - x < x + (2x + 500)$$

C

Soit x le nombre de personnes
$$x + 2x + (3x + 26) \leq \frac{247 - x}{2}$$

B

Soit x une longueur (en cm)
$$2(2x + 5) + 2(3x - 2) > 5(x + 3)$$

D

Soit x le temps (en secondes)
$$2300 - 5x \geq 985$$

ATTENTION ! VOICI UNE RÈGLE IMPORTANTE À OBSERVER LORSQU'ON RÉSOUT UNE INÉQUATION.

Il arrive parfois que l'on doive multiplier ou diviser chacun des membres d'une inéquation par un nombre négatif.
Il faut alors s'assurer de bien conserver la valeur de vérité de l'inégalité. Observe ce qui suit.

- Tu constates aisément que l'inégalité suivante est vraie. $12 > 8$
- Si l'on divise ou multiplie chacun des membres par $^-2$, l'inégalité devient fausse. $^-6 > ^-4$ ou $^-24 > ^-16$ est faux.
- Pour conserver la valeur de vérité, il faut **inverser le symbole de la relation d'inégalité**. $^-6 < ^-4$ ou $^-24 < ^-16$ est **vrai**.

Lorsque tu résous une inéquation et que tu divises ou multiplies chaque membre par un nombre négatif,
n'oublie pas d'inverser le symbole de relation d'inégalité afin de conserver la valeur de vérité.

---

c) D'après vous, selon l'ensemble de nombres auquel fait référence la variable, y a-t-il des formes d'expression de l'ensemble-solution qui sont plus appropriées ? Expliquez votre réponse.

d) Y a-t-il des formes d'expression de l'ensemble-solution qui peuvent toujours être utilisées, peu importe l'ensemble de nombres auquel fait référence la variable ? Si oui, lesquelles ?

›› MISE EN PRATIQUE

1 Reproduis et complète le tableau suivant.

ENSEMBLE-SOLUTION	REPRÉSENTATION À L'AIDE D'UN AXE DE NOMBRES	REPRÉSENTATION EN INTERVALLE	REPRÉSENTATION EN COMPRÉHENSION
Soit x le temps en heures, $x \geq 3$			
Soit x la circonférence d'un cercle, $x < 50,26$			

›› Corrigé, p. 365

La résolution d'inéquations

Les inéquations

Certaines situations peuvent se résoudre algébriquement à l'aide d'une équation ou d'une inéquation. Dans les deux cas, pour traduire un énoncé de problème à l'aide d'expressions algébriques, il faut s'approprier les relations entre les données du problème.

- Une **inéquation** est une relation d'inégalité comportant au moins une variable.
- Une **inégalité** est un énoncé utilisant l'un des symboles suivants : $<$, $>$, $\leq$ ou $\geq$, et qui est vrai ou faux.

La résolution d'une inéquation

Une inéquation se résout en utilisant presque toutes les mêmes règles de transformation que celles utilisées pour résoudre une équation. L'exception est lorsqu'on divise ou multiplie chaque membre d'une inéquation par un nombre négatif : il faut alors inverser le symbole de la relation d'inégalité afin de conserver la valeur de vérité.

Pour t'aider à exprimer algébriquement des relations entre des données, consulte la section Ma mémoire à la page 299.

Exemple 1 :

Soit x le nombre de personnes.

$$x + 4(x + 2) - 7(x - 5) \geq 10(x + 1) - x$$
$$x + 4x + 8 - 7x + 35 \geq 10x + 10 - x$$
$$-2x + 43 \geq 9x + 10$$
$$43 - 10 \geq 9x + 2x$$
$$33 \geq 11x$$
$$3 \geq x$$

Toutes ces inéquations sont équivalentes et ont le même ensemble-solution. L'inéquation la plus simple est $3 \geq x$, car elle indique directement les éléments de l'ensemble-solution.

Exemple 2 :

Soit x la durée (en heures).

$$1500 - 120x > 350$$
$$-120x > 350 - 1500$$
$$-120x > -1150$$
$$x < \frac{-1150}{-120} \text{ ou } 9\frac{7}{12}$$

Lorsqu'on résout une inéquation et que l'on divise ou multiplie chaque membre par un nombre négatif, il faut inverser le signe d'inégalité afin de conserver la valeur de vérité.

L'ensemble-solution

Un ensemble-solution est l'ensemble des solutions possibles qui satisfont une équation ou une inéquation. Il existe différentes façons d'exprimer un ensemble-solution.

Les symboles $<$ et $>$ ont été inventés un peu avant 1620 par un mathématicien amateur anglais, Thomas Harriot (1560-1621). Contrairement à la notation des exposants (voir à la page 77), ces symboles s'imposeront assez rapidement.

L'expression d'un ensemble-solution

Le tableau ci-dessous montre différentes façons d'exprimer l'ensemble-solution d'une inéquation, sachant que n représente un nombre naturel et a, un nombre entier, et que x et y représentent chacun un nombre réel.

INÉQUA-TION	EN COMPRÉHENSION	ENSEMBLE-SOLUTION EXPRIMÉ ...		
		À L'AIDE D'UN AXE DE NOMBRES	EN EXTENSION	EN INTERVALLE
$n \geq 6$	$\{n \in \mathbb{N} \mid n \geq 6\}$	3 4 5 6 7 8 9 $\mathbb{N}$	$\{6, 7, 8, 9, 10, \ldots\}$	Ne s'applique pas
$a < 2$	$\{a \in \mathbb{Z} \mid a < 2\}$	-2 -1 0 1 2 3 4 $\mathbb{Z}$	$\{\ldots, {}^-3, {}^-2, {}^-1, 0, 1\}$	Ne s'applique pas
$x > 7$	$\{x \in \mathbb{R} \mid x > 7\}$	7 $\mathbb{R}$	Ne s'applique pas	$]7, {}^+\infty[$
$y \leq {}^-1$	$\{y \in \mathbb{R} \mid y \leq {}^-1\}$	-1 $\mathbb{R}$	Ne s'applique pas	$]{}^-\infty, {}^-1]$

EXERCICES

1 Transforme l'équation $2x - 5 = 7x + 4$ en une inéquation appropriée traduisant la situation.

a) Le membre de gauche est au moins égal au membre de droite.

b) Le membre de gauche est inférieur ou égal au membre de droite.

c) Le membre de droite est au plus égal au membre de gauche.

d) Le membre de droite n'excède pas le membre de gauche.

e) Le membre de gauche est inférieur au membre de droite.

f) Le membre de droite n'est pas supérieur ou égal au membre de gauche.

2 Représente chacun des énoncés suivants par une inéquation et exprime en extension l'ensemble des nombres décrits.

a) Les nombres entiers supérieurs à $^-4$.

b) Il y a plus de huit personnes.

c) Il y a au plus huit possibilités.

d) Il y a au moins cinq solutions possibles.

e) Il y a moins de cinq livres.

f) Les nombres entiers inférieurs à 3.

> En mathématiques, lorsqu'une variable représente un nombre entier, on utilise souvent les lettres a ou b. Dans le cas d'un nombre naturel, on utilise souvent les lettres m ou n.

3 Traduis les situations suivantes par une inéquation utilisant la variable indiquée.

a) À la fête foraine, en plus du prix d'entrée de 5 $, il faut payer 2 $ par manège. Yin a dépensé plus de 40 $ à la fête. Utilise la variable m pour représenter le nombre de manèges dans lesquels il est monté.

b) Philippe organise une fête chez lui. Il veut commander de la pizza pour tout le monde qu'il a invité. Une grande pizza est suffisante pour 4 personnes et il attend au moins 24 personnes. Utilise la variable n pour représenter le nombre de pizzas que Philippe doit commander.

c) Emmanuelle veut repeindre sa chambre. Elle a calculé qu'il faut débourser 15 $ pour le matériel (pinceaux, rouleaux, etc.) et que chaque contenant de 4 L de peinture lui coûtera 30 $. Selon son budget, elle ne peut dépenser plus de 110 $. Utilise la variable n pour représenter le nombre de contenants qu'Emmanuelle peut acheter en respectant son budget.

4 Reproduis et complète le tableau suivant.

DESCRIPTION EN COMPRÉHENSION	INTERVALLE	AXE DE NOMBRES
	$]10, {}^{+}\infty[$	
$\{x \in \mathbb{R} \mid 5 > x\}$		

$\{y \in \mathbb{R} \mid y \le {}^{-}12\}$		
		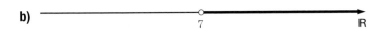
	$]{}^{-}\infty, 8[$	

5 Représente par une inéquation les ensembles-solutions suivants.

a)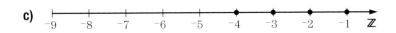

b)

c)

6 Représente les ensembles-solutions suivants à l'aide d'un axe de nombres.

a) $\{x \in \mathbb{N} \ | \ x > 10\}$

b) $\{x \in \mathbb{Z} \ | \ x \geq {}^-4\}$

c) $\left\{x \in \mathbb{R} \ | \ x > \dfrac{19}{3}\right\}$

d) $\left\{y \in \mathbb{R} \ | \ y \leq {}^-2\dfrac{5}{6}\right\}$

7 Décris les ensembles-solutions suivants en extension.

a) $\{n \in \mathbb{N} \ | \ n < 7\}$

b) $\{m \in \mathbb{N} \ | \ m \geq {}^-1\}$

c) $\left\{p \in \mathbb{N} \ | \ p < \dfrac{9}{2}\right\}$

d) $\{a \in \mathbb{Z} \ \ a \leq 4\}$

e) $\{b \in \mathbb{Z} \ | \ {}^-3 > b\}$

f) $\left\{q \in \mathbb{Z} \ | \ q > {}^-\dfrac{3}{2}\right\}$

8 Résous les inéquations suivantes. Exprime l'ensemble-solution en mots et sous une autre forme de ton choix.

a) $7x + 6 < 8 - 3x$, où x est un nombre rationnel.

b) $6n - 22 < n - 7$, où n représente l'âge de Thomas.

c) $5x + 4 \geq 2x + 13$, où x est le nombre de calories d'un fruit donné.

d) $2m + 5 > 2 + m$, où m représente le niveau où est arrêté un ascenseur dans un édifice qui compte 12 niveaux.

9 Résous les inéquations suivantes. Exprime l'ensemble-solution en compréhension.

a) $y + 15 \leq 6y + 9$, où y est le prix à payer en dollars.

b) $6n + 50 \geq 10n + 10$, où n est le nombre de biscuits dans une boîte.

c) $4x + 26 < 5 + 7x$, où x est la longueur en centimètres d'un côté d'un polygone.

d) $12,2 - 7,6y > 4,5 - 6y$, où y est une distance en kilomètres à parcourir.

10 Résous les inéquations suivantes. Exprime l'ensemble-solution sous la forme d'un intervalle, sachant que x représente un nombre réel.

a) $2x + 9 + 0,5(2 + 4x) \leq 3x - 5$

b) $0,2x - 0,3(x - 5) > 4x + 1,5$

c) $4 - 2x - (x + 7) > 5(7 - 2x)$

d) $3 - 2(x + 1) \geq 2(9x + 4) - 4x + 2$

11 Résous les inéquations suivantes. Exprime l'ensemble-solution en extension. La variable m représente un nombre naturel.

a) $\frac{2}{3}\,m + \frac{5}{6}\,m \leq 18$ **b)** $\frac{3m+20}{5} \geq \frac{9m+8}{2}$ **c)** $12(m-1) + 6m - 4 > 2m$

12 Résous les inéquations suivantes. Représente l'ensemble-solution à l'aide d'un axe de nombres, sachant que y représente un nombre réel.

a) $\frac{y-4}{3} \geq {}^-1$ **c)** $\frac{4y+5}{2} \leq \frac{2+3y}{3}$

b) $\frac{7y}{3} - 1 \leq 4y$ **d)** $\frac{3-2y}{2} - \frac{5+4y}{4} < {}^-8$

APPLICATIONS

13 Andréanne occupe un emploi à temps partiel dans une pharmacie. Elle est payée 9,15 $ de l'heure. La semaine dernière, sa paie était d'au moins 100 $. Traduis le nombre d'heures travaillées la semaine dernière par une inéquation. Exprime en mots l'ensemble-solution de ton inéquation.

14 Jade et Èva travaillent dans une boutique de vêtements. Èva reçoit 40 $ pour une journée de travail, alors que Jade, qui a plus d'expérience, gagne 55 $. De plus, chacune reçoit une prime pour chaque vente réalisée. La prime accordée à Jade correspond à 1,50 $ de plus que celle accordée à Èva. À la fin d'une journée, Èva a réalisé 22 ventes et Jade, 16.

a) Si, à la fin de cette journée, la paie des deux employées était la même, quelle prime chacune reçoit-elle pour chaque vente qu'elle réalise ?

b) Si Jade a gagné plus d'argent que sa collègue pour cette journée de travail, décris les valeurs possibles de sa prime.

15 La gérante d'un club vidéo achète 25 copies d'un nouveau film dont la popularité semble assurée. Elle débourse 35 $ pour chacune des copies. La location d'une nouveauté coûte 5 $.

a) Avec la location de ce film, la gérante vise un profit de plus de 200 $ après un mois (30 jours). Décris combien de fois, en moyenne, le film doit être loué quotidiennement pour que son objectif soit atteint.

b) Finalement, le film a rapporté au plus 1585 $ de profit avant de ne plus faire partie des nouveautés. Décris le nombre de fois que ce film a pu être loué en tant que nouveauté.

16 Grâce à une collecte de fonds, on peut envoyer une caisse de manuels scolaires à une école au Sénégal. Chaque livre pèse 400 g. La masse totale du contenu de la caisse ne doit pas dépasser 50 kg. Exprime en mots le nombre de livres que peut contenir la caisse.

Il y a différentes façons de décrire un sous-ensemble des nombres réels. Par exemple, voici comment on peut décrire, à l'aide d'un axe de nombres ou d'un **intervalle**, toutes les longueurs possibles d'un segment mesurant au plus 12 cm :

```
          ○——————●—————————→
          0   12            ℝ

ou        ]0, 12]
```

17 Léon trace un cercle de 10 cm de diamètre. Puis il trace un rectangle dont la longueur est le double de sa largeur et ayant un périmètre moins long que la circonférence du cercle. Décris, sous la forme d'un intervalle, la mesure de toutes les largeurs possibles que pourrait avoir le rectangle tracé par Léon.

18 Traduis chacune des situations suivantes par une inéquation, puis résous-la. Tu peux exprimer l'ensemble-solution sous la forme de ton choix. Interprète cet ensemble-solution en indiquant ce qu'il représente dans la situation.

a) Étienne travaille comme peintre pendant l'été. Il a calculé qu'il peint une surface non accidentée à un rythme de 25 m²/h et une surface accidentée (comportant armoires, fenêtres, portes, etc.) à un rythme de 10 m²/h. On lui offre 500 $ pour peindre une superficie d'au plus 600 m². En visitant les lieux, il prévoit mettre deux fois plus de temps à peindre les surfaces accidentées que les autres surfaces. À quel salaire horaire minimal ce contrat correspondra-t-il ?

b) En temps de sécheresse, l'évaporation fait perdre 48 L d'eau par jour à une citerne de béton qui en contient 2000. Il ne doit pas y avoir moins de 1200 L d'eau dans la citerne, sinon elle peut se fissurer. Combien de jours au maximum la sécheresse pourrait-elle durer sans endommager la citerne ?

c) Deux compagnies de location d'automobiles offrent des forfaits week-end différents. La compagnie Éconauto facture des frais fixes de 32 $, plus 15 ¢ pour chaque kilomètre parcouru au-delà de 100 km. Quant à la compagnie Vingtvingt, elle demande 20 $ de frais fixes, plus 20 ¢ par kilomètre parcouru au-delà de 100 km. Combien de kilomètres faut-il parcourir au minimum pour qu'il soit avantageux de louer une automobile d'Éconauto ?

19 Jonathan a 15 ans et ses deux sœurs, Marguerite et Viviane, ont respectivement 10 et 20 ans. Simon, l'ami de Jonathan, essaie de trouver l'âge de la mère de Jonathan à l'aide des informations dont il dispose. Il sait que lorsque la mère de Jonathan a célébré ses 30 ans, seule Viviane, l'aînée, était au monde. De plus, l'an prochain, la somme des âges des trois enfants aura dépassé l'âge de leur mère. Quels sont les âges possibles de la mère de Jonathan ?

20 Les disques aux bases d'un cylindre et le disque à la base d'un cône ont tous 6 cm de diamètre. La hauteur du cylindre est de 10 cm. Quelles sont les mesures possibles de la hauteur du cône pour que son aire totale soit supérieure ou égale à l'aire totale du cylindre ?

21 La base d'un cône en carton a un rayon de 9 cm et l'apothème de ce cône mesure 15 cm. On veut construire un autre cône en carton ayant une base isométrique au premier. On pourrait utiliser alors une surface de carton allant jusqu'au double de celle utilisée pour construire le premier cône. Décris les mesures possibles pour la hauteur du second cône.

PROBLÈMES

22 Un cône et un cylindre ont des hauteurs et des diamètres isométriques. Combien de fois le rayon d'une sphère doit-il être plus grand que ceux du cône et du cylindre pour que l'aire totale de la sphère soit au moins égale à la somme des aires totales du cône et du cylindre ?

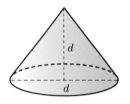
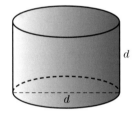

23 On s'apprête à doter un parc municipal d'un bassin décoratif. Le bassin sera de forme cylindrique et toute sa surface intérieure sera couverte d'une mosaïque multicolore. Les pièces de mosaïque dont on dispose peuvent couvrir une aire ne dépassant pas 50 m². Sachant que le rayon du bassin doit mesurer 3 m, détermine le nombre maximal de litres d'eau que ce bassin pourra contenir.

Le Laboratoire de perception spatiale qui suit, aux pages 149 à 161, traite du volume des prismes et des cylindres, et pourra t'aider à résoudre entièrement cette situation.

1 Traduis les situations suivantes par une inéquation en tenant compte de la variable donnée.

a) Michaël est vendeur de voitures. Son salaire annuel de base est de 25 000 $. De plus, il reçoit une commission de 2500 $ pour chaque véhicule vendu. On cherche à savoir combien de véhicules Michaël doit vendre en un an pour que son salaire annuel dépasse les 55 000 $. Utilise la variable x pour représenter le nombre de voitures que Michaël vend en une année.

b) Thomas est trois fois plus âgé que Rose. Leur père a 40 ans. Il est plus âgé que le double de la somme des âges de ses deux enfants. On cherche l'âge que peuvent avoir le frère et la sœur. Utilise la variable x pour représenter l'âge de Rose.

c) Pour le service de téléphonie cellulaire, la compagnie Telex propose un forfait à 20 $ par mois plus 10 ¢ par minute d'utilisation. La compagnie Parleplus demande 25 ¢ par minute d'utilisation, sans frais mensuels. On veut déterminer à partir de combien de minutes l'utilisation d'un téléphone Parleplus sera plus coûteuse que celle d'un téléphone Telex. Utilise la variable x pour représenter le nombre de minutes d'utilisation d'un téléphone cellulaire.

2 Magali doit construire un cylindre dont l'aire totale sera supérieure à celle d'un prisme à base carrée de 12 cm de large et de 20 cm de haut. Quelles sont les mesures possibles de la hauteur du cylindre si celui-ci est aussi large que le prisme ?

Es-tu maintenant capable de résoudre entièrement la situation-problème Pourquoi pas un porte-crayons ?, aux pages 136 et 137 ?

» Corrigé, p. 366

Le volume d'un prisme et d'un cylindre

ATELIER 1 Un monde à trois dimensions

1er TEMPS

Depuis le début de tes études, tu as eu l'occasion de mesurer des lignes, des surfaces et des espaces associés à des figures géométriques. Ces figures géométriques avaient une, deux ou trois dimensions.

a) Nomme des figures géométriques définies par une ligne, par une surface et par un espace.

b) Pour toi, que signifie le mot « dimension » ? Donne un exemple d'utilisation de ce mot.

2e TEMPS

Imagine que la pointe d'une craie représente un point et que tu déplaces cette pointe sur la surface d'un tableau, comme illustré ci-contre.

c) Quelle figure géométrique à une dimension représentes-tu alors ?

d) Décris une unité pouvant être utilisée pour exprimer la mesure de cette figure.

3e TEMPS

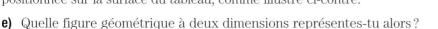

Imagine maintenant que tu places la craie à plat sur le trait que tu viens de tracer, représentant ainsi un segment. Tu déplaces alors la craie ainsi positionnée sur la surface du tableau, comme illustré ci-contre.

e) Quelle figure géométrique à deux dimensions représentes-tu alors ?

f) Décris une unité pouvant être utilisée pour exprimer la mesure de cette figure.

4e TEMPS

Joins-toi à un ou une camarade pour répondre aux questions suivantes.

g) Comme dans les situations des 2e et 3e temps, décrivez une situation où le déplacement d'une surface vous permet d'engendrer une figure géométrique à trois dimensions. Quelle figure géométrique avez-vous définie ?

h) Quelle unité pouvez-vous utiliser pour exprimer la mesure de cette figure ? Quel lien y a-t-il entre une unité de mesure et la figure qu'elle permet de mesurer ?

i) La figure à trois dimensions que vous avez décrite en **g)** comporte-t-elle des éléments qui ont une et deux dimensions ? Si oui, lesquels ? Sinon, expliquez votre réponse.

》 MISE EN PRATIQUE

1 Décris précisément une façon de procéder pour déterminer lequel des deux prismes représentés ci-contre occupe le plus d'espace.

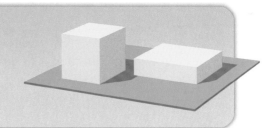

》 Corrigé, p. 366

La représentation axonométrique

La représentation ci-contre est celle d'un prisme
à base rectangulaire. Elle a été réalisée
sur du papier pointillé triangulé.

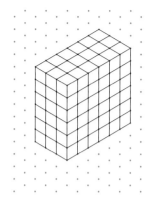

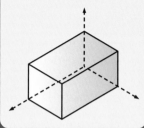

La perspective axonométrique permet de représenter des figures géométriques en trois dimensions en tenant compte de trois axes correspondant chacun à une dimension.

a) Trouve le nombre de cubes-unités composant
ce prisme. Comment as-tu procédé ?

b) Est-ce nécessaire de représenter l'ensemble
du prisme pour réussir à trouver le nombre
de cubes qui le composent ? Si oui, pourquoi ?
Sinon, quelles informations minimales
faudrait-il avoir ?

c) Sur la feuille que l'on te remet, tu trouveras des prismes représentés
en perspective axonométrique. Réponds aux questions posées
sur cette feuille.

d) Sur la représentation ci-contre, le cube-unité a des arêtes de 1 cm.

1) Quelle est l'aire, en cm^2, du rectangle **ABCD** ?

2) Quelle est la mesure, en cm, du segment **AE** ?

3) Quel est le volume, en cm^3, du prisme **ABCDEFGH** ?
Comment peut-on déterminer ce volume à partir
des deux mesures établies en **1)** et **2)** ?

4) Énonce une façon de procéder
pour déterminer le volume d'un
prisme, peu importe la forme
de sa base. Qu'en est-il pour
un cylindre ?

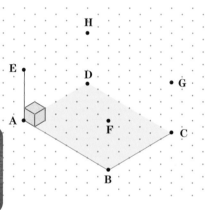

> **RAPPEL**
>
> Le **volume** est la mesure
> de l'espace occupé
> par un solide.

》 MISE EN PRATIQUE

1 Sur du papier pointillé triangulé, représente les objets ci-dessous en perspective axonométrique.

a)

b)

2 Pour chaque représentation faite au numéro **1**, estime la mesure que pourraient avoir
les dimensions d'un cube-unité pour pouvoir estimer de façon réaliste le volume de chaque
objet. Estime le volume de chacun des objets.

》 Corrigé, p. 366

Les unités de volume et de capacité

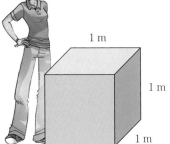

Voici des représentations de boîtes de forme cubique de différentes grosseurs.

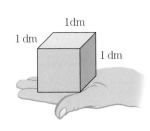
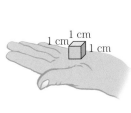
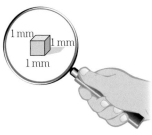

Réponds aux questions qui suivent. Au besoin, utilise du papier pointillé triangulé et une règle. N'oublie pas d'indiquer les différentes mesures sur les figures que tu représenteras.

a) Combien de boîtes de 1 mm³ une boîte de 1 cm³ peut-elle contenir ?

b) Combien de boîtes de 1 cm³ une boîte de 1 dm³ peut-elle contenir ?

c) Combien de boîtes de 1 dm³ une boîte de 1 m³ peut-elle contenir ?

À l'époque de la Révolution française (1789-1799), on a décidé de remplacer les nombreux systèmes de mesures qui existaient sur le territoire français par un seul système, décimal, dont le cœur, le mètre, serait défini sans faire référence à un homme ou à un pays. Voici un extrait d'un texte historique sur les unités de mesure.

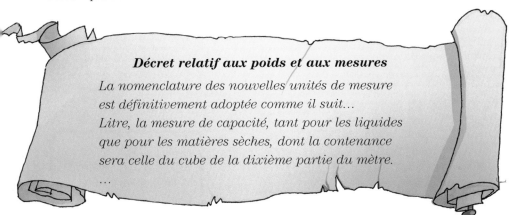

Décret relatif aux poids et aux mesures

La nomenclature des nouvelles unités de mesure est définitivement adoptée comme il suit…
Litre, la mesure de capacité, tant pour les liquides que pour les matières sèches, dont la contenance sera celle du cube de la dixième partie du mètre.
…

> La **capacité** d'un contenant est l'espace utilisable dans ce contenant. Dans le système international, la capacité s'exprime en litres.

d) Selon ce texte, combien mesure l'arête d'un cube pouvant contenir un litre de liquide ou de matière sèche ? Quelle sera la mesure des arêtes des cubes ayant une capacité de un millilitre et de un kilolitre ?

>> MISE EN PRATIQUE

1 Complète les équivalences en indiquant le nombre approprié d'unités. Laisse les traces de tes calculs.

a) 345 cm³ = ▢ dm³   **e)** 1 L = ▢ mL   **i)** 1 L = ▢ cm³

b) 4 m³ = ▢ dm³   **f)** 12 dL = ▢ L   **j)** 15 mL = ▢ dm³

c) 2000 cm³ = ▢ dm³   **g)** 0,01 kL = ▢ L   **k)** 4 m³ = ▢ L

d) 0,004 m³ = ▢ dm³   **h)** 2345 mL = ▢ cL   **l)** 67 cm³ = ▢ dL

>> Corrigé, p. 366

Le volume d'un prisme et d'un cylindre

La représentation en perspective axonométrique

La perspective axonométrique permet de représenter des figures géométriques en trois dimensions en tenant compte de trois axes correspondant chacun à une dimension. Ces trois axes définissent trois angles de 120°.

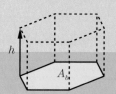

Voici quelques caractéristiques de ce type de représentation.

- Ce qui est parallèle dans la réalité est parallèle sur la représentation.

- Ce qui est isométrique dans la réalité est isométrique sur la représentation.

- Les mesures sur la représentation sont proportionnelles aux mesures dans la réalité.

Le volume d'un prisme

Le volume (V) d'un prisme peut être déterminé par l'aire d'une de ses bases (A_b) et par sa hauteur (h), à l'aide de la relation suivante.

> **RAPPEL**
>
> Le **volume** est la mesure de l'espace occupé par un solide.

$$V = A_b \cdot h$$

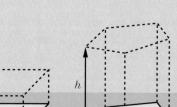

Exemple :

Quel est le volume du prisme représenté ci-dessous ?

$V = A_b \cdot h$

$V = \dfrac{3 \times 4}{2} \times 7$

$V = 6 \times 7$

$V = 42 \text{ cm}^3$

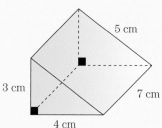

> Aux pages 315 et 322 de la section Ma mémoire, tu trouveras des formules permettant de calculer l'aire de différentes figures planes.

Le volume d'un cylindre

Le volume (V) d'un cylindre peut être déterminé par l'aire d'une de ses bases (A_b) et par sa hauteur (h), à l'aide de la même relation que pour les prismes :

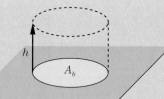

$$V = A_b \cdot h$$

Si r représente le rayon d'une des bases du cylindre, la relation s'écrit :

$$V = \pi r^2 \cdot h$$

Exemple: On cherche le volume d'un cylindre, dont la hauteur est de 12 cm
et dont le diamètre mesure 4 cm.

$$V = \pi r^2 \cdot h$$

$$V = \pi (2)^2 \cdot 12$$

$$V = 4\pi \cdot 12$$

$$V = 48\pi \longleftarrow \text{Valeur exacte du volume (cm}^3)$$

$$V \approx 48 \times 3,1416$$

$$V \approx 150,80 \text{ cm}^3 \longleftarrow \text{Valeur approximative du volume}$$

Les unités de volume et de capacité

Voici les différentes relations qui existent entre les unités de volume et de capacité.

- Un espace de 1 m³ a une capacité de 1 kL.

- Un espace de 1 dm³ a une capacité de 1 L.

- Un espace de 1 cm³ a une capacité de 1 mL.

Les tableaux ci-dessous indiquent les relations numériques entre les unités. Par exemple, pour transformer 25 dm³ en centimètres cubes, il faut multiplier 25 par 1000. Ainsi, 25 dm³ est équivalent à 25 000 cm³.

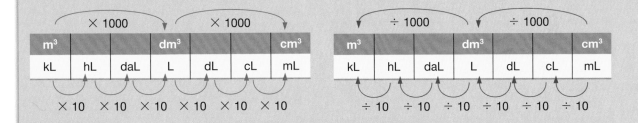

On peut utiliser ces relations pour faire des transformations d'unités.

Exemple 1: Transformons 23 dm³ en centimètres cubes. Puisqu'il y a 1000 cm³ dans 1 dm³, alors il y a 23 000 cm³ (23 × 1000) dans 23 dm³.

Exemple 2: Transformons 4,5 L en millilitres. Puisqu'il y a 1000 mL dans 1 L, alors il y a 4500 mL (4,5 × 1000) dans 4,5 L.

Exemple 3: Transformons 3,2 m³ en litres.
Puisque 1 m³ équivaut à 1 kL, alors 3,2 m³ équivaut à 3,2 kL.
Puisqu'il y a 1000 L dans 1 kL, alors il y a 3200 L (3,2 × 1000) dans 3,2 kL.

1 Exprime 9 876 543 cm³ selon chacune des unités suivantes.

a) m³ **b)** dm³

2 Exprime 3 142 787 mL selon chacune des unités suivantes.

a) kL **b)** hL **c)** daL **d)** L **e)** dL **f)** cL

3 Complète les équivalences en indiquant le nombre d'unités approprié.

a) 1 700 000 cm³ = ▨ m³ **d)** 35 dm³ = ▨ km³

b) 3,5 cm³ = ▨ mm³ **e)** 4 580 000 mm³ = ▨ m³

c) 0,008 m³ = ▨ dm³ **f)** 2,5 km³ = ▨ m³

4 Complète les équivalences en ajoutant l'unité appropriée au membre de droite.

a) 32 m³ = 0,032 ▨ **d)** 0,5 dm³ = 500 000 ▨

b) 6,78 hm³ = 6 780 000 ▨ **e)** 0,004 dm³ = 0,000 000 004 ▨

c) 9 cm³ = 0,009 ▨ **f)** 58 mm³ = 0,058 ▨

5 Complète les équivalences en indiquant le nombre d'unités approprié.

a) 84 L = ▨ dL **d)** 0,55 cL = ▨ L

b) 4580 L = ▨ kL **e)** 0,62 cL = ▨ mL

c) 0,008 L = ▨ mL **f)** 500 L = ▨ kL

6 Complète les équivalences avec le nombre d'unités approprié.

a) 400 000 mm³ = ▨ L **d)** 0,029 m³ = ▨ L

b) 37,6 cm³ = ▨ L **e)** 478 dm³ = ▨ L

c) 0,000 148 m³ = ▨ L **f)** 0,000 12 km³ = ▨ L

7 Exprime en décimètres cubes le volume occupé par le contenu de chacun des contenants décrits.

a) Un contenant de 1 L de lait.

b) Un pot de jus de 1,89 L.

c) Une boîte de concentré de bouillon de poulet de 250 mL.

d) Une bouteille de vinaigre de 500 mL.

8 Complète les équivalences en indiquant le nombre d'unités approprié.

a) $7852 \text{ cm}^3 = $ L

d) $5 \text{ cL} = $ ▮ cm^3

b) $3 \text{ kL} = $ ▮ m^3

e) $350 \text{ dm}^3 = $ ▮ mL

c) $0,009 \text{ dL} = $ ▮ mm^3

f) $1,2 \text{ cm}^3 = $ ▮ cL

---

9 Donne tes réponses aux questions ci-dessous en millilitres.

a) Pendant trois jours consécutifs, Matis doit ajouter les quantités suivantes d'algicide dans sa piscine : $0,000 \, 21 \text{ m}^3$, $4,61 \text{ dm}^3$ et 50 cm^3. Combien d'algicide doit-il mettre en tout ?

b) Ce matin, Brigitte a versé $4,3 \text{ dm}^3$ d'eau dans le bol de son chien. Pendant la journée, celui-ci a bu 400 cm^3 d'eau. Le soir, Brigitte ajoute $0,25 \text{ m}^3$ d'eau. Quelle quantité d'eau y a-t-il alors dans le bol ?

---

10 Vrai ou faux ?

a) 5 mm^3 est équivalent à 5 mL.

e) $5,28$ L est équivalent à $5 \, 280 \, 000 \text{ mm}^3$.

b) 1 cm^3 est équivalent à 10 mm^3.

f) $7,3$ mL est équivalent à $0,007 \, 3$ cL.

c) 1 km^3 est équivalent à 1×10^{12} L.

g) $2,5 \text{ dam}^3$ est équivalent à 25 m^3.

d) 7 kL est équivalent à 7 m^3.

h) 345 cm^3 est équivalent à $345 \, 000 \text{ dm}^3$.

---

11 Place par ordre croissant les mesures suivantes.

a) $0,05$ L ; $45 \, 670 \text{ mm}^3$; 46 cm^3 ; 560 mL ; $0,000 \, 045 \, 66 \text{ m}^3$

b) 45 cL ; 420 mL ; $0,045 \text{ dm}^3$; $0,000 \, 09 \text{ m}^3$; $4,51$ dL

c) $0,003$ kL ; $4 \, 000 \, 000 \text{ mm}^3$; $3,1 \text{ dm}^3$; $0,29$ daL ; 1000 cm^3

d) 5 dam^3 ; 500 kL ; $53 \, 000 \text{ dm}^3$; 502 m^3 ; 5001 hL

---

12 Les deux représentations ci-dessous sont celles d'un même prisme droit, l'une en perspective cavalière et l'autre en perspective axonométrique. Trouve les ressemblances et les différences entre ces deux représentations. Pour t'aider à compiler tes observations, remplis le tableau sur la feuille que l'on te remet.

Perspective cavalière

Perspective axonométrique

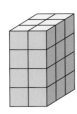

13 Calcule l'aire totale (en carrés-unités) et le volume (en cubes-unités) des différents objets représentés ci-dessous.

a)

b)

c)

14 Calcule le volume des prismes suivants.

a)

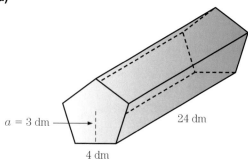

$a = 3$ dm

4 dm

24 dm

b)

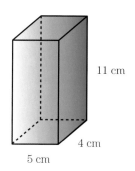

11 cm

4 cm

5 cm

15 Calcule l'espace approximatif occupé par les objets suivants.

a)

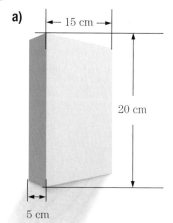

15 cm

20 cm

5 cm

b)

46 cm

1,20 m

c)

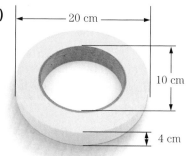

20 cm

10 cm

4 cm

16 Trouve les mesures manquantes dans le tableau.

	BASE	HAUTEUR	VOLUME
a) Prisme droit	Aire de 20 cm²	30 cm	
b) Cylindre droit	Rayon de 4 cm	15 cm	
c) Cylindre oblique		12 m	120 m³
d) Prisme oblique	Triangle de 3 cm de base et de 4 cm de hauteur		132 cm³
e) Prisme droit	Rectangle de 3 cm sur 5 cm	27 cm	

17 Le volume du cylindre illustré ci-contre est de 20 m³.
Trouve la hauteur de ce cylindre (arrondis
au centième).

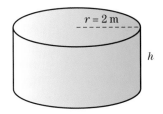

18 La figure ci-contre montre le développement d'un prisme.
Les bases de ce prisme sont des triangles équilatéraux
dont la mesure des côtés est 5 cm.

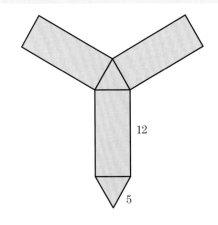

  a) Quelle est l'aire latérale du prisme ?

  b) Quelle est la hauteur du triangle formant une base
  de ce prisme ?

  c) Quelle est l'aire totale du prisme ?

  d) Quel est son volume ?

19 Observe le prisme représenté ci-contre, dont les bases
sont des hexagones réguliers.

  a) Quelle est son aire latérale ?

  b) Quelle est son aire totale ?

  c) Quel est son volume ?

  d) Combien de litres d'eau peut-on y mettre ?

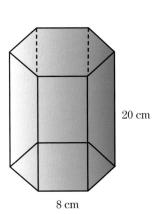

20 Dans une suite de solides composés de petits cubes, comme illustré ci-contre, on observe le volume de chaque solide (en cubes-unités) selon le nombre d'étages qu'il comporte. Quel est le volume du solide ayant 10 étages de hauteur ?

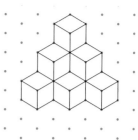

21 Imagine que l'on empile des feuilles identiques de deux manières différentes. Une pile est droite et l'autre, oblique. Les deux piles ont la même hauteur et contiennent le même nombre de feuilles. Associons ces deux piles à des prismes.

a) Crois-tu que ces deux prismes ont le même volume ? Explique ta réponse.

b) La situation serait-elle la même dans le cas d'un cylindre droit et d'un cylindre oblique ayant des bases isométriques ? Explique ta réponse.

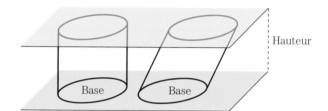

c) Détermine le volume des solides obliques suivants.

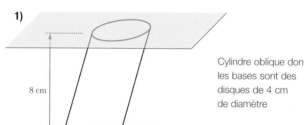
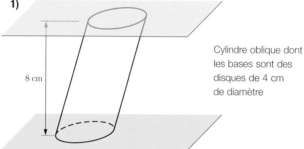

1)

Cylindre oblique dont les bases sont des disques de 4 cm de diamètre

8 cm

2)

Prisme oblique dont les bases sont des hexagones réguliers de 2 cm de côté

5 cm

3)

Prisme oblique dont les bases sont des carrés de 3 cm de côté

5 cm

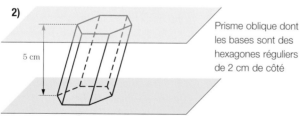
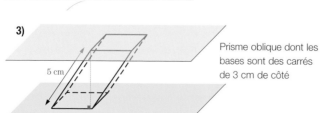

BONAVENTURA CAVALIERI (1598-1647)

Ce mathématicien jésuite italien s'imaginait une ligne comme étant formée d'une infinité de points successifs ; une surface, d'une infinité de lignes côte à côte ; et un solide, d'une infinité de surfaces empilées. Cette façon de voir les choses lui a permis de résoudre un grand nombre de problèmes.

22 Compare le volume d'un prisme à base carrée de 10 cm de hauteur et ayant une aire latérale de 160 cm² et celui d'un cylindre droit ayant la même hauteur et la même aire latérale. Quel solide occupe le plus d'espace ? Combien de fois plus ?

23 Quel est le volume du gaz contenu dans un tube fluorescent cylindrique de 2,5 cm de rayon et de 1,2 m de long ?

24 Dans un contenant de lait de un litre, le lait se trouve seulement dans la partie inférieure, qui correspond à un prisme dont la base carrée mesure 7 cm sur 7 cm.

a) Quelle hauteur le lait atteint-il dans un contenant plein ?

b) Si dans un contenant de deux litres plein le lait atteint la même hauteur, quelles sont les dimensions approximatives de la base carrée du contenant ?

25 Au début de l'été, Paul s'apprête à remplir sa piscine hors terre de forme cylindrique, dont le diamètre est de 5,5 m. Il ne remplira pas complètement la piscine, laissant un espace de 10 cm entre le niveau de l'eau et le bord de la piscine. Quand il aura terminé, Paul aura utilisé 35 640 L d'eau.

a) Quelle est la hauteur de la piscine ?

b) Paul veut acheter une nouvelle toile pour recouvrir l'intérieur de sa piscine. Pour pouvoir l'attacher, la toile doit dépasser d'au moins 20 cm tout le tour de la piscine. Quel prix minimal Paul doit-il s'attendre à payer si la toile se vend 8,50 $ le mètre carré ?

26 Julie veut préparer de la soupe. Elle dispose de deux casseroles de forme cylindrique : l'une mesure 7 cm de hauteur et le rayon de sa base est de 6 cm ; l'autre mesure 9 cm de hauteur et le rayon de sa base est de 8 cm. Elle ouvre une boîte de conserve contenant 284 mL de soupe concentrée, à laquelle il faut ajouter un volume d'eau équivalent à celui de la boîte de conserve.

a) Quel volume la soupe occupera-t-elle une fois l'eau ajoutée ?

b) Quelle casserole suggérerais-tu à Julie d'utiliser ? Explique ta réponse.

c) Quelle hauteur la soupe atteindra-t-elle dans la casserole que tu suggères ?

27 Le long de l'autoroute, un panneau-réclame rectangulaire fait des tours complets sur lui-même autour d'un poteau vertical central. Le panneau, qui a la forme d'un prisme à base rectangulaire, mesure 7 m de largeur sur 68 cm de hauteur et 8 cm d'épaisseur. Quelle est la grandeur minimale de l'espace qui doit demeurer libre autour du panneau afin qu'il puisse faire ses rotations sans problème ?

Pour mieux visualiser la situation, fais-en une représentation.

28 Une fermière a besoin d'un nouveau silo à grain pour répondre aux besoins de ses animaux. Elle veut pouvoir emmagasiner au maximum 106 000 kg de grain. Elle s'intéresse à un modèle semblable à celui illustré ci-contre, mais dont la hauteur peut varier. Ce type de silo a 5,5 m de diamètre et la demi-sphère contient environ 10 % du grain. La fermière sait que 4 L de grain pèsent un kilogramme. Quelle hauteur minimale le silo qu'elle achètera devra-t-il avoir ?

PROBLÈME

29 La façade d'un édifice est décorée d'une grande plaque d'aluminium d'une épaisseur de 2 cm ayant la forme d'une étoile à huit pointes. Ces pointes constituent des triangles équilatéraux disposés autour d'un octogone régulier.

1 m

a) En t'inspirant de la figure ci-contre, détermine la valeur exacte de l'apothème de l'octogone central. Explique ton raisonnement.

b) Quelle est la masse de l'étoile de métal si la densité de l'aluminium est 2,7 ?

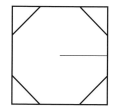

La densité indique combien de fois un matériau est plus lourd que l'eau.

Souviens-toi que 1 L d'eau a une masse de 1 kg.

1 Patricia a reçu par courrier une affiche du fan club de son artiste préféré. L'affiche était enroulée dans une boîte cylindrique. La largeur de l'affiche est de 60 cm et sa longueur, de 80 cm.

a) Quelle est l'aire de l'affiche ?

b) Dans la boîte, l'affiche était enroulée dans le sens de sa longueur. Si le diamètre de la base de la boîte mesure 8 cm, quel est le volume de cette boîte ?

c) Quelle est l'aire latérale de la boîte ?

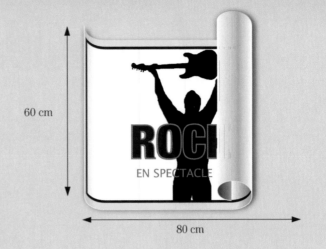

60 cm

80 cm

2 Marianne s'est procuré un aquarium dont les dimensions sont 150 cm de longueur sur 50 cm de largeur et 60 cm de hauteur. Elle veut y mettre des poissons d'Amazonie appelés discus. Les poissons de cette espèce ont besoin d'environ 75 L d'eau par individu lorsqu'ils sont en captivité. Combien de discus au maximum Marianne pourra-t-elle mettre dans son aquarium ?

3 Avec une bouteille de 2 L de boisson gazeuse, combien de verres en forme de prisme dont les bases sont des hexagones réguliers peut-on remplir jusqu'à 1 cm du bord si le côté de la base des verres est de 2 cm et si leur hauteur est de 12 cm ?

» Corrigé, p. 367

Mes habitudes...

Jean-Christophe est en visite chez son ami Raoul. Celui-ci lui montre la dernière édition du journal étudiant de son école, où est publié un article sur un sondage qu'il a réalisé auprès des élèves de l'école.

Voici un extrait de l'article.

Écoutez-vous souvent votre lecteur MP3 ?

Résultats d'un sondage effectué à l'école la semaine dernière

Répartition des données recueillies sur le nombre d'heures d'utilisation d'un lecteur MP3 par semaine

Comptez-vous parmi les élèves à qui l'on a demandé, la semaine dernière, de répondre à la question suivante : « Pendant combien de temps par semaine, en heures, utilisez-vous votre lecteur MP3 ? » Quoi qu'il en soit, le diagramme ci-dessus présente les résultats de ce sondage, effectué auprès de 50 élèves choisis au hasard à la cafétéria de l'école. Ce sondage a été réalisé par Raoul Lagacé, élève du deuxième cycle du secondaire, à la suite de l'apprentissage de nouvelles notions en statistique dans son co... mathématiques. Le diagramme choisi pou... les résultats est de conception assez ré...

a) Au premier coup d'œil, comment interprètes-tu la représentation des données utilisée dans l'article ? Quel lien y a-t-il, selon toi, entre l'axe de nombres et le diagramme tracé au-dessus ? À ton avis, que signifient les traits verticaux aux deux extrémités ?

Impressionné par le travail de Raoul, Jean-Christophe aimerait bien, lui aussi, connaître les habitudes d'utilisation de certains appareils électroniques par les élèves de son école. S'il réalisait un sondage sur les lecteurs MP3, par exemple, il pourrait comparer ses résultats avec ceux de son ami…

b) Réalise un sondage pour connaître le nombre d'heures d'utilisation hebdomadaire d'un petit appareil électronique par les élèves de ton école. Pour ce faire, suis les consignes ci-dessous.

- Choisis un petit appareil électronique (lecteur MP3, téléphone cellulaire, agenda électronique, etc.) et rédige ta question de sondage.

- Choisis un échantillon d'élèves de ton école à l'aide d'une méthode d'échantillonnage et détermine de quelle façon tu vas collecter les données.

- Fais approuver ta question, ta méthode d'échantillonnage et ta façon de collecter les données en présentant à ton enseignant ou enseignante une feuille contenant ces divers renseignements.

- Réalise ton sondage et trouve la moyenne arithmétique, le mode et la médiane de tes données. Classe tes données par ordre croissant et conserve-les.

> Pour éviter certains biais en rédigeant ta question de sondage, consulte Ma mémoire, p. 309.
>
> Pour éviter certains biais dans le choix de l'échantillon à l'aide d'une méthode d'échantillonnage, consulte Ma mémoire, p. 310.

c) Réalise un diagramme du même type que celui de Raoul avec les données que tu as recueillies. Malgré tous tes efforts, il y a sûrement certaines sources de biais qui affectent ton sondage. Identifie-les. Aurait-il été possible de les éviter ? Si oui, comment ? Sinon, pourquoi ?

> Si tu as réalisé ton sondage sur les lecteurs MP3, compare aussi ton diagramme avec celui de Raoul.

d) Compare ton diagramme avec celui d'un ou une autre élève ayant choisi le même appareil électronique que toi. Ensemble, interprétez vos résultats respectifs. Sont-ils semblables ?

Si oui, comment interprétez-vous cette ressemblance ? Sinon, qu'est-ce que cela peut signifier ? Remettez vos diagrammes (et vos données) ainsi que l'interprétation de vos résultats à votre enseignant ou enseignante.

> Savais-tu que la statistique est devenue une science importante principalement à cause des progrès de la médecine ? Par exemple, c'est par des études statistiques menées dans les années 1880 qu'on a pu convaincre à la fois la population et les gouvernements que les vaccins diminuent de façon notoire les décès dus à certaines maladies. Ainsi, entre 1880 et 1925, on constate que le nombre de morts par la typhoïde passe de 332 par million d'individus à 25 par million. Avec de tels résultats, la statistique a réussi à vaincre la peur des vaccins qui était très répandue dans la population.

> La Séquence en probabilité et statistique qui suit, aux pages 164 à 177, traite des mesures statistiques et des diagrammes de quartiles, et pourra t'aider à résoudre entièrement cette situation-problème.

Les mesures statistiques et les diagrammes de quartiles

ACTIVITÉ 1 La moyenne arithmétique, le mode et la médiane

Par curiosité, Nicolas et Laura ont demandé à des amis et amies combien de temps (en minutes) il leur fallait pour se rendre à l'école. Ils ont obtenu les distributions de données suivantes.

Nicolas : 10, 5, 10, 15, 15, 35, 70, 10, 20, 15, 20, 10

Laura : 15, 20, 10, 10, 15, 60, 20, 10, 15, 20, 10, 30

a) En ne recourant à aucun calcul, estime un nombre de minutes qui représenterait bien le temps de déplacement des amis et amies de Nicolas. Fais la même chose pour les données recueillies par Laura.

b) Compare tes deux valeurs représentatives avec celles d'un ou une camarade. Décris à cette personne la façon dont tu as procédé et les raisons pour lesquelles tu as procédé ainsi.

c) Ensemble, calculez la moyenne arithmétique, le mode et la médiane de chaque distribution. Vos estimations réalisées en **a)** correspondent-elles à l'une de ces mesures statistiques ?

d) Parmi les trois mesures statistiques calculées, laquelle ou lesquelles, selon vous, représentent le mieux la distribution de données ? Expliquez votre réponse.

> Le **mode** (noté Mod) d'une distribution de données équivaut à la donnée ayant le plus grand effectif (dans certains cas, il peut y avoir plus d'un mode et dans d'autres, il est possible qu'il n'y ait pas de mode).
>
> L'**effectif** d'une donnée est le nombre de fois que celle-ci apparaît dans la distribution.
>
> Lorsque les données d'une distribution sont en ordre croissant, la **médiane** (notée Méd) équivaut à la donnée située au milieu de la distribution. S'il y a un nombre pair de données, c'est la moyenne arithmétique des deux données situées au milieu de la distribution.

e) Individuellement, inventez une nouvelle distribution comportant le même nombre de données et ayant le même mode, la même médiane et la même moyenne arithmétique que les distributions de Nicolas et de Laura.

f) Échangez vos distributions inventées en **e)** et validez-les en vérifiant la valeur des trois mesures statistiques ciblées. Pour que la consigne en **e)** soit respectée, qu'est-ce qui peut changer dans la distribution et qu'est-ce qui ne peut pas changer ?

» MISE EN PRATIQUE

1 Pour les deux distributions suivantes, calcule le mode, la médiane et la moyenne arithmétique.

a) 54, 62, 56, 64, 55, 56, 52, 59, 60, 65

b) 27, 19, 5, 22, 19, 8, 25, 19, 27

» Corrigé, p. 367

Les diagrammes de quartiles

Nicolas et Laura ont recueilli des données sur le temps (en heures) consacré aux travaux scolaires durant une semaine et ont chacun obtenu les mesures statistiques suivantes.

> La moyenne arithmétique est symbolisée par $\overline{X}$.

$$Mod = 7 \qquad Méd = 7{,}5 \qquad \overline{X} = 7{,}75$$

a) S'ils ont interrogé le même nombre de personnes, Nicolas et Laura peuvent-ils conclure que leurs données sont identiques? Qu'est-ce qui peut être différent d'une distribution à l'autre? Explique ta réponse.

Pour analyser leurs données, Nicolas et Laura doivent avoir recours à d'autres outils statistiques, comme le diagramme de quartiles, dont les composantes apparaissent dans l'exemple ci-dessous.

> Les **quartiles** sont trois mesures de position qui séparent une distribution ordonnée en ordre croissant en quatre groupes ayant le même nombre de données. Le deuxième quartile (Q2) est la médiane de la distribution. Le premier quartile (Q1) est la médiane de la première moitié de la distribution et le troisième quartile (Q3) est la médiane de la deuxième moitié.

Données recueillies par **Nicolas** :

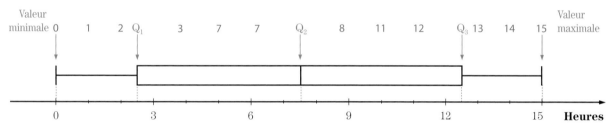

Données recueillies par **Laura** :

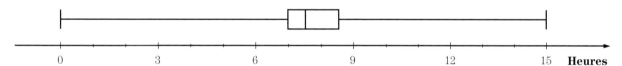

b) Quelles valeurs indiquées par le diagramme de quartiles de Laura correspondent à des données se trouvant **nécessairement** dans la distribution?

c) Environ quel pourcentage ou quelle fraction des données se retrouvent dans l'intervalle délimité par le premier et le troisième quartile (Q_1 et Q_3)?

> Essaie de trouver un exemple de 12 données pouvant composer la distribution de Laura.

d) Quelles informations le diagramme de quartiles indique-t-il que les mesures statistiques données en début d'activité ne révèlent pas?

» MISE EN PRATIQUE

1 Un sondage sur le nombre de fois que les gens ont été au cinéma au cours du dernier mois a donné les résultats suivants.

$$0, 0, 0, 1, 1, 2, 2, 2, 2, 2, 3, 3, 4, 4, 4, 5, 8$$

a) Construis le diagramme de quartiles qui illustre cette situation.

b) Commente la répartition des données. Semble-t-il y avoir des données éloignées?

» Corrigé, p. 367

Les mesures statistiques et les diagrammes de quartiles

Les mesures de tendance centrale

Une mesure de tendance centrale est une mesure statistique autour de laquelle se concentrent généralement les données d'une distribution. Le mode, la médiane et la moyenne arithmétique sont des mesures de tendance centrale.

LE MODE (NOTÉ MOD)

- Le mode équivaut à la donnée ayant le plus grand effectif.

- La valeur du mode correspond nécessairement à l'une des données de la distribution.

- Le mode est représentatif lorsqu'une distribution contient une donnée ayant un grand effectif. Dans certains cas, il peut y avoir plus d'un mode ; dans d'autres, il est possible qu'il n'y en ait pas.

> L'effectif d'une donnée est le nombre de fois que celle-ci apparaît dans la distribution.

Exemples :

1) Distribution sans mode : 3, 4, 6, 8, 13, 16

2) Distribution avec un mode : 3, 4, 6, 6, 6, 6, 6, 8, 13, 16   Mod = 6

3) Distribution avec plus d'un mode : 3, 3, 4, 6, 6, 6, 6, 8, 8, 8, 8, 13, 16

Cette distribution est bimodale : $Mod_1 = 6$ et $Mod_2 = 8$.

LA MÉDIANE (NOTÉE MÉD)

- Dans une distribution où les données sont présentées par ordre croissant, s'il y a un **nombre impair** de données, la médiane équivaut à la donnée située au milieu de la distribution. S'il y a un **nombre pair** de données, la médiane équivaut à la moyenne arithmétique des deux données situées au milieu de la distribution.

- La valeur de la médiane ne correspond pas nécessairement à une donnée de la distribution.

- La médiane est représentative particulièrement dans les cas de distributions de données contenant des données éloignées des autres.

Exemples :

1) Distribution avec nombre impair de données : 2, 3, 5, 7, 7̲, 8, 11, 13, 42
La médiane est 7, soit Méd = 7.

2) Distribution avec nombre pair de données : 0, 2, 5, 6̲, 7̲, 8, 8, 12
La médiane est 6,5, soit $Méd = \dfrac{6 + 7}{2} = 6{,}5$.

LA MOYENNE ARITHMÉTIQUE (NOTÉE X̄)

- C'est la valeur qui pourrait remplacer chacune des données de la distribution sans que cela modifie la somme des données de la distribution.

- Pour trouver sa valeur, il faut additionner toutes les données, puis diviser le résultat par le nombre de données de la distribution. La moyenne ne correspond pas nécessairement à une donnée de la distribution.

- La moyenne arithmétique est représentative lorsqu'il n'y a pas de données éloignées des autres.

Exemple : Soit la distribution : 11, 8, 23, 17, 30.

La moyenne est 17,8, soit $\overline{X} = \dfrac{11 + 8 + 23 + 17 + 30}{5} = 17,8$.

Le diagramme de quartiles

Le diagramme de quartiles nous renseigne sur la répartition ou l'éparpillement des données dans une distribution. Il est conçu à partir de cinq valeurs : la valeur minimale, la valeur maximale et les trois quartiles de la distribution. Le diagramme de quartiles est toujours accompagné d'un axe de nombres. Voici les étapes à suivre pour réaliser un diagramme de quartiles.

> Les **quartiles** sont trois mesures de position qui séparent une distribution présentée par ordre croissant **en quatre groupes ayant le même nombre de données**.
> Le deuxième quartile (Q_2) est la médiane de la distribution.
> Le premier quartile (Q_1) est la médiane de la première moitié de la distribution.
> Le troisième quartile (Q_3) est la médiane de la seconde moitié.

Étape 1 : Calculer les quartiles.

Pour calculer les quartiles, il faut d'abord mettre les données de la distribution par ordre croissant. On calcule ensuite le deuxième quartile (Q_2), soit la médiane, puis le premier (Q_1) et le troisième (Q_3).

Exemple : Soit la distribution de données suivantes.

41 53 56 60 66 71 75 89 98

Le deuxième quartile (Q_2) est la médiane de la distribution : $Q_2 = 66$

Le premier quartile (Q_1) est la médiane de la première moitié de la distribution : $Q_1 = \dfrac{53 + 56}{2} = 54,5$

Le troisième quartile (Q_3) est la médiane de la seconde moitié de la distribution : $Q_3 = \dfrac{75 + 89}{2} = 82$

Étape 2 : Construire un axe de nombres.

On détermine les graduations de l'axe en considérant l'étendue de la distribution. Il est préférable d'avoir de 10 à 20 graduations.

> L'**étendue** d'une distribution correspond à l'écart entre la valeur minimale et la valeur maximale de la distribution. Elle est représentée sur le diagramme par la longueur totale de ce dernier.

(suite de l'exemple)

Dans ce cas-ci, l'étendue est de 57, soit $98 - 41$ ou environ 60. Si l'on utilise 15 graduations, chacune représente un pas de 4 (soit $60 \div 15 = 4$).

40   52   64   76   88   100

Étape 3 : Construire le diagramme de quartiles au-dessus de l'axe de nombres.

Voici comment procéder pour construire le diagramme.

- Positionner les cinq valeurs déterminées précédemment sur l'axe de nombres : la valeur minimale, Q_1, Q_2, Q_3 et la valeur maximale.

- Tracer des traits verticaux vis-à-vis de ces cinq valeurs.

- Au-dessus de l'axe, construire un rectangle dont le côté droit et le côté gauche correspondent respectivement aux traits verticaux représentant Q_1 et Q_3.

- Tracer un segment horizontal (une tige) reliant les deux traits verticaux les plus à gauche.

- Tracer un autre segment horizontal (une autre tige) reliant les deux traits verticaux les plus à droite.

Exemple :

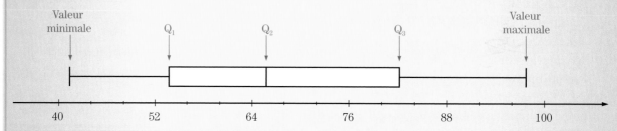

COMPOSANTES D'UN DIAGRAMME DE QUARTILES

- Les tiges à gauche et à droite représentent chacune un intervalle comportant environ 25 % des données de la distribution.

- Le grand rectangle central représente un intervalle comportant environ 50 % des données.

Les mesures de dispersion

Une mesure de dispersion est une mesure statistique qui rend compte de l'éparpillement des données d'une distribution. L'étendue et l'étendue interquartile sont des mesures de dispersion.

- À l'aide du diagramme de quartiles, on peut déterminer l'étendue et l'étendue interquartile, qui nous renseignent sur la répartition des données.

- On considère qu'une distribution de données comporte des données aberrantes (données fortement éloignées des autres) si l'une ou l'autre des tiges est au moins une fois et demie plus longue que la longueur du rectangle. Ce renseignement peut nous guider dans le choix d'une mesure de tendance centrale, telle que la moyenne arithmétique, pour représenter judicieusement la distribution.

> L'**étendue interquartile** d'une distribution correspond à l'écart entre la valeur du troisième quartile (Q_3) et celle du premier quartile (Q_1), soit ($Q_3 - Q_1$). Elle est représentée par la longueur du rectangle.

Exemple :

Dans la distribution précédente, il n'y a pas de données aberrantes, car chacune des tiges est plus petite qu'une fois et demie l'étendue interquartile. En effet, l'étendue interquartile est 27,5 (soit $82 - 54,5$). Les tiges mesurent 13,5 et 16 (soit $54,5 - 41$ et $98 - 82$). On a donc $13,5 < 41,25$ et $16 < 41,25$ (soit $13,5 < 1,5 \times 27,5$ et $16 < 1,5 \times 27,5$).

1 Calcule le mode, la médiane et la moyenne de chacune des distributions suivantes.

a) 25,6 ; 44,9 ; 12,4 ; 10,5 ; 33,4

b) 40, 86, 32, 66, 87, 76, 32, 45

c) 60, 65, 68, 68, 69, 70, 74, 76, 78, 79

d) 12,7 ; 15,8 ; 17,3 ; 20,5 ; 21,7 ; 28 ; 31,4 ; 31,4 ; 35 ; 37,5 ; 51,4 ; 55,5 ; 78,1 ; 79,3 ; 84

e) 50, 52, 58, 60, 62, 63, 64, 64, 64, 65, 65, 66, 68, 69, 70, 70, 70, 71, 72, 73, 74, 74, 75, 77, 77, 77, 77, 80, 81, 82, 85, 88, 93

2 Quels seraient le mode, la médiane et la moyenne des distributions **b)** et **c)** du numéro **1** si

a) on multipliait chaque donnée par 2 ? Et par 3 ?

b) on ajoutait 5 à chaque donnée ?

3 Invente une distribution de 11 données pour laquelle

a) la médiane est 15 ;

b) la moyenne est 19 ;

c) le mode est 20 ;

d) l'étendue est 30 ;

e) toutes les mesures statistiques précédentes ont les valeurs indiquées.

4 Décris une distribution comportant 10 données pour laquelle

a) la médiane est 7,5 ;

b) la moyenne est 120,5 ;

c) le mode est 60,8 ;

d) l'étendue est 133,2 ;

e) la moyenne et la médiane ont la même valeur ;

f) le mode, la médiane et la moyenne ont la même valeur.

5 Invente une distribution en considérant les renseignements suivants.

a) $\overline{X} = 6$, Mod = 5, Méd = 5, nombre de données : 6.

b) $\overline{X} = 50$, Mod = 42, Méd = 44, nombre de données : 7.

c) $\overline{X} = 71,5$, Mod = 15, Méd = 18,5, nombre de données : 8.

6 Quelle donnée peut-on ajouter à la distribution suivante afin que la moyenne soit égale à la médiane ?

14   17   18   20   26   30   31   48

7 À chacune des distributions suivantes, ajoute une donnée sans changer la valeur de la moyenne. Comment as-tu déterminé cette donnée ?

a) 2, 5, 6, 8, 9, 11, 12, 15

b) 42, 70, 76, 82, 95, 108, 113, 127

c) 6 h 02, 6 h 07, 6 h 12, 6 h 15, 6 h 17, 6 h 23, 6 h 28, 6 h 30

8 Reproduis et complète le tableau ci-dessous en considérant les quatre distributions suivantes.

Distribution 1 : 45, 48, 49, 49, 56, 58, 49, 78, 79

Distribution 2 : 33, 44, 58, 65, 48, 64, 55, 37, 78

Distribution 3 : 19, 22, 24, 25, 26, 29, 32, 34, 36, 36

Distribution 4 : 45, 65, 44, 52, 88, 97, 25, 36, 78, 99

	MINIMUM	Q_1	Q_2	Q_3	MAXIMUM	ÉTENDUE	ÉTENDUE INTERQUARTILE
Distribution 1							
Distribution 2							
Distribution 3							
Distribution 4							

9 Sur une feuille quadrillée, construis le diagramme de quartiles associé à chacune des distributions suivantes.

a) 10, 12, 15, 18, 22, 29, 31

b) 25, 42, 67, 78, 80, 89, 90, 95

c) 159, 199, 162, 144, 168, 155, 134, 145, 160

d) 33, 36, 44, 32, 36, 35, 39, 34, 42, 47

10 Réponds aux questions suivantes en considérant les diagrammes de quartiles du numéro **9**.

a) Le diagramme indique-t-il des données fortement éloignées des autres ? Si oui, explique comment tu les as repérées et précise quelles sont ces données.

b) Quelle distribution a la plus petite étendue ?

c) Quelle distribution a la plus grande étendue interquartile ?

d) Invente une distribution de 12 données qui peut être représentée par le même diagramme que la distribution **a)** du numéro **9**.

e) Invente une distribution de 8 données qui peut être représentée par le même diagramme que la distribution **d)** du numéro **9**.

11 **a)** Calcule la moyenne, la médiane et le mode des distributions suivantes.

b) Sur une feuille quadrillée, trace les diagrammes de quartiles qui les représentent.

1)   0   0   2   3   5   8   11   12

2)   4   7   13   13   13   18   19   20   24

3)   0   1,5   3,5   7,5   8   10   13,5   17   21,5   21,5   21,5   29,5

4)   6   14   27   32   32   45   51   59   67   83   89   98

c) On ajoute la donnée 3 aux distributions **1)** et **2)**. Décris brièvement l'effet de cet ajout sur les diagrammes de quartiles représentant ces distributions.

12 Parmi les trois mesures de tendance centrale que tu connais, laquelle ou lesquelles ne sont pas représentatives pour les distributions suivantes ? Explique pourquoi.

a) 1, 2, 2, 3, 3, 4, 5, 7, 7, 10

b) 7, 16, 18, 22, 26, 27, 32, 33, 628, 732

c) 1, 1, 1, 1, 1, 1, 27, 65, 87, 92

d) 1, 2, 2, 2, 3, 17, 18, 18, 18, 19

13 Dans chaque cas, invente une distribution de données pouvant être représentée par le diagramme de quartiles tracé. Identifie le ou les diagrammes indiquant qu'il y a des données fortement éloignées des autres.

a)

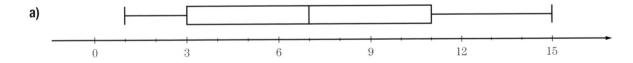

b)

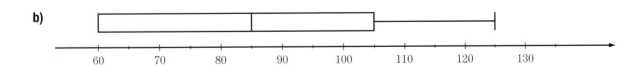

c)

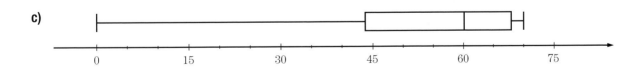

14 Une joueuse de hockey veut améliorer sa moyenne de points
(buts et passes) par match. Au cours des 15 premiers matchs
de la saison, ses résultats ont été les suivants.

1	2	0	4	1
5	6	2	3	0
2	2	3	1	5

Combien de points doit-elle accumuler au prochain match
pour augmenter sa moyenne à trois points par match ?

15 Voici les résultats (en pourcentage) de travaux d'élèves en mathématiques.

55	56	65	65	67	68	68	69	71	72
74	75	75	75	77	78	78	78	78	79
80	82	85	87	89	90	94	98	98	99

a) Quelle est l'étendue de cette distribution ?

b) Quels sont sa moyenne, sa médiane et son mode ?

c) Quelle est son étendue interquartile ?

d) Sur une feuille quadrillée, construis le diagramme de quartiles représentant
cette distribution.

e) Quand les élèves reçoivent leur travail corrigé, le résultat est plutôt noté sur un total
de 20 points. Si tu avais répondu aux questions **a)** à **d)** avec les résultats sur 20, les réponses
auraient-elles été différentes ? Si oui, explique dans chaque cas ce qui serait différent.
Sinon, explique pourquoi.

16 Voici de l'information sur trois distributions de données. Construis un diagramme de quartiles
pour chacune, puis réponds aux questions qui suivent.

	MINIMUM	Q_1	Q_2	Q_3	MAXIMUM
Diagramme 1	5	20	32	40	60
Diagramme 2	42	60	77,5	80	80
Diagramme 3	120	125	140	150	200

a) Selon toi, certaines distributions comportent-elles des données fortement éloignées
des autres ? Si oui, explique comment tu as procédé pour identifier ces distributions.

b) Pour les diagrammes **1** et **2**, invente une distribution possible comportant 10 données.

c) Pour les diagrammes **2** et **3**, invente une distribution possible comportant 13 données.

d) Pour les diagrammes **1** et **3**, invente une distribution possible comportant 15 données.

17 Hier, Sabrina a été la première de sa classe à terminer un travail, en 30 minutes. C'est la deuxième fois que cela se produit. Dans les deux cas, elle a noté le temps, en minutes, qu'ont mis les autres élèves pour finir le travail. Elle a obtenu les deux distributions suivantes.

Travail 1

32	32	35	37	40	41	42	43	46	47
47	48	49	49	49	50	50	51	51	52
52	52	52	53	55	55	57	60	60	60

Travail 2

34	38	40	42	43	43	48	50	51	53
54	54	55	55	56	56	57	57	57	58
58	60	60	60	60	60	60	60	60	60

a) Pour chaque distribution, détermine le mode, la médiane et la moyenne.

b) Selon toi, qu'est-ce qui explique le mode de la seconde distribution?

c) Sur une feuille quadrillée, trace le diagramme de quartiles de chaque distribution en utilisant le même axe de nombres. Compare les deux diagrammes.

18 Une entreprise proposant des jeux vidéo dans Internet étudie la durée des visites sur son serveur. Le choix au hasard de quelques visites a donné les deux distributions suivantes.

Durée des visites en semaine (en minutes)	72	89	112	123	140	140	154	187
Durée des visites en fin de semaine (en minutes)	95	118	147	149	176	189	189	225

a) Calcule la moyenne, le mode et la médiane pour chacune des distributions.

b) Compare les deux distributions en traçant d'abord le diagramme de quartiles de chacune d'elles en utilisant le même axe de nombres. Commente les habitudes des joueurs et joueuses.

19 Un spécialiste se demande si une certaine maladie contagieuse devrait être considérée comme une maladie infantile. Pour savoir s'il doit pousser plus loin son hypothèse, il choisit quelques dossiers au hasard et note l'âge des patients, obtenant les données suivantes.

2	3	3	4	5	5	6	6	6	7	7	8	9	11	12	34

a) Analyse ces données en calculant les trois mesures de tendance centrale que tu connais et en traçant le diagramme de quartiles.

b) Le spécialiste devrait-il pousser plus loin son hypothèse? Explique ta position.

20 Voici deux distributions de la taille, en centimètres, de jeunes de 15 ans.

Taille des filles	151	152	158	152	153	154	160	155	155	150	155	156	154	157	158
Taille des garçons	154	158	154	156	160	157	162	157	153	158	158	159	159	160	161

a) Considère la distribution de la taille des filles.

  1) Quels sont la moyenne, la médiane et le mode ?

  2) Construis le diagramme de quartiles.

b) Considère la distribution de la taille des garçons.

  1) Quels sont la moyenne, la médiane et le mode ?

  2) Au-dessus du même axe de nombres que celui des filles, construis le diagramme de quartiles.

c) Compare les deux distributions. Quelles sont tes observations ?

d) Une erreur ayant été commise en mesurant la taille des garçons, il faut ajouter 2 cm à chacune des valeurs obtenues.

  1) Quelle influence cela aura-t-il sur les valeurs des mesures de tendance centrale ?

  2) Quelle influence cela aura-t-il sur le diagramme de quartiles ?

21 Un fabricant d'automobiles veut calculer la consommation d'essence moyenne d'un nouveau modèle. Les essais effectués ont donné les résultats suivants, en nombre de litres par 100 km.

Sur l'autoroute	5,9	6,1	6,1	6,2	6,2	6,4	6,6	6,8
En ville	8,2	8,4	8,5	8,5	8,6	8,7	8,9	11,9

a) Quelle est la consommation moyenne du véhicule sur l'autoroute ? Quelle est la médiane de cette distribution ?

b) Quelle est la consommation moyenne du véhicule en ville ? Quelle est la médiane dans ce cas ? Explique l'écart entre les deux médianes.

c) La dernière donnée sur la consommation d'essence en ville est très différente des autres données. À ton avis, quelle pourrait en être l'explication ? Quel événement aurait pu influer sur cette donnée ? Quel effet cela a-t-il sur la valeur des deux mesures de tendance centrale que tu as calculées ?

22 Gabriella veut comparer la durée de vie de piles de deux compagnies différentes. Comme elle prend beaucoup de photos numériques, elle teste les piles dans son appareil et obtient les distributions suivantes (en minutes).

Compagnie Duraflex

382, 387, 390, 394, 399, 402, 403, 405

Compagnie Energiflex

362, 381, 393, 398, 400, 403, 407, 412

a) Calcule la moyenne, le mode et la médiane des deux distributions, puis trace le diagramme de quartiles de chacune en utilisant le même axe de nombres.

b) Les piles de quelle compagnie ont, en moyenne, la plus longue durée de vie?

c) Dans le cas de quelle compagnie la qualité du produit est-elle la plus constante? Explique ton choix et précise pourquoi il pourrait être avantageux de préférer ce produit.

23 Le grand-père de Caroline n'arrête pas de dire qu'il neigeait beaucoup plus lorsqu'il était jeune. Par curiosité, Caroline a consulté le site d'Environnement Canada et a trouvé les statistiques suivantes sur l'accumulation annuelle totale de neige pour Montréal.

Année	1945	1946	1947	1948	1949	1950	1951	1952	1953	1954
Quantité (cm)	175,5	273,3	290,3	160,5	215,1	287,8	285,0	226,1	127,4	384,3

Année	1995	1996	1997	1998	1999	2000	2001	2002	2003	2004
Quantité (cm)	272,6	131,6	351,6	160,4	171,7	296,9	225,5	205,7	181,7	133,8

a) Calcule la moyenne et la médiane des deux distributions, puis trace leurs diagrammes de quartiles en utilisant le même axe de nombres. Relève les ressemblances et les différences entre les deux diagrammes.

b) Le grand-père de Caroline a-t-il raison? Explique ton point de vue.

24 La population de Loinville en a assez! L'autobus assurant la liaison avec Québec est souvent en retard. Pour appuyer une plainte adressée à la compagnie, on a relevé pendant quelques jours l'heure d'arrivée de l'autobus de 9 h.

| 9 h 07 | 9 h 03 | 9 h 17 | 9 h 27 | 9 h 00 | 9 h 15 | 8 h 59 | 9 h 12 | 9 h 19 | 9 h 24 |

a) Calcule la moyenne, le mode et la médiane de cette distribution, et trace le diagramme de quartiles.

b) D'après toi, la population de Loinville a-t-elle raison de se plaindre? Explique ta réponse.

PROBLÈME

25 Observe les deux distributions de données suivantes.

Tableau 1

HAUTEUR DE PRISMES À BASE CARRÉE DE 5 CM DE CÔTÉ									
Hauteur (cm)	3	7	6	2	8	4	6	7	9	8

Tableau 2

CÔTÉ DE LA BASE DE PRISMES À BASE CARRÉE AYANT TOUS 9 CM DE HAUTEUR									
Côté de la base (cm)	6	4	9	3	2	8	4	9	3	8

a) Quelle est la moyenne des volumes des prismes du **tableau 1**?

b) Aurais-tu obtenu le même résultat si tu avais d'abord calculé la moyenne des hauteurs, puis le volume du prisme en considérant cette moyenne? Explique ta réponse.

c) Calcule la moyenne des volumes des prismes du **tableau 2**.

d) Le résultat aurait-il été le même si tu avais d'abord calculé la moyenne des côtés et ensuite le volume du prisme en considérant cette moyenne? Explique ta réponse.

e) Avec des données portant sur des pyramides à base carrée, tes conclusions auraient-elles été les mêmes? Explique ta réponse.

Fais une représentation de quelques-uns des solides afin de mieux visualiser la situation.

Voir que le cube peut se découper en trois pyramides isométriques n'est pas facile. D'ailleurs, on a l'exemple d'un grand mathématicien indien, Aryabhata (vers 500 de notre ère), qui affirme que le volume d'une pyramide est la moitié du produit de l'aire de sa base par sa hauteur. Pourtant, Euclide avait démontré le bon résultat dans ses *Éléments*, 800 ans plus tôt.

Cette propriété du cube pourrait t'être utile en **e)**.

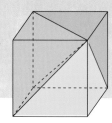

Le Laboratoire de perception spatiale qui suit, aux pages 178 à 191, traite du volume des pyramides, des cônes et de la boule, et pourra t'aider à résoudre entièrement cette situation.

1 Voici les résultats, sur 25, qu'ont obtenus les élèves d'une classe de géographie dans un devoir.

0	0	0	11	12	13	13	14	14	15
15	16	17	17	17	18	19	19	20	

a) Quels sont la moyenne, la médiane et le mode ?

b) Construis le diagramme de quartiles correspondant à cette distribution.

Deux élèves ont plagié pour faire leur devoir, et une autre élève n'a pas remis le sien. Ces élèves ont reçu la note 0. L'enseignante préfère ne pas tenir compte de ces trois notes de 0 dans le calcul de la moyenne.

c) Dans ce cas, quelles sont les valeurs de la moyenne, de la médiane et du mode ?

d) Compare les valeurs des mesures de tendance centrale des deux distributions. Commente ce qui a changé.

e) Au-dessus de l'axe de nombres du diagramme de quartiles que tu as construit en **b)**, construis celui correspondant à la nouvelle distribution.

f) Compare les deux diagrammes et décris ce qui a changé.

2 Propriétaire d'une boutique, Mathilde a l'impression d'avoir réalisé de moins bonnes ventes cette année que l'an dernier. Elle compare les sommes des ventes de la première semaine de décembre de l'an dernier avec celles de cette année.

L'an dernier ($)	633,85	189,66	204,98	132,44	228,45	586,43	783,23
Cette année ($)	589,03	230,41	224,80	193,00	322,78	512,67	698,92

a) Calcule la moyenne, la médiane et le mode des deux distributions, puis construis un diagramme de quartiles pour chacune en utilisant le même axe de nombres.

b) Compare les deux semaines. D'après toi, l'impression de Mathilde est-elle bonne ? Explique ta réponse.

Es-tu maintenant capable de résoudre entièrement la situation-problème Mes habitudes…, aux pages 162 et 163 ?

» Corrigé, p. 368

Le volume des pyramides, des cônes et de la boule

ATELIER 1 Le volume des pyramides et des cônes

Luce pense qu'elle pourrait arriver à trouver le volume d'une pyramide ou d'un cône à partir du volume d'un prisme ou d'un cylindre. Le schéma ci-dessous illustre la façon dont elle associe un prisme ou un cylindre à une pyramide ou à un cône.

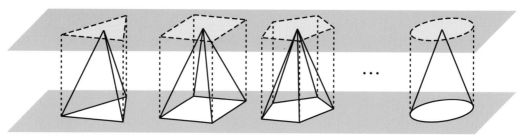

a) À ton avis, comment Luce fait-elle cette association ?

Luce constate bien que le volume de la pyramide ou du cône correspond à une fraction du volume du prisme ou du cylindre qu'elle lui a associé. Mais quelle est cette fraction ?

 La feuille que l'on te remet contient les plans d'une pyramide et d'un prisme, ou d'un cône et d'un cylindre. Construis ces deux solides. Joins-toi ensuite à trois autres élèves de telle sorte que chaque membre du quatuor ait construit une paire de solides différente de celle des autres.

b) Individuellement, en observant votre paire de solides, émettez une conjecture sur la fraction du volume du prisme ou du cylindre à laquelle correspond le volume de la pyramide ou du cône qui y est associé.

> À l'application **18**, à la page 186, tu pourras explorer une façon de valider et de justifier ta conjecture.

c) Vérifiez votre conjecture à l'aide du matériel mis à votre disposition (riz, pierres d'aquarium, petites pâtes, etc.). Quelle fraction la vérification donne-t-elle ? Cette fraction est-elle la même dans le cas de chaque pyramide et de chaque cône ? Qu'en est-il de la fraction établie dans les autres quatuors ?

d) En tenant compte de l'expérience réalisée en **c)**, comment pourrait-on modifier la formule du volume d'un prisme ou d'un cylindre ($V = A_b \cdot h$) afin d'exprimer le volume d'une pyramide ou d'un cône ?

≫ MISE EN PRATIQUE

1 Calcule le volume des solides suivants.

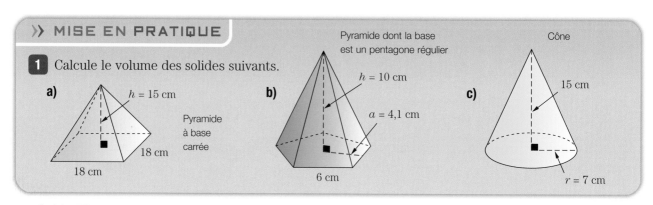

a) $h = 15$ cm — Pyramide à base carrée — 18 cm — 18 cm

b) Pyramide dont la base est un pentagone régulier — $h = 10$ cm — $a = 4,1$ cm — 6 cm

c) Cône — 15 cm — $r = 7$ cm

≫ Corrigé, p. 368

Le volume de la boule

Imagine une boule formée d'une grande quantité de pyramides disposées de manière à ce que leurs apex se rencontrent au centre de la boule, comme le montre l'illustration.

Si l'on déterminait le volume total de toutes ces pyramides, on déterminerait par le fait même le volume de la boule. Cela correspondrait à l'expression suivante.

$$V = \frac{A_{b1} \cdot h}{3} + \frac{A_{b2} \cdot h}{3} + \frac{A_{b3} \cdot h}{3} + \ldots$$

a) Dans cette expression, que représentent V, h et A_{b1}, A_{b2}, A_{b3}, etc. ?

b) Explique pourquoi l'expression $V = \dfrac{(A_{b1} + A_{b2} + A_{b3} + \ldots) \cdot h}{3}$ est équivalente à l'expression ci-dessus.

c) À quelle partie de la boule la surface composée de toutes les bases des pyramides peut-elle être associée ? Sais-tu comment calculer l'aire de cette partie ?

d) À quelle partie de la boule la hauteur des pyramides peut-elle être associée ?

e) En tenant compte de tes réponses aux questions précédentes, et si r correspond au rayon d'une boule, trouve la formule du volume d'une boule. Valide-la ensuite avec un ou une camarade. Les autres élèves sont-ils parvenus à une formule équivalente ?

≫ MISE EN PRATIQUE

1 Détermine le volume des boules suivantes.

a)

$r = 3$ cm

b)

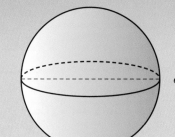

$d = 10$ km

≫ Corrigé, p. 368

Le volume des pyramides, des cônes et de la boule

Le volume d'une pyramide ou d'un cône

Pour déterminer le volume (V) d'une pyramide ou d'un cône, on utilise la relation $V = \dfrac{A_b \cdot h}{3}$, où A_b correspond à l'aire de la base et h, à la hauteur de la pyramide ou du cône.

Exemple 1: Soit la pyramide ci-contre. La base est un hexagone régulier de 3 cm de côté dont l'apothème mesure 2,6 cm. La hauteur de la pyramide est de 6 cm.

> Dans Ma mémoire, aux pages 315 et 322, tu trouveras des formules permettant de calculer l'aire de différentes figures planes.

6 cm

3 cm   2,6 cm

Le volume se détermine ainsi :

$$V = \dfrac{\left(\dfrac{p \cdot a}{2}\right) \cdot h}{3}$$

$$V = \dfrac{\left(\dfrac{18 \cdot 2,6}{2}\right) \cdot 6}{3}$$

$$V = \dfrac{23,4 \cdot 6}{3}$$

$$V = 46,8 \text{ cm}^3$$

> Dans ce cas, l'aire de la base (A_b) correspond à l'aire d'un polygone régulier $\left(\dfrac{p \cdot a}{2}\right)$.

Exemple 2: Le volume d'un cône dont la hauteur est de 10 cm et dont le rayon de la base est de 5 cm se détermine ainsi :

$$V = \dfrac{\pi\, r^2 \cdot h}{3}$$

$$V = \dfrac{\pi 5^2 \cdot 10}{3}$$

Volume exact du cône (cm³) ⟶ $V = \dfrac{250\pi}{3}$

Volume approximatif, calculé en utilisant $\pi \approx 3{,}1416$ ⟶ $V \approx 261{,}8 \text{ cm}^3$

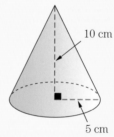

10 cm

5 cm

> Dans ce cas, l'aire de la base (A_b) correspond à l'aire d'un disque (πr^2).

Le volume d'une boule

Pour déterminer le volume (V) d'une boule de rayon r, on utilise la relation $V = \dfrac{4\pi r^3}{3}$.

Exemple: Pour une boule de 12 cm de rayon, le volume se détermine ainsi :

$$V = \dfrac{4\pi(12)^3}{3}$$

$$V = \dfrac{4\pi \cdot 1728}{3}$$

$$V = \dfrac{6912\pi}{3}$$

Volume exact de la boule (cm³) ⟶ $V = 2304\pi$

Volume approximatif, calculé en utilisant $\pi \approx 3{,}1416$ ⟶ $V \approx 7238{,}25 \text{ cm}^3$

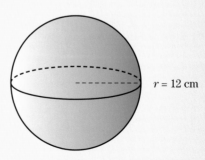

$r = 12$ cm

1 Les mesures de quels éléments géométriques sont nécessaires au calcul

a) du volume d'une sphère ?

b) de l'aire totale d'un prisme à base rectangulaire ?

c) de l'aire latérale d'un cylindre ?

d) de la contenance d'un cône ?

e) de l'aire totale et du volume d'un tétraèdre ?

2 Trouve la mesure du segment tracé en rouge sur les représentations.

a) La hauteur de la pyramide à base carrée.

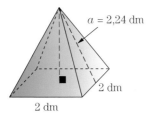

$a = 2,24$ dm

2 dm

2 dm

c) La hauteur de la base du tétraèdre.

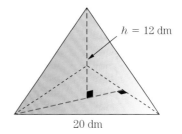

$h = 12$ dm

20 dm

b) L'apothème de l'hexagone régulier formant la base de la pyramide.

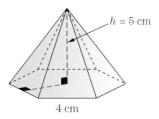

$h = 5$ cm

4 cm

d) L'apothème de l'octogone régulier formant la base de la pyramide.

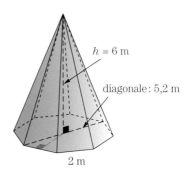

$h = 6$ m

diagonale : 5,2 m

2 m

3 Calcule le volume des pyramides illustrées au numéro **2**. Les mesures demandées au numéro **2** ont-elles été utiles dans le calcul du volume ? Explique ta réponse.

Il y a 500 ans, on croyait que le mot pyramide venait du mot grec *pyr* (comme dans pyrotechnique) qui veut dire « feu ». En effet, disait-on, les pyramides ont la forme d'une flamme. Aujourd'hui, l'on croit plutôt qu'il vient d'un mot égyptien qui voulait dire « gâteau de froment grillé mélangé à du miel ». Certaines pâtisseries aux pistaches du Moyen-Orient ont d'ailleurs une forme pyramidale. Peut-être ont-elles pour « ancêtres » ces gâteaux au froment.

4 Quelle est la hauteur d'une pyramide si son volume est de 546,8 cm³ et l'aire de la base, de 123,1 cm² ?

5 Calcule le volume des pyramides suivantes, dont les bases sont des polygones réguliers. (Arrondis tes réponses au centième.)

a)

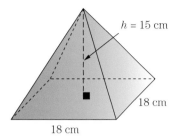

$h = 15$ cm

18 cm

18 cm

c)

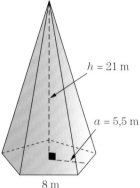

$h = 21$ m

$a = 5,5$ m

8 m

b)

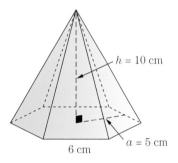

$h = 10$ cm

$a = 5$ cm

6 cm

d)

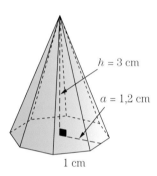

$h = 3$ cm

$a = 1,2$ cm

1 cm

6 Calcule le volume de chacun des cônes, en arrondissant tes réponses au centième.

a)

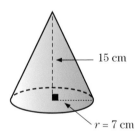

15 cm

$r = 7$ cm

b)

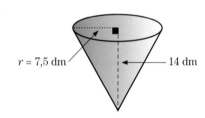

$r = 7,5$ dm

14 dm

7 Calcule le volume des cônes suivants et arrondis tes réponses au centième.

a)

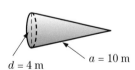

$d = 4$ m

$a = 10$ m

b)

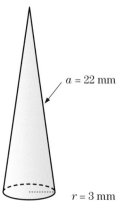

$a = 22$ mm

$r = 3$ mm

8 Calcule le volume des boules et demi-boules suivantes, en arrondissant tes réponses au centième.

a)

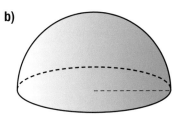

$r = 10$ cm

b)

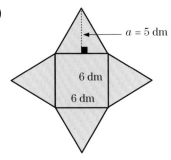

$r = 24$ cm

c)

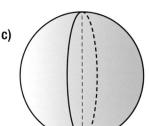

$d = 36$ mm

d)

$d = 15$ dm

---

9 Calcule la mesure de l'espace délimité par les sphères décrites ci-dessous.

a) Une sphère de 67,4 mm de rayon.

b) Une sphère de 87 cm de diamètre.

---

10 Voici les développements d'une pyramide à base carrée et d'un cône.
Calcule les volumes respectifs de ces solides. (Arrondis tes réponses au centième.)

a)

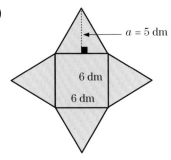

$a = 5$ dm

6 dm

6 dm

b)

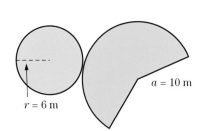

$r = 6$ m

$a = 10$ m

---

11 Quelle est la hauteur d'un cône si son volume est de 234 mm³ et que son rayon mesure 4 mm ?

---

12 Quelle est la mesure du rayon d'une sphère ayant un volume de 4,25 m³ ?

---

13 Détermine le volume des objets suivants.

a) Un grand pot à fleurs cylindrique dont le diamètre et la hauteur mesurent respectivement 4,6 dm et 6,8 dm.

b) Une tente de forme conique dont le rayon et la hauteur mesurent respectivement 1,3 m et 2 m.

c) Une boule de Noël de 3 cm de rayon.

14 Calcule le volume des solides représentés ci-dessous.

a)

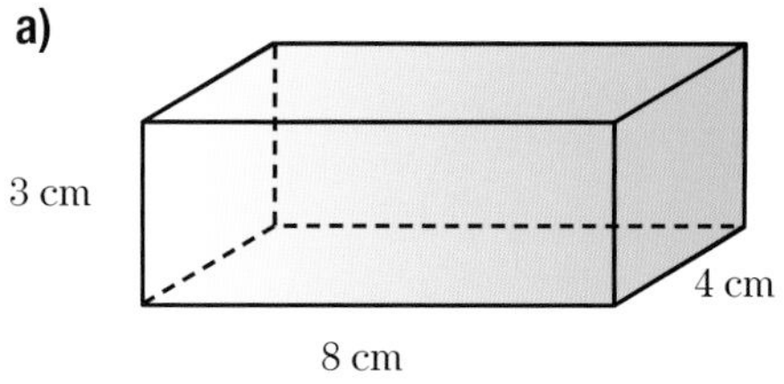

3 cm
4 cm
8 cm

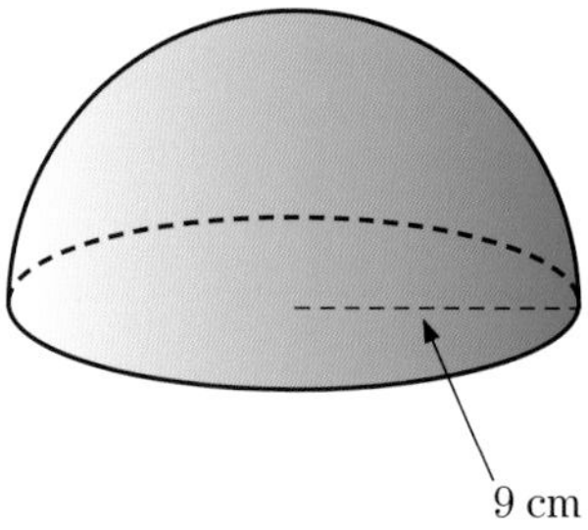

f)

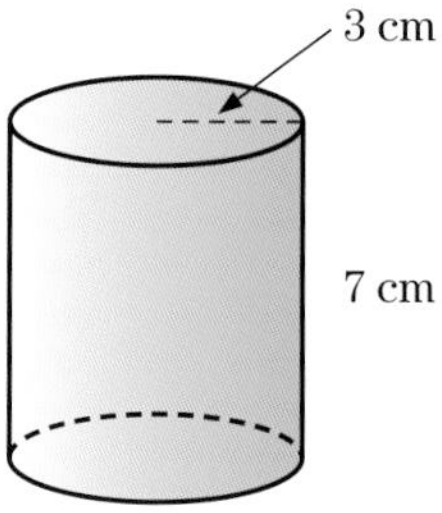

3 cm
7 cm

b)

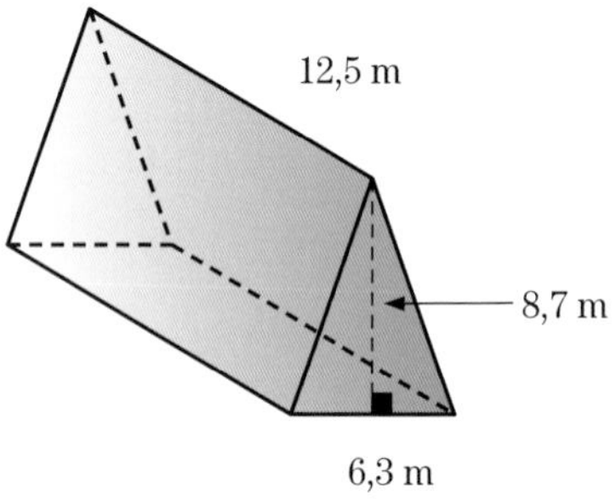

12,5 m
8,7 m
6,3 m

g)

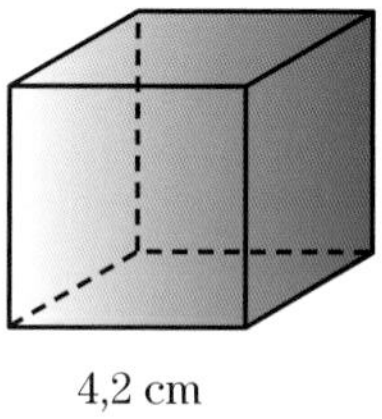

4,2 cm

c)

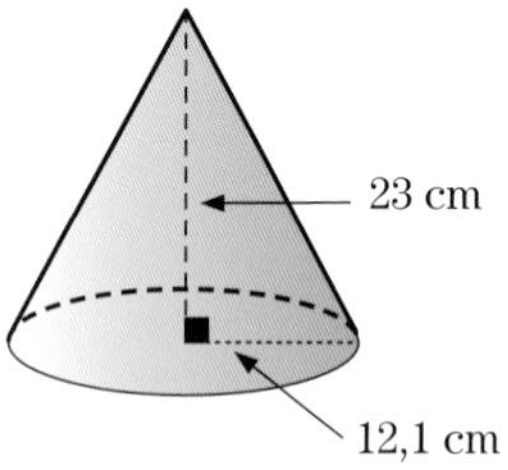

23 cm
12,1 cm

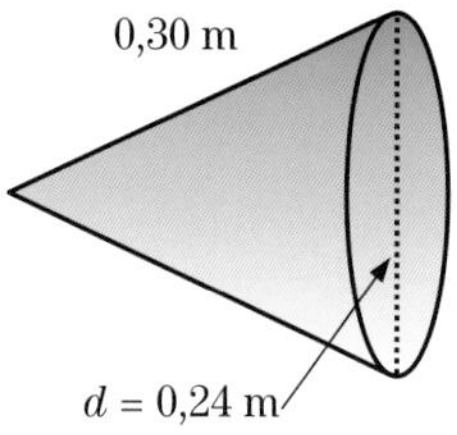

h)

r
d

$d = 34$ cm

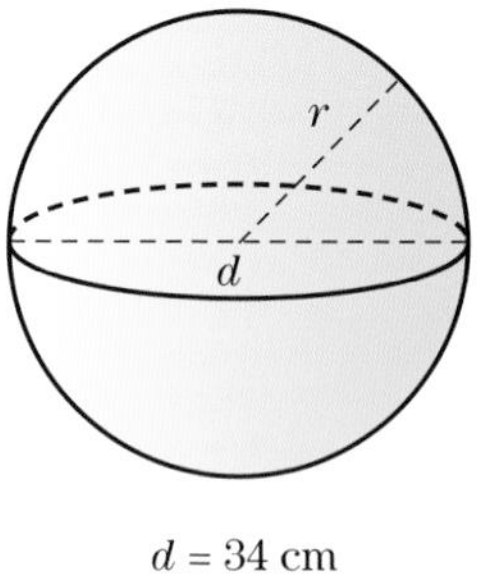

En **i)**, il s'agit de la vue
de dessus d'une pyramide
dont la base est un
triangle équilatéral.

d)

0,30 m
$d = 0,24$ m

i)

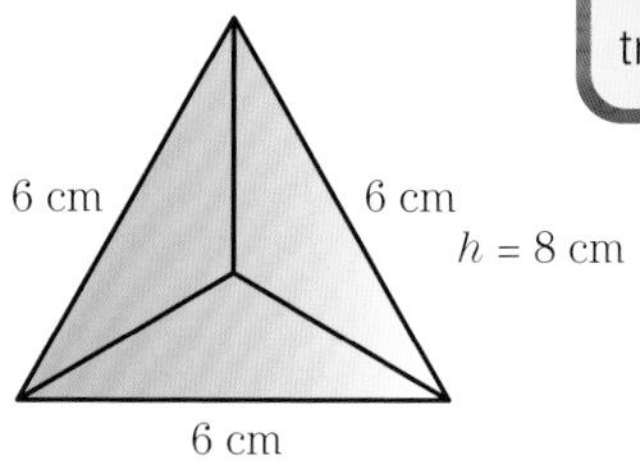

6 cm   6 cm
$h = 8$ cm
6 cm

e)

9 cm

j)

$h = 8,2$ m
2,3 m
6,8 m

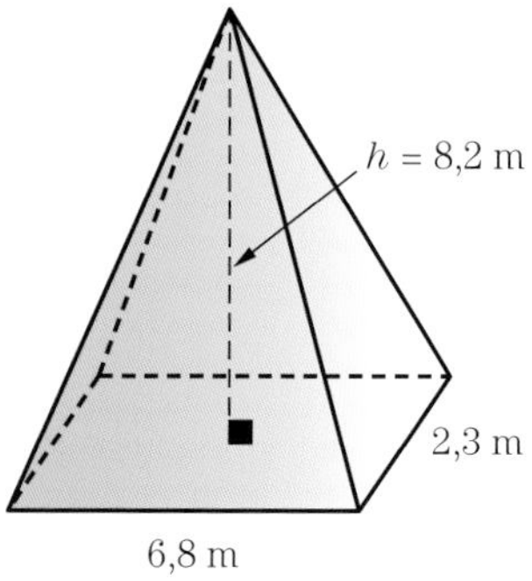

15 Combien de millilitres d'eau les objets suivants peuvent-ils contenir ? (Arrondis tes réponses à l'unité.)

a) Une pyramide dont la base est un carré de 80 mm de côté et dont la hauteur mesure 60 mm.

b) Un cône dont le diamètre mesure 9 cm et la hauteur, 120 mm.

c) Une boule dont le rayon mesure 0,5 dm.

d) Une demi-boule de 4 cm de rayon.

16 Sachant que chacun des solides a un volume de 3456 cm³, détermine

a) la hauteur d'un cône de 35 cm de rayon ;

b) le rayon d'une sphère ;

c) l'aire de la base d'une pyramide de 23 cm de hauteur ;

d) la hauteur d'une pyramide à base carrée de 5,6 cm de côté.

APPLICATIONS

17 Quelle quantité maximale de liquide chaque objet illustré contient-il ? Exprime ta réponse en utilisant l'unité la plus appropriée.

a) Un extincteur

12 cm

45 cm

c) Un réservoir d'eau

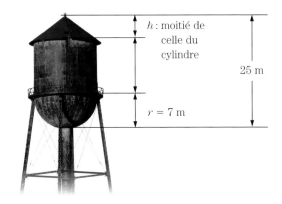

h : moitié de celle du cylindre

25 m

r = 7 m

b) Un ballon de chimiste

d = 3 cm

Même hauteur que la boule

11 cm

d) Un vase à ouverture carrée

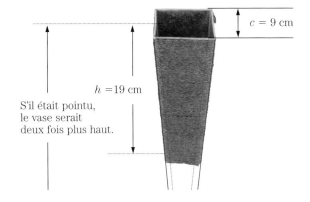

c = 9 cm

h = 19 cm

S'il était pointu, le vase serait deux fois plus haut.

18 À l'atelier **1**, page 178, tu as émis une conjecture sur la relation entre le volume d'une pyramide ou d'un cône et celui du prisme ou du cylindre ayant la même base et la même hauteur.

a) Quelle était ta conjecture ? Combien de fois le volume du prisme ou du cylindre est-il plus grand que celui de la pyramide ou du cône qui lui est associé ?

Pour vérifier ta conjecture, commence par analyser le cas de la pyramide à base triangulaire et du prisme à base triangulaire que l'on peut lui associer par translation de sa base le long d'une arête. Les représentations ci-dessous montrent comment ce prisme à base triangulaire peut être sectionné en trois pyramides de même volume.

Mais comment peut-on être certain que ces pyramides ont le même volume ?

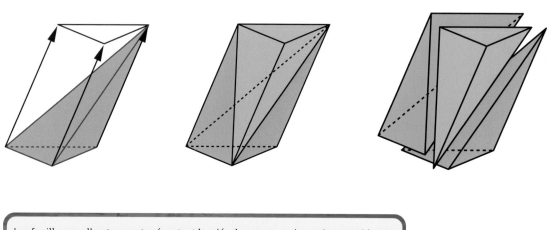

 Les feuilles que l'on te remet présentent les développements des trois pyramides ci-dessus. Construis ces pyramides. Une fois associées judicieusement, elles forment un prisme à base triangulaire. Peux-tu reconstituer ce prisme ?

b) Observe toutes les illustrations ci-dessous et explique pourquoi on peut affirmer que le triangle jaune et le triangle vert ont la même aire.

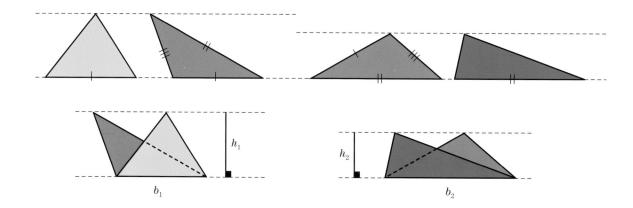

c) Des triangles ayant des bases isométriques et des hauteurs isométriques ont la même aire. Crois-tu que des pyramides ayant des bases de même aire et des hauteurs isométriques ont le même volume ? Observe les illustrations ci-dessous et explique comment on peut affirmer que les trois pyramides ont le même volume.

Déjà Euclide, 300 ans avant notre ère, avait montré que deux pyramides de même hauteur ayant chacune une base polygonale de même aire ont des volumes égaux. C'est ce résultat que Cavalieri, au 16ᵉ siècle, fait voir plus clairement en découpant les pyramides en lamelles.

Après avoir répondu à la question **c)**, peut-on affirmer qu'un prisme à base rectangulaire a un volume trois fois plus grand que la pyramide qui y est associée ? Explique ta réponse.

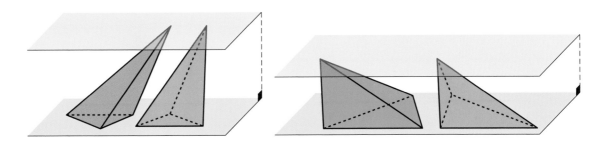

d) Cassandra affirme que, puisque tout polygone peut se décomposer en triangles, n'importe quelle pyramide à base polygonale peut se décomposer en pyramides à base triangulaire. Et ainsi, peu importe la base de la pyramide, son volume sera toujours trois fois plus petit que celui du prisme qui lui est associé. Que penses-tu de l'affirmation de Cassandra ? Pourrais-tu trouver un raisonnement algébrique qui appuierait son raisonnement ?

19 On doit vider le contenu de trois immenses réservoirs identiques, formés chacun d'un cylindre et d'un cône, dans des wagons-citernes de forme cylindrique. Combien de wagons faut-il prévoir si l'un des réservoirs est rempli à 75 %, un autre est rempli aux deux tiers et le dernier est à moitié vide ?

6 m

$h = 25$ m

$a = 7$ m

$h = 9,5$ m

$d = 3$ m

20 Roxanne a reçu en cadeau de son amoureux un atomiseur à parfum. Celui-ci est composé d'un prisme dont la base est un décagone régulier de 2 cm de côté et de 3 cm d'apothème surmonté d'une pyramide ayant la même base que le prisme. L'atomiseur mesure 6 cm de haut, dont le tiers correspond à la hauteur de la pyramide. Combien de millilitres de parfum Roxanne peut-elle mettre dans son atomiseur ?

21 Les deux réservoirs illustrés ci-dessous servent à entreposer du gaz propane. L'un d'eux est un cylindre de 5 m de diamètre et de 15 m de longueur, avec une demi-boule à chaque extrémité. L'autre est une boule de 9 m de diamètre.

1)

2)

a) Lequel des deux réservoirs a la plus grande capacité ?

b) Lequel a exigé le plus de métal pour sa fabrication ?

22 Chacune des carafes décoratives illustrées ci-contre est formée d'une demi-boule, d'un cône et d'un cylindre. La hauteur totale de la carafe est de 30 cm. Le diamètre de la demi-boule est de 12 cm et celui du cylindre, de 3 cm.

a) En te référant à la photo, estime la hauteur de chacune des parties de la carafe.

b) Selon l'estimation que tu as faite en **a)**, quelle est la capacité, en litres, d'une carafe ?

c) Toujours selon ton estimation, quelle est la quantité de verre nécessaire à la fabrication d'une carafe ?

23 La famille Gendron a décidé de repeindre l'intérieur de sa piscine. Celle-ci a 8 m de large, 12 m de long et 2,5 m de profondeur. Lorsque la piscine sera sèche, les Gendron la rempliront jusqu'à ce que l'eau soit à 5 cm du bord.

a) Combien de litres de peinture la famille doit-elle acheter au minimum, si un litre couvre 20 m² ? Si chaque contenant de 1 L coûte 43,50 $, combien la famille Gendron devra-t-elle débourser pour la peinture ?

b) Combien de litres d'eau faut-il pour remplir la piscine ?

c) Si la famille Gendron utilise un boyau ayant un débit de 10 L à la minute, combien de temps doit-elle prévoir pour le remplissage ?

24 Une boutique d'artisanat vend des boules de Noël en verre que l'on peut peindre soi-même. Il s'agit de verser la peinture à l'intérieur, de la répandre uniformément sur la paroi, puis de vider le surplus, que l'on pourra ensuite réutiliser. Si 1 mL de peinture couvre 2,5 cm² de verre, quel volume de peinture faut-il pour colorier 60 boules de verre dont le diamètre mesure 8 cm ?

25 L'atmosphère terrestre est partagée en plusieurs couches. La première, appelée troposphère, contient l'air qu'on respire. Cette couche s'étend du sol jusqu'à une altitude moyenne de 12 km. Sachant que le rayon de la Terre est de 6378 km, calcule le volume d'air de la troposphère.

26 Jacinthe fabrique un bol en céramique ayant la forme d'un cône qu'elle aurait coupé parallèlement à sa base, comme celui de l'illustration. Si ce bol avait vraiment une forme de cône, il aurait une hauteur de 40 cm et un diamètre de 36 cm. Mais en fait, il a une hauteur de 30 cm, et le petit disque au fond a un diamètre de 9 cm.

a) Quelle est la capacité, en litres, du bol ?

b) Si Jacinthe enduit de vernis les parois intérieure et extérieure du bol, quelle est la grandeur de la surface à vernir ?

27 Observe les deux coupes illustrées ci-dessous. L'une est en forme de cône et l'autre a la forme d'une boule à laquelle il manque une partie. Si l'on remplit à pleine capacité la coupe en forme de cône et que l'on verse le liquide dans l'autre, quel pourcentage du volume de la boule le liquide occupera-t-il ? (La hauteur et le diamètre du cône sont isométriques au diamètre de la boule.)

28 Un lingot d'or a les dimensions indiquées sur la figure ci-dessous.

a) Sachant que la densité de l'or est de 19,3, détermine la masse de ce lingot.

b) Si le cours actuel de l'or est de x \$/once, exprime la valeur du lingot, sachant que 1 once correspond approximativement à 31,1 g.

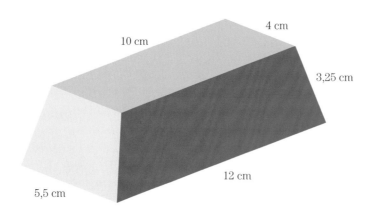

La **densité** indique combien de fois un matériau est plus lourd que l'eau. Souviens-toi que 1 L d'eau a une masse de 1 kg.

1 Simone dépose au fond de l'évier une tasse à mesurer d'une capacité maximale de 2 L, remplie à pleine capacité. Elle immerge complètement une pierre dans la tasse. Lorsque l'eau a fini de déborder, elle retire la pierre (sans faire déborder d'autre eau).

Simone constate alors qu'il reste 1250 mL d'eau dans la tasse.

a) Quelle est la mesure du rayon (en centimètres) d'une boule occupant le même espace que la pierre ?

b) Quelle est l'aire de la sphère associée à cette boule ?

c) La pierre a-t-elle nécessairement une aire totale équivalente à celle de cette sphère ? Explique ta réponse.

2 Dans une salle d'attente, il y a un distributeur d'eau ayant un réservoir cylindrique d'une capacité de 18 L. À côté se trouvent des verres en carton de forme conique de 6 cm de diamètre et de 10 cm d'apothème. Combien de verres peut-on remplir avec un réservoir d'eau rempli à pleine capacité ?

3 Un pâtissier utilise un rouleau de pâte d'amandes de forme cylindrique pour faire des petites boules décoratives. Le rouleau a 30 cm de longueur et 4 cm de diamètre. Le pâtissier n'arrive jamais à utiliser la totalité d'un rouleau ; il évalue qu'il perd 10 % de pâte d'amandes par rouleau. Combien de petites boules de 1 cm de rayon fait-il avec un rouleau de pâte ?

» Corrigé, p. 368

Mon étui

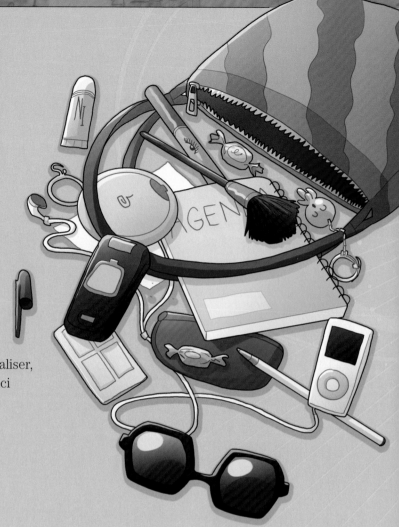

Observe ce que contient le sac de Marie-Ève.

Plusieurs de ces objets pourraient être protégés par un étui, qui en plus faciliterait leur repérage. As-tu déjà une idée d'un étui qui pourrait convenir à un petit objet personnel ? Plusieurs personnes aimeraient peut-être posséder l'étui auquel tu penses…

Pour concevoir un étui, puis le commercialiser, il faut passer par plusieurs étapes. En voici trois que tu devras réaliser :

- la conception du plan de l'étui ;

- l'évaluation du coût de production ;

- le choix du prix de vente.

La conception du plan

Dans ce chapitre, tu as calculé l'aire ou le volume de plusieurs types de solides. Inspire-toi de ces solides pour concevoir un étui qui pourrait contenir un objet que tu auras choisi. N'hésite pas à utiliser plus d'un solide pour donner forme à ton étui. Une fois que tu auras la forme bien en tête, tu devras réaliser un plan de ton étui, en y indiquant les principales mesures. Voici la façon dont tu pourrais procéder.

- Détermine l'objet pour lequel tu veux concevoir un étui. (Ton plan devra être accompagné d'un texte donnant les raisons de ton choix.)

- Prends les mesures de cet objet afin de pouvoir déterminer les dimensions de son étui.

- Réalise le plan de l'étui en tenant compte des dimensions que tu as fixées.

> Tu peux aussi concevoir un étui pour réunir plusieurs petits objets (monnaie, produits de maquillage, etc.).

L'évaluation du coût de production

Dans la production d'un article, il faut tenir compte de différentes contraintes. Dans le cas de ton étui, tu devras respecter les deux contraintes ci-dessous. Pour ensuite évaluer le coût de production, tu devras aussi tenir compte du matériau choisi.

CONTRAINTES

✴ L'étui devra occuper un espace d'au plus 1200 cm³.

✴ La quantité du matériau nécessaire à sa fabrication devra être d'au moins 100 cm².

MATÉRIAU POUVANT ÊTRE UTILISÉ

MATÉRIAU	COÛT PAR CM²
Cuir	0,15 $
Plastique de couleur	0,08 $
Plastique transparent	0,05 $
Suède	0,20 $

Après avoir choisi un matériau pour l'étui que tu as conçu, évalue le coût de production. Note ce coût sur une feuille, en laissant les traces de tes calculs pour montrer que tu as bien respecté les contraintes.

Le choix du prix de vente

Finalement, tu devras fixer le prix de vente de ton étui de manière à réaliser un certain profit. Attention ! Un prix de vente trop élevé pourrait nuire à la vente de ton produit, et un prix trop bas pourrait entraîner un déficit. Pour fixer ton prix de vente, présente ton étui à un certain nombre de personnes et demande-leur combien elles seraient prêtes à débourser pour se le procurer. Prends note des résultats et utilise des outils statistiques pour justifier ta décision sur le prix de vente de ton étui.

Prends garde aux biais qui pourraient se glisser dans ton analyse statistique sur le prix de vente de ton étui. Si tu ne peux les éviter, note-les dans le document que tu remettras.

En conclusion

Le document à remettre à ton enseignant ou enseignante doit comprendre :

- le plan de l'étui, accompagné des raisons du choix de l'objet pour lequel il a été conçu ;

- le coût de production d'un étui, avec les calculs montrant que tu as respecté les contraintes ;

- le prix de vente de l'étui, appuyé d'une analyse statistique justifiant ton choix de prix et montrant comment tu as procédé pour la collecte des données.

Humour et stratégies mathématiques

Un certain nombre de mots ou expressions du langage courant s'emploient également en mathématiques. Cependant, leur signification ou l'interprétation que l'on en fait peuvent s'avérer très différentes selon le contexte d'utilisation. Cette ambivalence peut parfois conduire à des situations plutôt amusantes…

La constante π est un nombre irrationnel.

π est irrationnel et l'on voudrait que le monde tourne rond !

$\pi \in Q'$

S'il n'y a pas de solution, c'est qu'il n'y a pas de problème !

Nous avons traduit le problème par cette équation, mais cette équation n'a pas de solution…

$$3x + 2(x + 1) = 5x + 3$$

Trouve x.

Il est là !

Pourrais-tu décrire une situation cocasse où l'on emploie un mot ou une expression qui s'interprète différemment selon son utilisation en mathématiques ou dans le langage courant ? Partage tes réflexions avec le reste de la classe.

Choisis un problème dans la banque des pages 196 et 197 et essaie de le résoudre. Réponds ensuite aux questions ci-dessous.

- Crois-tu qu'il soit possible de ne pas comprendre un problème même si l'on connaît la signification de tous les mots avec lequel il est énoncé ? Explique ta réponse.

- Y a-t-il des mots que tu as appris en mathématiques que tu n'utilisais pas dans le langage courant ? Donne quelques exemples.

- Y a-t-il des mots que tu utilisais dans le langage courant et dont tu as découvert une tout autre signification en mathématiques ? Donne quelques exemples.

- Lorsque tu lis un problème ou une consigne, comment fais-tu pour déterminer quel sens donner à un mot ou une expression qui s'utilise à la fois en mathématiques et dans le langage courant ?

STRATÉGIES DE DÉCODAGE

Pour mieux t'approprier un problème, il est important de t'assurer de bien interpréter les différents mots avec lesquels il est énoncé. Voici quelques pistes qui pourraient t'aider.

- Cible les mots dont le sens t'est complètement inconnu. Cherche la signification de ces mots dans un dictionnaire ou informe-toi auprès de quelqu'un. Remplace les mots par des synonymes (en consultant un dictionnaire de synonymes).

- Cible les mots ou expressions pour lesquels tu sais qu'il faut faire une interprétation mathématique. À quel concept mathématique ces mots ou expressions font-ils référence ? Sont-ils souvent associés à d'autres mots ou expressions utilisés en mathématiques ?

- Reformule le problème autrement et lis ta nouvelle formulation à une autre personne qui s'est approprié le problème avant toi. Demande-lui si cette nouvelle formulation correspond à ce qui est demandé. Cette personne a-t-elle interprété le problème de la même façon que toi ? Faites-vous la même interprétation de tous les mots utilisés dans l'énoncé ?

Lorsque tu entreprendras la résolution des problèmes des pages suivantes, mets en pratique une ou des stratégies de décodage décrites ci-dessus.

1 L'arête d'un cube inscrit dans une boule mesure au moins 2 unités, mais pas plus de 4 unités. Quel intervalle décrit les valeurs possibles pour le volume de la boule ?

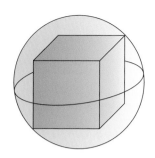

2 Dans la figure ci-contre, les solides rouge et bleu sont emboîtés l'un dans l'autre. Le solide rouge est constitué d'un cylindre de 10 m de rayon et de 3 m de haut surmonté d'un cône de même rayon. Le cône bleu a le même rayon et la même hauteur que le cône rouge. Exprime à l'aide d'une équation la relation entre le volume du solide rouge et le volume du cône bleu ?

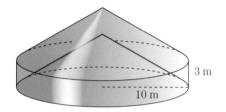

3 Un tore est un solide obtenu à partir d'un cercle qui subit une rotation de 360° autour d'un axe extérieur à ce cercle. Dans l'illustration de gauche, r désigne le rayon du cercle et R, la distance entre le centre du cercle et l'axe de rotation. On peut s'imaginer qu'il s'agit d'une pile de biscuits que l'on a disposée de façon circulaire. Exprime algébriquement le volume d'un tore à l'aide du rayon r et de la distance R dans le cas où $R > r$. Explique ton raisonnement.

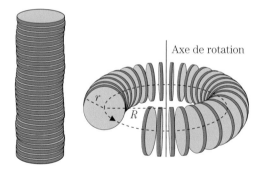

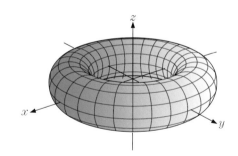

4 Un cylindre et une sphère ont le même volume et le même rayon. Exprime à l'aide d'une équation la relation entre la hauteur du cylindre et son rayon.

5 Les flocons de neige ne sont pas plats !
Ils sont composés de monocristaux de glace ayant
la forme de prismes réguliers à base hexagonale.
La figure ci-dessous représente un monocristal
de glace de grosseur moyenne.

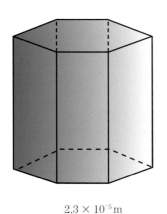

$5,5 \times 10^{-5}$ m

$2,3 \times 10^{-5}$ m

La relation entre le nombre de monocristaux
dans un flocon de neige (m) et son diamètre (d)
en millimètres peut être approximée par l'équation
$m = 500d - 20$. Quelle est la mesure du rayon
d'une boule de glace qui aurait la même masse
qu'un flocon de neige de 4 mm de diamètre ?

6 Marco possède un restaurant de style buffet. Il cherche à établir le meilleur prix à demander
de manière à réaliser suffisamment de profit et attirer la clientèle. Dans ce but, il analyse
les données suivantes, recueillies sur une période de quelques jours.

Nombre de clients et clientes	52	76	89	68	112	93	87	103
Valeur de la nourriture consommée (en dollars)	257,40	220,40	267,00	455,60	453,60	395,25	313,20	561,35

Quel prix doit-il demander par personne pour que la valeur de la nourriture consommée
ne dépasse pas 60 % du prix ? Explique ton raisonnement.

Quelles stratégies de décodage as-tu mises en pratique
dans la résolution du problème que tu as choisi ? Pourrais-
tu utiliser ces mêmes stratégies pour t'approprier un autre
des six problèmes ? En quoi cela t'aiderait-il à le résoudre ?

Une fois ton travail de résolution terminé, n'oublie pas
de répondre aux questions de la page 195.

CHAPITRE 4

L'ordinateur : un outil indispensable ?

Au début des années 80, la micro-informatique permet à l'ordinateur d'entrer dans les foyers. Mais, la manipulation des micro-ordinateurs exigeant une certaine habileté, la nouvelle technologie n'est pas accessible à tous. Cependant, grâce au développement de logiciels, à la miniaturisation des composantes, à l'augmentation de la capacité des mémoires et à l'arrivée du réseau Internet, l'accessibilité devient simple, rapide et efficace. L'ordinateur transforme alors la vie professionnelle et privée des gens.

❓ Et toi, dans quels aspects de ta vie quotidienne l'ordinateur est-il utile ?

❓ Pour toi, y a-t-il des domaines où il est indispensable ? Pourquoi ?

❓ Certaines tâches pouvant être réalisées par un ordinateur t'impressionnent-elles ? Lesquelles et pourquoi ?

Observe les écrans représentés ci-dessous. Ils illustrent des exemples d'utilisation de l'ordinateur dans des domaines très différents de la vie.

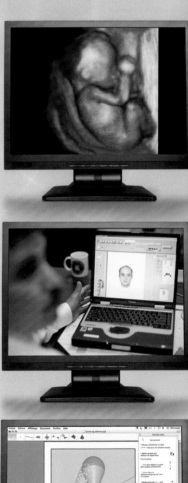

❓ Dans le cas de chaque écran, décris le domaine dans lequel l'ordinateur est utilisé, selon toi.

❓ Dans tous ces exemples, comment l'ordinateur est-il exploité ? Quel est son rôle ?

❓ Trouve d'autres façons d'exploiter l'ordinateur dans différents domaines.

Pour réaliser des programmes informatiques (de simulation, de gestion, etc.), les mathématiques sont essentielles.

❓ Selon toi, quelles connaissances mathématiques sont sollicitées dans la création de programmes informatiques ?

Avant d'entreprendre l'exploration de ce chapitre, il serait bon de te remémorer quelques notions mathématiques que tu as apprises antérieurement.

1 **Les diagrammes statistiques** .... (Ma mémoire, p. 307-308)

a) Observe le diagramme ci-dessous. Si les prévisions se réalisent, que va-t-il se passer dans les écoles secondaires du Québec dans les prochaines années?

b) En observant le diagramme ci-dessous, Laure affirme qu'environ 43 % de la population a fait des études autres que secondaires. A-t-elle raison ? Explique ta réponse.

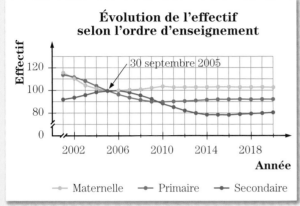

Évolution de l'effectif selon l'ordre d'enseignement

30 septembre 2005

Effectif

— Maternelle   — Primaire   — Secondaire

SOURCE : DIRECTION DE LA RECHERCHE, DES STATISTIQUES ET DES INDICATEURS, MELS

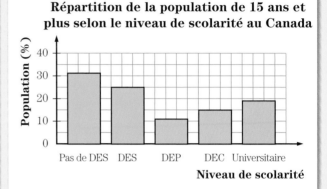

Répartition de la population de 15 ans et plus selon le niveau de scolarité au Canada

Population (%)

Pas de DES   DES   DEP   DEC   Universitaire

Niveau de scolarité

SOURCE : BANQUE DE DONNÉES DES STATISTIQUES OFFICIELLES DU QUÉBEC

2 **Opérations sur les expressions algébriques** .... (Ma mémoire, p. 293-294, Mes outils, p. 330)

Effectue les opérations suivantes.

a) $5ab - 2ab + a$

c) $\frac{3}{4}a^2b - \frac{1}{2}a^2b$

e) $(10x^3y + 5x^2y^2 - 15xy^3) \div (xy)$

b) $5xy + \frac{3}{4}x^2y + \frac{2}{3}x^2y$

d) $3b(a^2 + ab + b^2)$

f) $\frac{1}{5}xy(5xy - 25)$

3 **L'équation d'une relation linéaire** .... (Mes outils, p. 331-332)

Exprime sous la forme d'une équation la relation entre x et y dans les deux cas ci-dessous.

a)

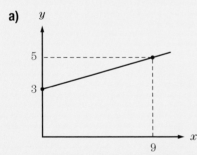

b)

x	$f(x)$
-4	7
-2	4
0	1
2	-2
4	-5

CONTENU DE FORMATION

Voici un aperçu des nouvelles connaissances que tu devras acquérir pour résoudre les situations-problèmes du présent chapitre. Ces nouvelles connaissances te seront utiles dans la réalisation personnelle qui t'est proposée ensuite.

Arithmétique et algèbre
- Les opérations sur les polynômes.
- Les fonctions.

Probabilité et statistique
- Les histogrammes.
- Les mesures de tendance centrale de données groupées.

RÉALISATION

PERSONNELLE   L'exploration du chapitre que tu entreprends te permettra de constater à quel point les mathématiques et l'informatique sont liés. Avec deux autres élèves, tu constateras le rôle de la simulation informatique dans quelques aspects de la question climatique mondiale. Puis vous présenterez un problème lié à l'environnement et en soulignerez les aspects mathématiques.

Les jeux sur ordinateur

Dès l'apparition des micro-ordinateurs, les jeux vidéo sur ordinateur ont suivi. Le très populaire jeu Tetris compte parmi les premiers.

La programmation des jeux pour ordinateur repose essentiellement sur des concepts mathématiques, dont l'algèbre. Imagine que l'on conçoive un jeu de casse-tête en trois dimensions inspiré du jeu Tetris. Il s'agit de reconstruire un grand cube dont les faces extérieures sont peintes en rouge. Les dimensions du cube (la longueur de ses arêtes) sont déterminées par le joueur ou la joueuse. L'ordinateur affiche alors le cube choisi, puis celui-ci éclate en morceaux. Le but du jeu est de reconstruire le cube initial le plus rapidement possible.

Tetris est l'un des jeux vidéo les plus populaires au monde. Inventé en 1985 par le Russe Alexei Pajitnov, ce casse-tête est facile à comprendre, mais exige beaucoup de réflexion et d'adresse. Il existe de nombreuses versions de Tetris, y compris en 3D.

Pour parvenir à programmer un tel jeu, il faut entre autres déduire le nombre de cubes-unités comportant une face peinte, deux faces peintes, trois faces peintes, et le nombre qui n'en compte aucune, selon la longueur des arêtes du cube déterminée initialement.

Supposons, par exemple, que le joueur ou la joueuse précise vouloir un cube initial dont les arêtes ont une longueur de 3 unités, comme dans l'illustration ci-contre.

Dans ce cube, on peut dénombrer 27 cubes-unités. Parmi ceux-ci, 8 ont trois faces peintes, 12 n'ont que deux faces peintes, 6 n'en ont qu'une et un seul cube (au centre) n'a aucune face peinte.

De plus, l'opération $27 = 8 + 12 + 6 + 1$ valide le dénombrement.

a) Reproduis et complète le tableau ci-dessous à l'aide de régularités. Trouve une expression algébrique représentant chacune des quantités recherchées si n représente la longueur, en unités, de l'arête du cube initial.

NOMBRE D'UNITÉS DE L'ARÊTE DU CUBE INITIAL	NOMBRE TOTAL DE CUBES-UNITÉS	NOMBRE DE CUBES-UNITÉS AYANT TROIS FACES PEINTES	NOMBRE DE CUBES-UNITÉS N'AYANT QUE DEUX FACES PEINTES	NOMBRE DE CUBES-UNITÉS N'AYANT QU'UNE FACE PEINTE	NOMBRE DE CUBES-UNITÉS N'AYANT AUCUNE FACE PEINTE
2	8	8	0	0	0
3	27	8	12	6	1
4	64	8	24	24	8
5	125	8	36	54	27
6					
7					
8					
9					
10					
…	…	…	…	…	…
n					

b) Valide les expressions algébriques que tu as trouvées en **a)** en montrant que l'expression représentant le nombre total de cubes-unités (2e colonne du tableau) est équivalente à la somme de toutes les autres expressions algébriques (de la 3e colonne à la 6e).

c) Dans un cube initial dont les arêtes ont 25 unités de longueur, combien peut-on dénombrer de cubes ayant trois faces peintes, seulement deux faces peintes, une seule face peinte et n'ayant aucune face peinte ?

d) Quelle est la longueur de l'arête du cube initial comportant 1350 cubes-unités n'ayant qu'une face peinte ?

> La Séquence en arithmétique et algèbre qui suit, aux pages 202 à 217, traite des opérations sur les polynômes et pourra t'aider à résoudre entièrement cette situation.

Polynômes et opérations sur les polynômes

ACTIVITÉ 1 Nombres et polynômes

Certaines mesures des solides ci-contre
sont représentées par des variables.

 L'un de ces solides est reproduit
sur la feuille que l'on te remet.

Solide 3

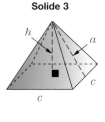

Solide 2

Solide 1

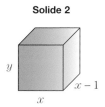

Solide 4

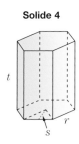

PARTIE 1

Effectue les tâches suivantes en te référant à l'encadré
ci-contre selon le solide que tu as reçu.

a) Exprime par un polynôme l'aire totale et le volume
du solide.

b) Pour chacun des polynômes obtenus en **a)**,

  1) précise si c'est un monôme, un binôme
  ou un trinôme ;

  2) détermine les coefficients de chacun des termes ;

  3) détermine le nombre de variables qui le composent
  (en les identifiant) ainsi que le degré du polynôme.

> Un **polynôme** est une expression algébrique réduite
> qui peut être composée d'un seul monôme ou de la
> somme de plusieurs monômes. S'il comporte un seul
> terme, on le nomme **monôme**. S'il en comporte deux,
> on le nomme **binôme** et s'il en comporte trois, **trinôme**.
>
> **Remarque :** On peut parfois trouver des signes de
> soustraction entre les termes d'un polynôme puisque
> additionner un nombre négatif revient à soustraire
> l'opposé de ce nombre.
>
> Par exemple, le polynôme $x^2 + (^-2x) + 3$
> (une somme de monômes) peut s'écrire plus
> simplement comme suit : $x^2 - 2x + 3$. Dans ce cas,
> le deuxième terme de ce polynôme a pour
> coefficient $^-2$.
>
> Le **degré d'un polynôme** est le plus grand des degrés
> des monômes qui le composent lorsque le polynôme
> est réduit. Le degré d'un monôme est la somme
> des exposants affectant ses variables. Par exemple,
> $5xy^3$ est de degré 4 (car $1 + 3 = 4$).

PARTIE 2

Joins-toi à trois camarades pour former un quatuor où
chaque membre aura travaillé sur un solide différent.
Ensemble, accomplissez les tâches suivantes.

c) Échangez vos réponses de la partie **1** et assurez-vous
d'être tous d'accord avec les réponses données.

d) Attribuez des valeurs réalistes à chacune des variables et calculez la valeur numérique
de chacun de vos polynômes. Que représentent les différentes valeurs ?

» MISE EN PRATIQUE

1 Identifie le degré de chaque polynôme et indique s'il s'agit d'un monôme, d'un binôme
ou d'un trinôme.

  a) $5a^2 - 4a + 1$ **b)** $5a^2b^3$ **c)** $a^2b^2 - 2ab$ **d)** $8a^2 - 10ab + 4b^2$

2 Calcule la valeur numérique des polynômes du numéro **1**, sachant que $a = 3$ et $b = {}^-2$.

» Corrigé, p. 368

Somme et différence de polynômes

Voici la représentation de différents solides.

  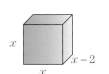 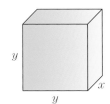

a) Exprime par un polynôme

1) le volume de chacun de ces solides ;

2) l'aire totale de chacun des solides.

b) Imagine que l'on détermine un grand espace en réunissant tous ces solides. Exprime par un polynôme le volume de cet espace.

c) Imagine que l'on développe chacun des solides et que l'on forme une grande surface à l'aide de tous les développements. Exprime par un polynôme l'aire de cette surface.

> En donnant des valeurs numériques aux variables *x* et *y*, tu peux déterminer une aire totale et un volume possibles pour chacun des solides. Par la suite, vérifie tes réponses en **b)** et **c)** à l'aide de ces mesures et des valeurs numériques que tu as déterminées initialement.

PARTIE 2

Joins-toi à un ou une camarade pour effectuer les tâches suivantes.

d) Comparez vos réponses et vos façons de procéder à la partie **1**.

e) Du grand espace déterminé en **b)**, on enlève un espace équivalent au volume du solide rose représenté ci-contre. Exprimez par un polynôme le volume de l'espace restant.

f) De la grande surface déterminée en **c)**, on enlève une surface équivalente à l'aire totale du solide gris représenté ci-contre. Exprimez par un polynôme l'aire de la surface restante.

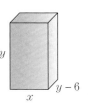

g) Décrivez une façon de procéder pour

1) additionner deux polynômes ; **2)** soustraire un polynôme d'un autre.

En groupe classe, comparez vos façons de procéder.

≫ MISE EN PRATIQUE

1 Effectue les additions.

a) $(5x + 4y) + (10x - 2y)$

b) $(^-2xy + 3x^2y) + (3yx - 4y^2x)$

c) $\left(\dfrac{x^2}{2} + 8\right) + \left(\dfrac{^-3x^2}{4} - 2\right)$

2 Effectue les soustractions.

a) $(2y^2 - 6) - (10 - y^2)$

b) $(8a^2 - 10ab + 4b^2) - (3a^2 - 5ab + 2b^2)$

c) $(8x - 5y) - (^-x + 4y)$

≫ Corrigé, p. 368

Multiplication de polynômes et division d'un polynôme par un monôme

Observe les deux représentations de rectangles ci-contre.

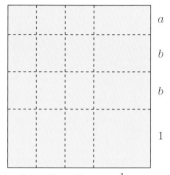

a) À l'aide d'un polynôme, exprime la mesure de la base de chacun de ces rectangles.

b) À l'aide d'un polynôme, exprime la mesure de la hauteur de chacun des rectangles.

c) À l'aide d'un polynôme, exprime l'aire de chacun des rectangles.

d) À l'aide d'un polynôme, exprime l'aire de la base du prisme représenté ci-contre.

e) À l'aide d'un polynôme, exprime le volume de ce prisme.

f) Décris une façon de procéder pour multiplier des polynômes. En groupe classe, comparez vos descriptions.

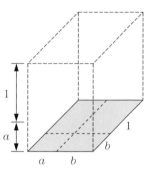

Sur les représentations ci-contre, l'aire et la mesure de l'une des dimensions d'un rectangle sont exprimées par des polynômes.

g) À l'aide d'un polynôme, exprime la mesure de la dimension qui manque.

h) Décris une façon de procéder pour diviser un polynôme par un monôme. En groupe classe, comparez vos descriptions.

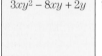

≫ MISE EN PRATIQUE

1 Multiplie les monômes suivants.

a) $(30a^2)(^-6a)$

b) $(^-4a^2b)(^-12ab)$

c) $(^-5x^2)(15)$

d) $(2a^3)(a^2b)(a^2b^2)$

e) $(2x^2)(6xy)(^-2y)$

2 Exprime les produits suivants par un polynôme.

a) $(y - 1)(y + 7)$

b) $(5x + 1)(3x + 2)$

c) $(3x - 5y)(2x - 3y)$

d) $(a + b)^2$

3 Effectue les divisions suivantes.

a) $(x^2 + 4xy) \div x$

b) $(3a^2b^2 + 6ab + 9b^2) \div 3b$

c) $(3x^3y^3 + 12\,x^2y^2 - 24xy^2) \div 3xy$

≫ Corrigé, p. 368

Polynômes et opérations sur les polynômes

Rappel

- Un monôme est une expression algébrique qui ne contient qu'un seul terme.

- Le degré d'un monôme est la somme des exposants qui affectent les variables qui le composent.

- Le coefficient d'un terme est le facteur numérique de ce terme, excluant la ou les variables.

> Dans une expression algébrique, les termes sont les différentes parties de l'expression séparées par les symboles d'opérations + et −.

Exemples : $4x^3y^2$, y, 12 et ^-3ab sont des monômes.

1) Dans $4x^3y^2$, le degré est 5 (soit 3 + 2) et le coefficient est 4.

2) Dans y, le degré est 1 et le coefficient est 1.

3) Dans 12, le degré est 0 et le coefficient est 12.

4) Dans ^-3ab, le degré est 2 (soit 1 + 1) et le coefficient est $^-3$.

- Les termes semblables dans une expression algébrique sont des termes qui sont identiques ou qui ne diffèrent que par leur coefficient.

Exemples :

1) Les termes x^2y, $12x^2y$, $\frac{x^2y}{3}$ et $^-4x^2y$ sont des termes semblables, car ils ne diffèrent que par leur coefficient. Les coefficients sont respectivement 1, 12, $\frac{1}{3}$ et $^-4$.

2) Les termes $4x^2y$ et $^-5xy^2$ ne sont pas des termes semblables, car les variables ne sont pas affectées respectivement des mêmes exposants.

- Réduire une expression algébrique, c'est trouver une expression équivalente qui est plus simple. On peut réduire une expression algébrique en additionnant ou en soustrayant les termes semblables.

Exemples :

1) L'expression $^-8ab^2 + 3a^2b - 5ab^2 + a^2b - 6a + 5b + 10$ peut se réduire en additionnant ou en soustrayant les termes semblables. On obtient ainsi l'expression équivalente suivante : $^-13ab^2 + 4a^2b - 6a + 5b + 10$, où aucun terme n'est semblable à un autre.

2) Après réduction, l'expression
$x^2y + 2x - 5 + 4y - xy + 3y - 8x + 4 + \frac{xy}{3} + 3xy^2$
est équivalente à l'expression $x^2y - \frac{2xy}{3} + 3xy^2 + 7y - 6x - 1$.

Depuis l'époque grecque, le produit de deux grandeurs est souvent associé à l'aire d'un rectangle dont les côtés sont de même mesure que celle des grandeurs. Le terme « carré », que nous notons souvent x^2, prend d'ailleurs son origine à cette époque. Le grand mathématicien al-Khwārizmī (v. 783 – v. 850) fait reposer sur cette interprétation son traité d'algèbre, considéré comme le premier livre dans lequel un mathématicien démontre pourquoi l'algèbre fonctionne. Mais une telle vision du produit a pour conséquence qu'une expression comme $x^2 + x + 1$ n'a pas vraiment de sens. En effet, cela voudrait dire qu'à une aire, x^2, on additionne une longueur, $x + 1$. Pendant plusieurs siècles, de nombreux algébristes se sont référés à la géométrie pour justifier leurs règles. René Descartes (1596-1650) a mis définitivement fin à cette approche en remarquant que x et $x \times 1$ ont la même valeur numérique et qu'il n'est donc pas nécessaire de se préoccuper de savoir s'il s'agit d'une aire ou simplement d'un nombre. Le recours à la géométrie demeure toutefois une façon intéressante d'illustrer les opérations entre polynômes.

Les polynômes

- Un polynôme est une expression algébrique réduite qui peut être composée d'un seul monôme ou de la somme de plusieurs monômes. S'il comporte un seul terme, on le nomme monôme. S'il en comporte deux, on le nomme binôme et s'il en comporte trois, trinôme.

- Le degré d'un polynôme est le plus grand des degrés des monômes qui le composent.

> **Remarque :** On peut parfois trouver des signes de soustraction entre les termes d'un polynôme puisque additionner un nombre négatif revient à soustraire l'opposé de ce nombre. Par exemple, le polynôme $x^2 + 2xy + (^-y^2)$, qui est une somme de monômes, peut s'écrire plus simplement comme suit : $x^2 + 2xy - y^2$. Dans ce cas, le troisième terme de ce trinôme a pour coefficient $^-1$.

Exemples :

1) Le polynôme $3b^2 + 5b$ est un binôme dont les deux termes sont respectivement de degré 2 et 1. Ce polynôme est de degré 2.

2) Le polynôme $^-2x + 3y^3z - xy^2$ est un trinôme dont les trois termes sont respectivement de degré 1, 4 et 2. Ce polynôme est du quatrième degré.

L'addition de polynômes

Additionner un polynôme à un autre, c'est additionner chacun des termes du second polynôme au premier et réduire l'expression algébrique obtenue. On obtient ainsi un nouveau polynôme correspondant à la somme recherchée.

Exemple : Additionnons $4x^2y - 2x + 7$ à $5x^2y + 3x - 9$.

$$(5x^2y + 3x - 9) + (4x^2y - 2x + 7) = (5x^2y + 3x - 9) + 4x^2y + (^-2x) + 7$$

$$= 5x^2y + 4x^2y + 3x + (^-2x) + (^-9) + 7$$

$$= 9x^2y + x + (^-2)$$
$$\text{ou } 9x^2y + x - 2$$

On additionne chacun des termes du second polynôme au premier.

On réduit l'expression obtenue en effectuant des opérations sur les termes semblables.

Ce polynôme correspond à la somme recherchée.

La soustraction de polynômes

Soustraire un polynôme d'un autre équivaut à additionner l'opposé de chacun des termes du second polynôme au premier et à réduire l'expression algébrique obtenue. On obtient ainsi un nouveau polynôme correspondant à la différence recherchée.

Exemple : Soustrayons $^-2x^2 - 7x + 8$ de $4x^2 + 11x - 13$.

$$(4x^2 + 11x - 13) - (^-2x^2 - 7x + 8) = (4x^2 + 11x - 13) + 2x^2 + 7x + (^-8)$$

$$= 4x^2 + 2x^2 + 11x + 7x + (^-13) + (^-8)$$

$$= 6x^2 + 18x + (^-21)$$
$$\text{ou } 6x^2 + 18x - 21$$

Soustraire un polynôme équivaut à additionner l'opposé de chacun de ses termes.

On réduit l'expression obtenue en effectuant des opérations sur les termes semblables.

Ce polynôme correspond à la différence recherchée.

La multiplication d'un polynôme par un monôme

Pour multiplier un polynôme par un monôme, il faut multiplier chacun des termes du polynôme par le monôme. On multiplie alors dans chaque cas les coefficients ensemble et les variables ensemble. On obtient ainsi un nouveau polynôme correspondant au produit recherché.

> **RAPPEL**
>
> Pour multiplier les variables ensemble, utilise la loi des exposants $a^m \times a^n = a^{m+n}$.

Exemples :

1) $(5ab)(3a^2 + 4b + 17) = (5ab \cdot 3a^2) + (5ab \cdot 4b) + (5ab \cdot 17)$

$\qquad\qquad\qquad\qquad\quad = \quad 15a^3b \quad + \quad 20ab^2 \quad + \quad 85ab$

$\qquad\qquad\qquad\qquad\quad = 15a^3b + 20ab^2 + 85ab \longleftarrow$ Ce polynôme correspond au produit recherché.

2) $(^-2x)(4xy + 3y - 12) = (^-2x)(4xy + 3y + (^-12))$

$\qquad\qquad\qquad\qquad\qquad = (^-2x \cdot 4xy) + (^-2x \cdot 3y) + (^-2x \cdot (^-12))$

$\qquad\qquad\qquad\qquad\qquad = \quad ^-8x^2y \quad + \quad (^-6xy) \quad + \quad 24x$

$\qquad\qquad\qquad\qquad\qquad = ^-8x^2y - 6xy + 24x \longleftarrow$ Ce polynôme correspond au produit recherché.

La multiplication d'un binôme par un binôme

Pour multiplier un binôme par un binôme, il faut que chacun des termes du premier binôme multiplie chacun des termes du second. On multiplie alors dans chaque cas les coefficients ensemble et les variables ensemble, puis l'on réduit l'expression algébrique obtenue. On obtient ainsi un nouveau polynôme correspondant au produit recherché.

Exemples :

1) $(3x + 5)(2x - 4) = (3x \cdot 2x) + (3x \cdot (^-4)) + (5 \cdot 2x) + (5 \cdot (^-4))$ — On réduit l'expression obtenue en effectuant des opérations sur les termes semblables.

$\qquad\qquad\qquad\quad = \quad 6x^2 \quad + \quad (^-12x) \quad + \quad 10x \quad + \quad (^-20)$

$\qquad\qquad\qquad\quad = 6x^2 + (^-2x) + (^-20)$

$\qquad\qquad\qquad\quad$ ou $6x^2 - 2x - 20 \longleftarrow$ Ce polynôme correspond au produit recherché.

2) $\qquad (a + b)^2 = (a + b)(a + b)$

$\qquad\qquad\qquad\quad = (a \cdot a) + (a \cdot b) + (b \cdot a) + (b \cdot b)$

$\qquad\qquad\qquad\quad = \quad a^2 \quad + \quad ab \quad + \quad ab \quad + \quad b^2$

$\qquad\qquad\qquad\quad = a^2 + 2ab + b^2 \longleftarrow$ Ce polynôme correspond au produit recherché.

La division d'un polynôme par un monôme

Pour diviser un polynôme par un monôme, il faut diviser chacun des termes du polynôme par le monôme. On divise alors dans chaque cas les coefficients ensemble et les variables ensemble. On obtient ainsi un nouveau polynôme correspondant au quotient recherché.

> **RAPPEL**
>
> Pour diviser les variables ensemble, utilise la loi des exposants $\dfrac{a^m}{a^n} = a^{m-n}$.

Exemple : $(12x^3 + 8x^2y - 15xy) \div 3x = (12x^3 + 8x^2y + (^-15xy)) \div 3x$

$\qquad\qquad\qquad\qquad\qquad\qquad = \dfrac{12x^3}{3x} + \dfrac{8x^2y}{3x} + \dfrac{^-15xy}{3x}$

$\qquad\qquad\qquad\qquad\qquad\qquad = 4x^2 + \dfrac{8xy}{3} + (^-5y)$

$\qquad\qquad\qquad\qquad\qquad\qquad$ ou $4x^2 + \dfrac{8xy}{3} - 5y \longleftarrow$ Ce polynôme correspond au quotient recherché.

1 Identifie le coefficient de chacun des monômes suivants.

a) $2x^2y$ **c)** $4a^2b^2c$ **e)** $\dfrac{xy^2}{3}$

b) ^-cde **d)** $-\dfrac{2}{3}t$ **f)** $\sqrt{2}a^3b^4$

2 Identifie l'exposant de la variable x
dans chacune des expressions ci-dessous.

a) $2x^2y^3$ **c)** x^3y^4 **e)** $4xy^2$

b) $3xy$ **d)** xyz^2 **f)** $^-8x^3yz$

3 Identifie le degré de chaque polynôme et indique s'il s'agit
d'un monôme, d'un binôme ou d'un trinôme.

S'il y a plus de trois termes, on dit tout simplement qu'il s'agit d'un polynôme !

a) $2x^2y^3$ **g)** a

b) xyz^2 **h)** $a + b + c$

c) $3x^2y + xy$ **i)** x^3y^4

d) $6x^4$ **j)** $^-8x^3yz + xy$

e) $3xy + 2x^2y$ **k)** $4m^2n + 2m^2 + 3mn^2$

f) $4xy^2$ **l)** $\dfrac{1}{2}x^2 + \dfrac{1}{4}y^2 - x^3 - xy^2 + x^2y^2$

4 Dans chacune des listes de monômes, identifie les termes semblables.

a) $xy, 3x^2y, 4xy^2, ^-6xy, 2xy^2$ **c)** $5mn^3, ^-8m^3n, 2m^3n^3, ^-m^3n, mn^3$

b) $^-3a^2b, 12a^2, 7ab^2, ^-2a^2b^2, ^-a^2b, 4a^2$ **d)** $2ab, 5ac, ^-4bc, 7ab, ^-7bc, 3ab$

5 Exprime les énoncés suivants à l'aide d'un monôme.

a) Le double d'un nombre n.

b) Deux tiers du carré d'un nombre n.

c) Le quart de l'aire d'un rectangle dont les côtés mesurent a et b.

d) Quatre fois l'aire d'un carré de côté c.

e) Le triple du volume d'un cube de côté c.

f) La moitié du temps t.

6 Traduis les phrases suivantes par un polynôme.

a) Le produit du carré de n et du double du cube de m.

b) Le tiers du carré de a diminué du triple de b.

c) La somme de l'aire totale d'un cube de côté c et de l'aire de l'une de ses faces.

d) Le produit de x et de y additionné au carré de chacun.

7 Calcule la valeur numérique des polynômes, sachant que $x = 2$ et $y = {}^-1$.

a) $^-12x^2$

b) $3x + \dfrac{1}{3}x^2y$

c) $-\dfrac{1}{2}x^3y^2$

d) $4xy$

e) $-2(xy^3)^2 - 4xy + 2$

f) $\dfrac{2}{5}y + xy - (3xy^3 - x^3)$

8 Calcule la valeur numérique des expressions algébriques suivantes si $x = {}^-2$, $y = {}^-1$ et $z = 3$.

a) $x + y + z$

b) $2x - 3z$

c) $(x - y) + (x + y)$

d) $(y + z) - (x + y)$

e) $(2xy)(3yz)$

f) $2(x - y)$

g) $^-3(y + 2z) + 2(x + 3y)$

h) $(^-x + y)(^-x + z)$

i) $(z - x)^2$

j) $(2x^2 - 6x) \div (2x)$

9 Effectue les additions.

a) $(5x^3 + 3x - 2) + (^-3 - 6x)$

b) $^-4x^2y + (8x^2y - 6x^2y)$

c) $\left(\dfrac{1}{2}x^2y^3 + \dfrac{1}{4}xy^2 + \dfrac{3}{8}x\right) + \left(\dfrac{3}{4}x - \dfrac{5}{8}x^2y^3 - \dfrac{1}{2}xy^2\right)$

d) $(7a^2b^3 + 12a^2b - 5a^2b^4) + (12 - 6a^2b - 5a^2b^3)$

e) $(a^3 - a^2 + 1) + (a^3 + 2a^2 + 2)$

f) $(4xy + 2yz - 3xz) + (10yz - 12xy)$

> N'oublie pas que, pour additionner des termes semblables ayant des coefficients fractionnaires, tu dois d'abord trouver un dénominateur commun.

10 Effectue les soustractions.

a) $(8x^2 + x - 2) - (x^2 + 2x - 3)$

b) $(9x^2 - 4x + 2) - (^-3x^2 - 2x + 4)$

c) $(a + b - c) - (b + c - a)$

d) $(20ab^2 + 15a^2b - 12) - (12a^2b - 8 + 14ab^2)$

e) $\left(\dfrac{1}{6} x^2y - \dfrac{2}{3} x^2z \right) - \left(\dfrac{1}{3} x^2z - \dfrac{1}{6} x^2y \right)$

f) $(9x^2 - 7x^2) - (12x^2 + 4)$

g) $(a^3b^2 - 3ab) - (5ab - 4a^3b^2)$

h) $(3n + 5) - (5 + 3n)$

---

11 Effectue les opérations et exprime la réponse à l'aide d'un polynôme.

a) $(x^3 + 4x^2 - x) + (^-2x^3 + 2x - 4) - \left(2 + \dfrac{1}{2} x^2 - \dfrac{1}{3} x \right)$

b) $(9y^3 - 9xy) - (4xy + 7y^3) + (^-2xy - 2y^3)$

c) $\left(\dfrac{1}{3} b^3 - \dfrac{1}{6} ab + a^2 \right) - \left(\dfrac{1}{2} a^2 + 2ab \right) - \left(^-\dfrac{1}{4}b^3 + \dfrac{1}{3} a^2 \right)$

> Lorsque dans deux expressions polynomiales il n'y a qu'une lettre (*x*, par exemple), les diverses opérations entre ces polynômes ressemblent beaucoup aux opérations entre des nombres écrits dans notre numération indo-arabe, si ce n'est qu'il n'y a pas de retenue. C'est ce qu'a mis en évidence al-Samaw'al (v. 1130 – v. 1180) alors qu'il n'avait que 19 ans. Au lieu d'écrire comme nous $7x^2 + 9x + 2$, il écrivait simplement 7 |9 |2, chaque position correspondant à un ordre de grandeur : x^2, *x*, unité. Pour multiplier ce polynôme par un autre, par exemple *x* + 2, il faisait la multiplication de 7 |9 |2 par 1 |2, ce qui donne, en suivant les mêmes règles que la multiplication de deux nombres, mais sans faire de retenue, 7 |23 |20 |4.

12 Multiplie les monômes suivants.

a) $(3x)(^-x)$

b) $(^-4b^2)(^-3b)$

c) $(ab)(^-ab)(ab)$

d) $(10s^2)(^-s)(s)$

e) $(5x^2)(^-7x)(2y)$

f) $(4a)(^-3a^2)(5ab)$

g) $(^-y)(^-2y)(y^2)(^-y)$

h) $(11a^2)(^-a)(ab)(^-b^2)$

---

13 Effectue la multiplication du monôme par le polynôme.

a) $4(y + 1)$

b) $^-3(^-b + 5)$

c) $x(x + 1)$

d) $6a(a^2 - 1)$

e) $^-6a(a + 2)$

f) $x(2x + y + 1)$

g) $4(3a + 2b - 5c)$

h) $m(m^2 - m + 1)$

---

14 Exprime les produits suivants par un polynôme.

a) $4x^2(x + 1)$

b) $^-2a(2a^2 + a - 1)$

c) $^-6a^2(2a - b)$

d) $^-xy(^-x + y)$

e) $a(8a + 3b - c)$

f) $^-x^2(x^2 - 4)$

g) $3x^2(2b^2 - 2a^2)$

h) $^-2y(5y^2 - xy + x^2)$

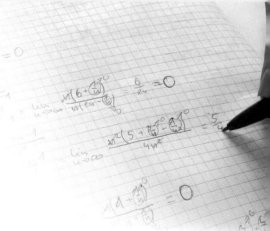

15 Effectue les produits de binômes suivants.

a) $(x - y)(2x + 3y)$

d) $(3a - 2b)(4a - 5b)$

b) $(2a - b)(a + b)$

e) $(2x - 4)(^-x + 2)$

c) $\left(\dfrac{1}{2}xy - \dfrac{1}{3}x^2\right)\left(\dfrac{2}{3}x - \dfrac{3}{4}\right)$

f) $(3a^2 - bc)^2$

> Après avoir effectué la multiplication, n'oublie pas d'additionner les termes semblables.

16 Exprime les carrés de binômes suivants par un polynôme.

a) $(y - 3)^2$

c) $(3a + b)^2$

b) $(a^2 - b^2)^2$

d) $(x - y)^2$

17 Effectue les divisions suivantes.

a) $30a^2 \div 6a$

e) $^-25bx^2y^2 \div 5xy$

b) $^-81x^2 \div 27$

f) $a^2x^2 \div a$

c) $^-48a^2b \div ^-12ab$

g) $5y^2 \div 5y^2$

d) $64x^2 \div 8x$

h) $40x^2 \div ^-8x$

18 Exprime les quotients à l'aide d'un polynôme.

a) $12x^6 \div 3x$

d) $(14x^6 + 8x^4) \div 2x^2$

b) $\dfrac{1}{3}a^2b \div \dfrac{2}{5}ab$

e) $(25a^3b^6c + 10a^6b^5c^3 - 15a^5b^4c^2) \div 5a^3b^3c$

c) $0{,}45m^6n^4 \div 0{,}5m^3n^2$

f) $(^-12x^3y^4 + 8x^2y^2) \div (^-2x^2y)$

19 Effectue les opérations en respectant les priorités des opérations et exprime ta réponse à l'aide d'un polynôme.

a) $a(2a^2 + b) + 2b(2a^2 + b)$

b) $2x(x - 4) - (x - 5)$

c) $5(y - 4) - 3(y + 1)$

d) $y^2 + 4y - 2(y + 3) + y(2y - 4)$

e) $(a^2b - 1)^2 - (^-3a^2b + 2) + (6a^4b^4 + 4a^2b^3) \div a^2b^3$

f) $(x + 2)(x - 5) - (2x + 1)(x - 1)$

g) $(a + 1)^2 - 4(a^2 + 3)$

h) $(x - 2)^2 - (x + 1)^2$

i) $(2x^3 - 4x^2 + 8x) \div 2x + 3x(x - 7)$

20 Reproduis et complète le tableau suivant où les expressions données représentent les mesures de la base, de la hauteur et de l'aire de différents rectangles.

BASE	HAUTEUR	AIRE
x	$a - 2$	
$3bc$		$6abc - 3bc^2 + 9b^2c$
$3 - x$	$xy + 2$	
$ab + 2b + 4$		$\dfrac{a^2b^2}{2} + ab^2 + 2ab$

21 Quel polynôme exprime la base d'une surface triangulaire ayant une aire donnée par le polynôme $4b + 16a^2b^2 - 256ab$ et une hauteur donnée par le monôme $4b$?

APPLICATIONS

22 a) Complète les expressions suivantes par un monôme ayant le plus grand degré possible. Assure-toi que l'égalité obtenue soit vraie.

1) $x^2y^2 + 2xy^2 = ($ ▇ $)(x + 2)$

2) $mn^3 + 4n^2 = ($ ▇ $)(mn + 4)$

3) $4ab + bc + bd = ($ ▇ $)(4a + c + d)$

4) $2a^3b^4 + 4a^3b^2 + 2a^2b = ($ ▇ $)(ab^3 + 2ab + 1)$

5) $a^2b^4 + ab^3 + b^2 = ($ ▇ $)(a^2b^2 + ab + 1)$

6) $\dfrac{xy^2z}{2} + \dfrac{x^2y}{4} + \dfrac{xyz}{6} = ($ ▇ $)\left(yz + \dfrac{x}{2} + \dfrac{z}{3}\right)$

b) En utilisant la mise en évidence simple, exprime les polynômes suivants comme une multiplication d'un monôme par un polynôme. Assure-toi que le monôme soit du plus grand degré possible.

1) $3x - 9$

2) $4a + 8$

3) $5y^2 - 25$

4) $x^2 - x$

5) $16b^2 - 4b$

6) $8x + 24y$

7) $12x^3 - 6x^2 + 3x$

8) $5a^3 - 2a^2 + 8a$

9) $12x^2y + 6xy$

10) $a^4b^2 - a^2b^4$

LA MISE EN ÉVIDENCE SIMPLE

Faire une mise en évidence simple sur un polynôme, c'est le décomposer en deux facteurs dont l'un est un monôme et l'autre, un polynôme.

Exemples :

• $2x^2 + 2x = 2x(x + 1)$

• $8x^2 + 4x + 16 = 4(2x^2 + x + 4)$

Tu peux vérifier ta mise en évidence en multipliant les deux facteurs trouvés. Tu devrais alors retrouver le polynôme initial.

---

23 Un aquarium a la forme d'un prisme rectangulaire. Les dimensions de sa base sont données par x centimètres et $(x + 25)$ centimètres.

a) Le niveau de l'eau dans l'aquarium atteint une hauteur représentée par $(x + 5)$ centimètres. Exprime à l'aide d'un polynôme le volume en centimètres cubes occupé par l'eau.

b) Si le niveau de l'eau dans l'aquarium atteint une hauteur de 20 cm, quelle quantité d'eau (en litres) y a-t-il dans l'aquarium ?

24 Marc possède un terrain rectangulaire dont les côtés mesurent, en mètres, $(y + 2)$ et $(x - 4y)$.

a) Exprime à l'aide d'un polynôme l'aire de ce terrain en mètres carrés.

b) Si Marc veut semer du gazon sur toute la surface de son terrain et qu'un sac de semence permet de couvrir une superficie de $2y$ mètres carrés, exprime par un polynôme le nombre de sacs dont il aura besoin.

25 Jérôme est abonné à un service de téléphonie sans fil. Son forfait comprend 200 minutes par mois pour 20 $, plus 9,50 $ de frais de réseau. S'il utilise son téléphone au-delà du temps prévu, chaque minute supplémentaire lui coûte 0,35 $.

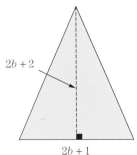

a) Le mois dernier, Jérôme a dépassé de x minutes les 200 minutes auxquelles il avait droit. Exprime par un polynôme la somme qu'il devra payer pour son service de téléphonie.

b) Combien Jérôme devra-t-il payer s'il a utilisé son téléphone sans fil durant 243 minutes ?

26 Calcule l'aire des figures suivantes.

a)

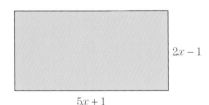

$2x - 1$

$5x + 1$

b)

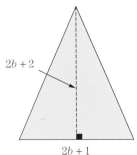

$2b + 2$

$2b + 1$

27 Calcule l'aire latérale et le volume des solides suivants.

a)

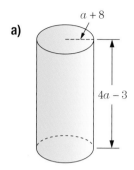

$a + 8$

$4a - 3$

c)

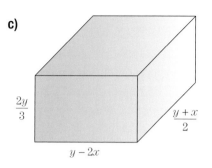

$\dfrac{2y}{3}$

$\dfrac{y + x}{2}$

$y - 2x$

b)

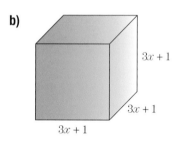

$3x + 1$

$3x + 1$

$3x + 1$

d)

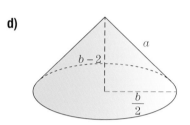

a

$b - 2$

$\dfrac{b}{2}$

28 Une décoratrice d'intérieur aimerait avoir une formule pour calculer rapidement le coût pour un certain aménagement d'une chambre rectangulaire de dimensions indéterminées. Sur les murs, elle utilise une peinture qui coûte 21,99 $ le contenant de 4 L. Pour le plafond, peint en blanc, le contenant de 4 L coûte 19,99 $. Dans le haut des murs, la décoratrice met une boiserie valant 4,50 $ le mètre.

Un contenant de peinture couvre en moyenne 33 m², et il faut en mettre deux couches. La fenêtre mesure 1,20 m sur 1,50 m et la porte, 0,60 m sur 2,05 m. La hauteur de la pièce est de 2,45 m.

Si l'on représente la largeur et la longueur de la pièce par x et y, quel polynôme réduit représente le coût de l'aménagement ?

29 Un encadreur fabrique des cadres permettant de regrouper trois photos de 12 cm sur 17 cm. Il évalue différentes options pour la largeur du passe-partout, mais il veut qu'il y ait la même distance en millimètres entre les photos qu'entre les photos et le cadre.

Si l'on représente cette distance par la variable x, quel polynôme représente la surface de la vitre qui recouvrira le tout, sachant que celle-ci doit dépasser le passe-partout de 5 mm de chaque côté pour tenir dans le cadre ?

30 Quel polynôme représente la hauteur d'un prisme à base carrée si son volume est représenté par le polynôme $28x^4 + 16x^3 + 12x^2$ et le côté de sa base, par le monôme $2x$?

> Une représentation pourrait t'aider à bien visualiser la situation.

31 Quand un joueur de baseball frappe une balle, elle s'élève pendant un certain temps avant de redescendre et de tomber au sol. On peut établir une relation entre la hauteur de la balle et le temps. Le polynôme $-4,9t^2 + 30t + 1,3$ exprime la hauteur de la balle en mètres et la variable t, le temps en secondes.

a) Reproduis et complète le tableau suivant qui indique le hauteur de la balle selon le temps écoulé.

TEMPS (s)	0	0,5	1	2	3	4	5	6	7
HAUTEUR (m)									

b) À quelle hauteur se trouve la balle au moment de l'impact ?

c) Dans cette situation, comment interprètes-tu une hauteur ayant une valeur négative ?

d) À l'aide du tableau, peux-tu estimer à quel moment la balle touche le sol ? Explique ton estimation.

32 Dans un magasin, on accorde, sur le prix marqué, un rabais correspondant aux taxes qu'il faudrait payer pour un article donné. Si le prix marqué est représenté par p, exprime à l'aide d'un monôme le prix de l'article après le rabais.

Au début de l'année 2007, au Québec, les taxes à payer sur tout article taxable étaient les suivantes : une taxe de 6 % (TPS) sur le prix de l'article et une taxe de 7,5 % calculée sur le prix de l'article plus la TPS.

PROBLÈME

33 On veut fabriquer un récipient à partir d'une plaque de métal carrée de 12 dm de côté en enlevant quatre carrés isométriques aux coins de la pièce, puis en pliant et en soudant les côtés, de la façon illustrée ci-dessous. On aimerait que le volume du récipient soit le plus grand possible.

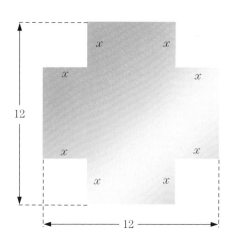
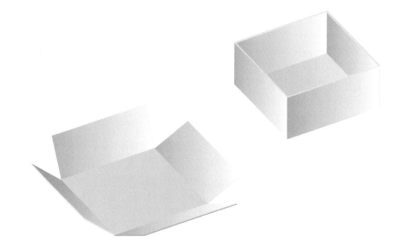

a) En supposant que le côté de chacun des quatre carrés enlevés mesure x décimètres, exprime à l'aide d'un polynôme le volume V (en décimètres cubes) du récipient.

b) Décris les valeurs de x pour lesquelles le volume V est croissant, décroissant et maximal. Décris aussi les valeurs possibles du volume V lorsque x prend toutes les valeurs réelles de 0 à 6.

c) Vérifie que l'expression algébrique trouvée en **a)** est équivalente à l'expression algébrique suivante.

$$128 - 4(x - 2)^2 (8 - x)$$

Puis, en utilisant cette dernière expression, explique pourquoi la valeur maximale du volume trouvée en **b)** est bien la bonne.

Le Laboratoire d'outils technologiques qui suit, aux pages 218 à 229, traite des fonctions et pourra t'aider à résoudre entièrement cette situation.

1 On forme un grand rectangle à l'aide de cinq carreaux. Quatre d'entre eux sont identiques et de forme carrée, et le cinquième est de forme rectangulaire. La mesure du côté d'un carreau de forme carrée est représentée par a et la mesure de la hauteur d'un carreau rectangulaire est représentée par b.

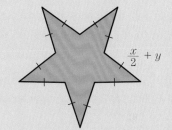

Exprime par un polynôme

a) la mesure de la base du carreau de forme rectangulaire ;

b) l'aire de ce carreau ;

c) l'aire du grand rectangle formé avec les cinq carreaux.

2 Calcule le périmètre des figures suivantes.

a)

$a - 3$

$2a + 7$

b)

$\dfrac{x}{2} + y$

3 Exprime à l'aide d'un polynôme l'aire totale du solide représenté ci-dessous. Il s'agit d'une pyramide à base carrée que l'on a coupée parallèlement à sa base.

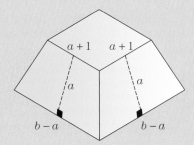

$a + 1$ $a + 1$

a a

$b - a$ $b - a$

Es-tu maintenant capable de résoudre entièrement la situation-problème Les jeux sur ordinateur, aux pages 200 et 201 ?

» Corrigé, p. 369

Les fonctions

ATELIER 1 · Le concept de fonction

La modélisation mathématique est un outil efficace qui permet, entre autres, d'avoir une vue d'ensemble d'une situation afin d'en faire une meilleure analyse. Dans le chapitre 2, aux pages 86 à 115, tu as exploré le lien de dépendance entre des quantités mises en relation. Pour analyser mathématiquement ce type de relation, on utilise souvent une fonction.

Par exemple, une compagnie s'intéresse à la quantité de carton nécessaire pour la fabrication de boîtes (voir le modèle ci-contre). Pour analyser cette situation, on fait varier la hauteur et l'on s'intéresse aux différentes valeurs de l'aire totale du prisme.

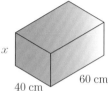

a) Dans quel ensemble de nombres les valeurs de la hauteur peuvent-elles être prises ?

b) À quel ensemble de nombres les valeurs de l'aire totale obtenues peuvent-elles appartenir ?

c) Décris comment, à partir d'une certaine hauteur, on peut trouver une aire totale qui y correspond.

d) Dans cette relation, peux-tu trouver deux aires totales qui correspondent à une même hauteur ? Si oui, donne un exemple. Sinon, explique ta réponse.

e) Représente cette fonction par une table de valeurs et un graphique. Trouve $f(8)$, $f(3,5)$ et $f(0)$.

f) Que signifie le couple (0, 4800) dans cette relation fonctionnelle ?

g) Le couple (25, 11 000) appartient-il à cette fonction ? Explique ta réponse.

> Une **fonction** (souvent notée f) est une relation qui fait correspondre à chaque valeur de la variable indépendante <u>au plus une</u> valeur de la variable dépendante. Cette correspondance s'exprime par un processus opératoire appelé « la règle de correspondance ».
>
> Les valeurs de la variable indépendante varient dans un ensemble appelé **ensemble de départ** (souvent $\mathbb{R}$ ou l'un de ses sous-ensembles) et celles de la variable dépendante varient dans un ensemble appelé **ensemble d'arrivée** (souvent $\mathbb{R}$ ou l'un de ses sous-ensembles).
>
> Dans la situation de l'atelier **1**, l'aire totale est déterminée en fonction de la hauteur x. On notera l'aire totale par $f(x)$ (lire f de x) et la règle de correspondance peut s'exprimer à l'aide de l'équation suivante.
>
> $$f(x) = 200x + 4800$$
>
> Dans l'analyse fonctionnelle d'une situation, une question telle que : « Quelle est l'aire totale du prisme ayant une hauteur de 5 cm ? » se note de façon abrégée comme suit : « Trouve $f(5)$. » Pour y répondre, on substitue la valeur 5 à la variable x dans l'équation et l'on obtient :
>
> $f(5) = 200(5) + 4800$
>
> $f(5) = 5800$

» MISE EN PRATIQUE

1 En imaginant que la compagnie dont il est question dans l'atelier s'intéresse plutôt au volume de la boîte selon différentes hauteurs, réponds de nouveau aux questions **a)** à **e)** ci-dessus.

2 Reprends les questions **a)** à **e)** de l'atelier en considérant le cylindre représenté ci-contre.

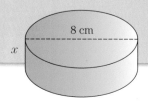

» Corrigé, p. 369

La règle de correspondance

Pour diverses températures exprimées en degrés Celsius (°C), une personne s'intéresse au nombre de degrés Fahrenheit (°F) correspondant.

a) Quelles sont les variables indépendante et dépendante dans cette situation ?

b) Dans quel ensemble de nombres les valeurs de la variable indépendante peuvent-elles être prises ?

c) Dans quel ensemble de nombres les valeurs de la variable dépendante peuvent-elles être obtenues ?

 Observe les deux thermomètres illustrés ci-contre. Ils sont placés de manière à ce qu'un nombre de degrés Fahrenheit (°F) soit vis-à-vis de son équivalent en degrés Celsius (°C), et vice versa.

d) Si x représente la variable indépendante et $f(x)$, la variable dépendante, exprime la règle de correspondance à l'aide d'une équation selon la situation décrite en début d'atelier.

e) Détermine $f(0)$. Que représente le couple $(0, f(0))$ dans la situation ?

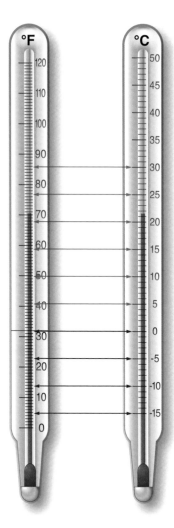

Maintenant, pour diverses températures exprimées en degrés Fahrenheit (°F), on s'intéresse au nombre de degrés Celsius (°C) correspondant.

f) Quelles sont les variables indépendante et dépendante dans cette nouvelle situation ?

g) Si x représente la variable indépendante et $c(x)$, la variable dépendante, exprime la règle de correspondance à l'aide d'une équation.

h) Les fonctions f et c seront-elles représentées graphiquement par des droites ? Explique ta réponse.

> Lors de l'analyse d'une situation fonctionnelle, si l'on inverse l'observation des variables dépendantes et indépendantes, on obtient la **réciproque d'une fonction**. Cette dernière s'exprimera avec une nouvelle règle de correspondance. La réciproque d'une fonction n'est pas nécessairement une fonction.

 i) Trace le graphique des fonctions f et c dans le même système d'axes. Y a-t-il une symétrie entre les deux graphiques ? Si oui, décris l'axe de symétrie.

j) Y a-t-il une température qui s'exprime avec le même nombre de degrés Celsius et Fahrenheit ? Si oui, laquelle ?

» MISE EN PRATIQUE

1 En te basant sur les questions de l'atelier **2**, analyse la règle de correspondance entre les centimètres et les pouces. Utilise une règle graduée avec les deux systèmes de mesure.

» Corrigé, p. 369

Les fonctions

Le concept de fonction

Une fonction est une relation qui fait correspondre
à chaque valeur de la variable indépendante
au plus une valeur de la variable dépendante.
Cette correspondance s'exprime par un processus
opératoire appelé « la règle de correspondance ».

> Les valeurs de la variable indépendante varient dans un **ensemble de départ** (souvent **IR** ou l'un de ses sous-ensembles) et celles de la variable dépendante varient dans un **ensemble d'arrivée** (souvent **IR** ou l'un de ses sous-ensembles).

Exemples :

1) **La relation suivante est une fonction :** Raphaël a un emploi dans un dépanneur et gagne
8,50 $ de l'heure. Son salaire dépend du nombre d'heures qu'il travaille. S'il travaille 4 heures,
il recevra 34 $; s'il travaille 10 heures, il recevra 85 $. À chaque nombre d'heures travaillées
(variable indépendante) correspond un seul salaire (variable dépendante).

2) **La relation suivante ne st pas une fonction :** On associe à un nombre tous ses diviseurs.
Par exemple, à 10, on associe les nombres 1, 2, 5 et 10. Ainsi, il existe plus d'une valeur
de l'ensemble d'arrivée associée à une valeur de l'ensemble de départ.

La règle de correspondance d'une fonction

La règle de correspondance d'une fonction peut s'exprimer à l'aide d'une équation.

Exemple :

Pour s'abonner à un centre sportif, il faut payer une
inscription de 50 $, puis des mensualités de 35 $. On observe
le coût de l'abonnement selon différentes durées de l'abonnement
en mois. La variable indépendante est le nombre de mois (x) ;
la variable dépendante est le coût de l'abonnement $(f(x))$,
en dollars. La règle de correspondance peut s'exprimer à l'aide
de l'équation $f(x) = 35x + 50$.

> Toutes les fonctions dont la règle de correspondance peut s'exprimer sous la forme $f(x) = ax + b$ sont représentées graphiquement par une droite. Ces fonctions sont appelées fonctions affines.

Valeur du taux de variation, soit :
Variation de la variable dépendante
Variation de la variable indépendante

Valeur de la variable dépendante
lorsque la variable indépendante
vaut 0

À l'aide de l'équation, on peut trouver la valeur de la variable dépendante qui correspond
à une valeur donnée de la variable indépendante.

Dans l'exemple, on peut trouver le coût correspondant à une durée de six mois
d'abonnement en calculant $f(6)$, c'est-à-dire en substituant la valeur 6 à la variable x
dans l'équation $f(x) = 35x + 50$.

$$f(6) = 35(6) + 50$$

$$f(6) = 260$$

La représentation d'une fonction

La règle de correspondance d'une fonction associe à chaque valeur de la variable indépendante x au plus une valeur de la variable dépendante $f(x)$. On obtient ainsi des couples de nombres $(x, f(x))$ qui permettent de représenter une fonction.

Exemple :

Soit une fonction f ayant $\mathbb{R}$ pour ensemble de départ et ensemble d'arrivée, définie par la règle de correspondance $f(x) = 2x + 3$. Cette règle permet de déterminer différents couples de nombres qui peuvent s'exprimer par une table de valeurs ou un graphique.

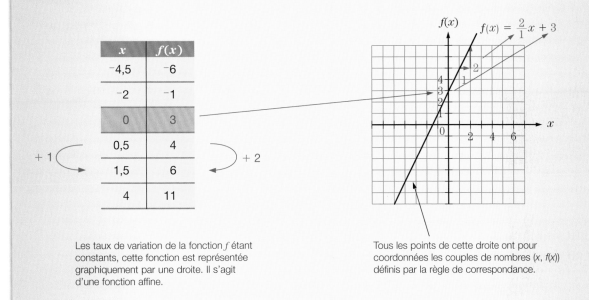

x	$f(x)$
⁻4,5	⁻6
⁻2	⁻1
0	3
0,5	4
1,5	6
4	11

$+1$ $+2$

Les taux de variation de la fonction f étant constants, cette fonction est représentée graphiquement par une droite. Il s'agit d'une fonction affine.

Tous les points de cette droite ont pour coordonnées les couples de nombres $(x, f(x))$ définis par la règle de correspondance.

EXERCICES

1 Détermine la variable indépendante et la variable dépendante dans chacune des situations décrites ci-dessous.

a) Selon la température du four, un gâteau mettra plus ou moins de temps à cuire.

b) Pour mes vacances, je me déplacerai en vélo. Plus j'aurai de temps de vacances, plus je vais parcourir de kilomètres.

c) En faisant le plein, on observe la quantité d'essence que la pompe déverse dans le réservoir selon le prix à payer.

d) Pour un déménagement, le coût de location d'un camion est de 50 $ plus 1,25 $ par kilomètre parcouru.

2 Pour chaque situation ci-dessous, détermine les variables indépendante et dépendante, ainsi que les ensembles de nombres dans lesquels les valeurs de chacune de ces variables peuvent être puisées.

a) On évalue le nombre de contenants de peinture à acheter pour couvrir une surface selon la grandeur de la surface à peindre.

b) Selon l'épaisseur d'un livre, on estime le nombre de pages qu'il contient.

c) On observe l'aire d'un rectangle dont on fait varier la longueur tout en laissant fixe sa largeur.

d) Pour différents polygones réguliers ayant tous la même mesure de côté, on évalue le périmètre selon le nombre de côtés.

e) On détermine l'âge d'un certain type d'arbre en considérant la circonférence de son tronc.

3 La règle de correspondance permettant de convertir en millilitres une mesure donnée en tasses peut se représenter par l'équation suivante, où x est la quantité en tasses.

$$f(x) = 250x$$

a) Quelles sont les variables indépendante et dépendante dans cette situation ?

b) À quels ensembles de nombres les valeurs de ces variables peuvent-elles être associées ?

c) Détermine $f(5)$. Qu'est-ce que $f(5)$ représente dans cette situation ?

d) Si $f(x) = 1000$, que vaut x ? Que représente $f(x) = 1000$ dans cette situation ?

4 Voici une règle de correspondance pour déterminer n'importe quel nombre impair, où x représente différents nombres entiers.

$$f(x) = 2x + 1$$

a) Quelles sont les variables indépendante et dépendante dans cette situation ?

b) Dans quel ensemble de nombres les valeurs de la variable indépendante peuvent-elles être prises ? Et celles de la variable dépendante ?

c) Cette règle est-elle associée à une situation où la relation entre les nombres est directement proportionnelle ? Explique ta réponse.

> Savais-tu que les nombres pairs et impairs peuvent aussi être des entiers négatifs ?

5 Détermine les variables indépendante et dépendante dans chacune des situations suivantes et exprime la règle de correspondance entre ces variables à l'aide d'une équation.

a) Chaque jour, le docteur Gauvreau voit huit patients.

b) Une école de golf demande une somme de base de 100 $ pour l'inscription, puis 45 $ de l'heure pour les leçons.

c) Un technicien en informatique demande 45 $ pour l'évaluation du problème et son tarif horaire est de 50 $.

d) Monica a acheté une nouvelle voiture au prix de 27 000 $. Chaque année, sa voiture se dévaluera de 3000 $.

e) Dans un laboratoire médical, une technicienne analyse 12 échantillons par jour.

6 Évalue $f(4)$ dans chacune des fonctions dont la règle est exprimée ci-dessous.

a) $f(x) = 3x - 6$

b) $f(x) = {}^-2x + 8$

c) $f(x) = {}^-x + 5$

d) $f(x) = 4x - 3$

e) $f(x) = \frac{1}{2}x + \frac{1}{3}$

f) $f(x) = \frac{x}{3} + \frac{2}{3}$

7 Dans les fonctions suivantes, lorsque $f(x) = 2$, que vaut x ?

a) $f(x) = 3x - 2$

b) $f(x) = {}^-4x + 3$

c) $f(x) = {}^-x - 1$

d) $f(x) = {}^-2x + 5$

e) $f(x) = \frac{1}{2}x$

f) $f(x) = 2$

8 Associe chacune des équations à la table de valeurs correspondante.

a) $y = 2x - 4$

b) $y = {}^-3x + 11$

c) $3x + 2y - 9 = 0$

d) ${}^-2x + 5y = 0$

e) $2x - 9 = 0$

f) $2(x - 2) + 3(2y + 1) = 3$

1)

x	y
0	0
5	2
10	4
15	6

4)

x	y
0	$\frac{2}{3}$
1	$\frac{1}{3}$
2	0

2)

x	y
0	11
1	8
2	5
3	2

5)

x	y
2	0
4	4
6	8
8	12

3)

x	y
0	$\frac{9}{2}$
1	3
2	$\frac{3}{2}$
3	0

6)

x	y
$\frac{9}{2}$	0
$\frac{9}{2}$	1
$\frac{9}{2}$	2
$\frac{9}{2}$	3

9 Les questions suivantes portent sur les relations présentées au numéro précédent.

 a) Représente graphiquement chacune des relations dans le plan cartésien.

b) Parmi ces relations, lesquelles peuvent être associées à une fonction si x représente la variable indépendante et y, la variable dépendante ?

c) Parmi les fonctions identifiées en **b)**, lesquelles représentent des situations directement proportionnelles entre les variables ? Explique ta réponse.

10 Associe chaque représentation graphique ci-dessous à l'équation correspondante.

a) $y = 3x$

b) $2y - 4 = 6$

c) $4x - y = 8$

d) $^-x + 3y = 9$

e) $x - 2 = 0$

f) $^-3x - 3y = ^-6$

1)
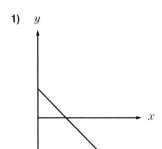

4)
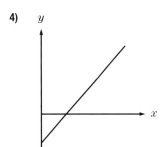

2)
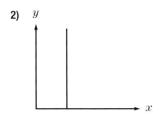

5)
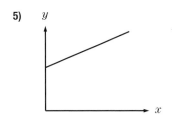

3)
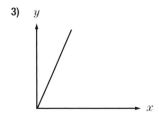

6)
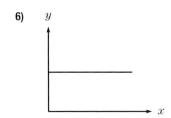

11 Les questions suivantes portent sur les relations présentées au numéro précédent.

a) Parmi ces relations, lesquelles peuvent être associées à une fonction si x représente la variable indépendante et y, la variable dépendante ?

b) Parmi les fonctions identifiées en **a)**, lesquelles représentent des situations directement proportionnelles entre les variables ? Explique ta réponse.

12 Jimmy utilise des leviers pour lever des charges. Il constate qu'en plaçant ses mains à 50 cm du point d'appui il peut lever une masse maximale de 22 kg ; à 80 cm, il lève une masse maximale de 35,2 kg ; et à 120 cm, une masse maximale de 52,8 kg.

> Après avoir étudié les leviers, Archimède aurait dit : « Donnez-moi un point d'appui, et je soulèverai le monde ! »

a) Dans cette situation, quelles sont les variables indépendante et dépendante, et dans quel ensemble de nombres leurs valeurs peuvent-elles être puisées ?

b) Explique pourquoi cette situation peut être associée à une fonction.

c) Exprime la règle de correspondance à l'aide d'une équation où x représente la variable indépendante et $f(x)$ la variable dépendante.

d) Quelle masse maximale Jimmy pourrait-il lever s'il plaçait ses mains à 2 m du point d'appui ?

e) Quelle est la plus petite distance du point d'appui à laquelle Jimmy doit mettre ses mains pour pouvoir lever une masse de 140 kg ?

13 Alexandra voyage à vélo sur la Route verte, ce qui lui permet de rouler à vitesse constante et de parcourir de grandes distances. Elle a calculé qu'elle a mis 1 h 20 pour parcourir les 20 km entre Chambly et Saint-Jean-sur-Richelieu, 1 h 32 pour les 23 km entre Saint-Jean-sur-Richelieu et Farnham, et 1 h 40 pour les 25 km entre Farnham et Granby.

a) Quelles sont la variable indépendante et la variable dépendante dans cette situation ?

b) Dans quels ensembles de nombres les valeurs de ces variables peuvent-elles être puisées ?

c) Exprime la règle de correspondance de cette situation.

d) Quel est le taux de variation ? Que signifie-t-il dans ce contexte ?

e) Trace le graphique de cette fonction.

f) Combien de kilomètres Alexandra a-t-elle parcourus après 1 h ?

La Route verte est un réseau de pistes cyclables couvrant toutes les régions du Québec.

14 Marc-André veut placer une petite annonce dans le journal local pour vendre son vélo. Voici les possibilités qui s'offrent à lui : une annonce de 20 mots coûte 16 $, une annonce de 30 mots, 24 $ et une de 40 mots, 32 $.

a) Exprime la règle de correspondance pour la fonction déterminant le coût d'une annonce selon le nombre de mots.

b) Trace le graphique de cette fonction.

c) Un autre journal affiche un coût par mot deux fois moins élevé, mais il exige des frais administratifs de 10 $ par annonce.

1) Exprime la règle de correspondance pour la fonction déterminant le coût d'une annonce selon le nombre de mots dans ce cas.

2) Sur le même système d'axes qu'en **b)**, trace le graphique de cette fonction.

3) Le lien entre les variables de cette nouvelle situation représente-t-il une relation directement proportionnelle entre les variables ? Explique ta réponse.

4) Que représente $f(0)$ dans cette nouvelle situation ? Et dans la précédente ?

15 On analyse différents modèles de boîtes de conserve cylindriques de 15 cm de haut, en s'intéressant à leur aire totale pour connaître la quantité de matériel requise pour les fabriquer. Une boîte dont le rayon mesure 5 cm a une aire totale de 628,3 cm^2, une autre de 8 cm de rayon a une aire totale de 1156,1 cm^2 et une dernière de 10 cm de rayon a une aire totale de 1570,8 cm^2.

a) Identifie les variables indépendante et dépendante de cette situation. Explique pourquoi cette situation peut être associée à une fonction.

b) Utilise tes connaissances en géométrie pour exprimer la règle de correspondance si x représente la mesure du rayon et $f(x)$, l'aire totale. Vérifie ta règle avec les valeurs données.

c) Cette fonction est-elle une fonction affine ? Explique ta réponse.

d) Que signifie $f(0)$ dans cette situation ? Quelle est sa valeur ?

e) Cette situation représente-t-elle une relation directement proportionnelle entre les variables ? Explique ta réponse.

> Une fonction dont la valeur des taux de variation est constante ou qui se représente graphiquement par une droite est appelée une **fonction affine**.

16 Mélanie loue des jeux vidéo au club vidéo de son quartier. Il lui en coûte 3 $ par jeu pour la première journée de location, puis 2 $ pour chaque jour supplémentaire.

a) Exprime graphiquement la relation entre la somme que Mélanie doit payer pour la location d'un jeu selon le nombre de jours supplémentaires qu'elle le garde.

    1) Cette relation correspond-elle à une fonction ? Explique ta réponse.

    2) Exprime la règle de correspondance à l'aide d'une équation.

    3) Dans quels ensembles de nombres les valeurs de chacune des variables mises en relation peuvent-elles être prises ?

b) Si, en rapportant un jeu, Mélanie a payé 11 $, combien de journées supplémentaires l'avait-elle gardé ? Cette situation est-elle représentée par $f(11)$ ou par $f(x) = 11$? Explique ta réponse.

c) Si le jeu vidéo que Mélanie a loué coûte 55 $ à l'achat, après combien de jours supplémentaires aurait-il été préférable qu'elle l'achète plutôt que de le louer ?

PROBLÈME

17 Une expérience de physique a fourni la table de valeurs suivante pour une fonction f qui donne la hauteur d'un boulet lancé par un canon en fonction de la distance x séparant son ombre au sol de son point de départ.

> En 1453, quand les Turcs prirent Constantinople (aujourd'hui Istanbul), dont les murs avaient la réputation millénaire d'être inviolables, le recours à des canons joua un rôle primordial. Après cet événement qui marqua l'art militaire, la trajectoire d'un boulet de canon devint un important sujet d'étude. Galilée (1564-1642) montra que ce trajet correspond à une parabole. Une parabole a pour équation une expression du second degré.

x	$f(x)$
0	0
2	1,608
4	2,432
6	2,472
8	1,728

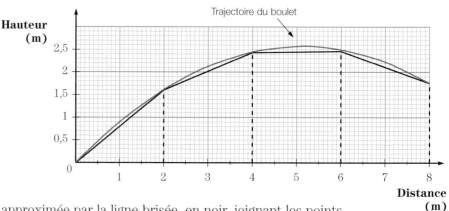

a) La trajectoire est approximée par la ligne brisée, en noir, joignant les points successifs notés dans la table de valeurs. En te servant des segments de droite de cette ligne brisée, développe une méthode pour estimer la hauteur du boulet pour une valeur de x comprise entre deux valeurs de x successives dans la table de valeurs. Applique ta méthode pour estimer la hauteur du boulet lorsque $x = 3,7$.

b) Un expert en balistique a trouvé la règle de correspondance suivante.

$$f(x) = x - 0{,}098\,x^2$$

Compare ta valeur de la hauteur estimée en **a)** avec la valeur $f(3,7)$ évaluée avec la règle de correspondance ci-dessus. Que penses-tu de ton estimation ?

1 Un anémomètre sert à mesurer la vitesse du vent.
On remarque qu'il fait 50 tours à la minute quand
le vent souffle à 15 km/h, 140 tours à la minute
quand le vent est de 42 km/h et 340 tours
à la minute pour un vent de 102 km/h.

a) Décris les variables indépendante (x)
et dépendante $(f(x))$ dans cette situation
et exprime à l'aide d'une équation la règle
de correspondance entre elles.

b) Cette fonction représente-t-elle un lien directement
proportionnel entre les variables? Explique ta réponse.

c) Quel est le taux de variation de cette relation?
Que représente-t-il dans ce contexte?

d) Si l'on mesure que l'anémomètre fait 220 tours à la minute,
quelle est la vitesse du vent?

e) Que signifie $f(100)$ dans cette situation? Quelle est sa valeur?

f) Que signifie $f(x) = 24$ dans cette situation? Quelle est alors la valeur de x?

2 Karine a une amie demeurant à l'étranger, qu'elle appelle de temps en temps. Le tableau
ci-dessous présente ses frais d'interurbain des cinq derniers mois selon le nombre de minutes.

NOMBRE DE MINUTES	50	180	120	140	200
FRAIS ($)	6,50	10,40	8,60	9,20	11,00

a) Trace le graphique représentant la somme payée $(f(x))$ par Karine selon le nombre
de minutes d'appel (x).

b) Exprime la règle de correspondance de cette fonction à l'aide d'une équation.
Cette fonction représente-t-elle un lien directement
proportionnel entre les variables?

c) Combien Karine doit-elle débourser par minute?

d) Trouve la valeur de $f(150)$ et de $f(160)$.
Qu'est-ce que ces valeurs
représentent dans la situation?

e) Si $f(x) = 7,40$, que vaut x?
Qu'est-ce que cela représente
dans la situation?

» Corrigé, p. 370

L'ordinateur et l'utilisation d'Internet

L'avènement d'Internet a séduit bien des gens et a entraîné l'arrivée massive d'ordinateurs personnels dans les foyers québécois. Pour quelles raisons utilise-t-on Internet à la maison ? Ce réseau de communication et d'information a-t-il changé les habitudes de vie des gens ? De quelles façons ? Combien de temps y consacre-t-on par semaine ?

En classe, échangez vos opinions personnelles sur les questions ci-dessus. Puis, répondez aux questions suivantes :

• Sur quelles informations bases-tu ton opinion ?

• Selon toi, ton opinion correspond-elle à celle de la majorité de la classe ? Des élèves de ton école ? De la population ?

• Comment pourrait-on trouver des réponses fiables à ces questions ? Des réponses qui reflètent vraiment l'opinion de la population en général.

Les raisons liées à l'utilisation d'Internet sont variées et fort nombreuses. Le diagramme circulaire ci-contre illustre les dix principales raisons mentionnées dans un sondage effectué auprès d'adultes sur leur usage d'Internet.

Dix principales raisons pour les adultes d'utiliser Internet à domicile en 2005

- Courrier électronique
- Navigation générale
- Bulletins météorologiques
- Trouver des renseignements ou faire des arrangements de voyage
- Voir les nouvelles et les sports
- Rechercher des renseignements médicaux
- Opérations bancaires
- Faire du « lèche-vitrine »
- Paiement des factures
- Rechercher des renseignements sur les administrations publiques

Source : Statistique Canada

• Y retrouves-tu des raisons semblables aux tiennes ? Quelles sont les raisons pour lesquelles tu utilises Internet ?

a) Décris une façon de procéder qui te permettrait de savoir assez précisément le nombre de minutes qu'une personne consacre à l'utilisation d'Internet par semaine et les raisons pour lesquelles elle l'utilise.

Ta façon de procéder pour recueillir les données est-elle pratique et efficace ? Quels biais pourrait-elle comporter ? Crois-tu qu'il soit possible de les minimiser ?

Au besoin, consulte Ma mémoire p. 309-310.

En 1943, le premier ordinateur ne comportant pas de pièces mécaniques est fabriqué. Il s'appelle ENIAC (Electronic Numerical Integrator and Computer). Il est composé de 18 000 lampes électriques et occupe une surface de 1500 m^2 ! La première erreur informatique est due à un insecte venu se loger dans les lampes et qui avait créé un court-circuit. Depuis, le terme anglais *bug* est associé à une erreur informatique.

Le tableau ci-contre présente une compilation des données recueillies par Myza auprès de 25 élèves choisis au hasard à la cafétéria de son école. Elle avait demandé à ces personnes de prendre en note le nombre de minutes pendant lesquelles elles utilisaient le réseau Internet au cours d'une semaine (7 jours).

NOMBRE DE MINUTES D'UTILISATION D'INTERNET PAR SEMAINE (7 jours)		
Nombre de minutes	Effectif	Fréquence
[0, 300[	6	24 %
[300, 600[	4	16 %
[600, 900[	8	32 %
[900, 1200[	5	20 %
[1200, 1500[	2	8 %

b) Quels sont le temps médian et le temps moyen d'utilisation d'Internet par semaine des personnes interrogées ? Laisse les traces de ta démarche.

c) Représente les données de Myza à l'aide d'un diagramme statistique approprié. Indique le temps en heures pour en faciliter l'interprétation.

d) Compare les mesures statistiques déterminées en **b)** et le diagramme que tu as réalisé en **c)** avec les deux diagrammes ci-dessous. Rédige un court texte journalistique commentant les données présentées dans les trois diagrammes. Cible des données précises pour appuyer tes commentaires. Émets ton opinion sur la situation.

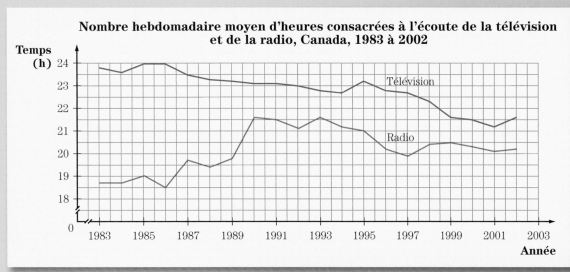

Nombre hebdomadaire moyen d'heures consacrées à l'écoute de la télévision et de la radio, Canada, 1983 à 2002

SOURCE : STATISTIQUE CANADA

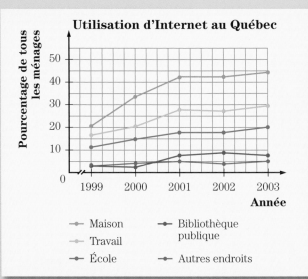

Utilisation d'Internet au Québec

— Maison
— Travail
— École
— Bibliothèque publique
— Autres endroits

SOURCE : STATISTIQUE CANADA

POUR UN CONSTAT PLUS RÉALISTE...

Pourquoi ne pas réaliser toi-même un sondage auprès d'au moins 25 personnes sur l'utilisation qu'elles font d'Internet et le temps qu'elles y consacrent par semaine ? Tu pourrais utiliser ces données pour répondre aux questions **b)**, **c)** et **d)**. Explique alors comment tu as choisi ton échantillon et précise sa taille et la façon dont s'est déroulée la collecte de données.

La Séquence en probabilité et statistique qui suit, aux pages 232 à 245, traite des histogrammes et des mesures de tendance centrale de données groupées, et pourra t'aider à résoudre entièrement cette situation.

Les histogrammes et les mesures de tendance centrale de données groupées

ACTIVITÉ 1 La représentation de données statistiques

Tu peux consulter Ma mémoire, p. 307-309, au sujet de certains mots de vocabulaire relatifs à la statistique.

PARTIE 1

Observe les diagrammes statistiques suivants et réponds aux questions ci-dessous.

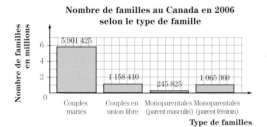

Nombre de familles au Canada en 2006 selon le type de famille

Causes de mortalité, population du Québec, 2001

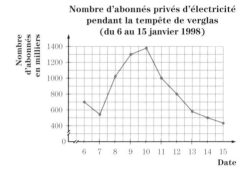

Nombre d'abonnés privés d'électricité pendant la tempête de verglas (du 6 au 15 janvier 1998)

a) Pour chacune des représentations, détermine la population visée et le caractère mesuré sur cette population.

b) Les caractères mesurés sont-ils quantitatifs (numériques) ou qualitatifs (non numériques) ? S'ils sont quantitatifs, sont-ils continus (nombres réels) ou discrets (nombres entiers) ?

c) Trouve, si c'est possible, le nombre total de données recueillies. Si c'est impossible, explique pourquoi.

PARTIE 2

Joins-toi à un ou une camarade pour valider vos réponses aux questions de la partie **1**. Effectuez ensuite les tâches ci-dessous en considérant la série de données ci-contre.

d) Déterminez s'il est possible de représenter ces données en utilisant l'un des trois types de diagrammes représentés à la partie **1**. Pour chaque diagramme non retenu, expliquez pourquoi vous le rejetez.

e) Décrivez au moins une caractéristique que devrait posséder un diagramme qui serait approprié pour représenter ces données.

Distance entre le domicile et le travail d'un groupe d'employés et employées (km)

0	2	6	7,5	11
13,5	14	15	15	18
19	20	21	21	24,5
26	27	27,5	29	30
30	32	32,5	34	36
37	38	38	39	40
42	43	54,5	64	93

≫ MISE EN PRATIQUE

1 Quel type de diagramme statistique pourrait être utilisé pour représenter les données d'une étude statistique portant sur les sujets suivants ?

a) Le salaire hebdomadaire des jeunes de ton école.

b) Le nombre d'accidents de travail selon le type d'emploi des jeunes de moins de 30 ans.

c) Le nombre d'heures de services psychologiques offerts chaque année à l'école au cours des 10 dernières années.

d) Le type de blessures subies par des joueurs de hockey des équipes collégiales.

≫ Corrigé, p. 370

Les données groupées en classes et l'histogramme

 Sur la feuille que l'on te remet sont suggérés des tableaux pouvant servir à la compilation des données de la partie **2** de l'activité précédente. Puisque les données sont nombreuses et très diversifiées, afin d'organiser la compilation, les tableaux comportent des classes.

a) Remplis les tableaux en compilant les données dans les diverses classes et détermine ainsi le nombre de données que comportera chacune des classes.

Le diagramme ci-dessous est un histogramme. Observe bien ses composantes. On le construit à partir d'un tableau de compilation où les données sont regroupées en classes. On peut ainsi avoir une vue d'ensemble de la répartition des données recueillies.

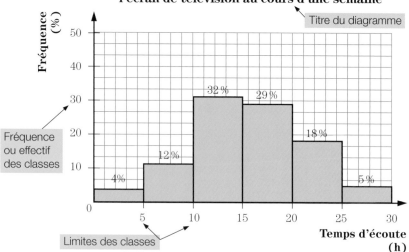

Temps que les jeunes de 12 à 17 ans passent devant l'écran de télévision au cours d'une semaine

Titre du diagramme

Fréquence ou effectif des classes

Limites des classes

Lorsque les données provenant d'une collecte sont à caractère continu (longueur, masse, temps, etc.), nombreuses et très diversifiées, il faut les organiser en classes afin de mieux les représenter.

On utilise souvent une écriture sous la forme d'intervalle pour désigner les classes. Par exemple, voici comment interpréter les trois classes suivantes.

Toutes les valeurs comprises entre 0 et 10, incluant 0, mais excluant 10. $[0, 10[$

Toutes les valeurs comprises entre 10 et 20, incluant 10, mais excluant 20. $[10, 20[$

Toutes les valeurs comprises entre 20 et 30, incluant 20, mais excluant 30. $[20, 30[$

b) Forme une dyade avec un ou une autre élève. Ensemble, choisissez, parmi les tableaux de compilation de données que vous avez remplis, un tableau qui vous semble approprié pour construire un histogramme représentant la répartition des données à la partie **2** de l'activité **1**, à la page précédente. Construisez cet histogramme.

c) Comparez votre histogramme avec celui des autres dyades. Établissez ensuite les caractéristiques d'un histogramme clair et informatif. Suggérez une façon de procéder pour déterminer le nombre de classes nécessaires selon les données recueillies et l'étendue de chacune des classes.

>> MISE EN PRATIQUE

1 Construis un tableau de compilation de données et un histogramme à partir des données ci-contre.

Masse des joueurs de l'équipe de football (en kilogrammes)

63	64	64	65	67	68	69
71	71	72	73	74	74	75
75	75	75	76	77	77	78
79	80	80	81	82	87	

» Corrigé, p. 371

La comparaison de distributions
de données groupées en classes

Voici deux histogrammes décrivant la répartition des revenus des habitants et habitantes de deux pays.

a) Au premier coup d'œil, que peux-tu dire au sujet des ressemblances et des différences entre les deux histogrammes en relation avec l'information qu'ils fournissent ?

Au chapitre 3, aux pages 162 à 177, tu as appris comment déterminer le mode, la médiane, la moyenne et l'étendue de données non groupées en classes.

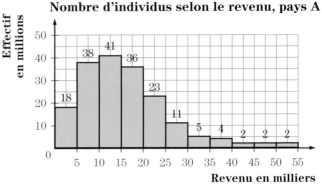

Nombre d'individus selon le revenu, pays A

b) Avec un ou une camarade, trouve une façon de procéder permettant de déterminer (ou d'estimer assez précisément) les mesures statistiques suivantes pour des données groupées en classes.

1) L'étendue
2) Le mode (la classe modale)
3) La médiane
4) La moyenne

c) En groupe classe, entendez-vous sur une façon de procéder pour déterminer chacune des mesures statistiques ci-dessus avec des données groupées en classes.

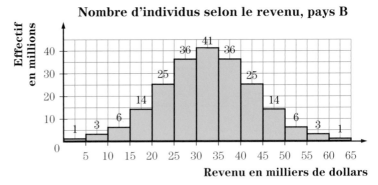

Nombre d'individus selon le revenu, pays B

d) Calcule les mesures statistiques pour chacun des histogrammes, puis compare de nouveau l'information relative aux deux pays en te servant des mesures statistiques calculées et des histogrammes. Ces mesures viennent-elles appuyer ton interprétation faite en **a)** ? Explique ta réponse.

» MISE EN PRATIQUE

1 Pour chacune des représentations de données, trouve la classe modale, la médiane, la moyenne et l'étendue.

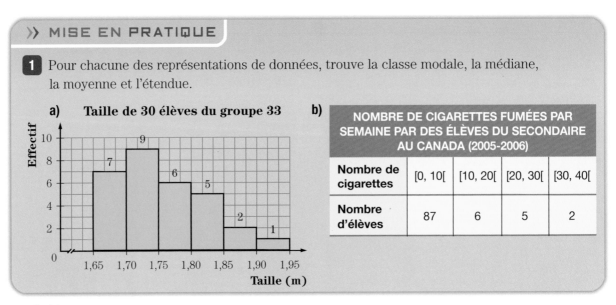

a) **Taille de 30 élèves du groupe 33**

b)

NOMBRE DE CIGARETTES FUMÉES PAR SEMAINE PAR DES ÉLÈVES DU SECONDAIRE AU CANADA (2005-2006)			
Nombre de cigarettes	[0, 10[	[10, 20[	[20, 30[	[30, 40[
Nombre d'élèves	87	6	5	2

» Corrigé, p. 371

Les histogrammes et les mesures de tendance centrale de données groupées

Choix d'un diagramme pour représenter des données

On peut distinguer trois catégories de diagrammes selon le type de données que l'on veut représenter.

- **Données qualitatives :** diagramme à bandes ou diagramme circulaire.

- **Données quantitatives discrètes peu nombreuses :** diagramme à bandes ou diagramme à ligne brisée.

- **Données quantitatives continues ou données nombreuses et très diversifiées :** histogramme et diagramme de quartiles.

Tableau de compilation de données groupées en classes et histogramme

Avant de construire un histogramme, il faut compiler les données dans un tableau de distribution où les données sont réparties dans différentes classes. Pour établir les classes, on peut procéder de la façon suivante.

> **RAPPEL**
>
> L'**étendue** d'une distribution correspond à l'écart entre la valeur minimale et la valeur maximale de la distribution.

1) On détermine d'abord l'étendue des données à classer.

2) Le nombre de classes est généralement de 5 à 10, selon la quantité et la diversité des données à classer. On divise l'étendue par le nombre de classes désiré afin d'avoir une idée de la largeur d'une classe. On ajuste ensuite la largeur des classes en considérant que :

> **RAPPEL**
>
> **Effectif** d'une classe : nombre de données appartenant à une classe.
>
> **Fréquence :** rapport d'un effectif au nombre total de données (généralement exprimé en pourcentage).

- chaque classe doit avoir la même largeur ;

- les classes doivent couvrir toute l'étendue sans se chevaucher.

3) Une fois les classes établies, on compile les données en les plaçant dans les différentes classes, pour finalement déterminer le nombre de données dans chacune d'elles (l'effectif de la classe).

Exemple :

Tableau de compilation

CLASSE	EFFECTIF	FRÉQUENCE
[0, 5[	12	4 %
[5, 10[	36	12 %
[10, 15[	96	32 %
[15, 20[	87	29 %
[20, 25[	54	18 %
[25, 30[	15	5 %

Histogramme et ses composantes

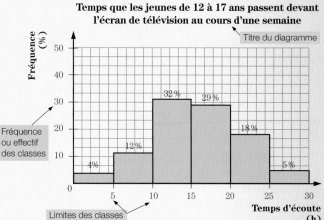

Calculer des mesures de tendance centrale de données groupées en classes

LA CLASSE MODALE ET LE MODE

La classe modale est la classe ayant le plus grand effectif ou la plus grande fréquence. Le mode correspondra à la valeur centrale de la classe modale

Classe modale : → [10, 15[heures

Mod = 12,5 heures

Exemple :

CLASSE	EFFECTIF	FRÉQUENCE
[0, 5[	12	4 %
[5, 10[	36	12 %
[10, 15[	96	32 %
[15, 20[	87	29 %
[20, 25[	54	18 %
[25, 30[	15	5 %

LA MÉDIANE

On détermine les fréquences cumulées. La médiane correspond à la valeur centrale de la classe où l'on atteint 50 % des données.

Méd = 17,5 heures →

Exemple :

CLASSE	EFFECTIF	FRÉQUENCE	FRÉQUENCE CUMULÉE
[0, 5[	12	4 %	4 %
[5, 10[	36	12 %	16 %
[10, 15[	96	32 %	48 %
[15, 20[	87	29 %	77 %
[20, 25[	54	18 %	95 %
[25, 30[	15	5 %	100 %

LA MOYENNE

On établit la moyenne par approximation, en remplaçant chaque donnée par la valeur centrale de la classe à laquelle elle appartient. On multiple alors chaque valeur centrale des classes par son effectif. On additionne ensuite tous les produits obtenus et l'on divise par l'effectif total. On peut aussi calculer la moyenne en considérant les fréquences : on multiplie chaque valeur centrale des classes par sa fréquence, puis on additionne tous les produits obtenus.

Exemple :

	DONNÉES			CALCUL DE LA MOYENNE	
Classe	Valeur centrale	Effectif	Fréquence	Avec effectif	Avec fréquence
[0, 5[	2,5	12	4 %	2,5 × 12 = 30	2,5 × 4 % = 0,1
[5, 10[	7,5	36	12 %	7,5 × 36 = 270	7,5 × 12 % = 0,9
[10, 15[	12,5	96	32 %	12,5 × 96 = 1200	12,5 × 32 % = 4
[15, 20[	17,5	87	29 %	17,5 × 87 = 1522,5	17,5 × 29 % = 5,075
[20, 25[	22,5	54	18 %	22,5 × 54 = 1215	22,5 × 18 % = 4,05
[25, 30[	27,5	15	5 %	27,5 × 15 = 412,5	27,5 × 5 % = 1,375
		300	100 %	4650 $\overline{X} = 4650 \div 300$ = 15,5	$\overline{X} = 15,5$

1 Voici les résultats en pourcentage de 40 élèves de troisième secondaire pour un travail en mathématiques.

75	80	91	84	62	57	87	95	74	66
61	57	71	63	54	81	89	67	71	59
87	61	63	99	70	96	71	85	61	50
65	71	80	79	72	58	77	85	65	76

Reproduis et remplis le tableau de compilation à partir des résultats ci-dessus.

RÉSULTAT (%)	EFFECTIF	FRÉQUENCE
[50, 60[		
[60, 70[		
[70, 80[		
[80, 90[		
[90, 100[		
Total		

> **RAPPEL**
>
> **Effectif d'une classe** : nombre de données appartenant à une classe.
>
> **Fréquence** : rapport d'un effectif au nombre total de données (généralement exprimé en pourcentage).

2 On a interrogé 30 élèves afin de savoir durant combien d'heures par semaine ils et elles regardent la télévision. Voici les résultats obtenus.

7,5	2	5	4	1,5	4	5	5	4,5	8
8	2	0	7	5	10	4,5	12	10,5	3
9	4,5	5	8	9	8	0	2	1	12

a) Détermine l'étendue de la distribution des données.

b) Construis un tableau de compilation semblable au tableau ci-dessous en formant six classes de même amplitude. Puis remplis le tableau.

NOMBRE D'HEURES	EFFECTIF	FRÉQUENCE RELATIVE

> L'**amplitude** d'une classe, c'est la longueur de l'intervalle qui la désigne. Par exemple, l'amplitude de chacune des classes du numéro **1** est 10.

L'usage de tableaux pour présenter des données statistiques, qui nous est si familier, remonte au milieu du 18e siècle. Auparavant, notamment en Allemagne, on décrivait qualitativement des données dont un État pouvait avoir besoin (le mot « statistique » provient du latin *statisticus*, signifiant « relatif à l'État »). Au début du 19e siècle, l'Écossais William Playfair (1759-1823) condense pour une première fois les informations des tableaux dans des histogrammes. Au milieu du siècle, une infirmière anglaise, Florence Nightingale (1820-1910), utilise avec succès des diagrammes circulaires pour démontrer que plus les hôpitaux militaires sont propres, plus le taux de mortalité y est réduit, entraînant du même coup des réformes dans l'ensemble des hôpitaux d'Europe.

3 Pour bien préparer ses élèves au concours Opti-math, une enseignante les soumet régulièrement à des évaluations formatives. Voici les derniers résultats (sur 100) obtenus par ses 35 élèves.

61	70	85	92	86	73	75	65	50	58	98	88
84	88	65	63	62	52	81	80	49	32	73	69
77	21	44	78	80	70	60	90	50	76	91	

a) Reproduis et complète le tableau de compilation ci-dessous.

NOTE	EFFECTIF	EFFECTIFS CUMULÉS	FRÉQUENCE	FRÉQUENCES CUMULÉES
[20, 30[				
[30, 40[				
[40, 50[				
[50, 60[				
[60, 70[				
[70, 80[				
[80, 90[				
[90, 100[				
Total				

b) Construis un histogramme représentant ces données.

4 Émilie s'initie au golf. Voici ses résultats à sa première saison.

140	140	135	132	120	125	115	117	126	110
118	122	109	115	117	108	110	99	108	115
122	106	107	98	97	118	124	105	103	102

a) Après avoir regroupé les données en classes, construis un tableau de compilation.

b) Construis un histogramme représentant ces données.

5 Voici des données sur le salaire horaire d'élèves ayant travaillé l'été dernier.

7,50	7,50	7,50	7,75	7,90	8,00	8,00	8,00	8,25	8,25	8,50	9,00
10,00	12,25	13,00	13,75	15,75	16,00	16,25	17,25	19,00	20,50	20,75	25,00

a) Construis un tableau de compilation.

b) À l'aide de ton tableau de compilation, estime la moyenne (sans calculer). Explique ton estimation.

c) Calcule, à l'aide des données brutes, la moyenne de la distribution.

d) Compare les deux valeurs obtenues en **b)** et **c)**. Ton estimation était-elle valable ?

6 Pour chacun des tableaux de compilation suivants, trace un histogramme.

a)

ÂGE DES PARTICIPANTS ET PARTICIPANTES À UN CAMPS D'ÉTÉ	
Âge	Fréquence
[6, 8[	20 %
[8, 10[	35 %
[10, 12[	20 %
[12, 14[	15 %
[14, 16[	10 %

c)

TAILLE DES ÉLÈVES	
Taille (cm)	Fréquence
[150, 160[	20 %
[160, 170[	45 %
[170, 180[	25 %
[180, 190[	10 %

b)

TEMPÉRATURE MAXIMALE QUOTIDIENNE EN JUILLET	
Température (°C)	Fréquence
[16, 19[	$13\frac{1}{3}$ %
[19, 22[	$16\frac{2}{3}$ %
[22, 25[	$13\frac{1}{3}$ %
[25, 28[	$13\frac{1}{3}$ %
[28, 31[	20 %
[31, 34[	$23\frac{1}{3}$ %

d)

RÉSULTAT À UN TRAVAIL DE FRANÇAIS	
Résultat (sur 100)	Fréquence
[40, 50[	2 %
[50, 60[	8 %
[60, 70[	22 %
[70, 80[	35 %
[80, 90[	22 %
[90, 100[	11 %

7 Pour chacune des distributions du numéro précédent, détermine la classe modale et estime la médiane et la moyenne.

8 Observe le tableau suivant.

NOMBRE DE DÉCÈS À LA SUITE D'UN ACCIDENT DE LA ROUTE AU QUÉBEC CHEZ LES JEUNES DE MOINS DE 20 ANS ENTRE 2000 ET 2002				
Âge	[0, 5[	[5, 10[	[10, 15[	[15, 20[
Effectif	24	39	61	257
Fréquence cumulée				

Source : La mortalité par traumatismes non intentionnels chez les jeunes Québécois de moins de 20 ans : une comparaison internationale, mai 2006. Mathieu Gagné, auteur, Unité Connaissance-surveillance, direction Planification, recherche et innovation. Institut national de santé publique. Tirée du Registre des décès du Québec, 2000-2002.

a) Reproduis et complète le tableau.

b) Construis un histogramme.

c) Estime l'âge moyen d'une victime de la route de moins de 20 ans.

9 Voici le temps que mettent les élèves de la 1re année du 2e cycle du primaire pour se rendre à l'école Saint-Louis.

TEMPS (en minutes)	EFFECTIF
[0, 5[	18
[5, 10[	22
[10, 15[	34
[15, 20[	32
[20, 25[	40
[25, 30[	17
[30, 35[	8
[35, 40[	5
[40, 45[	10
[45, 50[	14

a) Détermine la classe modale.

b) Estime la médiane.

c) Estime la moyenne.

d) Estime l'étendue.

e) Construis un histogramme.

10 On a demandé à 180 personnes à quel moment de la journée elles se sentaient le plus alertes pour faire un travail qui demande de la concentration. Les résultats sont compilés dans le tableau suivant.

HEURE DE LA JOURNÉE	[0, 2[	[2, 4[	[4, 6[	[6, 8[	[8, 10[	[10, 12[
EFFECTIF	2	4	8	11	29	27

HEURE DE LA JOURNÉE	[12, 14[	[14, 16[	[16, 18[	[18, 20[	[20, 22[	[22, 24[
EFFECTIF	23	28	24	13	7	4

a) Estime la médiane et l'étendue.

b) Quelle est la classe modale ?

c) Estime la moyenne.

11 Paula a demandé aux élèves de sa classe d'évaluer le nombre de calories qu'ils et elles avaient consommées la veille. Le tableau ci-dessous présente les résultats individuels.

a) À partir des données recueillies, construis, pour chacun des sexes, un tableau de distribution des données groupées en classes selon le nombre de calories consommées.

b) Pour chacun des sexes, quelle est la médiane ?

c) Pour chacune des distributions, réalise un histogramme afin d'illustrer la répartition des données.

d) Quelle est la moyenne pour les filles ?

e) Quelle est la moyenne pour les garçons ?

f) Interprète ces moyennes en considérant que, selon le Guide alimentaire canadien, un adolescent devrait absorber 2800 calories par jour et une adolescente, 2200.

g) Détermine l'étendue des données de chaque distribution.

h) Quelle est l'étendue interquartile de chaque distribution ?

PRÉNOM DE L'ÉLÈVE	SEXE	NOMBRE DE CALORIES
Cynthia	F	1250
Khloé	F	1900
Léa	F	2150
Joanne	F	2200
Vanessa	F	2300
Laurence	F	2400
Paula	F	2500
Béatrice	F	2600
Félix	M	2600
Alexis	M	2600
Nathan	M	2700
Olivier	M	2750
Thomas	M	2750
Sophie	F	2800
Frédéric	M	2850
Émile	M	2900
Louis	M	2950
Maria	F	3000
Xavier	M	3000
Grégoire	M	3100
Matthieu	M	4400

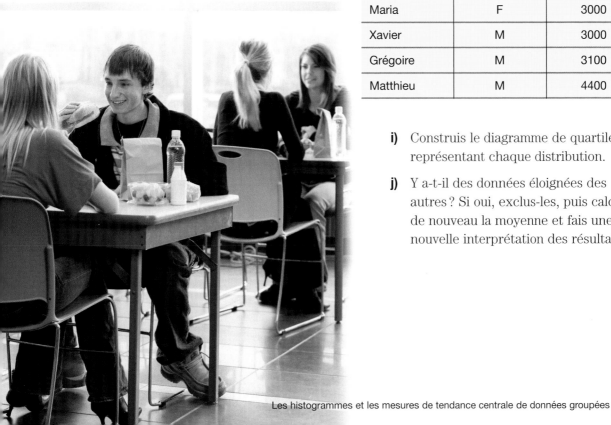

i) Construis le diagramme de quartiles représentant chaque distribution.

j) Y a-t-il des données éloignées des autres ? Si oui, exclus-les, puis calcule de nouveau la moyenne et fais une nouvelle interprétation des résultats.

12 Avec plus de sept millions de joueurs et joueuses répartis sur toute la planète, le jeu de stratégie Chevaliers magiques est très populaire, dans Internet. On a compilé les statistiques concernant l'heure à laquelle les participants et participantes québécois se sont connectés au serveur du jeu samedi dernier. Les résultats sont présentés par l'histogramme ci-dessous.

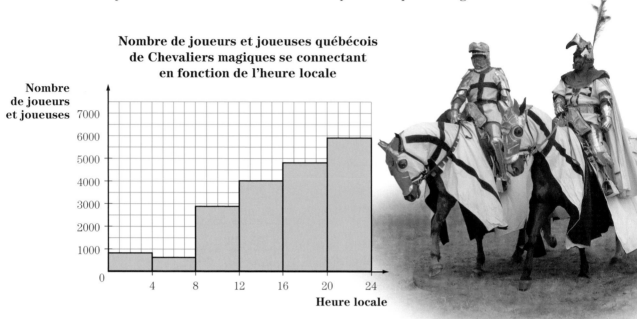

a) Quelle est la classe modale ? Estime le nombre total de données recueillies ?

b) Dans quelle classe la médiane se situe-t-elle ? Estime sa valeur.

c) Estime la moyenne. Dans quelle classe sa valeur se trouve-t-elle ?

d) Commente les résultats présentés par l'histogramme.

On a réalisé le même décompte avec les joueurs et joueuses japonais pour la même journée.

e) Réalise un histogramme à partir des données du tableau.

f) Quel est le nombre total de données recueillies au Japon ?

g) Quelle est la classe modale ?

h) Estime la médiane. Dans quelle classe sa valeur se situe-t-elle ?

i) Estime la moyenne. Dans quelle classe sa valeur se trouve-t-elle ?

j) Compare les deux histogrammes ainsi que les mesures statistiques calculées et commente la situation.

NOMBRE DE JOUEURS ET JOUEUSES JAPONAIS DE CHEVALIERS MAGIQUES SE CONNECTANT EN FONCTION DE L'HEURE LOCALE	
Heure locale	Nombre de joueurs et joueuses au Japon
[0, 4[	5 678
[4, 8[	4 345
[8, 12[	251
[12, 16[	90
[16, 20[	32 345
[20, 24[	21 362

13 Le tableau ci-dessous, portant sur le même jeu qu'au numéro **12**, donne de l'information sur le nombre d'heures durant lesquelles des participants et participantes du Québec ont joué le lendemain (le dimanche).

NOMBRE DE JOUEURS ET JOUEUSES SELON LE NOMBRE D'HEURES DE JEU	
Nombre d'heures de jeu	Nombre de joueurs et joueuses
[0, 2[	156
[2, 4[	967
[4, 6[	1354
[6, 8[	1399
[8, 10[	763

a) Trouve les mesures de tendance centrale (mode, médiane et moyenne) relatives à cette distribution.

b) Réalise un histogramme et compare toutes les informations statistiques avec celles du numéro **12** pour les joueurs et joueuses québécois. Quelles sont tes observations ?

14 M. Painchaud vient d'acheter une parcelle de terre au Témiscamingue. Il estime la mesure de la taille des arbres qui s'y trouvent et construit le tableau de compilation ci-contre.

a) Construis l'histogramme de cette situation.

b) Trouve la médiane, la moyenne, l'étendue et la classe modale de cette distribution.

c) Considère tous ces outils statistiques et commente la répartition des données. Quelle conclusion M. Painchaud peut-il tirer sur la taille des arbres de sa parcelle de terre ?

TAILLE (m)	EFFECTIF
[0, 2[	10
[2, 4[	20
[4, 6[	22
[6, 8[	20
[8, 10[	13
[10, 12[	9
[12, 14[	6
[14, 16[	10
[16, 18[	18
[18, 20[	28
[20, 22[	32
[22, 24[	29
[24, 26[	14

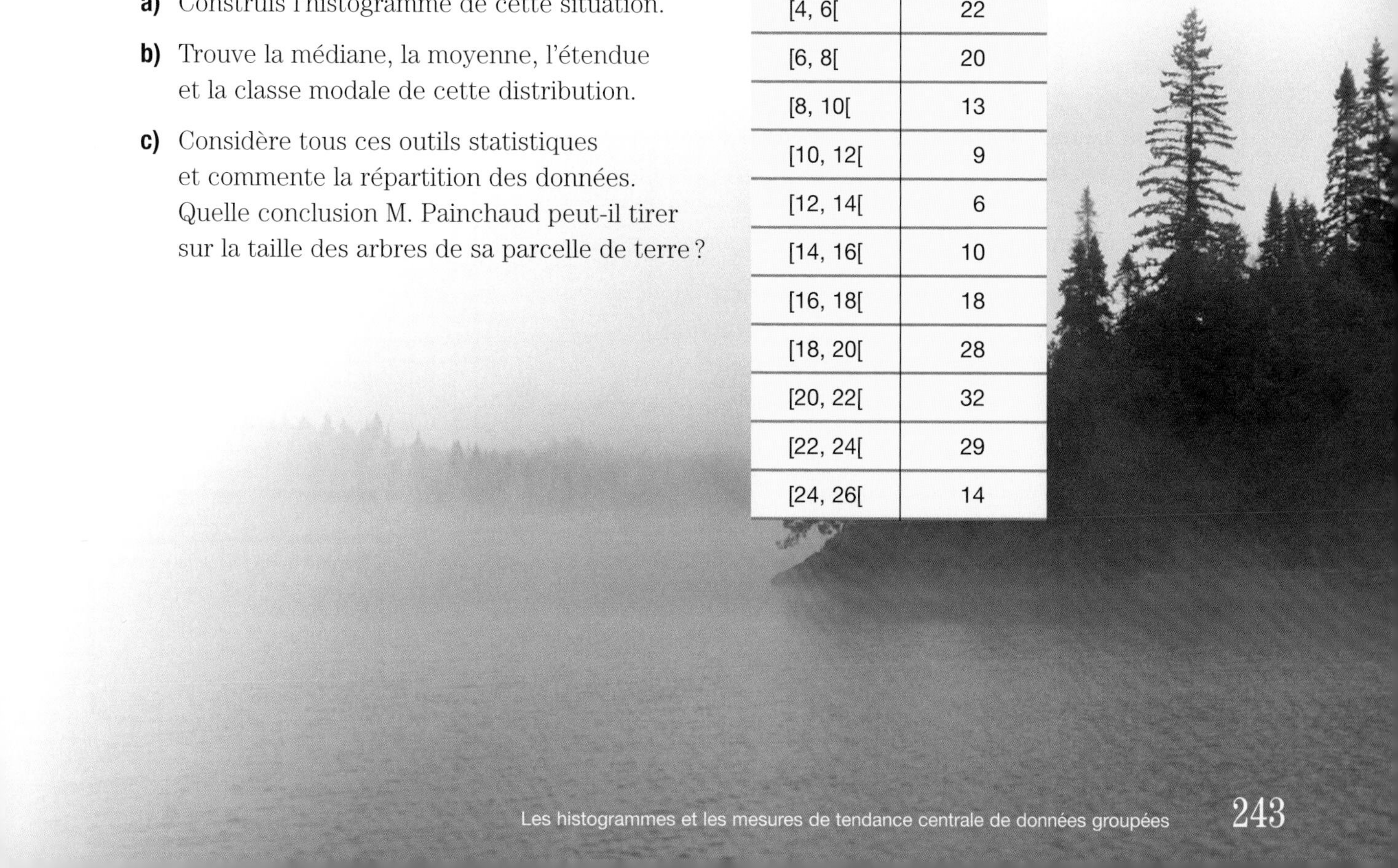

15 On veut comparer le temps de transport pour se rendre à l'école entre des élèves du primaire et du secondaire. Les données pour les élèves du primaire sont représentées à l'aide de l'histogramme ci-contre, tandis que celles pour les élèves du secondaire sont présentées dans un tableau de compilation.

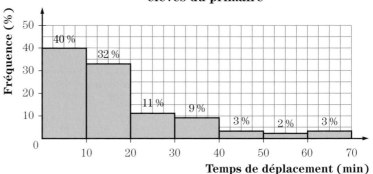

Temps de transport pour se rendre à l'école, élèves du primaire

TEMPS DE TRANSPORT POUR SE RENDRE À L'ÉCOLE, ÉLÈVES DU SECONDAIRE							
Temps de déplacement (min)	[0, 10[	[10, 20[	[20, 30[	[30, 40[	[40, 50[	[50, 60[	[60, 70[
Fréquence (%)	22	34	18	12	5	3	6

a) Pour chacune des deux distributions, construis un diagramme de quartiles. Estime la moyenne dans chaque distribution et indique sur chacun des diagrammes où elle se situe.

b) Compare les diagrammes de quartiles et commente tes observations.

PROBLÈME

16 L'histogramme du haut, ci-contre, a la forme d'un escalier. En ajoutant à sa droite des copies de sa classe modale, on obtient des histogrammes de plus en plus longs. La figure du bas illustre l'histogramme obtenu avec $n = 7$ où n correspond au nombre de classes modales. Comment varient les mesures de tendance centrale des distributions représentées par ces histogrammes lorsque n grandit ? Représente par Méd(n) et Moy(n) la médiane et la moyenne de l'histogramme comportant n classes modales.

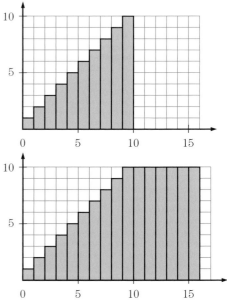

a) Fais une table de valeurs des fonctions Méd(n) et Moy(n) pour $n = 1, 2, 3, …, 8$. Représente ces fonctions dans deux graphiques différents et relie les points pour obtenir des lignes brisées.

b) Les fonctions Méd(n) et Moy(n) sont-elles croissantes ou décroissantes ? Ont-elles des paliers ? Quelles sont les valeurs possibles pour la médiane lorsque n varie ? À partir de quelle valeur de n la médiane fera-t-elle partie d'une classe modale ? Et la moyenne ?

c) Qu'en est-il du mode lorsque n varie ? Obtient-on une fonction ? Justifie ta réponse.

> Le Laboratoire d'outils technologiques qui suit, aux pages 246 à 255, traite des fonctions et pourra t'aider à résoudre entièrement cette situation.

1 Une firme de publicité s'intéresse à l'âge des gens qui écoutent la radio, afin de déterminer s'il s'agit d'un bon média pour atteindre son public cible.

ÂGE	[10, 20[	[20, 30[	[30, 40[	[40, 50[	[50, 60[	[60, 70[
PROPORTION DE L'AUDITOIRE RADIOPHONIQUE (%)	7,0	14,2	17,6	21,0	20,6	19,6

a) Trace l'histogramme qui correspond à cette distribution.

b) Quelle est la classe modale ?

c) Estime la moyenne et la médiane, ainsi que l'étendue. Justifie tes estimations.

d) Si le public cible de la firme est constitué des jeunes de 14 à 16 ans, la radio représente-t-elle un bon moyen pour les atteindre ? Explique ta réponse.

2 Marianne a recueilli la taille de tous les élèves de sa classe et a obtenu les résultats suivants (les mesures sont en mètres).

1,40	1,47	1,48	1,50	1,53	1,53	1,56	1,57	1,59	1,61
1,62	1,63	1,64	1,64	1,65	1,65	1,65	1,66	1,68	1,68
1,69	1,72	1,74	1,76	1,76	1,77	1,80	1,81	1,81	1,85

a) Construis un tableau de distribution dans lequel tu grouperas les données en classes. La moyenne se trouve-t-elle dans la classe modale ? Dans cette situation, y a-t-il une mesure de tendance centrale plus représentative qu'une autre ? Explique ta réponse.

b) Représente les données à l'aide d'un histogramme.

c) Commente la taille des élèves de cette classe.

Es-tu maintenant capable de résoudre entièrement la situation-problème L'ordinateur et l'utilisation d'Internet, aux pages 230 et 231 ?

>> Corrigé, p. 372

Les fonctions (*suite*)

Le domaine et l'image d'une fonction

Voici la description de trois situations où l'on met en relation deux quantités.

Situation 1	Situation 2	Situation 3
On assemble des cubes emboîtables de manière à ce qu'ils forment une tour. On considère le nombre de faces visibles selon le nombre de cubes formant la tour. Avec un cube, 6 faces sont visibles ; avec deux cubes, 10 faces sont visibles ; avec trois cubes, 14 faces, et ainsi de suite.	Un satellite est en orbite à 100 km d'altitude. Il se déplace à vitesse constante. On observe la distance qu'il a parcourue depuis le moment où il a été mis en orbite. Après une heure, il avait parcouru 28 000 km ; après deux heures, le double, et ainsi de suite.	Laure doit 1530 $ à sa banque pour sa carte de crédit. Elle décide de ne plus utiliser sa carte. Pour le remboursement de son compte, elle dépose 85 $ par semaine. Elle observe le solde de son compte toutes les semaines.

PARTIE 1

a) Pour chacune des situations, quelles sont la variable indépendante et la variable dépendante ?

b) Dans quel ensemble de nombres les valeurs de la variable indépendante peuvent-elles être prises ? Qu'en est-il des valeurs de la variable dépendante ?

c) Chacune de ces situations peut-elle être représentée par une fonction ? Explique ta réponse.

d) Sachant que x représente la variable indépendante dans chacune des situations, exprime à l'aide d'une équation la règle de correspondance dans chaque cas si les variables dépendantes sont représentées respectivement par

> Le **domaine** d'une fonction f est l'ensemble de toutes les valeurs que peut prendre la variable indépendante dans l'ensemble de départ et qui respectent la fonction. Il est noté dom f. Le domaine d'une fonction est un sous-ensemble de l'ensemble de départ.
>
> L'**image** d'une fonction f est l'ensemble de toutes les valeurs que peut prendre la variable dépendante dans l'ensemble d'arrivée et qui respectent la fonction. On la note ima f. L'image d'une fonction est un sous-ensemble de l'ensemble d'arrivée.

1) $f(x)$ **2)** $g(x)$ **3)** $h(x)$

PARTIE 2

e) En dyade, validez vos réponses de la partie **1**. Puis, ensemble, décrivez (en extension, en intervalle, à l'aide d'une droite numérique, etc.) le domaine et l'image de chacune des fonctions.

 f) À l'aide d'un outil technologique, tracez le graphique et une table de valeurs pour chacune des fonctions. Ces représentations respectent-elles le domaine et l'image de la fonction ? Expliquez votre réponse.

> **» MISE EN PRATIQUE**
>
> **1** Décris le domaine et l'image des fonctions qui correspondent aux situations suivantes.
>
> **a)** Une baignoire perd 20 L d'eau à la minute. La fonction f représente la quantité d'eau restante selon le temps : $f(x) = 225 - 20x$.
>
> **b)** Le prix d'entrée à un cinéma est de 7,50 $, peu importe l'âge de la personne. La fonction f représente le prix pour une entrée selon l'âge de la personne : $f(x) = 7,50$.

» Corrigé, p. 372

Des situations représentées par une ligne brisée

Le déplacement de Karim pour se rendre à l'école comporte
plusieurs étapes. Lis attentivement la description
d'un de ses déplacements dans l'encadré ci-contre.

PARTIE 1

Après ta lecture, réponds aux questions suivantes.

a) Quelles sont la variable indépendante et la variable
dépendante dans cette situation ?

b) Dans quel ensemble de nombres les valeurs de
la variable indépendante peuvent-elles être prises ?
Qu'en est-il des valeurs de la variable dépendante ?

c) Représente globalement la situation à l'aide
d'un graphique comportant des axes non gradués.
Combien d'étapes le déplacement de Karim compte-t-il ?

> D'abord, Karim marche d'un pas
> régulier jusqu'à la station de métro
> à 500 m de chez lui, qu'il atteint en
> 8 minutes. Il attend le métro durant
> 2 minutes, sans se déplacer. Puis
> il entre dans un wagon et parcourt
> 3 km en 4 minutes. En descendant
> du métro, il rencontre une amie et
> parle avec elle durant 10 minutes,
> sans se déplacer sur le quai.
> Finalement, il se rend d'un pas
> régulier à son école, à environ
> 250 m de la station, en 4 minutes.

PARTIE 2

En dyade, comparez vos graphiques et vérifiez s'ils représentent bien la situation dans son ensemble.

d) Sur la feuille que l'on vous remet, tracez plus précisément le graphique représentant chacune
des étapes du déplacement de Karim, à l'aide d'une ligne brisée. Trouvez les équations
des fonctions associées aux différentes étapes.

e) Pour chaque fonction, décrivez son domaine et son image. De plus, indiquez s'il s'agit
d'une fonction croissante, décroissante ou constante.

f) En combien de temps Karim a-t-il parcouru les 325 premiers mètres en partant de chez lui ?

g) Quelle est la vitesse moyenne du métro ?

>> MISE EN PRATIQUE

1 Trace la ligne brisée représentant la situation
décrite ci-contre et trouve les équations
des fonctions associées à chacune des parties.
Pour chaque fonction, décris son domaine
et son image. De plus, précise pour chaque
partie, s'il s'agit d'une fonction croissante,
décroissante ou constante.

> Durant 7 heures, la température a été de ⁻5 °C,
> puis elle s'est mise à grimper régulièrement
> durant 4 heures jusqu'à atteindre 8 °C.
> La température est ensuite restée la même
> durant 6 heures, puis elle a baissé régulièrement
> durant 5 heures pour atteindre ⁻2 °C.

» Corrigé, p. 372

Les fonctions (*suite*)

Le domaine et l'image d'une fonction

Le domaine d'une fonction *f* est l'ensemble de toutes les valeurs que peut prendre la variable indépendante dans l'ensemble de départ et qui respectent la fonction. Il est noté dom *f*. Le domaine d'une fonction est un sous-ensemble de l'ensemble de départ.

L'image d'une fonction *f* est l'ensemble de toutes les valeurs que peut prendre la variable dépendante dans l'ensemble d'arrivée et qui respectent la fonction. On la note ima *f*. L'image d'une fonction est un sous-ensemble de l'ensemble d'arrivée.

> Attention ! Lorsqu'on utilise un outil technologique pour représenter une fonction, les ensembles de départ et d'arrivée sont les nombres réels, par défaut.

On représente les domaines et les images de la même façon qu'on exprime les ensembles.

Exemples :

En extension :	dom f = {1, 2, 3, 4, 5}	ima f = {3, 6, 9, 14, 15}
En compréhension :	dom f = {$x \in \mathbb{R}\ \vert x \geq 10$}	ima f = {$x \in \mathbb{R}\ \vert {}^-2 < x \leq 36$}
En intervalle :	dom f = [10, ${}^+\infty$[	ima f =]${}^-2$, 36]

Les fonctions définies par parties

De nombreuses situations de la vie courante peuvent comporter différentes parties, où chacune est associée à un taux de variation constant, qui peut différer d'une partie à l'autre. De telles situations se décrivent graphiquement par une ligne brisée où chacune des parties représente une fonction définie sur un intervalle précis (son domaine).

Exemple :

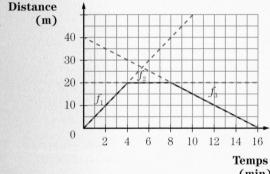

$f_1(x) = 5x$ dom f_1 = [0, 4]   ima f_1 = [0, 20]
$f_2(x) = 20$ dom f_2 = [4, 8]   ima f_2 = {20}
$f_3(x) = 40 - 2{,}5x$ dom f_3 = [8, 16]   ima f_3 = [0, 20]

Dans le graphique ci-dessus, la fonction f_1 est croissante (taux de variation positif), la fonction f_2 est constante (taux de variation nul) et la fonction f_3 est décroissante (taux de variation négatif).

1 Le graphique ci-dessous décrit la vitesse d'une voiture au cours d'un déplacement selon le temps écoulé depuis le départ.

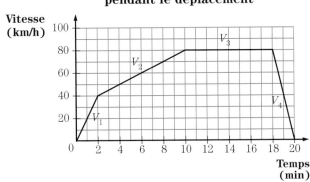

Vitesse de la voiture pendant le déplacement

Cette situation est décrite à l'aide d'une ligne brisée comportant quatre parties. Chacune d'elles peut être associée à une fonction (V_1, V_2, V_3 ou V_4) définie dans des intervalles précis.

a) Parmi V_1, V_2, V_3 et V_4, quelles fonctions sont constantes ? croissantes ? décroissantes ?

b) Décris en intervalles

   1) dom V_1 et ima V_1 ;

   2) dom V_2 et ima V_2 ;

   3) dom V_3 et ima V_3 ;

   4) dom V_4 et ima V_4.

c) Associe chacune des fonctions (V_1, V_2, V_3 et V_4) à l'une des équations suivantes.
$y = 80$,
$y = 5x + 30$,
$y = {}^-40x + 800$
$y = 20x$.

2 Les règles de correspondance exprimées ci-dessous définissent chacune des parties d'une ligne brisée sur une représentation graphique.

$f_1(x) = {}^-2x + 18$ dom $f_1 = [0, 5]$

$f_2(x) = 8$ dom $f_2 = [5, 7]$

$f_3(x) = {}^-x + 15$ dom $f_3 = [7, 12]$

$f_4(x) = 3x - 33$ dom $f_4 = [12, 15]$

a) Trace cette représentation graphique et précise pour chacune des fonctions si elle est croissante, décroissante ou constante.

b) Décris l'image de f_1, f_2, f_3 et f_4.

3 Le coût de location d'un DVD est de 6 $ pour une période de 24 heures. Les frais de retard sont de 0,50 $ par heure, jusqu'à un maximum de 20 $.

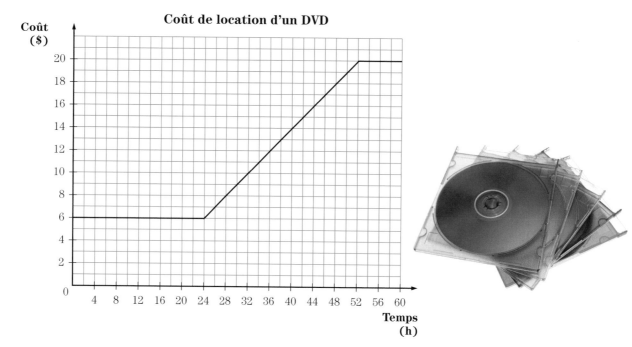

a) Décris le domaine des fonctions associées à chacune des trois parties de cette situation.

b) Décris l'image de ces fonctions.

c) Détermine $f(72)$ dans cette situation. Décris à l'aide de mots ce que cela signifie dans la situation.

4 Les règles de correspondance exprimées ci-dessous définissent chacune des parties d'une ligne brisée sur la représentation graphique d'une situation.

$f_1(x) = 4x$	$\text{dom}\,f_1 = [0, 10]$
$f_2(x) = 2,5x + 15$	$\text{dom}\,f_2 = [10, 24]$
$f_3(x) = 75$	$\text{dom}\,f_3 = [24, 500]$

a) Trace cette représentation graphique, sachant que x représente un temps en secondes et $f(x)$, une distance en mètres.

b) Décris l'image de f_1, f_2 et f_3.

c) Évalue $f(20)$. Quelle est la vitesse à ce moment ?

d) Si $f(x) = 14$, que vaut x ? Quelle est la vitesse à ce moment ?

e) À l'aide d'un court texte, décris une situation qui pourrait être représentée par ce graphique.

5 Indique le domaine et l'image des fonctions décrites ci-dessous.

a) La règle de correspondance $f(x) = 52x$ représente le nombre de places assises dans une rame d'au plus 12 wagons de métro, qui comptent chacun 52 places assises.

b) La règle de correspondance $f(x) = 3x - 230$ représente le profit réalisé à l'occasion d'une fête pour laquelle le coût de la location de la salle était de 230 $ et le coût d'entrée, 3 $ par personne. La capacité de la salle est de 130 personnes.

c) La règle de correspondance $f(x) = 18,5$ représente la somme à débourser pour manger au restaurant Buffet Sourire, où il en coûte 18,50 $ peu importe ce que l'on mange.

d) La règle de correspondance $f(x) = 265 - 100x$ représente la distance qui sépare une voiture de Québec si elle part de Montréal et qu'elle se déplace à 100 km/h.

6 Donne les règles de correspondance des différentes fonctions associées aux cinq parties de la ligne brisée ci-dessous.

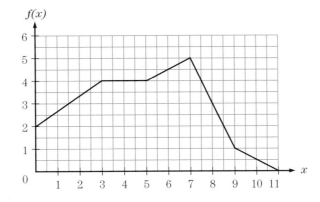

Pour chacune des fonctions, décris son domaine et son image. Précise également si la fonction est croissante, décroissante ou constante.

7 Le championnat de triathlon Ironman qui a lieu chaque année dans l'État d'Hawaii consiste en une épreuve d'endurance en trois étapes : 3,86 kilomètres à la nage, puis 180,2 kilomètres à vélo et 42,2 kilomètres de course. Une athlète a mis 50 minutes pour terminer la première étape, 4 h 30 pour la deuxième et 2 h 45 pour la dernière.

a) Si x représente le temps et $f(x)$ le nombre de kilomètres parcourus, trace la ligne brisée représentant cette situation.

b) Trouve les règles de correspondance décrivant les fonctions qui correspondent aux différentes parties du graphique.

c) Pour chacune des fonctions, décris le domaine et l'image.

d) Après combien de temps l'athlète a-t-elle franchi 100 km ? À quelle vitesse a-t-elle franchi le centième kilomètre ?

e) À quelle étape de la course a-t-elle été le plus rapide ? Comment cela se traduit-il sur ton graphique ?

8 En cuisinant, Mathieu s'est fait une coupure assez profonde pour qu'il perde la sensibilité sur une partie de son doigt. Le médecin lui explique que, lorsque le nerf d'un doigt est coupé, l'extrémité meurt. Mathieu a perdu 3,8 cm de son nerf. Cependant, si on peut refaire le lien comme il faut, le nerf repousse à la vitesse de 1 mm par jour au début, puis de 0,2 mm par jour pour les deux derniers millimètres.

a) Trace le graphique qui correspond à la situation.

b) Pour chaque partie, trouve la règle de correspondance de la fonction qui y est associée. Décris aussi son domaine et son image.

c) Dans deux semaines, quelle sera la longueur de la partie insensible du doigt de Mathieu ?

d) Dans combien de temps le doigt aura-t-il retrouvé toute sa sensibilité ?

9 Sophie chante dans un groupe amateur. Les membres du groupe veulent faire produire le disque qu'ils ont enregistré. Le coût pour produire un disque à grande échelle varie selon le nombre de reproductions ; il en coûte 8 $ par disque pour les 500 premières copies, 6 $ par disque entre 501 et 2000 copies, et 5 $ par disque pour plus de 2000 copies.

a) Trace le graphique qui correspond à la situation.

b) Pour chaque partie, trouve la règle de correspondance de la fonction qui y est associée. Décris aussi son domaine et son image.

c) Combien de copies Sophie peut-elle commander avec un budget de 4200 $?

10 Récemment, Alexandre et Jonathan ont commencé un programme d'entraînement, en calculant chaque jour le temps qu'il leur faut pour exécuter leur série d'exercices. La première semaine, ils mettaient toujours 60 minutes par jour pour la compléter. À partir de la huitième journée, leur temps a diminué d'environ deux minutes par jour. Quand ils ont eu atteint un temps de 44 minutes, il devenait plus difficile de s'améliorer et leur temps n'a plus diminué que d'environ 30 secondes par jour, pour ne plus changer à partir du 32e jour.

a) Trace un graphique représentant le temps mis pour exécuter la série d'exercices selon le nombre de jours depuis le début du programme.

b) Pour chaque partie, trouve la règle de correspondance de la fonction qui y est associée. Décris aussi son domaine et son image.

11 Catherine travaille dans un restaurant. Le graphique ci-dessous représente le nombre de clients et clientes selon l'heure de la journée.

a) Reproduis et complète le tableau suivant.

HEURE	RÈGLE DE CORRESPONDANCE
[8, 10]	$f_1(x) =$
[10, 11]	$f_2(x) =$
[11, 13]	$f_3(x) =$
[13, 14]	$f_4(x) =$
[14, 15]	$f_5(x) =$

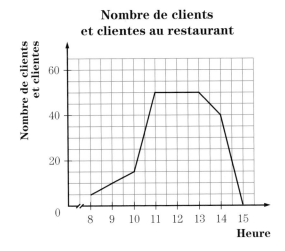

Nombre de clients et clientes au restaurant

Catherine est très occupée lorsque le nombre de clients et clientes augmente et moins lorsqu'il diminue.

b) Entre quelles heures de la journée Catherine est-elle plus occupée ? À partir de quelle heure peut-elle prendre quelques pauses ?

c) Quelle est l'image de cette fonction ? À quoi cela correspond-il dans ce contexte ?

12 Mathilde marche durant 10 minutes, puis se met à courir. Après 15 minutes, elle s'arrête 2 minutes pour reprendre son souffle. Elle reprend ensuite sa course à la même vitesse, durant 20 minutes.

a) Si l'on voulait tracer une ligne brisée représentant la distance parcourue en fonction du temps, combien de parties y aurait-il ?

b) Ce graphique comprendrait-il un segment horizontal ? Si oui, à quelle partie du parcours de Mathilde correspondrait-il ?

c) Décris le domaine de chacune des parties de ce graphique.

d) De quelle information aurait-on besoin pour décrire les images ?

e) Quelle caractéristique commune les segments représentant la 2e et la 4e partie ont-ils ?

PROBLÈME

13 Imagine un collier formé de cinq tiges droites et minces, toutes de même taille, suspendues dans l'espace, le collier étant retenu seulement par ses extrémités, comme dans l'illustration ci-contre.

L'expérience suivante va te faire découvrir une propriété surprenante qui est toujours satisfaite, quel que soit le nombre de tiges suspendues et la position des extrémités du « collier ».

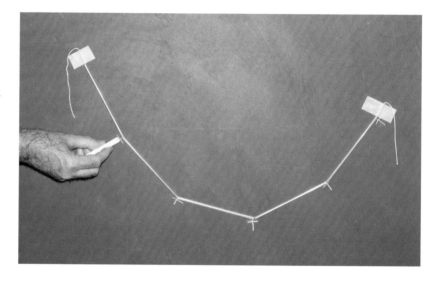

Réalise un modèle de ce collier, par exemple en faisant passer un fil mince à travers cinq tiges égales (macaronis longs, pailles, etc.). Suspends ensuite ton collier en collant ses extrémités au tableau de la classe, sur un plan cartésien qui y aura été préalablement tracé. Marque par un point la position des extrémités du collier et la position des joints entre les tiges. Imagine que ces points sont les extrémités des segments d'une ligne brisée. Trouve le taux de variation associé à chacun des segments.

 a) Quelle régularité semble se dégager à propos des taux de variation ? Fais une conjecture en utilisant les données de ton expérience ainsi que celles de la feuille que l'on te remet.

b) Vérifie ta conjecture en suspendant le collier dans une autre position, ou en considérant un autre nombre de tiges. Compare tes résultats avec d'autres élèves qui ont réalisé l'expérience.

1 Pierre fait une petite marque à la hauteur du niveau de l'eau de sa piscine hors terre pour voir comment il varie au fil des jours. Le premier jour d'observation, le niveau de l'eau était à 1,45 m du fond. Le troisième jour, il avait diminué de 5,2 cm. Le sixième jour, il avait augmenté de 9,6 cm. Le neuvième jour, il était inchangé.

a) Si x représente le nombre de jours d'observation et $f(x)$ le niveau de l'eau en mètres, trace la ligne brisée représentant cette situation.

b) Trouve les règles de correspondance décrivant les fonctions qui correspondent aux différentes parties du graphique. Pour chacune d'elles, décris le domaine et l'image.

c) Précise quelle fonction est croissante, décroissante ou constante. Qu'est-ce que cela signifie dans la situation ?

2 Noémie a un salaire horaire de 16 $. Lorsqu'elle travaille plus de 35 heures par semaine, son salaire horaire est augmenté de 8 $ pour chaque heure supplémentaire.

a) Trace le graphique représentant le salaire hebdomadaire de Noémie selon le nombre d'heures travaillées.

b) Donne la règle de correspondance de la fonction associée à chacune des parties de cette situation.

c) Décris le domaine de la fonction qui représente un lien directement proportionnel entre les variables. Qu'est-ce que cette fonction représente dans la situation ?

d) À quoi correspond le taux de variation de chacune des deux fonctions ?

» Corrigé, p. 373

L'ordinateur, la nouvelle boule de cristal

Parmi les multiples tâches que peuvent réaliser les ordinateurs, la simulation est l'une des plus utilisées. C'est particulièrement vrai dans le domaine de la météo et de l'environnement. Au début de l'année 2007, un groupe de spécialistes en environnement (GIEC) s'est réuni à Paris pour faire le point sur l'avenir climatique de la planète. Dans bien des cas, ces spécialistes s'appuyaient sur des modèles informatisés pour tirer leurs conclusions. Cependant, plusieurs aspects du climat sont encore mal connus et les modèles imparfaits.

Le sigle GIEC signifie Groupe intergouvernemental sur l'évolution du climat. Créé par les Nations unies en 1988, ce groupe comprend des experts et expertes de l'ensemble de la communauté scientifique internationale.

En matière de simulation informatique, le Japon dispose d'un ordinateur d'une puissance inégalée, appelé Earth Simulator. Cet ordinateur permet, entre autres choses, de prévoir l'impact de divers scénarios possibles sur le plan du climat.

1er TEMPS   Exploration de quelques aspects de la question climatique

Forme une triade avec deux autres élèves. Choisissez chacun une des fiches d'information de la page suivante et effectuez individuellement les tâches qui y sont demandées, puis présentez vos réponses aux autres membres de l'équipe. Préparez un document final regroupant les réponses liées aux trois fiches.

2e TEMPS   Petites actions, grands changements…

Choisissez un problème sur l'environnement qui vous préoccupe. Informez-vous sur ce problème et trouvez une façon originale de le présenter clairement au reste de la classe. Donnez un exemple d'utilisation des mathématiques en relation avec le problème étudié. Dans votre présentation, donnez également une ou des suggestions de ce que chaque personne pourrait faire pour essayer de diminuer l'impact de ce problème sur l'environnement.

Pensez à noter toutes vos sources d'information (livres, revues, sites Internet, etc.). Dans la préparation de votre présentation, utilisez des outils technologiques pour rendre plus attrayants les renseignements que vous transmettrez. Faites bien ressortir le lien entre le problème analysé et les mathématiques. Ce problème a-t-il un lien avec le réchauffement climatique ? Quel est ce lien ?

Fiche 1 — La modélisation des nuages

De nombreux spécialistes s'accordent pour dire que la modélisation des nuages représente l'une des plus grandes difficultés en matière de simulation informatisée du climat. Mais comment peut-on modéliser un nuage ?

On peut simuler la formation d'un nuage de la façon suivante : on suppose qu'un certain nombre de gouttes entourent une goutte initiale de manière à former une première couche autour d'elle. Cet amoncellement de gouttes est entouré à son tour par une autre couche de gouttes. Le phénomène se poursuit jusqu'à former un nuage correspondant à de nombreuses couches superposées autour d'une goutte initiale.

À l'aide d'un polynôme, exprime une estimation du volume d'un nuage modélisé selon la description ci-dessus si ce nuage est composé de n couches de gouttes dont le rayon de chaque goutte est représenté par r unités.

Rayon du nuage

n couches de gouttes

Fiche 2 — Les émissions de CO_2 (dioxyde de carbone)

Le CO_2 est à la source de l'effet de serre qui contribue au réchauffement climatique. Ce gaz forme une couche autour de la Terre un peu comme la toile autour d'une serre. Ainsi, l'air chauffé par le soleil est emprisonné autour de la Terre et la température augmente. Le diagramme ci-dessous représente le nombre de tonnes de CO_2 émises par personne par année dans divers pays.

Au Canada, ce nombre est d'environ 19,05 tonnes. Compare cette donnée avec la moyenne et la médiane mondiales. Quelles sont tes conclusions ?

Nombre de tonnes de CO_2 émises par personne par année dans divers pays

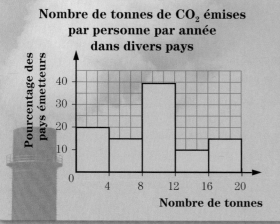

Pourcentage des pays émetteurs
Nombre de tonnes

Fiche 3 — Que nous réserve l'avenir ?

Les scientifiques étudient divers scénarios sur la situation climatique selon certaines tendances. La première partie de la ligne brisée du graphique ci-dessous montre la situation telle qu'elle a été durant 90 ans (à partir du début du 20e siècle). La seconde partie représente comment elle pourrait évoluer au cours des 30 années suivantes.

Exprime la règle de correspondance de chacune de ces parties à l'aide d'une équation. Quel est l'écart entre les taux de variation des deux parties ? Trace une troisième partie à la ligne brisée selon ton opinion sur l'évolution de la situation dans les 30 années qui suivront et exprime la règle de correspondance de cette partie. En quelques phrases, décris ton scénario pour l'avenir.

Écart de la température par rapport à la moyenne calculée entre 1950-1980 selon les années à partir de 1900

Écart à la moyenne (°C)

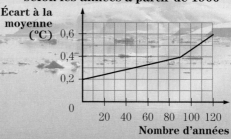

Nombre d'années

Messages et stratégies mathématiques

Les représentations sont très nombreuses en mathématiques. Symbolisme, graphiques, diagrammes, schémas, formes d'écriture des nombres ne sont que quelques exemples de représentations pouvant être utilisées.

Observe les messages mathématiques ci-dessous. Arrives-tu à bien les interpréter ? Selon toi, certains d'entre eux comportent-ils des erreurs ? Si oui, quelles sont ces erreurs ?

MESSAGE 1

$$38 + 123 = 161 - 52 = 109 \times 6 = 654 \div 3 = 218$$

MESSAGE 2

$$\frac{3ab + 4a^2b}{3ab^3} = 4ab$$

MESSAGE 3

x	$f(x)$
0	0
1	1
2	4
3	9
4	16
5	25
6	36

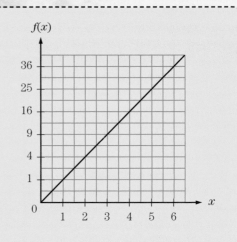

MESSAGE 4

$$\mathrm{m}\ \overline{\mathbf{AB}} = \sqrt{4^2 + 3^2}$$

$$\mathrm{m}\ \overline{\mathbf{AB}} = \sqrt{16 + 9}$$

$$\mathrm{m}\ \overline{\mathbf{AB}} = \sqrt{25}$$

$$\mathrm{m}\ \overline{\mathbf{AB}} = 5 \text{ unités}$$

Pyramide droite à base rectangulaire

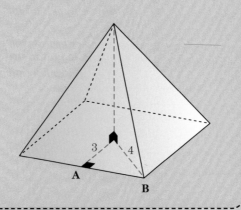

Choisis un problème dans la banque des pages 260 et 261 et essaie de le résoudre. Puis suis les consignes ci-dessous, en répondant aux questions.

- Échange ta solution contre celle d'un ou une camarade.

- Lis le problème associé à cette solution.

- Essaie de t'approprier la solution qui t'a été remise.

- Parviens-tu à suivre la solution du début à la fin ?

- Selon toi, y a-t-il des informations manquantes ? Si oui, lesquelles ?

- Les messages mathématiques composant la solution respectent-ils les règles et les conventions qui y sont associées ? Sinon, quelles sont les erreurs ? La présence d'erreurs occasionne-t-elle un problème d'interprétation ?

- Selon toi, la solution est-elle erronée ? Si oui, pourquoi ?

Remets la solution à son propriétaire.

Partage tes réponses aux questions ci-dessus avec cette personne et, ensemble, améliorez vos solutions.

STRATÉGIES DE COMMUNICATION

Pour résoudre un problème, il est souvent utile de reprendre sa solution (en partie ou en totalité), de la partager, de la valider, etc. Les messages mathématiques composant une solution doivent être clairs, structurés et respecter les règles et les conventions d'usage.

Les questions ci-dessous constituent quelques pistes qui pourraient t'aider à présenter une solution claire et structurée.

- Peux-tu repérer facilement les différentes étapes qui composent ta solution ?
- Le résultat final se distingue-t-il du reste de la solution ?
- Est-il facile de voir d'où proviennent les différentes valeurs impliquées dans la solution ?
- Le langage mathématique utilisé (opérations, équations, expressions algébriques, tables de valeurs, graphiques, diagrammes, etc.) respecte-t-il les règles et conventions qui le régissent ?
- Ta solution est-elle claire du début à la fin ? Pour le vérifier, relis-la en te mettant dans la peau d'une autre personne.

Lorsque tu entreprendras la résolution des problèmes des pages suivantes, mets en pratique une ou plusieurs des stratégies de communication suggérées par les questions ci-dessus.

1 En économie, on dit qu'on est à un point d'équilibre entre l'offre et la demande lorsque les deux sont égales. Graphiquement, on reconnaît ce point comme le point d'intersection E de la courbe de l'offre et de la courbe de la demande, comme sur la figure ci-contre. L'aire de la région triangulaire A_1 est appelée « demande excédentaire » et celle de la région triangulaire A_2, « offre excédentaire ».

Si, pour un certain produit, la demande en fonction de la quantité (q) produite est donnée par $D(q) = 14\,000 - 3q$ et que l'offre est représentée par la fonction $O(q) = 2q + 150$, calcule la demande excédentaire et l'offre excédentaire pour ce produit.

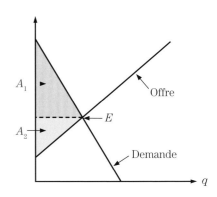

2 Une compagnie fabrique des haltères constitués d'une poignée cylindrique reliant deux poids ayant la forme de prismes à base hexagonale. Le cylindre a 4 cm de diamètre et 13 cm de hauteur. Les prismes hexagonaux ont 8 cm de hauteur et la grandeur de leur arête varie selon leur masse. Si un poids de 5 kg est associé a une arête de 6 cm, exprime à l'aide d'une équation la fonction représentant la masse d'un haltère selon son volume.

3 Un DVD peut stocker jusqu'à 4,7 giga-octets d'information. La surface utilisable du disque a la forme d'un anneau et est contenue entre un petit cercle et un grand cercle. Sachant que l'information est gravée à partir du petit cercle vers l'extérieur du disque, trouve l'équation de la quantité d'information stockée (en méga-octets) en fonction de la largeur (x) de la partie utilisée de l'anneau, en te référant à l'illustration ci-contre.

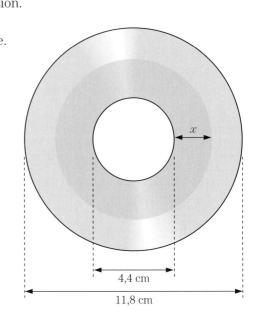

4,4 cm

11,8 cm

4 On étudie la croissance d'une plante de 5 cm sur une période de sept jours.

JOUR	0	1	2	3	4	5	6	7
TAILLE (cm)	5,0	7,4	10,6	14,7	19,6	25	30,4	35,3

Trace le graphique de la fonction définie par partie qui décrit
la croissance de cette plante jusqu'au dixième jour.
Explique ta démarche.

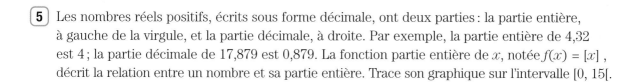

5 Les nombres réels positifs, écrits sous forme décimale, ont deux parties : la partie entière,
à gauche de la virgule, et la partie décimale, à droite. Par exemple, la partie entière de 4,32
est 4 ; la partie décimale de 17,879 est 0,879. La fonction partie entière de x, notée $f(x) = [x]$,
décrit la relation entre un nombre et sa partie entière. Trace son graphique sur l'intervalle [0, 15[.

6 Les données de l'histogramme et du tableau ci-dessous proviennent de recensements
de la population du Canada de 1851 à 2006.

a) En supposant que la tendance des années 2001 à 2006 se poursuive
jusqu'en 2011, représente par un graphique à ligne brisée l'évolution
et la projection du nombre de naissances pour la décennie 2001-2011.
Estime quel serait, selon ta projection, le nombre de naissances en 2011.

b) La décennie 1951-1961 a connu 4 468 000 naissances, un sommet
encore inégalé. Quel devrait être le pourcentage d'augmentation
des naissances pour le reste de la décennie 2001-2011, c'est-à-dire
de 2006 à 2011, pour atteindre de nouveau ce sommet ?

> Tu pourrais utiliser
> l'augmentation moyenne
> des années 2001 à 2006
> pour faire ta prévision.
> Quel taux as-tu utilisé ?

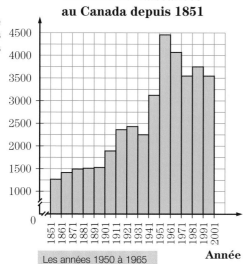

Les années 1950 à 1965
représentent la période
du *babyboom* au Canada.

NOMBRE DE NAISSANCES AU CANADA POUR LES ANNÉES 2001 À 2006	
2001-2002	328 155
2002-2003	330 523
2003-2004	337 762
2004-2005	338 894
2005-2006	343 517

> Ta communication de la solution du problème que
> tu as choisi est-elle claire et bien structurée ?
> Aimerais-tu mettre à profit tes stratégies de
> communication en résolvant un autre problème ?
> Une fois ton travail de résolution terminé, n'oublie
> pas de répondre aux questions de la page 259.

ARITHMÉTIQUE ET ALGÈBRE
- La résolution d'inéquations.
- Les opérations sur les polynômes.
- Les fonctions.

1 Le propriétaire d'une boutique de location de vélos achète 10 quadricycles comme celui de l'illustration, au coût de 3150 $ chacun. Le tarif de location est de 25 $ pour 2 heures. Le commerçant vise un profit de plus de 9000 $ à la fin de la saison estivale (90 jours). En moyenne, combien de fois quotidiennement doit-il louer ses vélos pour atteindre son objectif ?

2 À chaque année, une foire régionale s'installe près de chez toi. L'accès au site coûte 7 $ par personne. Ensuite, il y a deux catégories de manèges, ceux à 1,25 $ et ceux à 2 $. Tu prévois faire 3 fois plus de manèges à 2 $ que ceux de l'autre catégorie. Tu ne veux pas dépenser plus de 30 $ à la foire. Traduis cette situation par une inéquation sachant que x représente le nombre de fois que tu fais les manèges à 2 $. Résous ton inéquation et interprète l'ensemble-solution dans la situation.

3 Samuel est représentant pour une compagnie de détergents. Son territoire de vente étant très vaste, il fait de longues distances en voiture. Il roule en moyenne à 75 km/h et parcourt au moins 1000 km par semaine. Traduis par une inéquation le nombre d'heures (x) qu'il passe dans sa voiture par semaine. Exprime avec des mots l'ensemble-solution de ton inéquation.

4 Mégane est agente immobilière. Son salaire correspond à une commission de 7 % de la valeur des maisons qu'elle vend. Mégane veut savoir à quelle valeur totale doivent s'élever les ventes qu'elle réalise pour que son salaire annuel dépasse les 62 500 $. Traduis la situation par une inéquation en tenant compte que a représente la somme totale des ventes de Mégane en une année, puis résous l'inéquation.

5 Les octogones réguliers aux bases d'un prisme et l'octogone régulier à la base d'une pyramide ont tous 4 cm de côté et un apothème de 50,8 mm. La hauteur du prisme est de 1,6 dm. Quelles sont les mesures possibles de la hauteur de la pyramide pour que son aire totale soit supérieure ou égale à l'aire totale du prisme ?

6 Le langage mathématique comporte des règles et des conventions très précises qui améliorent les communications si elles sont respectées. En effectuant les tâches ci-dessous, tu développeras ta capacité à communiquer à l'aide du langage mathématique. Prends soin de rédiger des solutions claires, structurées et qui respectent les règles et les conventions d'usage.

a) Complète le tableau suivant en donnant des expressions représentant les mesures de base, de hauteur et d'aire de différents triangles.

BASE	HAUTEUR	AIRE
$5xy$	$4xy$	
$4r$		$40w^2 + 7wr - 3r^2$
	$7t$	$14st + 7t^2 - 42tv$

b) Exprime l'aire totale et le volume des solides représentés.

1)

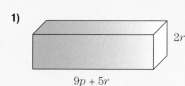

$2r$

$9p + 5r$

Prisme à base carrée

2)

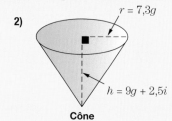

$r = 7,3g$

$h = 9g + 2,5i$

Cône

c) Complète les expressions suivantes par un monôme. Quel est le degré du monôme que tu as trouvé ?

1) $3x^3 + 12x^2 + 15x = (\blacksquare)(x^2 + 4x + 5)$

2) $10a^3b - 15ab = (\blacksquare)(2a^2 - 3)$

3) $8x^3y^2 + 4x^2y^2 = (\blacksquare)(2x + 1)$

d) En utilisant la mise en évidence simple, exprime les polynômes suivants comme une multiplication d'un monôme par un polynôme. Assure-toi que le monôme soit du plus grand degré possible.

1) $6x^3 + 18x$

2) $22m^2n - 33m$

3) $3b^4 + 7b^2 - 4b$

7 Dans un parc pour enfants, il y a un grand bac à sable ayant la forme d'un cylindre dont le rayon mesure $6y$ mètres.

a) L'expression $72y^3\pi$ représente le volume du bac à sable. Trouve l'expression représentant la hauteur du cylindre.

b) Le niveau de sable dans le cylindre atteint une hauteur représentée par $2y - 4$. Trouve une expression pour représenter le volume de sable contenu dans le bac à sable.

8 Stella veut mettre du papier peint sur deux murs de son salon. Les dimensions d'un des murs sont $(7x + 4)$ unités sur $(2x + 5)$ unités et il y a une fenêtre rectangulaire de x unités sur $(2x - 8)$ unités. Le deuxième mur mesure $(5x - 3)$ unités sur $(2x + 5)$ unités.

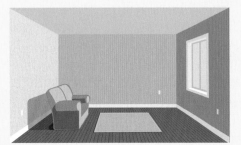

a) Quelle est la mesure de la superficie à couvrir ?

b) Si un rouleau de papier peint couvre $2x$ unités carrées, trouve l'expression algébrique représentant le nombre de rouleaux dont Stella aura besoin.

9 Zachary fait de la motoneige sur un sentier. Il part à 10 h, puis s'arrête à 12 h 15 après avoir parcouru une distance de 180 km. Après avoir dîné, il remonte sur sa motoneige à 13 h. Cette fois, prenant le temps d'observer le paysage, il parcourt une distance de 25 km en 1 h 40 min, après quoi il lui reste 55 km à faire pour arriver à l'auberge où il va passer la nuit. Il accélère un peu et franchit la dernière étape en 47 minutes.

a) Quelles sont les variables indépendante et dépendante dans cette situation ?

b) Quels sont les ensembles de départ et d'arrivée associés à ces variables ?

c) Trace le graphique représentant les différentes étapes de cette situation.

d) Quel est le taux de variation de chacune des parties du graphique ?

e) Détermine la vitesse moyenne de Zachary pour cette journée de motoneige.

f) Dans le graphique que tu as tracé, y a-t-il une étape représentée par une fonction constante ? Si oui, interprète cette représentation dans la situation.

10 Audrey, qui est infirmière, travaille normalement sept heures par jour au salaire horaire de 24 $. Parfois, elle doit poursuivre sa journée de travail en réalisant des heures supplémentaires. Dans ce cas, son salaire horaire est de 36 $. Elle s'intéresse à ses revenus selon le nombre d'heures travaillées.

a) Quelles sont les variables indépendante et dépendante dans cette situation ?

b) Construis la table de valeurs qui représente la situation.

c) Trace le graphique représentant le salaire journalier d'Audrey selon son nombre d'heures de travail.

d) Exprime les règles de correspondance pour les deux parties de cette fonction.

e) Donne le domaine et l'image pour chaque partie de la fonction.

11 Pour répondre aux questions qui suivent, réfère-toi à la fonction définie par parties illustrée dans le diagramme ci-dessous.

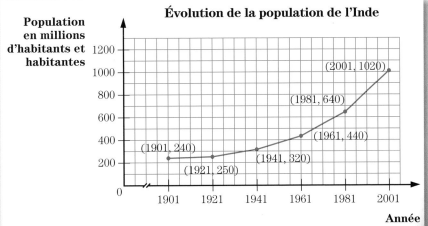

a) Quel est le taux de variation entre 1961 et 1981 ? Et entre 1981 et 2001 ?

b) Quel est le pourcentage d'augmentation du taux de variation entre ces deux parties de la fonction ? Explique ta réponse.

c) Quels sont le domaine et l'image de cette fonction définie par parties ?

Même si la population n'évolue pas de façon proportionnelle, il est possible d'extrapoler et d'essayer de prévoir son augmentation dans le temps.

d) En appliquant la même augmentation du taux de variation que tu as établie en **b)**, fais une extrapolation de la population et prévois la population de l'Inde en 2021.

12 Le tableau ci-dessous présente les variations de température enregistrées au cours d'une période de 24 heures à Mirabel. On observe la température au fil du temps.

HEURE	12 h	13 h	14 h	15 h	16 h	17 h	18 h	19 h	20 h	21 h	22 h	23 h
TEMPÉRATURE (°C)	-13	-12	-12	-12	-13	-13	-15	-14	-14	-14	-16	-16

HEURE	24 h	1 h	2 h	3 h	4 h	5 h	6 h	7 h	8 h	9 h	10 h	11 h
TEMPÉRATURE (°C)	-17	-19	-20	-22	-21	-22	-22	-22	-23	-23	-23	-23

a) Quelles sont les variables dépendante et indépendante dans cette situation ?

b) Trace le graphique de la situation.

c) Dans le cas de chaque partie, précise si elle est croissante, décroissante ou constante.

PROBABILITÉ ET STATISTIQUE
• Les mesures statistiques.
• Le diagramme de quartiles.
• Les histogrammes.
• Les mesures de tendance centrale de données groupées.

13 Des jeunes de 14 et 15 ans ont été sondés sur le nombre d'heures consacrées par semaine à écouter ou à jouer de la musique.

Observe les deux distributions obtenues.

1) Nombre d'heures consacrées par semaine à écouter ou à jouer de la musique par des jeunes de 14 ans

26	8	1	1	3	3	5	20	2	15	2
6	2	5	27	2	1	5	2	2	2	9
8	5	50	30	4	3	5	2	15	21	17

2) Nombre d'heures consacrées par semaine à écouter ou à jouer de la musique par des jeunes de 15 ans

5	5	1	3	8	18	15	59	7	35	15
24	5	5	6	1	10	8	1	10	5	23
1	4	4	0	24	9	3	3	35	9	2

a) Trouve le mode, la médiane et la moyenne de chacune des distributions.

b) Trace le diagramme de quartiles de chacune des distributions en utilisant le même axe de nombres. Compare les deux diagrammes et commente tes observations.

c) Calcule l'étendue interquartile pour chaque diagramme. Y a-t-il des données fortement éloignées des autres ? Explique ta réponse.

d) Édouard consacre 15 heures par semaine à écouter ou à jouer de la musique. Comment se situe-t-il par rapport aux jeunes interrogés dans les deux distributions ci-dessus ?

14 Le tableau suivant montre les bourses totales des 30 meilleures joueuses de tennis pour l'année 2005. C'est la Belge Kim Clijsters qui a remporté la plus importante somme, soit 3 983 654 $.

BOURSE	EFFECTIF
[400 000, 800 000[	16
[800 000, 1 200 000[	4
[1 200 000, 1 600 000[	4
[1 600 000, 2 000 000[	2
[2 000 000, 2 400 000[	0
[2 400 000, 2 800 000[	2
[2 800 000, 3 200 000[	1
[3 200 000, 3 600 000[	0
[3 600 000, 4 000 000[	1

a) Représente ces données par un histogramme.

b) Détermine la classe modale, la médiane et la moyenne de cette distribution.

c) Quelle est la mesure de tendance centrale la plus représentative de cette situation ? Explique ta réponse.

d) Quel pourcentage des 30 meilleures joueuses ont reçu des bourses représentant plus de deux millions de dollars ?

15 Le tableau suivant présente les temps de réaction (en secondes) de la main droite de 40 élèves.

0,39	0,29	0,74	0,32	0,31	0,33	2,98	0,38
0,37	0,38	1,47	0,40	0,55	0,44	0,46	1,38
0,34	0,38	0,38	0,44	0,44	2,73	0,40	0,44
0,39	0,37	0,39	0,34	0,37	0,29	0,44	0,34
0,23	0,26	0,39	0,79	0,27	0,55	0,44	0,35

a) Organise ces données sous la forme d'un tableau de distribution de données groupées en classes selon le temps de réaction.

b) Représente ces données par un histogramme.

c) Détermine la classe modale, la médiane et la moyenne de cette distribution.

d) Dans cette situation, la moyenne est-elle une mesure représentative de la distribution ? Explique ta réponse.

16 Au printemps 2006, les Hurricanes de la Caroline ont gagné la coupe Stanley. À la fin de la saison officielle 2005-2006, les équipes des deux associations avaient accumulé les points suivants.

ASSOCIATION DE L'EST	
NEW JERSEY	101
PHILADELPHIA	101
NEW YORK RANGERS	100
NEW YORK ISLANDERS	78
PITTSBURGH	58
OTTAWA	113
BUFFALO	110
MONTRÉAL	93
TORONTO	90
BOSTON	74
CAROLINE	112
TAMPA BAY	92
ATLANTA	90
FLORIDE	85
WASHINGTON	70

ASSOCIATION DE L'OUEST	
DETROIT	124
NASHVILLE	106
COLUMBUS	74
CHICAGO	65
SAINT LOUIS	57
CALGARY	103
COLORADO	95
EDMONTON	95
VANCOUVER	92
MINNESOTA	84
DALLAS	112
SAN JOSE	99
ANAHEIM	98
LOS ANGELES	89
PHOENIX	81

a) Trouve le mode, la médiane et la moyenne de chacune des distributions.

b) Trace le diagramme de quartiles de chaque association en utilisant le même axe de nombres. Compare les deux diagrammes et commente tes observations.

c) À l'aide des diagrammes de quartiles et des tableaux de données, commente la position du Canadien de Montréal par rapport aux autres équipes de la Ligue nationale de hockey.

GÉOMÉTRIE
• Le volume des prismes et des cylindres.
• Le volume des pyramides, des cônes et des boules.

17 La lampe à huile représentée ci-contre a la forme d'un prisme à base triangulaire surmonté d'un petit cylindre. Les dimensions de ses différentes parties sont les suivantes : la base est un triangle équilatéral de 6,5 cm de côté ; le prisme a une hauteur de 15 cm ; le cylindre mesure 2 cm de diamètre et 1,5 cm de haut.

a) Détermine la quantité maximale d'huile que l'on peut mettre dans la lampe, sachant que l'huile occupe seulement l'espace délimité par le prisme à base triangulaire.

b) Quelle quantité de verre a été utilisée pour fabriquer cette lampe ?

18 Le taille-crayon illustré ci-contre est composé d'un réservoir cylindrique dans lequel se trouve un petit prisme à bases triangulaires où il y a la lame.

Quelle est la capacité, en millilitres, du réservoir de ce taille-crayon pour recevoir les retailles ?

DIMENSIONS

Réservoir
Diamètre du cylindre : 37 mm
Hauteur : 53 mm

Section de la lame
Hauteur du prisme : 14 mm
Bases triangulaires du prisme :
    Base du triangle : 12 mm
    Hauteur du triangle : 25 mm

7 cm

10 cm

19 Détermine la capacité, en millilitres, du verre oblique représenté ci-contre s'il est rempli aux deux tiers.

Le fond du verre a une épaisseur de 1 cm.

20 Quelle quantité d'eau, en litres, l'aquarium illustré ci-contre peut-il contenir si l'espace occupé par l'eau représente 75 % du volume de la boule entière ?

Diamètre : 26 cm

$a = 10,77$

8 cm

21 Un flacon de parfum a la forme d'une pyramide à base carrée dont la partie supérieure correspond au bouchon (voir la photo ci-contre). Cette partie, en plastique, ne contient pas de parfum et sa hauteur représente la moitié de celle de la pyramide.

a) Quelle est la quantité de parfum contenue dans ce flacon ?

b) Estime la quantité de verre qui a été nécessaire pour fabriquer ce flacon.

22 À partir d'une feuille d'algue carrée de 20 cm de côté, on forme le plus grand cône possible ayant un apothème de 20 cm.

a) Quelle est l'aire latérale de ce cône ?

b) Quelle quantité d'algue n'est pas utilisée pour former le cône ?

c) Quelle quantité de mélange de riz le *temakizushi* peut-il contenir si on le remplit jusqu'à 1 cm du bord ?

Le *temakizushi* est un cône formé d'une feuille d'algue séchée remplie de riz et d'autres ingrédients (poisson, légumes, etc.).

Makizushi

Temakizushi

Nigirizushi

23 Un producteur de miel utilise des pots formés d'un prisme à base hexagonale surmonté d'un cylindre, comme dans l'illustration ci-contre.

a) Quelle quantité de miel, en millilitres, un de ces pots contient-il si le cylindre reste vide ?

b) Le producteur a le choix entre deux formats de boîte pour le transport du miel. Lequel lui suggères-tu ? Explique ton choix.

5 cm
1,5 cm
7 cm
3,5 cm

Boîte cubique
de 50 cm de côté

Boîte rectangulaire
Largeur : 60 cm
Profondeur : 30 cm
Hauteur : 70 cm

24 Un viticulteur met son vin dans des bouteilles coniques surmontées d'un cylindre. Sa production annuelle est de 160 barils. Si un baril contient 143,2 L de vin, combien de bouteilles peut-il remplir ?

À noter : dans les bouteilles, le vin atteint la moitié du cylindre.

$r = 1,2$ cm
$h = 8$ cm
$h = 32$ cm
$r = 4,75$ cm

Gestion de crise

Dans la vie quotidienne, il survient parfois des imprévus qu'il faut rapidement régler. Par exemple, suppose que chez toi le toit coule pendant une averse. Il faut alors réagir promptement, de façon efficace, pour arrêter les dégâts et en réparer la cause.

- As-tu déjà vécu une situation d'urgence dans ta vie quotidienne où il a fallu que tu réagisses rapidement et efficacement afin de régler le problème ? Ou peut-être connais-tu quelqu'un à qui c'est arrivé.

Des situations d'urgence peuvent aussi survenir dans un territoire donné, mettant parfois la vie de plusieurs milliers de personnes en danger. Au Québec, la Sécurité civile est un organisme gouvernemental qui a la responsabilité de gérer une crise en cas d'urgence. Dans certaines situations, le gouvernement peut réquisitionner des lieux publics pour y établir des centres d'hébergement ou des hôpitaux temporaires.

- À ton avis, quels lieux devrait-on réquisitionner dans de telles situations ? Quels sont les avantages de ces lieux ?

En janvier 1998, une tempête de verglas sans précédent frappe le Québec. Au plus fort de la crise, 1,4 million de personnes sont privées d'électricité, une situation qui, dans certains cas, dure jusqu'à 35 jours. Quantité d'endroits publics sont transformés en centre d'hébergement d'urgence.

Des décisions éclairées

En 1918, la Première Guerre mondiale prend fin. Les soldats revenant d'Europe ignorent qu'ils rapportent avec eux le virus de la grippe espagnole. Des milliers de personnes sont atteintes et en meurent. Le gouvernement du Québec déclare alors l'état d'urgence ; le service d'hygiène impose la fermeture des écoles, des cinémas, des théâtres et de tous les lieux publics. Malgré ces mesures, l'épidémie fait plus de 13 000 victimes au Québec et plus de 400 000 dans toute l'Amérique du Nord !

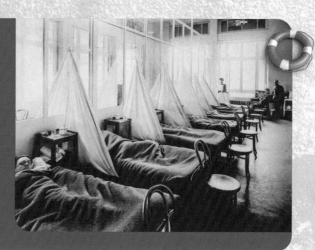

Dans des situations de crise, il faut parfois être à l'affût d'informations sur l'évolution de la situation et s'assurer de prendre en considération toutes les données pertinentes. Le recours à la statistique est alors fort utile lorsqu'il faut prendre rapidement des décisions.

- En cas d'épidémie, comment interprètes-tu l'histogramme ci-dessous ?

UNE ÉPIDÉMIE DONT L'HISTOIRE SE SOUVIENT

L'épidémie de peste bubonique (surnommée « peste noire ») qui a sévi de 1346 à 1350 est la première épidémie bien documentée de l'histoire. On estime qu'elle a provoqué la mort de 25 millions de personnes en Europe, soit d'une personne sur trois !

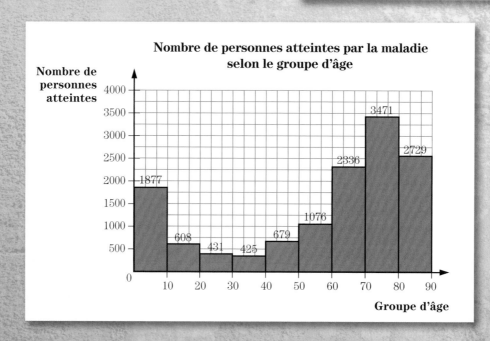

Les feuilles que l'on te remet comportent une tâche à accomplir. Lis bien toutes les étapes de cette tâche, puis réalise-la, en conservant toutes les feuilles de brouillon que tu utiliseras.

La présentation de ton travail

Après avoir complété la tâche, constitue un dossier incluant les éléments suivants, dans l'ordre.

- Une page titre comprenant ton nom et le nom que tu as donné à ta réalisation.

- Les feuilles que l'on t'a remises dûment remplies.

- Les feuilles de brouillon que tu as utilisées.

Remets ton dossier à ton enseignant ou enseignante.

POUR ALLER PLUS LOIN

- Dresse un plan d'aménagement du gymnase de ton école si on devait le transformer temporairement en centre d'hébergement ou en hôpital.

- Informe-toi des plans d'urgence en cas de sinistre établis par ta municipalité.

Le 14 janvier 2007, le cristal rouge est devenu un symbole d'aide humanitaire au même titre que la croix rouge et le croissant rouge. Ce symbole offre une solution de rechange dans les pays où il est nécessaire d'avoir recours à un emblème de solidarité dissocié de toute appartenance politique, religieuse ou culturelle.

Direction carrière

L'agent ou agente de protection civile est la personne qui élabore des procédures à suivre pour faire face à tout danger (épidémie, tremblement de terre, verglas, attaque terroriste, etc.) qui menace la santé et la sécurité de la population.

Par exemple, des catastrophes maritimes de différentes natures surviennent parfois et cette personne doit coordonner le travail de tout un chacun. Ainsi, lors d'un naufrage en haute mer, les garde-côtes utilisent des concepts de géométrie afin de localiser les personnes à secourir. Dans le cas de déversements pétroliers majeurs, des physiciens ou physiciennes doivent mesurer la vitesse de déplacement des masses pétrolières, établir les coordonnées de déplacement, puis noter le tout sur une carte maritime. Ces spécialistes doivent établir des prévisions sur l'étendue des nappes flottantes, prévisions dont se serviront les agents et agentes de la faune pour installer des cordons flottants afin de limiter la propagation du pétrole. Quant à ces derniers, ils doivent connaître la longueur du matériel flottant pour bien installer et calculer précisément la surface circulaire pouvant être entourée.
De leur côté, les experts ou expertes en sinistre doivent utiliser les statistiques associées à des données économiques afin d'évaluer les dédommagements financiers à verser à la suite d'un tel drame écologique.

Le sens du nombre et des opérations

Au 1er cycle du secondaire, tu as approfondi le sens des opérations que tu avais développé au primaire. Tu t'es entre autres approprié les concepts et processus suivants.

Le sens des opérations

Pour résoudre une situation-problème qui se traduit par une opération ou par une suite d'opérations, il faut s'assurer de comprendre le sens du texte dans son ensemble et pas seulement celui de certains mots.

Exemple :

À un jeu vidéo, tu obtiens 25 000 points, soit 1000 points de plus que ton adversaire. Précise le nombre de points accumulés par ton adversaire.

La présence du mot plus dans un énoncé ne signifie pas nécessairement que l'on doit additionner. En effet, ici, pour déterminer le nombre de points obtenus par l'adversaire, on a recours à une soustraction, soit 25 000 − 1000.

Voici quelques conseils pour mieux comprendre le sens d'un texte.

- Essaie de décrire la situation dans tes mots.

- Représente les données et les relations entre elles par un dessin ou un schéma.

- Au besoin, trouve des exemples de situations semblables en utilisant des nombres différents.

 EXERCICES DE RÉVISION

Les grands nombres

Les nombres s'écrivent habituellement en regroupant les chiffres par trois.

Exemple :

4 3 7   8 2 3

Centaines de mille   Dizaines de mille   Unités de mille   Centaines   Dizaines   Unités

Pour exprimer des nombres plus grands, on peut utiliser le groupe des millions.

Exemple :

3 2 5   0 0 0   0 0 0

Centaines de millions   Dizaines de millions   Unités de millions

Et pour des nombres encore plus grands, on peut utiliser le groupe des milliards.

Voici comment on écrit un milliard : 1 000 000 000

 EXERCICES DE RÉVISION

Les diviseurs et les nombres premiers

CARACTÈRES DE DIVISIBILITÉ

Dans certains cas, il est possible de vérifier rapidement si un nombre naturel est divisible par un autre nombre en ayant recours aux caractères de divisibilité. Voici quelques possibilités.

1) Caractères basés sur l'observation de certains chiffres

UN NOMBRE NATUREL EST DIVISIBLE PAR	
2	si le chiffre des unités est divisible par 2 ;
4	si les deux derniers chiffres forment un nombre divisible par 4 ;
8	si les trois derniers chiffres forment un nombre divisible par 8 ;
5	si le chiffre des unités est divisible par 5.

2) Caractères basés sur la somme des chiffres

UN NOMBRE NATUREL EST DIVISIBLE PAR	
3	si la somme de ses chiffres est divisible par 3 ;
9	si la somme de ses chiffres est divisible par 9.

3) Caractères combinés

UN NOMBRE NATUREL EST DIVISIBLE PAR	
6	si le nombre est divisible par 2 et par 3 ;
12	si le nombre est divisible par 3 et par 4.

Exemple :

Le nombre 32 544 est-il divisible par 12 ?

Il est divisible par 3, car 3 + 2 + 5 + 4 + 4 = 18 et 18 est divisible par 3.

Il est divisible par 4, car les deux derniers chiffres forment un nombre (44) divisible par 4.

32 544 est donc divisible par 12.

NOMBRES PREMIERS

Les nombres premiers sont des nombres naturels divisibles uniquement par 1 et par eux-mêmes.

Exemples :

23 est un nombre premier, car il est divisible seulement par 1 et par 23.

25 n'est pas un nombre premier, car il est divisible par 1, 5 et 25.

 EXERCICES DE RÉVISION

Exposants négatifs et ordre de grandeur

EXPOSANTS NÉGATIFS

Les différentes puissances d'un nombre peuvent s'écrire en notation exponentielle sous la forme a^n, où a est le nombre en question (que l'on appelle la base) et n est un exposant entier (positif, négatif ou nul).

Exemple :

Voici l'ensemble des puissances de 3 et leur écriture en notation exponentielle.

$$\{ \ldots, \ \frac{1}{81}, \ \frac{1}{27}, \ \frac{1}{9}, \ \frac{1}{3}, \ 1, \ 3, \ 9, \ 27, \ 81, \ \ldots \}$$

$$\ldots \ \frac{1}{3^4} \ \frac{1}{3^3} \ \frac{1}{3^2} \ \frac{1}{3^1} \ 3^0 \ 3^1 \ 3^2 \ 3^3 \ 3^4 \ \ldots$$

$$\ldots \ 3^{-4} \ 3^{-3} \ 3^{-2} \ 3^{-1} \ 3^0 \ 3^1 \ 3^2 \ 3^3 \ 3^4 \ \ldots$$

Pour déterminer la valeur d'un nombre élevé à un exposant négatif, on peut multiplier par lui-même l'inverse de ce nombre autant de fois que l'indique l'opposé de l'exposant.

Exemple :

$$5^{-4} = \left(\frac{1}{5}\right)^4 = \frac{1}{5} \times \frac{1}{5} \times \frac{1}{5} \times \frac{1}{5} = \frac{1}{625}$$

On peut aussi écrire : $5^{-4} = \dfrac{1}{5^4}$.

> **Souviens-toi :**
> les nombres 2 et $^-2$ sont des opposés.
> Les nombres 2 et $\frac{1}{2}$ sont inverses l'un de l'autre.

Tout nombre non nul élevé à l'exposant 0 est égal à 1.

Exemples :

L'expression $(345 \times 2821 + 543)^0$ est égale à 1.

ORDRE DE GRANDEUR

On utilise les différentes puissances de 10 pour décrire des ordres de grandeur.

Exemples :

Le nombre d'étoiles composant la Voie lactée est de l'ordre de grandeur de 10^{11}.

L'ordre de grandeur d'une bactérie est de 10^{-6} m.

 EXERCICES DE RÉVISION

Nombre carré et racine carrée

Élever un **nombre au carré** consiste à multiplier ce nombre par lui-même.

Exemple :

Le carré de 7 est 49, car $7 \times 7 = 49$ ou $7^2 = 49$.

Extraire la racine carrée d'un nombre x (supérieur ou égal à 0), c'est trouver le nombre qui, multiplié par lui-même, donne x.

Exemple :

7 est la racine carrée positive de 49, car $7 \times 7 = 49$.

$^-7$ est la racine carrée négative de 49, car $^-7 \times {}^-7 = 49$.

> Tout comme l'addition est l'opération inverse de la soustraction, ou la multiplication, l'opération inverse de la division, l'opération qui consiste à extraire la racine carrée est l'opération inverse de celle qui consiste à élever un nombre au carré.

Selon le contexte, on tient compte ou non de la racine carrée négative.

Pour noter la racine carrée positive de 49, on écrit $\sqrt{49}$.

Ainsi, $\sqrt{49} = 7$, $\sqrt{81} = 9$, $\sqrt{625} = 25$.

 EXERCICES DE RÉVISION

Les fractions

L'addition et la soustraction de fractions

Pour additionner ou soustraire des fractions, on utilise des fractions équivalentes ayant le même dénominateur.

Exemple : $\dfrac{8}{9}$ – $\dfrac{1}{6}$ = $\dfrac{16}{18}$ – $\dfrac{3}{18}$ = $\dfrac{13}{18}$

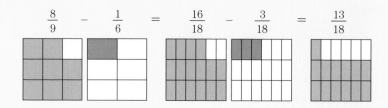

Le résultat d'une opération sur les fractions peut être supérieur à 1. Dans ce cas, on écrit généralement le résultat sous la forme d'un nombre fractionnaire.

Exemple :

Résultat exprimé sous la forme d'une fraction

Le même résultat exprimé en nombre fractionnaire

$$\frac{7}{8} \ + \ \frac{5}{6} \ = \ \frac{21}{24} \ + \ \frac{20}{24} \ = \ \frac{41}{24} \ \text{ou} \ 1\frac{17}{24}$$

 EXERCICES DE RÉVISION

Division d'une fraction par un nombre naturel

Pour diviser une fraction par un nombre naturel, on peut procéder comme ci-dessous.

Exemple :

Effectuer la division $\dfrac{4}{5} \div 6$.

On cherche une fraction équivalente à $\dfrac{4}{5}$ dont le numérateur est un multiple de 6.

$\dfrac{4}{5}$ équivaut à $\dfrac{12}{15}$

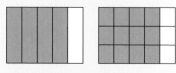

La fraction $\dfrac{12}{15}$ est équivalente à $\dfrac{4}{5}$.

La fraction $\dfrac{12}{15}$ peut se partager en 6 parties équivalentes.

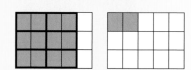

$\dfrac{12}{15} \div 6 = \dfrac{2}{15}$

 EXERCICES DE RÉVISION

La fraction d'une fraction

Pour trouver la fraction d'une fraction, on doit procéder comme ci-dessous.

Exemple :

Trouver les $\frac{3}{8}$ de $\frac{4}{5}$.

Il faut d'abord trouver le huitième de $\frac{4}{5}$, pour ensuite le multiplier par 3.

Pour ce faire, on cherche une fraction équivalente à $\frac{4}{5}$ dont le numérateur est un multiple de 8. La fraction $\frac{8}{10}$ est équivalente à $\frac{4}{5}$.

$\frac{4}{5}$ équivaut à $\frac{8}{10}$

La fraction $\frac{8}{10}$ peut se partager en 8 parties équivalentes à $\frac{1}{10}$.

$\frac{8}{10} \div 8 = \frac{1}{10}$

Une des 8 parties de la fraction $\frac{8}{10}$

Ensuite, on considère trois des dixièmes trouvés ($\frac{1}{10} \times 3$). La réponse est donc $\frac{3}{10}$.

Trois fois la partie ci-dessus

 EXERCICES DE RÉVISION

La comparaison de fractions

Voici différentes façons de comparer des fractions.

À L'AIDE D'UN DÉNOMINATEUR COMMUN

On utilise des fractions équivalentes ayant le même dénominateur.

Exemple :

Comparons $\frac{2}{3}$ et $\frac{7}{12}$.

La fraction $\frac{2}{3}$ est une fraction équivalente à $\frac{8}{12}$.

Puisque $\frac{8}{12} > \frac{7}{12}$, alors $\frac{2}{3} > \frac{7}{12}$.

À L'AIDE D'UN NUMÉRATEUR COMMUN

On utilise des fractions équivalentes ayant le même numérateur.

Exemple :

Comparons $\frac{1}{6}$ et $\frac{3}{20}$.

La fraction $\frac{1}{6}$ est une fraction équivalente à $\frac{3}{18}$.

Puisque $\frac{1}{18} > \frac{1}{20}$, alors $\frac{3}{18} > \frac{3}{20}$. Donc $\frac{1}{6} > \frac{3}{20}$.

À L'AIDE DE LA DÉDUCTION

Parfois, il n'est pas nécessaire de transformer les fractions en fractions équivalentes pour les comparer. Dans certains cas, la simple déduction suffit.

Exemple :

La déduction permet de conclure que

$\frac{1}{2} < \frac{2}{3} < \frac{3}{4} < \frac{4}{5} < \frac{5}{6} < \frac{6}{7}$, et ainsi de suite.

À L'AIDE DE LA FRACTION $\frac{1}{2}$

Pour comparer des fractions, on peut se servir de la fraction $\frac{1}{2}$ comme point de repère.

Exemple :

$\frac{2}{5} < \frac{4}{7}$, car la fraction $\frac{2}{5}$ est inférieure à $\frac{1}{2}$ alors que la fraction $\frac{4}{7}$ est supérieure à $\frac{1}{2}$.

À L'AIDE DES NOMBRES DÉCIMAUX

Enfin, on peut comparer les nombres décimaux auxquels correspondent les fractions.

Exemple :

Comparons $\frac{3}{8}$ et $\frac{2}{5}$.

La fraction $\frac{3}{8}$ équivaut à 0,375, car $3 \div 8 = 0{,}375$.

La fraction $\frac{2}{5}$ équivaut à 0,4, car $2 \div 5 = 0{,}4$.

Puisque $0{,}4 > 0{,}375$, alors $\frac{2}{5} > \frac{3}{8}$.

 EXERCICES DE RÉVISION

La multiplication et les fractions

LA MULTIPLICATION DE FRACTIONS

Pour multiplier des fractions, on multiplie les numérateurs entre eux
et les dénominateurs entre eux.

Exemple :

Multiplier $\frac{2}{5}$ par $\frac{3}{4}$.

L'aire d'un rectangle ayant $\frac{2}{5}$ d'unité de largeur

et $\frac{3}{4}$ d'unité de longueur correspond à $\frac{6}{20}$ ou $\frac{3}{10}$

de carré-unité.

$$\frac{2}{5} \times \frac{3}{4} = \frac{2 \times 3}{5 \times 4} = \frac{6}{20} \text{ ou } \frac{3}{10}$$

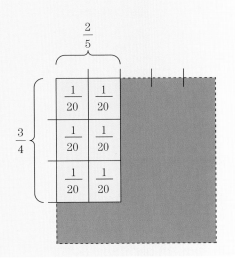

La multiplication de fractions peut servir à trouver la fraction d'une fraction.
Dans l'exemple précédent, l'aire du rectangle correspond aux $\frac{2}{5}$ de l'aire
d'un rectangle ayant une unité de large.

Exemple :

Trouver les $\frac{3}{8}$ de $\frac{4}{5}$.

Trouver les $\frac{3}{8}$ de $\frac{4}{5}$ revient à trouver

les $\frac{3}{8}$ de l'aire d'un rectangle ayant $\frac{4}{5}$ d'unité

de largeur et 1 unité de longueur. Cette aire

correspond à $\frac{12}{40}$ ou $\frac{3}{10}$ de carré-unité.

$$\frac{3}{8} \times \frac{4}{5} = \frac{3 \times 4}{8 \times 5} = \frac{12}{40} \text{ ou } \frac{3}{10}$$

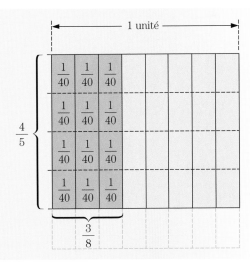

LA MULTIPLICATION DE NOMBRES FRACTIONNAIRES

Pour multiplier deux nombres fractionnaires, on effectue quatre multiplications, puis l'on additionne tous les produits obtenus.

Exemple :

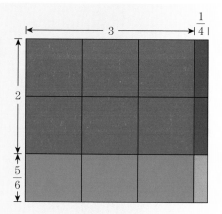

$$2\frac{5}{6} \times 3\frac{1}{4} = \boxed{2 \times 3} + \boxed{2 \times \frac{1}{4}} + \boxed{\frac{5}{6} \times 3} + \boxed{\frac{5}{6} \times \frac{1}{4}}$$

$$= 6 + \frac{2}{4} + \frac{15}{6} + \frac{5}{24}$$

$$= 6 + \frac{2}{4} + 2\frac{3}{6} + \frac{5}{24}$$

$$= 9\frac{5}{24}$$

 EXERCICES DE RÉVISION

La division par une fraction

Diviser par une fraction, c'est trouver le nombre de fois que cette fraction est contenue dans le dividende. Une façon de procéder consiste à chercher une expression équivalente permettant de déterminer ce nombre de fois.

Exemple 1 :

Effectuer la division $12 \div \frac{3}{5}$.

$$\times 5 \left(\begin{array}{c} 12 \div \frac{3}{5} \\ 60 \div 3 \end{array} \right) \times 5 \qquad = 12$$

On cherche une division équivalente ne comprenant que des nombres naturels.

Exemple 2 :

Effectuer la division $24 \div \frac{5}{8}$.

$$\times 8 \left(\begin{array}{c} 24 \div \frac{5}{8} \\ 192 \div 5 \end{array} \right) \times 8 \qquad = \frac{192}{5} \text{ ou } 38\frac{2}{5}$$

On cherche une division équivalente ne comprenant que des nombres naturels.

Ainsi, $24 \div \frac{5}{8} = 38\frac{2}{5}$.

La fraction $\frac{5}{8}$ est contenue autant de fois dans 24 que le nombre 5 est contenu dans 192. Ainsi, la fraction $\frac{5}{8}$ est contenue $38\frac{2}{5}$ fois dans 24.

Exemple 3 :

Effectuer la division $\frac{3}{4} \div \frac{5}{6}$.

$$\times \frac{3}{3} \left(\begin{array}{c} \frac{3}{4} \div \frac{5}{6} \\ \frac{9}{12} \div \frac{10}{12} \end{array} \right) \times \frac{2}{2}$$

$$\times 12 \left(\begin{array}{c} 9 \div 10 \end{array} \right) \times 12 = \frac{9}{10}$$

On cherche d'abord des fractions
équivalentes ayant le même dénominateur.

Puis on effectue une division équivalente
ne comprenant que des nombres naturels.

Ainsi, $\frac{3}{4} \div \frac{5}{6} = \frac{9}{10}$.

La fraction $\frac{5}{6}$ est contenue autant de fois dans $\frac{3}{4}$
que le nombre 10 est contenu dans 9. Ainsi,
la fraction $\frac{5}{6}$ est contenue $\frac{9}{10}$ de fois dans $\frac{3}{4}$.

Le résultat d'une division n'est pas changé lorsqu'on multiple le dividende et le diviseur par le même nombre. Par exemple, $30 \div 5$ donne le même résultat que $60 \div 10$. Il en est de même pour les fractions. Les étapes ci-dessous montrent comment on peut utiliser cette propriété pour diviser $\frac{2}{7}$ par $\frac{3}{5}$.

$$\times \frac{5}{3} \left(\begin{array}{c} \frac{2}{7} \div \frac{3}{5} \end{array} \right) \times \frac{5}{3}$$

Étape 1 : $\left(\frac{2}{7} \times \frac{5}{3} \right) \div \left(\frac{3}{5} \times \frac{5}{3} \right)$

On multiplie le dividende et le diviseur
par la même fraction, soit $\frac{5}{3}$.

Étape 2 : $\left(\frac{2}{7} \times \frac{5}{3} \right) \div 1$

Étape 3 : $\frac{2}{7} \times \frac{5}{3} = \frac{10}{21}$

En généralisant le raisonnement précédent, on pourrait conclure la règle suivante.

Diviser par une fraction, c'est multiplier par l'inverse de la fraction.

> À l'étape **1** ci-dessus,
> l'inverse de la fraction
> $\frac{3}{5}$ est $\frac{5}{3}$.

Exemple :

Effectuer la division $\frac{3}{4} \div \frac{5}{6}$.

$$\frac{3}{4} \div \frac{5}{6} = \frac{3}{4} \times \frac{6}{5}$$

$$= \frac{3 \times 6}{4 \times 5}$$

$$= \frac{18}{20} \text{ ou } \frac{9}{10}$$

 EXERCICES DE RÉVISION

Les nombres décimaux positifs et négatifs

Au cours de tes études primaires, tu as additionné, soustrait et arrondi des nombres décimaux jusqu'à l'ordre des centièmes. Tu as aussi développé le sens des nombres négatifs en comparant de tels nombres, sans effectuer d'opération sur eux. Au 1er cycle du secondaire, tu as continué l'étude des opérations sur les nombres décimaux. Tu t'es aussi approprié les opérations avec des nombres négatifs.

La multiplication et la division de nombres décimaux

LA MULTIPLICATION DE NOMBRES DÉCIMAUX

Pour multiplier deux nombres décimaux, on peut calculer le produit de deux nombres naturels, puis ajuster ce produit en tenant compte des décimales.

Exemple :

$$3,06 \quad \times \quad 12,3 \quad = \quad 37,638$$
$$\downarrow \times 100 \qquad \downarrow \times 10 \qquad \uparrow \div 1000$$
$$306 \quad \times \quad 123 \quad = \quad 37\,638$$

Dans certaines situations, il est nécessaire d'arrondir le résultat obtenu.

Exemple :

Au centième près, le nombre 37,64 est la valeur arrondie de 37,638, car 37,64 est plus proche de 37,638 que ne l'est 37,63.

> **Arrondir** un nombre à une position choisie consiste à remplacer ce nombre par une valeur approchée.

LA DIVISION DE NOMBRES DÉCIMAUX

Pour diviser deux nombres décimaux, on peut calculer le quotient d'une expression équivalente dont le diviseur est un nombre naturel.

Exemple :

$$30,625 \quad \div \quad 3,5 \quad = \quad 8,75$$
$$\downarrow \times 10 \qquad \downarrow \times 10 \qquad \uparrow$$
$$306,25 \quad \div \quad 35 \quad = \quad 8,75$$

Le quotient est le même, car 306,25 ÷ 35 est une expression équivalant à 30,625 ÷ 3,5.

Il est plus simple d'effectuer une division lorsque le **diviseur** est un nombre naturel.

 EXERCICES DE RÉVISION

Les nombres négatifs

Les nombres négatifs permettent d'exprimer des quantités inférieures à zéro.

Exemple :

Une température de $^-6,5$ °C est une température qui est inférieure à 0 °C de 6,5 °C.

Pour comparer des nombres négatifs ou positifs, on peut utiliser une droite numérique.

Exemple :

Comme le montre la droite numérique ci-dessous, le nombre ⁻1,5 est inférieur à ⁻0,8, et ces deux nombres sont inférieurs à 0,6.

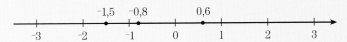

On peut effectuer des opérations sur des nombres négatifs ou positifs en tenant compte du sens de ces nombres.

Exemples :

1) $^-1,5 + {}^-2,5 = {}^-4$ Une *baisse* de température de 1,5 °C suivie d'une *baisse* de 2,5 °C équivaut à une *baisse* de 4 °C.

2) $^-1,5 + 2,5 = 1$ Une *baisse* de température de 1,5 °C suivie d'une *hausse* de 2,5 °C équivaut à une *hausse* de 1 °C.

3) $12,5 - 15 = {}^-2,5$ Dépenser 15 $ lorsqu'on a seulement 12,50 $ équivaut à une dette de 2,50 $.

Pour soustraire un nombre, on peut aussi additionner son opposé.

Exemple :

$3,4 - {}^-2,5 = 3,4 + 2,5 = 5,9$

> Les nombres 2,5 et ⁻2,5 sont des opposés.

EXERCICES DE RÉVISION

La multiplication et la division avec des nombres négatifs

Lorsqu'on multiplie ou divise deux nombres de même signe, le résultat sera positif.

Lorsqu'on multiplie ou divise deux nombres de signes opposés, le résultat sera négatif.

Dans certaines situations, on peut effectuer des multiplications ou des divisions impliquant des nombres négatifs en tenant compte du sens de ces nombres.

Exemples :

1) $2,5 \times {}^-15,5 = {}^-38,75$ Deux fois et demie une profondeur de 15,5 m équivaut à une profondeur de 38,75 m.

2) $^-278 \div 5 = {}^-55,60$ Une dette de 278 $ partagée également entre cinq personnes équivaut à une dette de 55,60 $ pour chacune.

EXERCICES DE RÉVISION

Le raisonnement proportionnel

Les taux

Un taux est une comparaison entre deux quantités de nature différente.

Exemple :

Pour tondre le gazon de ses voisins, Marguerite reçoit 8 $/h.

Dans cet exemple, on compare le salaire de Marguerite et la durée de son travail.

Marguerite est payée 8 $ pour chaque heure de travail.

Si elle tond le gazon durant deux heures, elle recevra 16 $.

Si elle tond le gazon durant une demi-heure, elle recevra 4 $.

Les rapports

Un rapport est une comparaison entre deux quantités de même nature. Le rapport d'une quantité A à une quantité B indique le nombre de fois que la quantité B est contenue dans la quantité A.

Exemple :

Si Laure mesure 180 cm et que son frère mesure 80 cm, on peut écrire le rapport entre ces longueurs de différentes façons.

À L'AIDE D'UN NOMBRE FRACTIONNAIRE OU DÉCIMAL	À L'AIDE D'UN POURCENTAGE	AVEC DEUX NOMBRES
La taille de Laure est deux fois et un quart plus grande que celle de son frère, car $180 \div 80 = 2\frac{20}{80}$ ou $2\frac{1}{4}$. La taille de Laure est 2,25 fois celle de son frère, car $180 \div 80 = 2,25$.	La taille de Laure correspond à 225 % de celle de son frère, car $180 \div 80 = 2,25$ ou $2\frac{25}{100}$ ou $\frac{225}{100}$.	Le rapport de la taille de Laure à celle de son frère est de $180 : 80$ ou $\frac{180}{80}$. On peut exprimer un rapport écrit à l'aide de deux nombres sous la forme d'un rapport réduit. $180 : 80$ se réduit à $9 : 4$. $\frac{180}{80}$ se réduit à $\frac{9}{4}$.

> Un rapport est réduit s'il est formé de nombres naturels qui n'ont aucun diviseur commun, sauf 1.

LES RAPPORTS ÉQUIVALENTS

On peut établir des rapports équivalents en multipliant ou divisant par un même nombre chacun des termes du rapport.

Exemple :

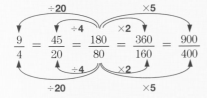

$$\frac{9}{4} = \frac{45}{20} = \frac{180}{80} = \frac{360}{160} = \frac{900}{400}$$

 EXERCICES DE RÉVISION

Les situations de proportionnalité

Dans une **situation de proportionnalité**, il existe un lien particulier entre deux quantités. Si l'on multiplie (ou divise) l'une de ces quantités par un nombre donné, l'autre sera multipliée (ou divisée) par ce même nombre. On dit alors de ces quantités qu'elles sont **proportionnelles**.

Ainsi, dans une situation de proportionnalité, en utilisant une multiplication ou une division, on peut trouver une valeur recherchée.

Exemple :

Pour 5 heures de travail, quelqu'un gagne 60 $. Combien cette personne recevra-t-elle pour 15 heures de travail ?

Puisque le salaire et le temps de travail sont proportionnels, on peut procéder comme ci-contre.

		×3
TEMPS (h)	5	15
SALAIRE ($)	60	180
		×3

Pour 15 heures de travail, cette personne recevra 180 $.

Lorsque deux grandeurs sont mises en relation dans une situation, on peut établir des taux ou des rapports en les comparant. Dans une situation de proportionnalité, ces taux ou ces rapports forment des proportions. On peut dire alors que ces grandeurs sont proportionnelles.

> Une proportion est une relation d'égalité entre deux rapports ou deux taux.

Exemple :

Comparons le coût de la location d'un outil et la durée de la location. Puisque $\frac{60}{5} = \frac{84}{7} = \frac{120}{10} = \frac{144}{12} = \frac{180}{15}$, le coût et la durée de la location sont proportionnels. Dans le tableau ci-contre, on remarque que le nombre associé au coût est toujours 12 fois plus grand que le nombre associé au temps.

LOCATION D'UN OUTIL	
Durée (en jours)	**Coût ($)**
5	60
7	84
10	120
12	144
15	180

STRATÉGIES DE RÉSOLUTION D'UNE SITUATION DE PROPORTIONNALITÉ

Différentes stratégies sont possibles pour déduire une valeur dans une situation de proportionnalité. Si l'on cherche, par exemple, le coût de location pour 22 jours, on peut procéder de l'une ou l'autre des façons suivantes.

Le retour à l'unité

Pour 1 jour de location, il faut payer 12 $, soit 60 ÷ 5.

Alors, pour 22 jours, on payera 264 $, soit 12 × 22.

Le facteur de changement

Puisque 22 est 2,2 fois plus grand que 10, alors on payera 2,2 fois plus que 120 $, c'est-à-dire 264 $, soit 120 × 2,2.

Le coefficient de proportionnalité

On constate que le nombre de dollars (le coût) est toujours 12 fois plus grand que le nombre de jours (la durée). Ainsi, pour 22 jours, on payera 12 fois plus que 22, soit 264 $.

Le procédé additif

On constate que pour 10 jours il faut payer 120 $ et pour 12 jours, 144 $. Par conséquent, pour 22 jours (10 + 12), on payera 120 + 144, soit 264 $.

DURÉE (en jours)	COÛT ($)
1	12
5	60
7	84
10	120
12	144
15	180
22	?

La comparaison de rapports ou de taux

Un rapport ou un taux peut s'exprimer sous la forme $\dfrac{\text{Quantité A}}{\text{Quantité B}}$.

EFFET DE LA MODIFICATION DE L'UNE DES QUANTITÉS

En modifiant une seule des deux quantités, on obtient un rapport ou un taux différent.

Plus précisément :

- en augmentant la quantité A ou en diminuant la quantité B, on augmente la valeur du rapport ou du taux ;

- en diminuant la quantité A ou en augmentant la quantité B, on diminue la valeur du rapport ou du taux.

Exemple :

Martine achète de l'eau en bouteille. Elle paye 0,90 $ pour 500 mL. Le prix de l'eau serait plus élevé si elle payait 0,90 $ pour 400 mL. En d'autres mots, le taux 0,90 $/400 mL est supérieur au taux 0,90 $/500 mL.

EFFET DE LA MODIFICATION DES DEUX QUANTITÉS

Il est possible de modifier les deux quantités définissant un rapport ou un taux, tout en conservant sa valeur. Plus précisément, le rapport ou le taux demeurera inchangé si les quantités ajoutées (ou retirées) sont proportionnelles aux quantités initiales.

Exemple :

Un groupe comprend 10 filles et 15 garçons. Si l'on ajoute à ce groupe 2 filles et 3 garçons, le rapport du nombre de filles au nombre de garçons demeurera inchangé. Cependant, ce rapport sera modifié si l'on ajoute plutôt 3 filles et 3 garçons.

D'AUTRES STRATÉGIES DE COMPARAISON

Les stratégies suivantes peuvent également être employées pour comparer des rapports ou des taux.

• Pour comparer deux taux, on peut les écrire sous la forme d'un taux unitaire.

Exemple :

Martine a payé l'eau au taux de 0,90 $/500 mL, qui est équivalent à 1,80 $/L. Un taux de 0,90 $/400 mL est équivalent à 0,225 $/100 mL ou 2,25 $/L, ce qui est supérieur à 1,80 $/L.

• Pour comparer deux rapports, on peut les écrire sous la forme d'un pourcentage.

Exemple :

Le rapport 10 : 15 est approximativement équivalent à 67 %, alors que 13 : 18 est approximativement équivalent à 72 %.

 EXERCICES DE RÉVISION

Le pourcentage

- Comme les fractions, les pourcentages peuvent servir à décrire une partie d'un tout.

Exemple :

82 % des élèves interrogés sont d'accord avec le nouveau règlement.

Si 100 élèves ont été interrogés, 82 ont affirmé être d'accord avec le règlement.

- Pour donner un sens à un pourcentage, il importe de bien définir à quel tout ce pourcentage fait référence.

Exemple :

Si 82 % des élèves interrogés sont d'accord avec le nouveau règlement, cela ne signifie pas que 82 % des élèves de l'école le sont.

- Pourcentages utiles et faciles à retenir :

1 % d'un tout → $\frac{1}{100}$ du tout	25 % d'un tout → $\frac{1}{4}$ du tout
10 % d'un tout → $\frac{1}{10}$ du tout	$33\frac{1}{3}$ % d'un tout → $\frac{1}{3}$ du tout
20 % d'un tout → $\frac{1}{5}$ du tout	50 % d'un tout → $\frac{1}{2}$ du tout

- Pour comparer des quantités, on utilise souvent des pourcentages.

Exemples :

1) Au restaurant, il est normal de laisser un pourboire de 15 %.
Pour un repas de 100 $, le pourboire sera de 15 $.
Pour un repas de 200 $, le pourboire sera de 30 $.

2) Une compagnie aérienne offre de remettre 150 % de points de voyage à sa clientèle choisissant la classe affaires.
Au lieu d'accumuler 1000 points, on en obtient 1500.
Au lieu d'accumuler 500 points, on en obtient 750.

- On utilise également des pourcentages pour exprimer des changements dans le temps.

Exemples :

1) Le prix d'un billet de train a augmenté de 10 % cette année.
Si le billet coûtait 150 $, son prix a augmenté de 15 $: il coûte maintenant 165 $.

2) Le nombre d'élèves d'une école a diminué de 4 % par rapport à l'an passé.
S'il y avait 800 élèves l'an passé, l'école en compte 32 de moins cette année, soit 768.

 EXERCICES DE RÉVISION

Situation de proportionnalité et relation inversement proportionnelle

On peut représenter des situations par des graphiques. Ces représentations graphiques permettent de visualiser dans son ensemble la relation entre deux grandeurs.

Exemple 1 :

Une personne achète de l'essence. On peut établir une relation entre la quantité d'essence achetée et le coût de l'achat.

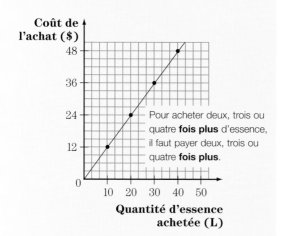

Quantité d'essence achetée (L)

Pour acheter deux, trois ou quatre **fois plus** d'essence, il faut payer deux, trois ou quatre **fois plus**.

Exemple 2 :

Une personne veut acheter 30 $ d'essence. On peut établir une relation entre le prix de l'essence et la quantité achetée.

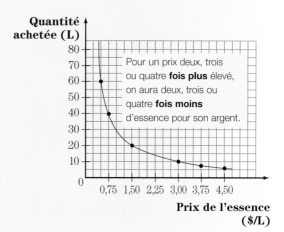

Prix de l'essence ($/L)

Pour un prix deux, trois ou quatre **fois plus** élevé, on aura deux, trois ou quatre **fois moins** d'essence pour son argent.

- Si la représentation graphique d'une situation est une droite passant par l'origine du plan, alors il s'agit d'une situation de proportionnalité. Dans l'exemple de gauche, le graphique montre que le coût de l'achat est proportionnel à la quantité d'essence achetée, car la droite passe par le point de coordonnées (0, 0).

- Dans une situation où la relation entre deux grandeurs est inversement proportionnelle, lorsqu'on multiplie l'une des grandeurs par un nombre donné, l'autre grandeur est divisée par ce même nombre. Dans l'exemple de droite, le graphique illustre que, pour un achat de 30 $, la quantité et le prix de l'essence obtenue sont en relation inversement proportionnelle.

 EXERCICES DE RÉVISION

L'algèbre

Introduction à l'algèbre

LA CHAÎNE D'OPÉRATIONS

Pour résoudre un problème, plusieurs opérations peuvent s'avérer nécessaires.
Si l'on traduit ces opérations par une chaîne d'opérations, il faut respecter, dans
l'écriture de cette chaîne, la priorité des opérations.

LA PRIORITÉ DES OPÉRATIONS

1) Effectue les calculs entre parenthèses.
2) Effectue les multiplications et les divisions dans l'ordre, de gauche à droite.
3) Effectue les additions et les soustractions dans l'ordre, de gauche à droite.

Exemple : $100 - (3 \times 1{,}25 + 5 \times 12)$
$= 100 - (3{,}75 + 60)$
$= 100 - 63{,}75$
$= 36{,}25$

LA VARIABLE

Une variable est symbolisée par une lettre qui représente une valeur parmi diverses
valeurs numériques.

L'EXPRESSION ALGÉBRIQUE

Une expression algébrique est une expression pouvant contenir une ou des variables
et des nombres qui sont liés entre eux par des opérations.

Exemple :

Dans l'expression algébrique $4 \times a - 1$, la lettre a représente la variable.
C'est une donnée qui peut prendre diverses valeurs selon le contexte.

LA VALEUR NUMÉRIQUE D'UNE EXPRESSION ALGÉBRIQUE

On peut attribuer une valeur à une expression algébrique en remplaçant
la ou les variables par leur valeur.

Exemple :

L'expression algébrique $4 \times a - 1$ peut avoir différentes valeurs selon la valeur
de la variable a.

Ainsi, si $a = 50$, l'expression vaut 199, soit $4 \times 50 - 1$;
si $a = 120$, l'expression vaut 479, soit $4 \times 120 - 1$;
si $a = 15{,}25$, l'expression vaut 60, soit $4 \times 15{,}25 - 1$.

 EXERCICES DE RÉVISION

Les expressions algébriques équivalentes

Des expressions algébriques composées des mêmes variables sont équivalentes si elles ont les mêmes valeurs numériques quelles que soient les valeurs prises par la ou les variables qu'elles contiennent.

Exemple :

$x + 4x - 1$ et $(3x + 4) + (2x - 5)$ sont deux expressions algébriques équivalentes, comme l'indique le tableau ci-contre.

VALEUR DE x	VALEUR DE $x + 4x - 1$	VALEUR DE $(3x + 4) + (2x - 5)$
8	39	39
10	49	49
11	54	54
16	79	79
...	...	...

Dans une expression algébrique, les termes sont les différentes parties de l'expression qui sont séparées par les symboles d'opération + et −.

Le coefficient d'un terme est le facteur numérique de ce terme, excluant la ou les variables.

Exemple :

L'expression $x + 4x - 1$ contient trois termes : x, $4x$ et 1, dont les coefficients sont respectivement 1, 4 et $^-1$.

> Dans le terme x, le coefficient 1 est sous-entendu. Les expressions x et $1x$ sont équivalentes.

Des termes semblables sont des termes qui sont identiques ou qui ne diffèrent que par leur coefficient.

Exemple :

Dans $x + 4x - 1$, les termes x et $4x$ sont semblables.

Réduire une expression algébrique, c'est trouver une expression algébrique équivalente qui est plus simple. On peut réduire une expression algébrique en additionnant ou en soustrayant les termes semblables.

Exemple :

$$(3x + 4) + (2x - 5) = 3x + 4 + 2x - 5$$

> L'associativité de l'addition permet de grouper les termes de différentes façons sans modifier le résultat.

$$= 3x + 2x + 4 - 5$$

> La commutativité de l'addition permet de changer l'ordre des termes sans modifier le résultat.

$$= (3 + 2)x + 4 - 5$$

> La distributivité de la multiplication sur l'addition permet d'affirmer que $3x + 2x$ est égal à $(3 + 2)x$.

$$= 5x - 1$$

 EXERCICES DE RÉVISION

D'autres opérations en algèbre

On peut réduire des expressions algébriques en appliquant certaines propriétés des opérations sur les nombres. En voici quelques exemples.

PROPRIÉTÉ	AVEC DES NOMBRES	AVEC UNE EXPRESSION ALGÉBRIQUE
Soustraire une somme est équivalent à soustraire chaque terme de la somme.	$14 - (6 + 2) = 14 - 6 - 2$ $= 6$	$6x - (2x + 3) = 6x - 2x - 3$ $= 4x - 3$
Soustraire une différence est équivalent à soustraire le premier terme de la différence et à additionner le second.	$14 - (6 - 2) = 14 - 6 + 2$ $= 10$	$6x - (2x - 3) = 6x - 2x + 3$ $= 4x + 3$
La distributivité de la multiplication sur l'addition ou sur la soustraction.	$7 \times (6 + 4) = 7 \times 6 + 7 \times 4$ $= 42 + 28$ $= 70$ ou $7 \times (6 - 4) = 7 \times 6 - 7 \times 4$ $= 42 - 28$ $= 14$	$6(3x + 4y - 5) = 6(3x) + 6(4y) - 6(5)$ $= 18x + 24y - 30$
La distributivité de la division sur l'addition ou la soustraction.	$(6 + 4) \div 2 = 6 \div 2 + 4 \div 2$ $= 3 + 2$ $= 5$ ou $(6 - 4) \div 2 = 6 \div 2 - 4 \div 2$ $= 3 - 2$ $= 1$	$\dfrac{4x - 6y + 2}{2} = \dfrac{4x}{2} - \dfrac{6y}{2} + \dfrac{2}{2}$ $= 2x - 3y + 1$ En algèbre, on utilise souvent cette façon de noter une division. $\dfrac{4x - 6y + 2}{2}$ signifie $(4x - 6y + 2) \div 2$.

 EXERCICES DE RÉVISION

Les représentations graphiques

Un graphique permet de représenter une situation où il y a une relation entre deux grandeurs.

Exemple :

Mathilde marche un certain temps, puis se met à courir. Elle s'arrête un instant pour reprendre son souffle, puis reprend sa course, mais plus lentement.

Cette situation peut être représentée par différents graphiques, selon la relation que l'on souhaite illustrer.

1) **Relation entre la distance parcourue et le temps écoulé**

2) **Relation entre la vitesse de Mathilde et le temps écoulé**

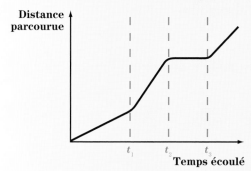
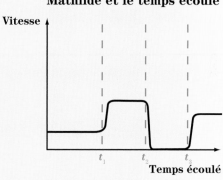

EXERCICES DE RÉVISION

Les équations

Une équation est une relation d'égalité comportant au moins une variable.

Exemple :

$3(x - 1) + (10 - x) = 13$

Il existe plusieurs façons de résoudre une équation. Par exemple, on peut

- procéder par essais et erreurs ;
- utiliser les opérations inverses ;
- avoir recours à la méthode du terme caché.

LA RÉSOLUTION DE L'ÉQUATION

Pour faciliter la résolution d'une équation, il est souvent préférable de réduire les expressions algébriques qu'elle contient.

Exemple :

Pour résoudre l'équation $3(x - 1) + (10 - x) = 13$, on peut réduire l'expression algébrique constituant le membre de gauche de l'équation.

$$3(x - 1) + (10 - x) = 13$$
$$3x - 3 + 10 - x = 13$$
$$2x + 7 = 13$$

On complète ensuite la résolution en choisissant le processus que l'on juge approprié.

Exemple (avec la méthode du terme caché) :

Puisque $6 + 7 = 13$, on peut affirmer que $2x = 6$;

et puisque $2 \times 3 = 6$, on peut affirmer que $x = 3$.

Exemple (en utilisant les opérations inverses) :

L'équation $2x + 7 = 13$ peut se représenter à l'aide du schéma suivant.

En procédant à rebours, on trouve que le cercle central doit contenir le nombre 6, soit $13 - 7$, et donc $x = 3$, soit $6 \div 2$.

LA VALIDATION DE LA SOLUTION

Pour vérifier la résolution de l'équation, on peut, dans l'équation de départ, remplacer la variable par la valeur trouvée. Si l'égalité obtenue est vraie, alors la solution est bonne.

Exemple :

Remplaçons la variable x par 3 dans l'équation $3(x - 1)(10 - x) = 13$.

$$3(x - 1) + (10 - x) = 13$$
$$3(3 - 1) + (10 - 3) = 13$$
$$3(2) + 7 = 13$$
$$6 + 7 = 13$$

Puisque l'égalité obtenue est vraie, la solution est correcte.

 EXERCICES DE RÉVISION

Produit de monômes et chaîne d'opérations

Un monôme est une expression algébrique qui ne contient qu'un seul terme. Le degré d'un monôme est le nombre de facteurs qui le composent et qui sont des variables.

Exemples :

$2a$, $4xy$, $3a^2b^3$ et 5 sont des monômes.

Leurs décompositions en facteurs qui sont des variables sont respectivement :

$2 \cdot a$, $4 \cdot x \cdot y$, $3 \cdot a \cdot a \cdot b \cdot b \cdot b$ et 5.

Le degré de chacun est donc 1, 2, 5 et 0.

LE PRODUIT DE MONÔMES

Pour multiplier deux monômes, il suffit d'appliquer les propriétés d'associativité et de commutativité de la multiplication. Au besoin, on utilise des exposants pour simplifier l'écriture du produit.

Exemples :

$(2a)(3b) = 2 \cdot a \cdot 3 \cdot b = 2 \cdot 3 \cdot a \cdot b = 6ab$

$(6x)(4x) = 6 \cdot x \cdot 4 \cdot x = 6 \cdot 4 \cdot x \cdot x = 24x^2$

> La propriété d'associativité de la multiplication permet d'associer les facteurs d'une multiplication de différentes façons sans changer le produit.
>
> *Exemple :* $(3 \times 4) \times 5 = 3 \times (4 \times 5)$
>
> La propriété de commutativité permet de changer l'ordre des facteurs sans modifier le produit.
>
> *Exemple :* $3 \times 4 = 4 \times 3$

LA PRIORITÉ DES OPÉRATIONS

Pour évaluer une expression contenant des exposants, il faut tenir compte des priorités des opérations.

1) Effectue les calculs entre parenthèses.

2) Détermine la valeur des nombres affectés d'un exposant.

3) Effectue les multiplications et les divisions dans l'ordre, de gauche à droite.

4) Effectue les additions et les soustractions dans l'ordre, de gauche à droite.

 EXERCICES DE RÉVISION

La résolution d'équations

L'information contenue dans certaines situations peut se traduire à l'aide d'une équation comportant des quantités inconnues de part et d'autre du signe d'égalité. Dans ce cas, pour résoudre l'équation, on peut la transformer en d'autres équations plus simples, en respectant les règles suivantes :

- On peut additionner une même valeur à chacun des membres de l'équation, ou en soustraire une même valeur.

- On peut multiplier ou diviser par une même valeur (sauf par 0) chacun des membres de l'équation.

Exemple :

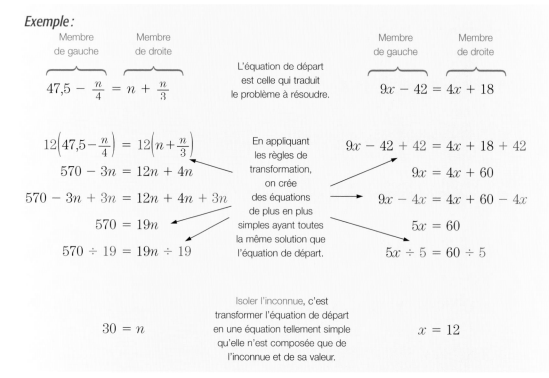

Pour vérifier si la résolution de l'équation a donné une réponse juste, on peut, dans l'équation de départ, remplacer l'inconnue par la valeur trouvée et déterminer si le membre de gauche est équivalent à celui de droite.

 EXERCICES DE RÉVISION

L'algèbre : une stratégie de résolution de problèmes

Traduire un problème par une équation peut s'avérer plus ou moins complexe. Pour faciliter cette tâche, il faut

- bien identifier les différentes relations entre les quantités impliquées dans le problème ;

- choisir judicieusement l'inconnue et exprimer les autres quantités en tenant compte de l'inconnue choisie et des relations entre les quantités ;

- trouver une relation permettant de formuler une équation.

Exemple :

On veut partager 100 en deux nombres dont la différence est 40.

Voici différents raisonnements menant à une équation.

– Si x est le plus petit des deux nombres, alors le plus grand nombre équivaut à 40 de plus, soit $x + 40$. La somme des deux nombres étant 100, on peut écrire l'équation

$$x + (x + 40) = 100.$$

– Si x est le plus petit des deux nombres, alors l'autre nombre est ce qui reste du partage, soit $100 - x$. La différence entre ces deux nombres étant 40, on peut alors écrire l'équation

$$(100 - x) - x = 40.$$

– Si x est le plus grand des deux nombres, alors l'autre nombre équivaut à 40 de moins, soit $x - 40$. La somme des deux nombres étant 100, on peut écrire l'équation

$$x + (x - 40) = 100.$$

Après avoir résolu l'équation, il faut répondre à la ou aux questions soulevées par le problème. L'interprétation de la réponse obtenue est une étape essentielle. Il faut s'assurer que cette réponse est cohérente avec la situation décrite dans le problème.

 EXERCICES DE RÉVISION

Régularités et représentations

Dans des situations comportant des régularités, on peut représenter la relation entre deux variables à l'aide d'une table de valeurs, d'un graphique ou d'une expression algébrique.

Exemple :

Des points sur un cercle sont reliés par des segments de droite qui ne se croisent pas. On observe le nombre maximal de segments que l'on peut tracer par rapport au nombre de points. Par exemple, dans la figure ci-contre, on voit que l'on obtient 9 segments pour 6 points.

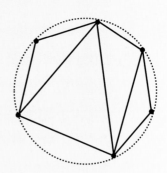

Voici trois façons de représenter la relation entre le nombre de segments et le nombre de points.

TABLE DE VALEURS		GRAPHIQUE	EXPRESSION ALGÉBRIQUE
NOMBRE DE POINTS	**NOMBRE DE SEGMENTS**		Si n représente le nombre de
2	1		points, alors
3	3		$2n - 3$
4	5		représente
5	7		le nombre
6	9		de segments.

Graphique : Nombre de segments en fonction du Nombre de points ; $+1$, $+2$.

Pour déterminer l'expression algébrique qui représente une relation, on peut avoir recours à divers raisonnements. On peut, entre autres, utiliser la table de valeurs ou la représentation graphique associée à cette relation.

Exemple :

Dans la table de valeurs ci-dessus, on remarque que le nombre de segments augmente de 2 chaque fois que le nombre de points augmente de 1. Pour 6 points, il y a 9 segments. Lorsqu'on passe de 6 à n points, il y a une augmentation de $(n - 6)$ points. Le nombre de segments augmente alors de $2(n - 6)$, et est donc égal à $9 + 2(n - 6)$, expression qui se réduit à $2n - 3$.

 EXERCICES DE RÉVISION

L'argumentation en algèbre

- Une expression algébrique permet, entre autres choses, de représenter chacun des nombres d'un ensemble de nombres donné.

Exemple :

Si n représente un nombre entier, les nombres impairs peuvent être représentés par l'expression $2n + 1$, car peu importe la valeur de n, l'expression $2n + 1$ correspond à un nombre impair.

n	$^-6$	$^-3$	0	1	2	3
$2n + 1$	$^-11$	$^-5$	1	3	5	7

De plus, tout nombre impair peut être obtenu à partir de cette expression. Par exemple, 29 est un nombre impair et il peut être obtenu à l'aide de l'expression $2n + 1$ si n vaut 14.

- L'algèbre constitue un outil puissant pour convaincre les autres qu'un énoncé mathématique est vrai.

Exemple :

La somme de deux multiples de 3 est un multiple de 3.

On peut vérifier cette propriété avec quelques exemples.

12 et 30 sont des multiples de 3. Leur somme, 42, est aussi un multiple de 3.

15 et 66 sont des multiples de 3. Leur somme, 81, est aussi un multiple de 3.

Cependant, des exemples ne peuvent pas convaincre complètement.

Une argumentation algébrique, comme ci-dessous, réussit à le faire.

– Les expressions $3a$ et $3b$ représentent des multiples de 3 si a et b sont des nombres entiers.

– Leur somme est $3a + 3b$.

– Cette somme est équivalente à $3(a + b)$.

– Ainsi, $3(a + b)$ représente un multiple de 3, car $(a + b)$ est un nombre entier.

EXERCICES DE RÉVISION

La probabilité

Au primaire, tu as abordé le concept de probabilité en comparant, entre autres, la probabilité de certains événements à l'aide de la probabilité fréquentielle. Au 1er cycle du secondaire, tu as approfondi ta compréhension du concept de probabilité et tu as vu des techniques de dénombrement telles que les grilles, les arbres et le principe multiplicatif, et ce, dans des situations avec ou sans ordre et avec ou sans répétition. Les divers concepts et processus liés à la probabilité sont résumés ci-dessous.

La probabilité d'un événement

La probabilité d'un événement est une valeur indiquant la possibilité, plus ou moins grande, que l'événement se produise. Elle peut s'exprimer à l'aide d'une fraction. Cette fraction permet de prévoir, en théorie, combien de fois approximativement l'événement se produira si l'on répète l'expérience un très grand nombre de fois.

Exemple 1 :

Les six faces que peut afficher un dé ordinaire sont toutes également probables. Si on lance un dé plusieurs fois, on peut donc prévoir que chaque face apparaîtra environ une fois sur six. On dit que la probabilité d'obtenir le nombre 4 est de $\frac{1}{6}$. En théorie, si on lance le dé 600 fois, on devrait obtenir le nombre 4 approximativement 100 fois.

Exemple 2 :

Lorsqu'on lance deux dés, il y a 36 résultats également probables. La probabilité d'obtenir la somme de 4 est donc de $\frac{3}{36}$ (ou $\frac{1}{12}$), comme le démontre la grille ci-contre. En théorie, sur 600 lancers, on obtiendra approximativement 50 fois la somme de 4.

	•	••	••	::	::•	:::
•	2	3	4	5	6	7
••	3	4	5	6	7	8
••	4	5	6	7	8	9
::	5	6	7	8	9	10
::•	6	7	8	9	10	11
:::	7	8	9	10	11	12

Il est possible de comparer la probabilité d'événements issus de deux expériences aléatoires différentes en comparant les fractions qui y sont associées. Par exemple, il est plus probable d'obtenir le nombre 4 en lançant un dé que d'obtenir la somme de 4 en lançant deux dés, car $\frac{1}{6} > \frac{1}{12}$.

 EXERCICES DE RÉVISION

Le dénombrement

Pour dénombrer tous les cas possibles dans une situation, on peut avoir recours
à une grille ou à un diagramme en arbre, ou dresser une liste ordonnée. Dans certaines
situations comportant des régularités, on peut aussi utiliser le principe multiplicatif.

Exemple :

Combien de nombres de trois chiffres peut-on former en utilisant seulement
les quatre chiffres ci-dessous ?

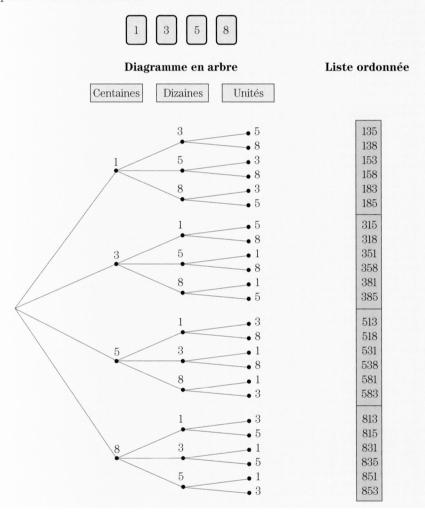

PRINCIPE MULTIPLICATIF

Pour le chiffre des centaines, il y a quatre possibilités. Une fois ce chiffre choisi,
il reste trois possibilités pour le chiffre des dizaines. Une fois ce chiffre choisi,
il reste deux possibilités pour le dernier.

Il y a donc 24 possibilités, soit $4 \times 3 \times 2$.

EXERCICES DE RÉVISION

La probabilité d'un événement et le dénombrement

L'UNIVERS DES RÉSULTATS POSSIBLES

Si l'on énumère tous les résultats possibles d'une expérience aléatoire, on constitue un ensemble appelé l'univers des possibles et noté Ω (oméga).

Exemple :

Lorsqu'on observe la couleur d'une bille tirée au hasard du sac représenté ci-contre, l'univers des possibles est

Ω = {mauve, rouge, jaune}.

La somme des probabilités des résultats constituant l'univers des possibles est 1. En effet,

P ({mauve}) + P ({rouge}) + P ({jaune}) = $\frac{1}{6}$ + $\frac{1}{3}$ + $\frac{1}{2}$ = 1.

LA PROBABILITÉ D'UN ÉVÉNEMENT

• Un événement est un sous-ensemble constitué de résultats de l'univers des possibles (Ω). La probabilité d'un événement correspond à la somme des probabilités des résultats qui le constituent.

Exemple :

La probabilité de tirer du sac illustré ci-dessus une bille qui n'est pas mauve est :

P ({rouge, jaune}) = P ({rouge}) + P ({jaune})

$\qquad\qquad$ = $\frac{1}{3}$ + $\frac{1}{2}$ = $\frac{5}{6}$

• Dans le cas où l'univers des possibles (Ω) est constitué de résultats équiprobables, alors la probabilité d'un événement peut s'évaluer de la façon suivante.

$$\frac{\text{Nombre de résultats favorables à la réalisation de l'événement}}{\text{Nombre de résultats possibles dans l'expérience}}$$

Exemple :

Quelle est la probabilité d'obtenir un nombre pair en lançant un dé à six faces ?

Dans cette expérience, Ω = {1, 2, 3, 4, 5, 6} et tous ces résultats sont équiprobables.

Ainsi, P ({2, 4, 6}) = $\frac{3}{6}$ ou $\frac{1}{2}$, car il y a trois résultats pairs sur six résultats possibles.

- Pour calculer la probabilité d'un événement, on doit parfois avoir recours à un raisonnement élaboré afin de bien dénombrer les résultats possibles.

Exemple :

Combien de façons de choisir trois personnes parmi six y a-t-il ?

1) Si l'on tient compte de l'ordre dans lequel elles sont choisies, il y a 120 façons de choisir 3 personnes parmi 6, soit $6 \times 5 \times 4$.

2) Si l'ordre n'importe pas, toutes les permutations possibles d'un même trio représentent une seule possibilité. Puisqu'il y a 6 permutations possibles d'un même trio ($3 \times 2 \times 1$), le nombre de façons de choisir 3 personnes dans ce cas est égal à 20, soit le nombre obtenu avec ordre (120) divisé par 6.

EXERCICES DE RÉVISION

Le calcul de probabilité

- Pour trouver la probabilité que deux événements se réalisent en même temps, il faut déterminer l'intersection des ensembles associés à ces événements.

> L'intersection de deux ensembles **A** et **B**, notée **A** ∩ **B** (lire **A** inter **B**), est l'ensemble formé des éléments qui sont dans **A** *et* dans **B**.
>
>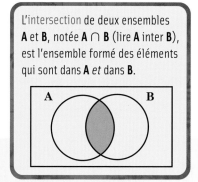

Exemple :

On tire un carton au hasard dans le sac illustré.

Soit **A** : Tirer un carton rouge

    B : Tirer un carton de forme carrée

On a **A** = {■, ●, ▲} et **B** = {■, □}.

L'événement « tirer un carton rouge et de forme carrée » est **A** ∩ **B**, soit {■}.

- Pour trouver la probabilité qu'un événement **ou** un autre se réalise, il faut déterminer la réunion des ensembles associés à ces événements.

> La réunion de deux ensembles, notée **A** ∪ **B** (lire **A** union **B**), est l'ensemble formé des éléments qui sont dans **A** *ou* dans **B**.
>
>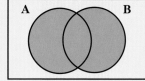

(suite de l'exemple)

L'événement « tirer un carton qui est rouge ou de forme carrée » correspond à l'ensemble **A** ∪ **B**, soit {■, ●, ▲, □}.

Pour tous les événements **A** et **B**, on a l'égalité suivante.

$$P(\mathbf{A} \cup \mathbf{B}) = P(\mathbf{A}) + P(\mathbf{B}) - P(\mathbf{A} \cap \mathbf{B})$$

- Deux événements sont incompatibles si c'est impossible qu'ils se réalisent en même temps. Dans le cas contraire, on dit que les événements sont compatibles.

> Des événements **A** et **B** sont dits incompatibles si $A \cap B = \{\}$.
> Dans ce cas, on aura donc $P A \cap B = 0$ et $P(A \cup B) = P(A) + P(B)$.

(suite de l'exemple)

Les événements **A** et **B** sont compatibles.

- Deux événements sont complémentaires s'ils sont incompatibles et que leur réunion contient tous les résultats possibles. Dans ce cas, la somme de leurs probabilités est égale à 1.

> **A** et **B** sont dits complémentaires si $A \cap B = \{\}$ et $A \cup B = \Omega$.

(suite de l'exemple)

L'événement « tirer un carton blanc » est complémentaire de l'événement **A**.

 EXERCICES DE RÉVISION

Les événements dépendants et indépendants

Deux événements sont indépendants si la réalisation ou non de l'un des événements n'affecte pas la probabilité de la réalisation de l'autre. Dans le cas contraire, on dit que les événements sont dépendants.

Exemples :

On lance deux dés ordinaires, un rouge et un blanc.

1) « Obtenir un 4 avec le dé rouge » et « obtenir le même nombre avec les deux dés » sont deux événements indépendants. En effet, la probabilité d'obtenir le même nombre avec les deux dés est égale à $\frac{1}{6}$ que l'on obtienne ou non un 4 avec le dé rouge.

	1	2	3	4	5	6
1	√					
2		√				
3			√			
4				√		
5					√	
6						√

2) Par contre, « obtenir un 4 avec le dé rouge » et « obtenir une différence de 1 entre les deux dés » sont deux événements dépendants. En effet, la probabilité d'obtenir une différence de 1 entre deux dés est de $\frac{10}{36}$ ou $\frac{5}{18}$. Si l'on obtient un 4 avec le dé rouge, cette probabilité est différente, car elle est alors de $\frac{2}{6}$ ou $\frac{1}{3}$.

	1	2	3	4	5	6
1		√				
2	√		√			
3		√		√		
4			√		√	
5				√		√
6					√	

La probabilité que deux événements indépendants se réalisent dans une même expérience est égale au produit de leurs probabilités. En d'autres mots, lorsque **A** et **B** sont des événements indépendants, on a l'égalité suivante.

$$P(\mathbf{A}) \times P(\mathbf{B}) = P(\mathbf{A} \cap \mathbf{B})$$

Exemple :

On lance une pièce de monnaie et un dé. On peut supposer que tout événement associé à la pièce de monnaie est indépendant de tout événement associé au dé. Ainsi, la probabilité d'obtenir le côté face avec la pièce de monnaie et 6 avec le dé peut se calculer de la manière démontrée ci-dessous.

Probabilité d'obtenir le côté face avec la pièce de monnaie → $\dfrac{1}{2} \times \dfrac{1}{6} = \dfrac{1}{12}$ ← Probabilité d'obtenir le côté face avec la pièce de monnaie et 6 avec le dé

↑ Probabilité d'obtenir 6 avec le dé

 EXERCICES DE RÉVISION

La statistique

Au 1er cycle, tu as consolidé tes connaissances sur les différents diagrammes que tu avais explorés au primaire en les interprétant et en construisant certains d'entre eux. Tu as aussi développé davantage ta compréhension du concept de moyenne.

Les diagrammes

Les diagrammes sont des outils statistiques servant à représenter l'information recueillie pour mieux comprendre un phénomène et prendre des décisions, s'il y a lieu. Il existe différents types de diagrammes, chacun ayant une utilité particulière.

LES DIAGRAMMES À BANDES

Les diagrammes à bandes servent habituellement à décrire les effectifs observés chez une population. Les bandes peuvent être verticales ou horizontales.

LES DIAGRAMMES À LIGNE BRISÉE

Les diagrammes à ligne brisée servent à décrire des phénomènes qui évoluent durant une certaine période de temps. L'axe horizontal représente toujours l'échelle du temps.

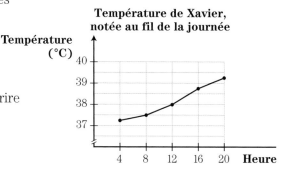

Saisons de l'anniversaire des élèves de la classe, selon leur sexe

Température de Xavier, notée au fil de la journée

LES DIAGRAMMES CIRCULAIRES

Les diagrammes circulaires servent à décrire la répartition d'un ensemble en différentes parties. Ils mettent en évidence la fraction ou le pourcentage que représente chaque partie par rapport au tout.

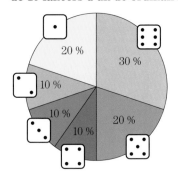

Répartition des résultats de 10 lancers d'un dé ordinaire

LA CONSTRUCTION D'UN DIAGRAMME CIRCULAIRE

Le schéma ci-dessous représente les différentes composantes d'un diagramme circulaire.

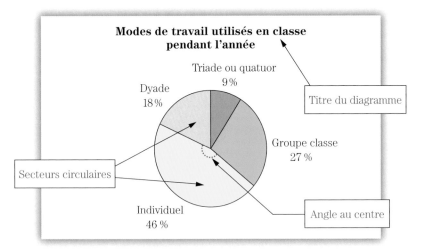

La mesure de l'angle au centre de chaque secteur correspond à une fraction de 360°. Par exemple, si l'on veut représenter 40 heures de travail effectué en groupe classe durant les 150 heures de mathématiques de l'année, l'angle doit mesurer $\frac{40}{150}$ ou $\frac{4}{15}$ de 360°, soit 96°.

Pour déterminer le pourcentage du temps alloué en classe au travail en groupe classe, on peut procéder ainsi :

$$\frac{4}{15} = 4 \div 15 = 0,266\,666\ldots$$

En arrondissant au centième, on obtient 0,27.

Cela correspond à la fraction $\frac{27}{100}$, soit 27 %.

 EXERCICES DE RÉVISION

La moyenne arithmétique

La moyenne arithmétique d'un ensemble de données est une valeur représentative de ces données. Plus précisément, c'est la valeur unique qui pourrait remplacer chacune des données de l'ensemble si l'on voulait conserver la même somme.

Exemple :

Durant cinq jours, on a observé les températures ci-dessous.

0 °C	5 °C	7 °C	8 °C	10 °C

La température de ces cinq jours peut être représentée par la moyenne arithmétique des températures observées, qui est de 6 °C. En effet, la somme de 0, 5, 7, 8 et 10 est 30, et l'opération 6 + 6 + 6 + 6 + 6 donne également 30.

Pour calculer la moyenne arithmétique, il faut additionner toutes les données, puis diviser le résultat par le nombre de données.

Exemple :

La moyenne arithmétique dans l'exemple ci-dessus a été calculée ainsi :

0 + 5 + 7 + 8 + 10 = 30,

et 30 ÷ 5 = 6.

EXERCICES DE RÉVISION

Les sondages

Un sondage est une recherche d'information portant sur une partie de la population.

LES QUESTIONS DANS LES SONDAGES

Pour minimiser les sources de biais dans la recherche d'information, il faut porter une attention particulière à la question posée.

- Cette question doit être comprise de la même façon par tout le monde.
- On doit toujours pouvoir y répondre.
- Elle ne doit en aucun temps influencer la personne interrogée.
- Les réponses obtenues doivent être faciles à traiter.

LA POPULATION

La population est l'ensemble des personnes ou des objets sur lesquels porte une étude statistique.

Exemples :

1) L'ensemble des Québécois et Québécoises de 18 ans et plus constitue la population d'une étude visant à connaître leur intention de vote aux prochaines élections.

2) L'ensemble des skis produits par une compagnie constitue la population d'une étude consistant à effectuer un contrôle de qualité du produit.

Une question est dite biaisée si l'information qui en découle ne reflète pas l'opinion de la population visée par le sondage.

 EXERCICES DE RÉVISION

L'ÉCHANTILLONNAGE

Un échantillon est un petit groupe d'individus ou d'éléments choisis de manière à représenter le plus fidèlement possible la population visée par l'étude.

Un échantillon est dit représentatif d'une population dans la mesure où il reflète le plus fidèlement possible les caractéristiques de la population visée selon l'objet de l'étude. Un échantillon peut ne pas être représentatif si

• sa taille est trop petite ;

• la méthode d'échantillonnage n'est pas appropriée.

Voici deux méthodes d'échantillonnage.

• La méthode aléatoire : Chaque élément de l'échantillon a la même probabilité d'être choisi que les autres éléments de la population visée.

Exemple :

On utilise un ordinateur pour produire des nombres aléatoires de 1 à 1250. Les nombres obtenus désignent, dans la liste des 1250 élèves d'une école, les élèves qui feront partie de l'échantillon.

• La méthode systématique : On dresse d'abord la liste de tous les éléments ou individus de la population visée. Selon la taille de l'échantillon désirée, on choisit à intervalle régulier les éléments de la liste qui composeront l'échantillon.

Exemple :

En utilisant la liste des 1250 élèves d'une école, on peut obtenir un échantillon de 250 élèves en sélectionnant un ou une élève par tranche de 5 noms.

 EXERCICES DE RÉVISION

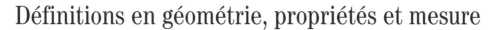

Définitions en géométrie, propriétés et mesure

Au primaire, tu as développé ta pensée géométrique en associant des figures à des images plutôt qu'à des définitions. Au 1er cycle du secondaire, tu as davantage considéré les propriétés des figures géométriques.

Les quadrilatères

LA DÉFINITION

En géométrie, une définition est un ensemble d'attributs qui permet de distinguer un type de figure parmi d'autres.

Exemple :

TYPE DE QUADRILATÈRES	DÉFINITION Quadrilatère convexe ayant…
Trapèze	au moins deux côtés parallèles
Parallélogramme	deux paires de côtés parallèles
Cerf-volant	deux paires de côtés adjacents isométriques
Rectangle	quatre angles droits
Losange	quatre côtés isométriques
Carré	quatre côtés isométriques et quatre angles droits

LES PROPRIÉTÉS

Lorsqu'on associe un attribut à un type de figure, on obtient une propriété.

Exemple :

Dans un losange, les diagonales sont perpendiculaires.

Selon sa définition et ses propriétés, une figure géométrique peut porter différents noms.

Exemple :

Un carré est une sorte de losange, de rectangle, de cerf-volant, de parallélogramme et de trapèze.

 EXERCICES DE RÉVISION

Le cercle

Lorsqu'on se sert d'un compas pour tracer un arc ou un cercle, la longueur de l'écartement du compas correspond au rayon désiré.

Quelques mots du vocabulaire relatif au cercle

Cercle : une ligne courbe fermée dont tous les points sont à égale distance du point intérieur appelé centre.

Rayon : un segment de droite reliant le centre à un point du cercle.

Diamètre : un segment de droite reliant deux points du cercle et passant par le centre.

Rayon et **diamètre** : deux termes désignant aussi la longueur des segments auxquels ils sont associés.

Arc : une portion du cercle comprise entre deux points du cercle.

Disque : une région du plan limitée par un cercle.

Secteur circulaire : une partie du disque comprise entre deux rayons.

Angle au centre : un angle formé par deux rayons du cercle.

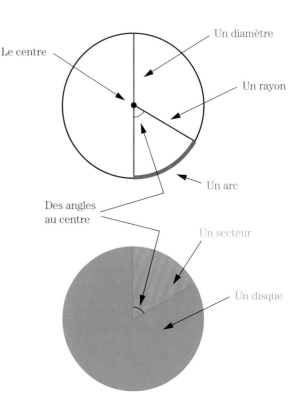

La circonférence du cercle

Le nombre de fois que le diamètre d'un cercle est compris dans la circonférence de ce même cercle est symbolisé par la lettre grecque π.

Par conséquent, on peut écrire les relations ci-dessous.

$$\pi = C \div d$$

ou

$$C = d \div \pi$$ ◄────── Lorsqu'on connaît le diamètre (d) d'un cercle, il est possible de déterminer approximativement sa circonférence (C) en multipliant ce diamètre par une approximation de π.

ou encore

$$d = C \div \pi$$ ◄────── Lorsqu'on connaît la circonférence (C) d'un cercle, il est possible de déterminer approximativement son diamètre (d) en divisant cette circonférence par une approximation de π.

La valeur de π est **3,141 592 65...**

Selon les besoins, les approximations de π les plus fréquemment utilisées sont **3,14**, **3,1416** ou $3\frac{1}{7}$.

 EXERCICES DE RÉVISION

Les transformations géométriques

Au primaire, tu as utilisé des translations, des réflexions et des rotations pour produire des frises et des dallages. Au 1er cycle du secondaire, tu as davantage considéré les définitions et propriétés de ces transformations géométriques.

LA TRANSLATION

Pour définir précisément une translation, on donne la direction, le sens et la longueur de la translation. Ces renseignements peuvent être résumés par une flèche de translation.

LA RÉFLEXION

Pour définir précisément une réflexion, il suffit de donner l'axe de réflexion.

Exemple :

La figure ci-dessous est obtenue par la translation t du motif de gauche.
Elle est aussi obtenue par la réflexion d'axe s de sa moitié supérieure.

LA ROTATION

Une rotation est une transformation géométrique définie par un centre de rotation, un angle de rotation et un sens de rotation.

Sens des aiguilles dune montre

Sens inverse des aiguilles d'une montre

Pour décrire une rotation de 180°, il suffit de donner son centre de rotation, le point **O**, et son angle de rotation, 180°.

Les segments **OP** et **OP′**) sont isométriques et forment un angle plat.

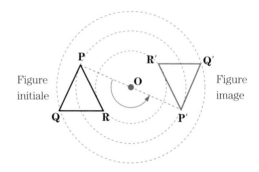

Pour **décrire précisément** une rotation qui n'est pas de 180°, il faut donner le sens de la rotation en plus de l'angle de rotation et du centre de rotation.

Voici une rotation de 90° autour du point **O** dans le sens *contraire des aiguilles d'une montre*.

Les segments **OP** et **OP′** sont isométriques et forment un angle droit.

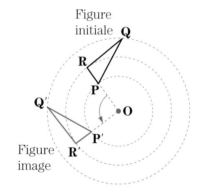

LES FRISES ET LES DALLAGES

On peut produire des frises à l'aide de réflexions, de translations ou de rotations de 180°.

Exemple :

La frise ci-dessous a été produite par des rotations de 180°.

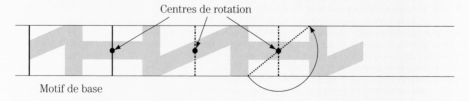

Centres de rotation

Motif de base

À partir de certains polygones, il est possible de produire des dallages par translation, par rotation ou par réflexion. En voici trois exemples.

Exemples :

Dallage 1	Dallage 2	Dallage 3

L'INVARIANCE PAR UNE TRANSFORMATION GÉOMÉTRIQUE

Une figure géométrique est invariante par une transformation géométrique si son image par cette transformation coïncide exactement avec la figure initiale.

Les translations, les réflexions et les rotations sont des transformations géométriques qui laissent invariante, c'est-à-dire conservent, la mesure des segments et des angles de la figure initiale, ainsi que son aire.

Exemple :

Cette frise est invariante par la translation t et par réflexion d'axe horizontal s seulement.

 EXERCICES DE RÉVISION

L'aire des triangles et des quadrilatères

Il existe une relation entre l'aire d'un polygone et la mesure de certains segments associés à ce polygone. Cette relation dépend du type de polygone considéré.

LE PARALLÉLOGRAMME

Aire = mesure de la base × hauteur

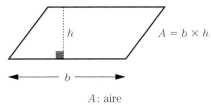

$A = b \times h$

A : aire
b : mesure de la base
h : hauteur

> La base d'un parallélogramme est n'importe lequel de ses côtés.
>
> La hauteur est la distance entre le côté considéré comme base et le côté qui lui est parallèle.

LE TRIANGLE

Aire = mesure de la base × hauteur ÷ 2

$$A = \dfrac{b \times h}{2}$$

A : aire
b : mesure de la base
h : hauteur

> La base d'un triangle est n'importe lequel de ses côtés.
>
> La hauteur est la distance entre le côté considéré comme base et le sommet opposé.

La hauteur est un segment perpendiculaire à la base, issu du sommet opposé et dont l'autre extrémité se trouve sur la base ou son prolongement. La hauteur désigne aussi la longueur de ce segment.

Exemples :

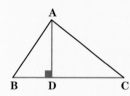 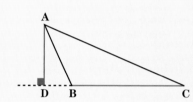

> Le mot hauteur désigne à la fois un segment et une mesure.

Dans chacune des figures ci-dessus, le segment **AD** est une hauteur relative à la base **BC**.

LE TRAPÈZE

Aire = (mesure de la grande base + mesure de la petite base) × hauteur ÷ 2

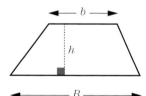

$$A = \dfrac{(B + b) \times h}{2}$$

A : aire
B : mesure de la grande base
b : mesure de la petite base
h : hauteur

> Les bases d'un trapèze sont ses deux côtés parallèles.
>
> La hauteur est la distance entre ces deux côtés.

LE LOSANGE ET LE CERF-VOLANT

Aire = mesure d'une diagonale × mesure de l'autre diagonale ÷ 2

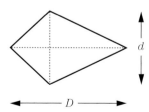

$$A = \dfrac{D \times d}{2}$$

A : aire
D : mesure de la grande diagonale
d : mesure de la petite diagonale

 EXERCICES DE RÉVISION

Des propriétés géométriques

La somme des mesures des angles intérieurs d'un triangle est de 180°.

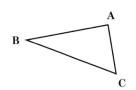

Autrement dit, dans un triangle **ABC**,

m ∠ **A** + m ∠ **B** + m ∠ **C** = 180°.

Dans tout triangle isocèle, les angles opposés aux côtés isométriques sont isométriques.

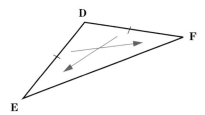

Autrement dit, si le triangle **DEF** est isocèle, alors m ∠ **E** = m ∠ **F**, car le côté **DF** est isométrique au côté **DE**.

Dans un triangle, au plus grand angle est opposé le plus grand côté et au plus petit angle est opposé le plus petit côté.

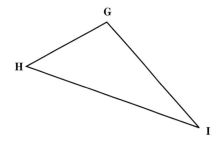

Autrement dit, dans le triangle ci-contre, si ∠ **G** est le plus grand angle, alors le côté **HI** est le plus grand côté.

De même, si ∠ **I** est le plus petit angle, alors le côté **GH** est le plus petit côté.

 EXERCICES DE RÉVISION

Quelques propriétés des angles

Lorsqu'on représente un angle, on peut distinguer certaines parties.

De plus, deux angles sont dits adjacents s'ils

- ont le même sommet ;

- ont un côté commun ;

- se situent de part et d'autre de ce côté commun.

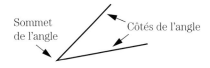

Sommet de l'angle

Côtés de l'angle

Exemple :

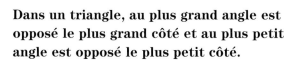

ANGLES ADJACENTS	ANGLES NON ADJACENTS

ANGLES FORMÉS PAR DEUX DROITES SÉCANTES

Une sécante est une droite qui coupe une figure.

Lorsque deux droites sont sécantes, les angles opposés par le sommet sont isométriques.

Exemple :

Dans l'illustration ci-dessous, les angles 6 et 8 sont isométriques, de même que les angles 1 et 3, 2 et 4, 5 et 7.

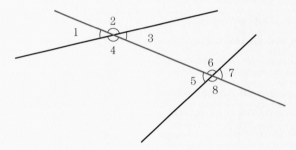

Angles correspondants

Dans l'exemple ci-dessus, l'angle 1 et l'angle 5 sont des angles correspondants, car ils occupent un emplacement similaire par rapport aux lignes qui les forment.

Angles alternes

Dans l'exemple ci-dessus, l'angle 1 et l'angle 6 ne sont pas adjacents ni opposés par le sommet, mais ils alternent, c'est-à-dire qu'ils sont situés de part et d'autre de la sécante.

Exemple :

Dans l'illustration ci-dessous, on montre les régions créées par les droites de l'exemple précédent.

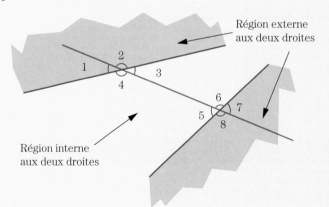

Angles internes

Dans l'illustration ci-dessus, l'angle 4 et l'angle 5 forment une paire d'angles internes, car ils sont situés dans la région interne aux deux droites.

Angles externes

Dans l'illustration ci-dessus, l'angle 2 et l'angle 7 forment une paire d'angles externes, car ils sont situés dans la région externe aux deux droites.

ANGLES FORMÉS PAR DES DROITES PARALLÈLES COUPÉES PAR UNE SÉCANTE

Si une droite coupe deux droites parallèles, alors les angles alternes-internes, alternes-externes et correspondants sont respectivement isométriques.

Exemple :

Dans l'illustration ci-contre, les angles
suivants sont isométriques :
les angles 3 et 5 (alternes-internes),
les angles 2 et 8 (alternes-externes)
et les angles 3 et 7 (correspondants),
car les droites d_1 et d_2 sont parallèles.

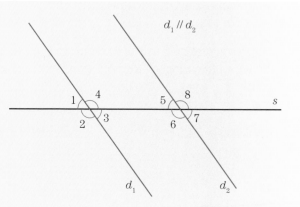

Dans le cas d'une droite coupant deux droites, si deux angles correspondants
(ou alternes-internes, ou encore alternes-externes) sont isométriques,
alors ils sont formés par des droites parallèles coupées par une sécante.

Exemple :

Dans l'illustration ci-dessous, les droites d_1 et d_2 sont parallèles, car les angles
alternes-internes sont isométriques.

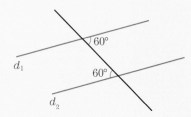

 EXERCICES DE RÉVISION

Figures semblables et homothétie

Lorsqu'une figure est un agrandissement, une réduction ou une reproduction d'une autre, ces figures sont dites semblables. Les éléments homologues de deux figures semblables sont les éléments qui correspondent d'une figure à l'autre.

Des figures semblables ont des mesures de côtés homologues proportionnelles et des angles homologues isométriques.

Exemple :

Le triangle **ABC** est semblable au triangle **DEF**,

car $\frac{4}{6} = \frac{6}{9} = \frac{8}{12}$,

m $\angle$ **A** = m $\angle$ **F**,

m $\angle$ **B** = m $\angle$ **D** et

m $\angle$ **C** = m $\angle$ **E**.

Ce symbole signifie « est semblable à ».

$$\triangle \mathbf{ABC} \sim \triangle \mathbf{DEF}$$

Lorsqu'on compare les mesures de deux segments homologues de figures semblables, on obtient un rapport de similitude. Dans l'exemple ci-dessus, le rapport de similitude du triangle **DEF** au triangle **ABC** est de 2 : 3.

HOMOTHÉTIE

Une homothétie est une transformation géométrique définie par un centre d'homothétie et un rapport d'homothétie. L'image obtenue à la suite d'une homothétie est semblable à la figure initiale. De plus, l'image et la figure initiale ont leurs côtés homologues parallèles.

Exemple :

Le triangle **A'B'C'** est l'image du triangle **ABC** par une homothétie de centre **O** et de rapport d'homothétie de $\frac{2}{3}$.

Le $\triangle$**ABC** est semblable au $\triangle$**A'B'C'** ($\triangle$**ABC** $\sim$ $\triangle$**A'B'C'**) et le rapport de similitude du $\triangle$**A'B'C'** au $\triangle$**ABC** est également de $\frac{2}{3}$.

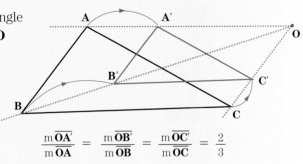

$$\frac{\mathrm{m}\,\overline{\mathbf{OA'}}}{\mathrm{m}\,\overline{\mathbf{OA}}} = \frac{\mathrm{m}\,\overline{\mathbf{OB'}}}{\mathrm{m}\,\overline{\mathbf{OB}}} = \frac{\mathrm{m}\,\overline{\mathbf{OC'}}}{\mathrm{m}\,\overline{\mathbf{OC}}} = \frac{2}{3}$$

Si le rapport d'homothétie est plus grand que 1, alors il s'agit d'un agrandissement. S'il est compris entre 0 et 1, il s'agit d'une réduction.

 EXERCICES DE RÉVISION

Les polygones réguliers

On peut construire un polygone régulier en appliquant
des rotations ou des réflexions à un triangle
isocèle approprié.

> Un *polygone régulier* est
> un polygone dont tous
> les côtés et tous les angles
> intérieurs sont isométriques.

Exemple :

Construction d'un ennéagone régulier (neuf côtés).

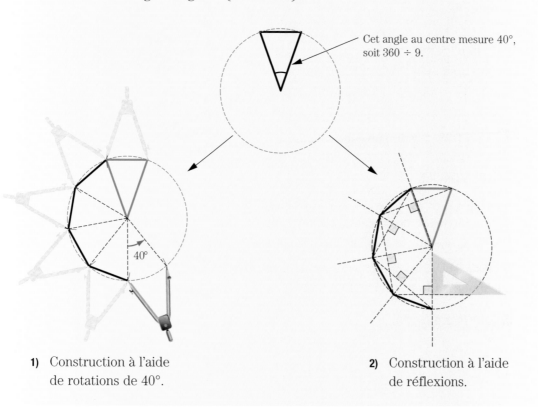

Cet angle au centre mesure 40°,
soit 360 ÷ 9.

1) Construction à l'aide
de rotations de 40°.

2) Construction à l'aide
de réflexions.

En se servant de propriétés géométriques concernant les angles dans un triangle,
il est possible de déduire la mesure des angles intérieurs d'un polygone régulier.

Exemple :

Dans le triangle isocèle **AOB**, l'angle **O** mesure 40°,
soit 360 ÷ 9.

Chacun des autres angles de ce triangle mesure 70°,
soit (180 − 40) ÷ 2.

L'angle intérieur de l'ennéagone est formé
de deux de ces angles et mesure donc 140°,
soit 70 × 2.

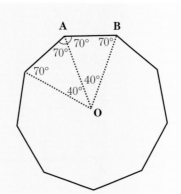

 EXERCICES DE RÉVISION

Le calcul d'aire de polygones réguliers et d'un disque

L'AIRE DE POLYGONES RÉGULIERS

L'apothème d'un polygone régulier est le segment abaissé perpendiculairement du centre du polygone sur l'un de ses côtés.

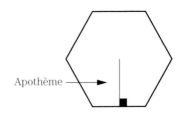

Apothème

La grandeur de ce segment est aussi appelée apothème.

On peut calculer l'**aire** d'un polygone régulier de deux façons.

A : aire du polygone régulier

p : périmètre du polygone régulier

a : apothème du polygone régulier ou encore

n : nombre de côtés du polygone régulier

c : mesure d'un côté du polygone régulier

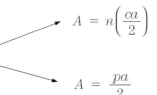

$$A = n\left(\frac{ca}{2}\right)$$

$$A = \frac{pa}{2}$$

L'AIRE D'UN DISQUE

Sachant que A représente l'**aire** d'un disque et que r représente le rayon de ce même disque, l'aire du disque se calcule à l'aide de la relation suivante : $A = \pi r^2$.

Dans la relation $A = \pi r^2$, l'expression πr^2 est équivalente à $\pi \cdot r \cdot r$.

Selon les besoins, les approximations de π les plus fréquemment utilisées sont 3,14 ou 3,1416 ou $3\frac{1}{7}$.

 EXERCICES DE RÉVISION

Le calcul d'aire de solides

LA REPRÉSENTATION DE SOLIDES

À l'aide d'un dessin, il est possible de représenter un solide. Pour décrire un **solide**, on peut faire référence à ses faces, à ses arêtes et à ses sommets.

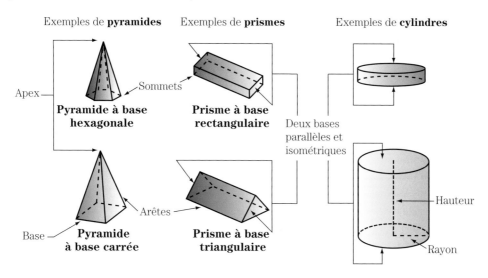

LE DÉVELOPPEMENT DE SOLIDES

Faire le **développement** d'un solide consiste à mettre l'enveloppe de ce solide à plat. Dans le développement d'un solide, toutes les faces sont reliées entre elles, ce qui permet de reconstruire le solide.

Voici un développement possible d'un cube.

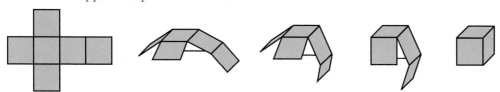

Voici des développements possibles de trois autres types de solides.

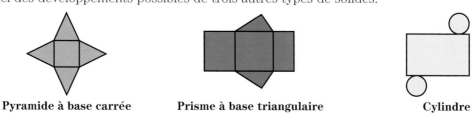

| Pyramide à base carrée | Prisme à base triangulaire | Cylindre |

LE CALCUL DE L'AIRE D'UN SOLIDE

L'**aire totale** d'un solide, c'est la somme des aires de toutes ses faces. On peut se servir du développement du solide pour établir cette somme.

EXERCICES DE RÉVISION

Des mesures manquantes

Lorsqu'on cherche à déterminer une mesure manquante dans une figure géométrique, on peut recourir à un raisonnement géométrique ou à un raisonnement algébrique.

Exemple :

Si l'aire d'un trapèze est de 25 cm² et que sa petite base et sa hauteur mesurent respectivement 5 cm et 4 cm, quelle est la mesure de sa grande base ?

RAISONNEMENT GÉOMÉTRIQUE	RAISONNEMENT ALGÉBRIQUE
• Le parallélogramme est créé à l'aide d'une rotation de 180° du trapèze autour du point **O**.	Aire du trapèze $= \dfrac{(B + b) \times h}{2}$
• Le parallélogramme a une aire de 50 cm², soit deux fois celle du trapèze.	$25 = \dfrac{(B + 5) \times 4}{2}$
• La base du parallélogramme mesure 12,5 cm, car 50 ÷ 4 = 12,5.	$25 = (B + 5) \times 2$
	$B + 5 = 12,5$
• La grande base du trapèze mesure donc 7,5 cm, car 12,5 − 5 = 7,5.	$B = 7,5$

Connaissant l'aire (A) d'un disque, on peut calculer la mesure de son rayon (r) à partir de la relation $A = \pi r^2$. Il suffit de trouver la valeur de r dans cette équation.

EXERCICES DE RÉVISION

Des lignes remarquables

LA BISSECTRICE

Une bissectrice est formée de l'ensemble de tous les points situés à égale distance des deux côtés d'un angle. Tous ces points forment une ligne droite qui partage cet angle en deux angles isométriques.

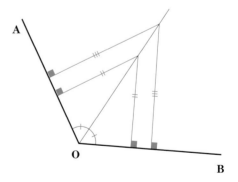

LA MÉDIATRICE

La médiatrice d'un segment est une droite perpendiculaire au segment passant par son milieu.

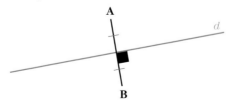

> Chacun des points formant la droite est à égale distance des extrémités **A** et **B** du segment.

La droite d ci-dessus est la médiatrice du segment **AB**.

LA MÉDIANE

Une médiane est un segment joignant un sommet
d'un triangle au milieu du côté opposé.
Ce segment partage la région intérieure
de ce triangle en deux triangles de même aire.

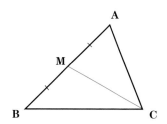

UN POINT DE RENCONTRE PARTICULIER

- Les trois **bissectrices** des angles
  intérieurs d'un triangle se rencontrent
  en un point à égale distance des trois
  côtés du triangle. Ce point est le
  centre du plus grand cercle pouvant
  être construit dans la région intérieure
  du triangle.

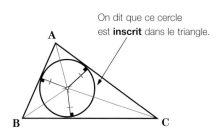

On dit que ce cercle
est **inscrit** dans le triangle.

- Les trois médiatrices des côtés
  d'un triangle se rencontrent
  en un point à égale distance
  des sommets du triangle.
  Ce point est le centre du cercle
  passant par les sommets
  du triangle.

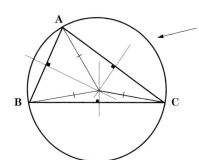

On dit que ce cercle
est **circonscrit** au
triangle et que le
triangle est **inscrit**
dans le cercle.

- Les trois **médianes** d'un triangle
  se rencontrent en un point.
  Ces trois médianes partagent
  la région intérieure du triangle
  en six triangles de même aire.

EXERCICES DE RÉVISION

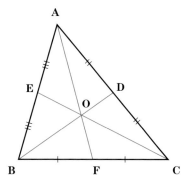

L'argumentation en géométrie

• Lorsqu'on essaie de convaincre les autres qu'un énoncé mathématique est vrai, un dessin peut aider. La figure tracée doit être assez générale pour représenter tous les cas possibles.

Exemple :

La somme des mesures des angles intérieurs d'un triangle est de 180°.

Le triangle ci-contre, qui n'a aucune propriété particulière, serait un bon choix pour accompagner une argumentation concernant l'énoncé ci-dessus.

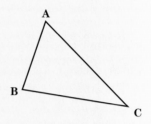

• Lorsqu'on présente une argumentation géométrique à propos d'un énoncé mathématique qui est soit vrai, soit faux, on peut utiliser des définitions connues ou encore des propriétés géométriques reconnues comme vraies.

Il faut savoir que :

– un contre-exemple suffit pour affirmer que l'énoncé est faux ;

– plusieurs exemples qui vérifient l'énoncé ne suffisent pas à prouver qu'il est vrai ;

> Un contre-exemple est un exemple qui contredit un énoncé.

– on ne peut affirmer qu'un énoncé est vrai ou faux simplement parce qu'une majorité de gens sont persuadés qu'il est vrai ou faux.

Exemple :

Voici une argumentation géométrique pouvant convaincre de la véracité de l'énoncé suivant. La somme des mesures des angles intérieurs d'un triangle est de 180°.

Dans l'illustration ci-contre, les droites d_1 et d_2 sont parallèles.

m ∠2 = m ∠4 et m ∠3 = m ∠5, car il s'agit dans les deux cas de paires d'angles alternes-internes par rapport aux droites d_1 et d_2.

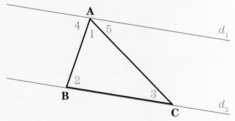

La somme des mesures des angles intérieurs 1, 2 et 3 est donc la même que la somme des mesures des angles 1, 4 et 5. Or les angles 4, 1 et 5 forment un angle plat ; la somme de leurs mesures donne donc 180°.

 EXERCICES DE RÉVISION

La notation scientifique et autres formes d'écriture

Il y a différentes façons d'exprimer de très grands ou de très petits nombres afin de faciliter la communication des informations.

En utilisant des mots

Exemples :

1) 3,25 milliards de dollars ($) se lit plus facilement que 3 250 000 000 $.

2) 2,7 millionièmes de centimètre (cm) se lit plus facilement que 0,000 002 7 cm.

En utilisant des préfixes de puissances de 10 avec des unités de mesure

Voici différents préfixes de puissances de 10.

PUISSANCE	PRÉFIXE ET SYMBOLE		PUISSANCE	PRÉFIXE ET SYMBOLE
10^{12}	téra (T)		10^{-1}	déci (d)
10^9	giga (G)		10^{-2}	centi (c)
10^6	méga (M)		10^{-3}	milli (m)
10^3	kilo (k)		10^{-6}	micro (µ)
10^2	hecto (h)		10^{-9}	nano (n)
10	déca (da)		10^{-12}	pico (p)

Exemples :

1) 30 mégawatts (MW) d'électricité signifie 30 000 000 watts.

2) 1,2 nanomètre (nm) de longueur signifie 0,000 000 001 2 m de longueur.

En utilisant la notation scientifique

En science, on doit parfois étudier de très grandes ou de très petites grandeurs. Afin de faciliter la communication des données, une notation composée de deux informations est utilisée :

Un nombre supérieur ou égal à 1 et inférieur à 10   et   l'ordre de grandeur du phénomène observé.

$$a \times 10^n$$

Exemple : La distance entre la Terre et le Soleil est de $1,5 \times 10^8$ km.

On obtient des écritures équivalentes en passant d'une forme d'écriture à une autre.

Exemples :

1) Entre Pluton et le Soleil, il y a environ $5,915 \times 10^9$ km, soit 5,915 gigamètres ou 5 915 000 000 km.

2) Dans le vide, la lumière met $3,336 \times 10^{-9}$ seconde à parcourir un mètre, soit 3,336 nanosecondes ou 0,000 000 003 336 seconde.

L'ensemble des nombres réels

Les ensembles de nombres

Voici différents ensembles de nombres utilisés en mathématiques.

- Les nombres naturels, soit $\mathbb{N}$ = {0, 1, 2, 3, 4, 5, ...}

- Les nombres entiers, soit $\mathbb{Z}$ = {..., $^-3$, $^-2$, $^-1$, 0, 1, 2, 3, ...}

- L'ensemble de tous les nombres pouvant s'écrire sous la forme d'une fraction ($\frac{a}{b}$, où a et b sont des entiers et $b \neq 0$). C'est l'ensemble des nombres rationnels, symbolisé par $\mathbb{Q}$.

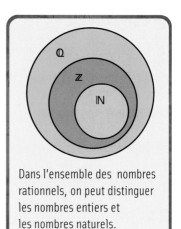

Dans l'ensemble des nombres rationnels, on peut distinguer les nombres entiers et les nombres naturels.

Exemple : $\frac{2}{3}$; $-\frac{5}{7}$; 0,5 ; 1 ; $^-100\ 000$; $8\frac{3}{5}$; 745 892 ; 0 ; 9,999 sont des nombres rationnels.

- Il y a aussi l'ensemble de tous les nombres dont la valeur exacte ne peut pas s'écrire sous la forme d'une fraction. C'est l'ensemble des nombres irrationnels, symbolisé par $\mathbb{Q}'$.

Exemple : $\sqrt{2}$, $\sqrt{3}$, $-\sqrt{2}$, $\sqrt[3]{5}$, $\frac{\sqrt{3}}{2}$, π sont des nombres irrationnels.

Le regroupement de tous ces ensembles de nombres s'appelle l'ensemble des nombres réels, symbolisé par $\mathbb{R}$.

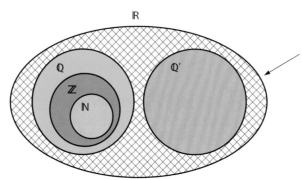

Aucun nombre ne peut se trouver dans la section hachurée, car tout nombre réel est soit rationnel, soit irrationnel.

La notation des ensembles de nombres

Dans une communication, il existe des façons d'indiquer certaines restrictions sur l'utilisation des nombres dans un ensemble donné.

- Un astérisque accompagnant le symbole d'un ensemble de nombres indique que le zéro ne doit pas être considéré. Par exemple : $\mathbb{N}^*$, $\mathbb{Z}^*$, $\mathbb{Q}^*$ ou $\mathbb{R}^*$.

Savais-tu que zéro est le seul nombre qui est considéré comme étant à la fois positif et négatif ?

- Si le signe + ou le signe − accompagne le symbole d'un ensemble de nombres, cela signifie que dans cet ensemble il ne faut considérer que les nombres positifs ou négatifs, selon le cas. Par exemple : $\mathbb{Z}_+$, $\mathbb{Q}_-$, $\mathbb{R}_+$.

Exemple : On peut indiquer plus d'une restriction : la notation $\mathbb{R}_+^*$ précise qu'il faut considérer tous les nombres réels positifs sans le zéro.

La notation décimale

Avec l'invention de la calculatrice, la notation décimale a pris une grande importance pour l'écriture des nombres réels. Lorsqu'on exprime certaines fractions sous la forme décimale, on obtient un développement décimal illimité et périodique.

Exemples :

$\dfrac{2}{3} = 0,666\ 66\ldots$, que l'on note $0,\overline{6}$ (la période est 6).

$\dfrac{5}{6} = 0,833\ 33\ldots$, que l'on note $0,8\overline{3}$ (la période est 3).

$\dfrac{3}{11} = 0,272\ 727\ 27\ldots$, que l'on note $0,\overline{27}$ (la période est 27).

$\dfrac{1}{7} = 0,142\ 857\ 142\ 857\ 142\ldots$, que l'on note $0,\overline{142\ 857}$ (la période est 142 857).

> Lorsqu'on écrit un nombre rationnel en notation décimale, la **période** est un groupe de chiffres qui se répètent indéfiniment dans la partie décimale.

Dans le cas des nombres irrationnels, leur forme décimale aura également un développement décimal illimité, mais non périodique.

Exemples : Les développements décimaux des nombres irrationnels $\sqrt{2}$, π et $\sqrt{101}$ ne deviennent jamais périodiques.

$$\sqrt{2} = 1,414\ 213\ 562\ 37\ldots$$

$$\pi = 3,141\ 592\ 653\ 59\ldots$$

$$\sqrt{101} = 10,049\ 875\ 621\ 12\ldots$$

> Pourquoi utilise-t-on les lettres $\mathbb{Q}$ et $\mathbb{Z}$ pour noter l'ensemble des nombres rationnels et celui des entiers relatifs ? C'est que les travaux menant à parler de ces nombres en termes d'ensembles sont principalement l'œuvre d'un Allemand, Richard Dedekind (1831-1916), et d'un Italien, Giuseppe Peano (1858-1932). Le $\mathbb{Z}$ correspond à la première lettre du mot allemand Zahl (nombre) et le $\mathbb{Q}$, à la première du mot italien quoziente (quotient). En fait, même $\mathbb{N}$ et $\mathbb{R}$ viennent de ces mathématiciens : de *naturale* (mot italien signifiant « naturel ») et de *real* (mot allemand signifiant « réel », que Dedekind représentait par la lettre gothique $\mathfrak{R}$).

Les propriétés des exposants et les exposants fractionnaires

Les propriétés des exposants

Si a représente n'importe quel nombre réel (sauf 0) et que m représente un nombre naturel, alors $a^{-m} = \dfrac{1}{a^m}$ et $a^0 = 1$.

Si m et n représentent des nombres entiers et que a et b représentent des nombres réels, alors les cinq propriétés des exposants ci-dessous sont vraies.

Propriété 1 : $a^m \times a^n = a^{m+n}$

Exemples :   **1)** $4^5 \times 4^3 = 4^{5+3}$ ou 4^8 **2)** $10^{-3} \times 10^7 = 10^{-3+7}$ ou 10^4 **3)** $y^2 \cdot y^4 = y^{2+4}$ ou y^6

Propriété 2 : $\dfrac{a^m}{a^n} = a^{m-n}$

Exemples :   **1)** $\dfrac{3^7}{3^2} = 3^{7-2}$ ou 3^5 **2)** $\dfrac{10^4}{10^9} = 10^{4-9}$ ou 10^{-5} **3)** $\dfrac{x^4}{x^5} = x^{4-5}$ ou x^{-1}

Propriété 3 : $(a^m)^n = a^{mn}$

Exemples :   **1)** $(5^2)^3 = 5^{2\times3}$ ou 5^6 **2)** $(x^4)^2 = x^{4\times2}$ ou x^8

Propriété 4 : $a^m \times b^m = (ab)^m$

Exemples :   **1)** $2^4 \times 3^4 = (2\times3)^4$ ou 6^4 **3)** $(xy)^5 = (x \cdot y)^5$ ou x^5y^5

2) $x^2y^2 = (x \cdot y)^2$ ou $(xy)^2$ **4)** $10^3 = (2\times5)^3$ ou $2^3 \times 5^3$

Propriété 5 : $\left(\dfrac{a}{b}\right)^m = \dfrac{a^m}{b^m}$, $(b \neq 0)$

Exemples :   **1)** $\left(\dfrac{3}{5}\right)^2 = \dfrac{9}{25}$ **2)** $\left(\dfrac{x}{y}\right)^3 = \dfrac{x^3}{y^3}$ **3)** $\dfrac{6^4}{3^4} = \left(\dfrac{6}{3}\right)^4$ ou 2^4

L'interprétation des exposants fractionnaires

Si m et n représentent des entiers positifs et que a représente un nombre réel, alors $a^{\frac{m}{n}} = \sqrt[n]{a^m}$, $(n \neq 0)$.

Exemples : $5^{\frac{4}{3}} = \sqrt[3]{5^4}$

$4^{\frac{3}{2}} = \sqrt{4^3}$ ◄——— Un radical n'ayant pas d'indice indique que l'on veut évaluer la racine carrée.

$x^{\frac{1}{4}} = \sqrt[4]{x}$

$\sqrt[3]{y^2} = y^{\frac{2}{3}}$

Les relations linéaires entre deux variables

Variable indépendante et variable dépendante

Lorsqu'il existe un lien entre deux grandeurs, les valeurs de l'une d'elles (la variable dépendante) sont déterminées par les valeurs de l'autre grandeur (la variable indépendante).

La représentation d'une relation

On peut représenter la relation entre les deux grandeurs de différentes façons : à l'aide d'un contexte, d'une table de valeurs, d'un graphique, d'un taux de variation ou d'une équation qui traduit la règle de cette relation.

Exemple :

Situation 1

On remplit avec un débit constant un bassin où le niveau de l'eau est à 2 cm du fond.

Table de valeurs :

TEMPS (min)	NIVEAU (cm)
0	2
1	6
3	14
6	26
10	42

+3, +5 (temps) ; +12, +20 (niveau)

Graphique :

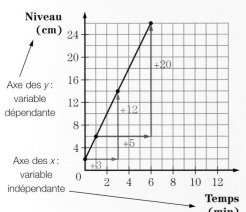

Taux de variation :
$$\frac{4 \text{ cm}}{1 \text{ min}}, \text{ soit } \frac{12}{3} \text{ ou } \frac{20}{5}, \text{ etc.}$$

Équation : $y = 4x + 2$

Exemple :

Situation 2

On vide avec un débit constant un bassin où le niveau de l'eau est à 30 cm du fond.

Table de valeurs :

TEMPS (min)	NIVEAU (cm)
0	30
1	25
2	20
4	10
6	0

+2, +3 (temps) ; −10, −15 (niveau)

Graphique :

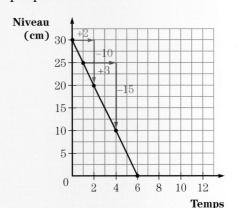

Taux de variation :
$$\frac{^-5 \text{ cm}}{1 \text{ min}}, \text{ soit } \frac{^-10}{2} \text{ ou } \frac{^-15}{3}, \text{ etc.}$$

Équation : $y = {}^-5x + 30$ ou
$y = 30 - 5x$ ← Ces équations sont équivalentes.

L'équation d'une droite

Lorsqu'une relation entre deux variables a un taux de variation constant, cette relation est linéaire. Elle est représentée graphiquement par une droite et peut toujours s'exprimer par une équation sous la forme suivante.

$$y = ax + b$$

Valeur du taux de variation, soit :

variation de la variable dépendante
variation de la variable indépendante

Valeur de la variable dépendante lorsque la variable indépendante vaut 0.

La recherche d'une valeur

• Avec l'équation, on peut trouver une valeur précise de la variable dépendante à partir d'une valeur de la variable indépendante, et vice versa.

Exemples :

Dans la **situation 1**, à la page 91, quel sera le niveau de l'eau, en centimètres, après 3 minutes et 45 secondes de remplissage ? L'eau aura atteint 17 cm.

$$y = 4x + 2$$
$$y = 4(3{,}75) + 2$$
$$y = 17$$

Dans la **situation 2**, lorsque le niveau de l'eau aura atteint 16 cm, depuis combien de temps l'eau s'écoulera-t-elle ?

$$y = {}^-5x + 30$$
$$16 = {}^-5x + 30$$
$$16 - 30 = {}^-5x + 30 - 30$$
$${}^-14 = {}^-5x$$
$$\frac{{}^-14}{{}^-5} = \frac{{}^-5x}{{}^-5}$$
$$2{,}8 = x$$

L'eau s'écoulera depuis 2,8 minutes ou 2 minutes et 48 secondes.

• Dans certains cas, on peut se servir de la table de valeurs ou du graphique pour trouver une valeur dans la relation.

Exemple : Dans la **situation 2**, quel sera le niveau de l'eau, en centimètres, après trois secondes d'écoulement ?

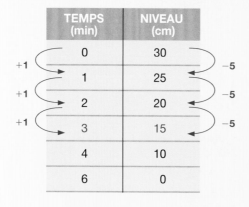

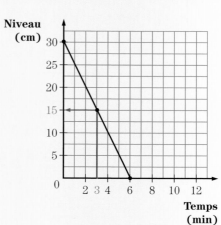

L'eau aura atteint 15 cm.

Propriétés d'une relation linéaire

- Si le taux de variation est positif (les deux variables mises en relation varient dans le même sens), alors la relation est croissante.

Exemple : Dans la **situation 1**, la relation est croissante.

- Si le taux de variation est négatif (les deux variables mises en relation varient l'une dans le sens contraire de l'autre), alors la relation est décroissante.

Exemple : Dans la **situation 2** de la page 91, la relation est décroissante.

- Si le taux de variation est nul, la relation sera représentée par une droite horizontale. Peu importent les valeurs de la variable indépendante, la valeur de la variable dépendante sera toujours la même.

- Lorsqu'une relation entre deux grandeurs est directement proportionnelle,
  - le graphique représentant cette relation est une droite passant par l'origine $(0, 0)$;
  - l'équation associée à cette relation est de la forme $y = ax$.

Exemple :

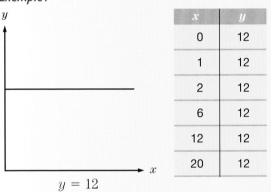

x	y
0	12
1	12
2	12
6	12
12	12
20	12

$y = 12$

Exemple :

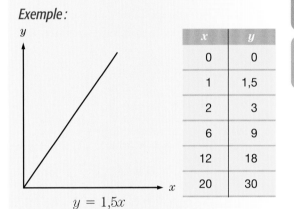

x	y
0	0
1	1,5
2	3
6	9
12	18
20	30

$y = 1,5x$

- Lorsqu'une relation linéaire entre deux grandeurs n'est pas directement proportionnelle,
  - le graphique représentant cette relation est une droite ne passant pas par l'origine ;
  - l'équation associée à cette relation est de la forme $y = ax + b$, où $b \neq 0$.

Exemples :

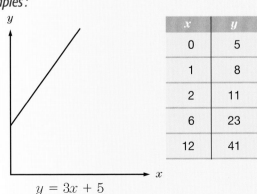

x	y
0	5
1	8
2	11
6	23
12	41

$y = 3x + 5$

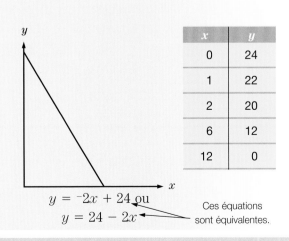

x	y
0	24
1	22
2	20
6	12
12	0

$y = {}^-2x + 24$ ou
$y = 24 - 2x$ ← Ces équations sont équivalentes.

Les relations linéaires dans des contextes géométriques

En utilisant l'équation associée à une relation, il est possible de créer une table de valeurs et un graphique représentant cette relation à l'aide d'un outil technologique (traceur de courbes, calculatrice à affichage graphique, etc.).

Exemple :

En formant une suite de triangles avec des cure-dents, on veut analyser la relation entre le nombre de triangles formés et le nombre de cure-dents utilisés.

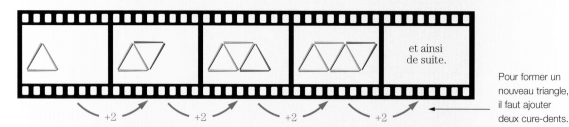

Pour former un nouveau triangle, il faut ajouter deux cure-dents.

À l'aide de dessins ou de matériel, on peut s'approprier la situation. On constate que pour chaque variation d'un triangle il y a une variation de deux cure-dents. On conclut ainsi que cette relation est linéaire puisque les taux de variation sont constants.

Toute relation linéaire peut se représenter par une équation de la forme suivante.

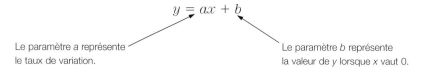

$$y = ax + b$$

Le paramètre *a* représente le taux de variation.

Le paramètre *b* représente la valeur de *y* lorsque *x* vaut 0.

En analysant la situation, on peut déduire l'équation de la forme $y = ax + b$ qui lui est spécifique.

(suite de l'exemple)

Déterminer *a* Dans un premier temps, on constate que dans cette situation, comme il a été démontré, le taux de variation est de 2. Ainsi, on peut déterminer l'équation $y = 2x + b$.

Déterminer *b* En analysant ensuite un cas dans la situation, on attribue des valeurs à x et y. Par exemple, on sait qu'avec 7 cure-dents on forme 3 triangles. On introduit alors ces valeurs dans l'équation $y = 2x + b$, dont la résolution donnera la valeur de b.

> Dans la situation, on peut repérer d'autres valeurs de *x* et de *y*. Par exemple, avec 5 cure-dents, on forme 2 triangles ou avec 9 cure-dents on forme 4 triangles. Dans tous les cas, le couple (*x*, *y*) ainsi formé peut être utilisé pour déduire l'équation.

$$7 = 2(3) + b$$
$$7 = 6 + b$$
$$1 = b$$

L'équation représentant cette situation est donc $y = 2x + 1$.

Après avoir déduit l'équation, on peut se servir d'un outil technologique.

(suite de l'exemple)

On entre d'abord l'équation trouvée
à l'endroit approprié sur l'outil technologique.

Puis, après qu'on a donné quelques indications relatives à l'affichage,
l'outil technologique produit une table de valeurs et un graphique,
comme ceux ci-dessous qui correspondent à l'exemple.

(suite de l'exemple)

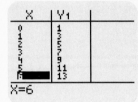
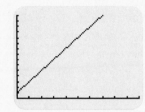

> Les outils technologiques produisent des modes de représentation en considérant que la situation se réalise dans l'ensemble des nombres réels. Lorsqu'on fait une analyse de la situation, il faut déterminer soi-même certaines restrictions sur les valeurs obtenues selon la situation.

Par la suite, à l'aide de ces deux modes de représentation, on peut
faire une analyse de la situation et répondre à certaines questions.

Exemple : Combien de cure-dents faudrait-il pour former 123 triangles ?

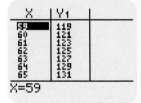

> En manipulant la table de valeurs, on peut atteindre une valeur précise.

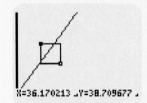

> En utilisant l'outil Zoom ou Loupe, on peut « explorer » la droite et atteindre des valeurs spécifiques.

La résolution d'inéquations

Les inéquations

Certaines situations peuvent se résoudre algébriquement à l'aide d'une équation ou d'une inéquation. Dans les deux cas, pour traduire un énoncé de problème à l'aide d'expressions algébriques, il faut s'approprier les relations entre les données du problème.

> • Une **inéquation** est une relation d'inégalité comportant au moins une variable.
> • Une **inégalité** est un énoncé utilisant l'un des symboles suivants : $<$, $>$, $\leq$ ou $\geq$, et qui est vrai ou faux.

La résolution d'une inéquation

Une inéquation se résout en utilisant presque toutes les mêmes règles de transformation que celles utilisées pour résoudre une équation. L'exception est lorsqu'on divise ou multiplie chaque membre d'une inéquation par un nombre négatif : il faut alors inverser le symbole de la relation d'inégalité afin de conserver la valeur de vérité.

> Pour t'aider à exprimer algébriquement des relations entre des données, consulte la section Ma mémoire à la page 299.

Exemple 1 :

Soit x le nombre de personnes.

$$x + 4(x + 2) - 7(x - 5) \geq 10(x + 1) - x$$
$$x + 4x + 8 - 7x + 35 \geq 10x + 10 - x$$
$$^{-}2x + 43 \geq 9x + 10$$
$$43 - 10 \geq 9x + 2x$$
$$33 \geq 11x$$
$$3 \geq x$$

Toutes ces inéquations sont équivalentes et ont le même ensemble-solution. L'inéquation la plus simple est $3 \geq x$, car elle indique directement les éléments de l'ensemble-solution.

Exemple 2 :

Soit x la durée (en heures).

$$1500 - 120x > 350$$
$$^{-}120x > 350 - 1500$$
$$^{-}120x > ^{-}1150$$
$$x < \frac{^{-}1150}{^{-}120} \text{ ou } 9\frac{7}{12}$$

Lorsqu'on résout une inéquation et que l'on divise ou multiplie chaque membre par un nombre négatif, il faut inverser le signe d'inégalité afin de conserver la valeur de vérité.

L'ensemble-solution

Un ensemble-solution est l'ensemble des solutions possibles qui satisfont une équation ou une inéquation. Il existe différentes façons d'exprimer un ensemble-solution.

> Les symboles $<$ et $>$ ont été inventés un peu avant 1620 par un mathématicien amateur anglais, Thomas Harriot (1560-1621). Contrairement à la notation des exposants (voir à la page 77), ces symboles s'imposeront assez rapidement.

L'expression d'un ensemble-solution

Le tableau ci-dessous montre différentes façons d'exprimer l'ensemble-solution d'une inéquation, sachant que n représente un nombre naturel et a, un nombre entier, et que x et y représentent chacun un nombre réel.

INÉQUA-TION	ENSEMBLE-SOLUTION EXPRIMÉ ...			
	EN COMPRÉHENSION	À L'AIDE D'UN AXE DE NOMBRES	EN EXTENSION	EN INTERVALLE
$n \geq 6$	$\{n \in \mathbb{N} \mid n \geq 6\}$	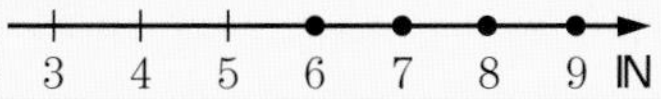	$\{6, 7, 8, 9, 10, \ldots\}$	Ne s'applique pas
$a < 2$	$\{a \in \mathbb{Z} \mid a < 2\}$	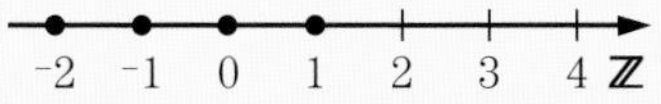	$\{\ldots, {}^-3, {}^-2, {}^-1, 0, 1\}$	Ne s'applique pas
$x > 7$	$\{x \in \mathbb{R} \mid x > 7\}$	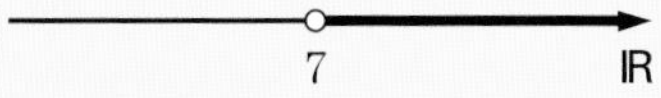	Ne s'applique pas	$]7, {}^+\infty[$
$y \leq {}^-1$	$\{y \in \mathbb{R} \mid y \leq {}^-1\}$		Ne s'applique pas	$]^-\infty, {}^-1]$

Polynômes et opérations sur les polynômes

Rappel

- Un monôme est une expression algébrique qui ne contient qu'un seul terme.

- Le degré d'un monôme est la somme des exposants qui affectent les variables qui le composent.

- Le coefficient d'un terme est le facteur numérique de ce terme, excluant la ou les variables.

> Dans une expression algébrique, les **termes** sont les différentes parties de l'expression séparées par les symboles d'opérations + et −.

Exemples : $4x^3y^2$, y, 12 et ^-3ab sont des monômes.

1) Dans $4x^3y^2$, le degré est 5 (soit $3 + 2$) et le coefficient est 4.

2) Dans y, le degré est 1 et le coefficient est 1.

3) Dans 12, le degré est 0 et le coefficient est 12.

4) Dans ^-3ab, le degré est 2 (soit $1 + 1$) et le coefficient est $^-3$.

- Les termes semblables dans une expression algébrique sont des termes qui sont identiques ou qui ne diffèrent que par leur coefficient.

Exemples :

1) Les termes x^2y, $12x^2y$, $\dfrac{x^2y}{3}$ et $^-4x^2y$ sont des termes semblables, car ils ne diffèrent que par leur coefficient.
   Les coefficients sont respectivement 1, 12, $\dfrac{1}{3}$ et $^-4$.

2) Les termes $4x^2y$ et $^-5xy^2$ ne sont pas des termes semblables, car les variables ne sont pas affectées respectivement des mêmes exposants.

- Réduire une expression algébrique, c'est trouver une expression équivalente qui est plus simple. On peut réduire une expression algébrique en additionnant ou en soustrayant les termes semblables.

Exemples :

1) L'expression $^-8ab^2 + 3a^2b - 5ab^2 + a^2b - 6a + 5b + 10$ peut se réduire en additionnant ou en soustrayant les termes semblables. On obtient ainsi l'expression équivalente suivante : $^-13ab^2 + 4a^2b - 6a + 5b + 10$, où aucun terme n'est semblable à un autre.

2) Après réduction, l'expression
   $x^2y + 2x - 5 + 4y - xy + 3y - 8x + 4 + \dfrac{xy}{3} + 3xy^2$
   est équivalente à l'expression $x^2y - \dfrac{2xy}{3} + 3xy^2 + 7y - 6x - 1$.

Depuis l'époque grecque, le produit de deux grandeurs est souvent associé à l'aire d'un rectangle dont les côtés sont de même mesure que celle des grandeurs. Le terme « carré », que nous notons souvent x^2, prend d'ailleurs son origine à cette époque. Le grand mathématicien al-Khwārizmī (v. 783 – v. 850) fait reposer sur cette interprétation son traité d'algèbre, considéré comme le premier livre dans lequel un mathématicien démontre pourquoi l'algèbre fonctionne. Mais une telle vision du produit a pour conséquence qu'une expression comme $x^2 + x + 1$ n'a pas vraiment de sens. En effet, cela voudrait dire qu'à une aire, x^2, on additionne une longueur, $x + 1$. Pendant plusieurs siècles, de nombreux algébristes se sont référés à la géométrie pour justifier leurs règles. René Descartes (1596-1650) a mis définitivement fin à cette approche en remarquant que x et $x \times 1$ ont la même valeur numérique et qu'il n'est donc pas nécessaire de se préoccuper de savoir s'il s'agit d'une aire ou simplement d'un nombre. Le recours à la géométrie demeure toutefois une façon intéressante d'illustrer les opérations entre polynômes.

Les polynômes

- Un polynôme est une expression algébrique réduite qui peut être composée d'un seul monôme ou de la somme de plusieurs monômes. S'il comporte un seul terme, on le nomme monôme. S'il en comporte deux, on le nomme binôme et s'il en comporte trois, trinôme.

- Le degré d'un polynôme est le plus grand des degrés des monômes qui le composent.

> **Remarque :** On peut parfois trouver des signes de soustraction entre les termes d'un polynôme puisque additionner un nombre négatif revient à soustraire l'opposé de ce nombre. Par exemple, le polynôme $x^2 + 2xy + (^-y^2)$, qui est une somme de monômes, peut s'écrire plus simplement comme suit : $x^2 + 2xy - y^2$. Dans ce cas, le troisième terme de ce trinôme a pour coefficient $^-1$.

Exemples :

1) Le polynôme $3b^2 + 5b$ est un binôme dont les deux termes sont respectivement de degré 2 et 1. Ce polynôme est de degré 2.

2) Le polynôme $^-2x + 3y^3z - xy^2$ est un trinôme dont les trois termes sont respectivement de degré 1, 4 et 2. Ce polynôme est du quatrième degré.

L'addition de polynômes

Additionner un polynôme à un autre, c'est additionner chacun des termes du second polynôme au premier et réduire l'expression algébrique obtenue. On obtient ainsi un nouveau polynôme correspondant à la somme recherchée.

Exemple : Additionnons $4x^2y - 2x + 7$ à $5x^2y + 3x - 9$.

$$(5x^2y + 3x - 9) + (4x^2y - 2x + 7) = (5x^2y + 3x - 9) + 4x^2y + (^-2x) + 7$$

On additionne chacun des termes du second polynôme au premier.

$$= 5x^2y + 4x^2y + 3x + (^-2x) + (^-9) + 7$$

On réduit l'expression obtenue en effectuant des opérations sur les termes semblables.

$$= 9x^2y + x + (^-2)$$
$$\text{ou } 9x^2y + x - 2$$

Ce polynôme correspond à la somme recherchée.

La soustraction de polynômes

Soustraire un polynôme d'un autre équivaut à additionner l'opposé de chacun des termes du second polynôme au premier et à réduire l'expression algébrique obtenue. On obtient ainsi un nouveau polynôme correspondant à la différence recherchée.

Exemple : Soustrayons $^-2x^2 - 7x + 8$ de $4x^2 + 11x - 13$.

$$(4x^2 + 11x - 13) - (^-2x^2 - 7x + 8) = (4x^2 + 11x - 13) + 2x^2 + 7x + (^-8)$$

Soustraire un polynôme équivaut à additionner l'opposé de chacun de ses termes.

$$= 4x^2 + 2x^2 + 11x + 7x + (^-13) + (^-8)$$

On réduit l'expression obtenue en effectuant des opérations sur les termes semblables.

$$= 6x^2 + 18x + (^-21)$$
$$\text{ou } 6x^2 + 18x - 21$$

Ce polynôme correspond à la différence recherchée.

La multiplication d'un polynôme par un monôme

Pour multiplier un polynôme par un monôme, il faut multiplier chacun des termes du polynôme par le monôme. On multiplie alors dans chaque cas les coefficients ensemble et les variables ensemble. On obtient ainsi un nouveau polynôme correspondant au produit recherché.

Exemples :

1) $(5ab)(3a^2 + 4b + 17) = (5ab \cdot 3a^2) + (5ab \cdot 4b) + (5ab \cdot 17)$

$\qquad\qquad\qquad\qquad\quad = 15a^3b + 20ab^2 + 85ab$

$\qquad\qquad\qquad\qquad\quad = 15a^3b + 20ab^2 + 85ab$ ⟵ Ce polynôme correspond au produit recherché.

2) $(^-2x)(4xy + 3y - 12) = (^-2x)(4xy + 3y + (^-12))$

$\qquad\qquad\qquad\qquad\qquad = (^-2x \cdot 4xy) + (^-2x \cdot 3y) + (^-2x \cdot (^-12))$

$\qquad\qquad\qquad\qquad\qquad = {}^-8x^2y + (^-6xy) + 24x$

$\qquad\qquad\qquad\qquad\qquad = {}^-8x^2y - 6xy + 24x$ ⟵ Ce polynôme correspond au produit recherché.

La multiplication d'un binôme par un binôme

Pour multiplier un binôme par un binôme, il faut que chacun des termes du premier binôme multiplie chacun des termes du second. On multiplie alors dans chaque cas les coefficients ensemble et les variables ensemble, puis l'on réduit l'expression algébrique obtenue. On obtient ainsi un nouveau polynôme correspondant au produit recherché.

Exemples :

1) $(3x + 5)(2x - 4) = (3x \cdot 2x) + (3x \cdot (^-4)) + (5 \cdot 2x) + (5 \cdot (^-4))$

$\qquad\qquad\qquad\quad = 6x^2 + (^-12x) + 10x + (^-20)$ ⟵ On réduit l'expression obtenue en effectuant des opérations sur les termes semblables.

$\qquad\qquad\qquad\quad = 6x^2 + (^-2x) + (^-20)$

$\qquad\qquad\qquad\quad$ ou $6x^2 - 2x - 20$ ⟵ Ce polynôme correspond au produit recherché.

2) $\qquad (a + b)^2 = (a + b)(a + b)$

$\qquad\qquad\qquad\quad = (a \cdot a) + (a \cdot b) + (b \cdot a) + (b \cdot b)$

$\qquad\qquad\qquad\quad = a^2 + ab + ab + b^2$

$\qquad\qquad\qquad\quad = a^2 + 2ab + b^2$ ⟵ Ce polynôme correspond au produit recherché.

La division d'un polynôme par un monôme

Pour diviser un polynôme par un monôme, il faut diviser chacun des termes du polynôme par le monôme. On divise alors dans chaque cas les coefficients ensemble et les variables ensemble. On obtient ainsi un nouveau polynôme correspondant au quotient recherché.

Exemple : $(12x^3 + 8x^2y - 15xy) \div 3x = (12x^3 + 8x^2y + (^-15xy)) \div 3x$

$\qquad\qquad\qquad\qquad\qquad\qquad\quad = \dfrac{12x^3}{3x} + \dfrac{8x^2y}{3x} + \dfrac{^-15xy}{3x}$

$\qquad\qquad\qquad\qquad\qquad\qquad\quad = 4x^2 + \dfrac{8xy}{3} + (^-5y)$

$\qquad\qquad\qquad\qquad\qquad\qquad\quad$ ou $4x^2 + \dfrac{8xy}{3} - 5y$ ⟵ Ce polynôme correspond au quotient recherché.

Les fonctions

Le concept de fonction

Une fonction est une relation qui fait correspondre à chaque valeur de la variable indépendante **au plus une** valeur de la variable dépendante. Cette correspondance s'exprime par un processus opératoire appelé « la règle de correspondance ».

> Les valeurs de la variable indépendante varient dans un **ensemble de départ** (souvent $\mathbb{R}$ ou l'un de ses sous-ensembles) et celles de la variable dépendante varient dans un **ensemble d'arrivée** (souvent $\mathbb{R}$ ou l'un de ses sous-ensembles).

Exemples :

1) **La relation suivante est une fonction :** Raphaël a un emploi dans un dépanneur et gagne 8,50 $ de l'heure. Son salaire dépend du nombre d'heures qu'il travaille. S'il travaille 4 heures, il recevra 34 $; s'il travaille 10 heures, il recevra 85 $. À chaque nombre d'heures travaillées (variable indépendante) correspond un seul salaire (variable dépendante).

2) **La relation suivante n'est pas une fonction :** On associe à un nombre tous ses diviseurs. Par exemple, à 10, on associe les nombres 1, 2, 5 et 10. Ainsi, il existe plus d'une valeur de l'ensemble d'arrivée associée à une valeur de l'ensemble de départ.

La règle de correspondance d'une fonction

La règle de correspondance d'une fonction peut s'exprimer à l'aide d'une équation.

Exemple :

Pour s'abonner à un centre sportif, il faut payer une inscription de 50 $, puis des mensualités de 35 $. On observe le coût de l'abonnement selon différentes durées de l'abonnement en mois. La variable indépendante est le nombre de mois (x) ; la variable dépendante est le coût de l'abonnement ($f(x)$), en dollars. La règle de correspondance peut s'exprimer à l'aide de l'équation $f(x) = 35x + 50$.

> Toutes les fonctions dont la règle de correspondance peut s'exprimer sous la forme $f(x) = ax + b$ sont représentées graphiquement par une droite. Ces fonctions sont appelées **fonctions affines**.

Valeur du taux de variation, soit :
$$\frac{\text{Variation de la variable dépendante}}{\text{Variation de la variable indépendante}}$$

Valeur de la variable dépendante lorsque la variable indépendante vaut 0

À l'aide de l'équation, on peut trouver la valeur de la variable dépendante qui correspond à une valeur donnée de la variable indépendante.

Dans l'exemple, on peut trouver le coût correspondant à une durée de six mois d'abonnement en calculant $f(6)$, c'est-à-dire en substituant la valeur 6 à la variable x dans l'équation $f(x) = 35x + 50$.

$$f(6) = 35(6) + 50$$

$$f(6) = 260$$

La représentation d'une fonction

La règle de correspondance d'une fonction associe à chaque valeur de la variable indépendante x au plus une valeur de la variable dépendante $f(x)$. On obtient ainsi des couples de nombres $(x, f(x))$ qui permettent de représenter une fonction.

Exemple :

Soit une fonction f ayant **IR** pour ensemble de départ et ensemble d'arrivée, définie par la règle de correspondance $f(x) = 2x + 3$. Cette règle permet de déterminer différents couples de nombres qui peuvent s'exprimer par une table de valeurs ou un graphique.

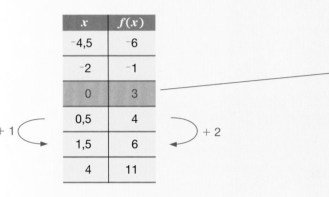

x	$f(x)$
-4,5	-6
-2	-1
0	3
0,5	4
1,5	6
4	11

+1   + 2

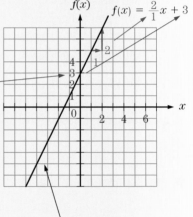

$f(x) = \dfrac{2}{1}x + 3$

Les taux de variation de la fonction f étant constants, cette fonction est représentée graphiquement par une droite. Il s'agit d'une fonction affine.

Tous les points de cette droite ont pour coordonnées les couples de nombres $(x, f(x))$ définis par la règle de correspondance.

Les fonctions (*suite*)

Le domaine et l'image d'une fonction

Le domaine d'une fonction f est l'ensemble de toutes les valeurs que peut prendre la variable indépendante dans l'ensemble de départ et qui respectent la fonction. Il est noté dom f. Le domaine d'une fonction est un sous-ensemble de l'ensemble de départ.

L'image d'une fonction f est l'ensemble de toutes les valeurs que peut prendre la variable dépendante dans l'ensemble d'arrivée et qui respectent la fonction. On la note ima f. L'image d'une fonction est un sous-ensemble de l'ensemble d'arrivée.

> **Attention!** Lorsqu'on utilise un outil technologique pour représenter une fonction, les ensembles de départ et d'arrivée sont les nombres réels, par défaut.

On représente les domaines et les images de la même façon qu'on exprime les ensembles.

Exemples:

En extension:	dom $f = \{1, 2, 3, 4, 5\}$	ima $f = \{3, 6, 9, 14, 15\}$
En compréhension:	dom $f = \{x \in \mathbb{R} \mid x \geq 10\}$	ima $f = \{x \in \mathbb{R} \mid {}^-2 < x \leq 36\}$
En intervalle:	dom $f = [10, {}^+\infty[$	ima $f =]{}^-2, 36]$

Les fonctions définies par parties

De nombreuses situations de la vie courante peuvent comporter différentes parties, où chacune est associée à un taux de variation constant, qui peut différer d'une partie à l'autre. De telles situations se décrivent graphiquement par une ligne brisée où chacune des parties représente une fonction définie sur un intervalle précis (son domaine).

Exemple:

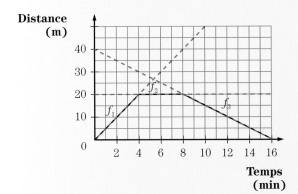

$f_1(x) = 5x$	dom $f_1 = [0, 4]$	ima $f_1 = [0, 20]$
$f_2(x) = 20$	dom $f_2 = [4, 8]$	ima $f_2 = \{20\}$
$f_3(x) = 40 - 2{,}5x$	dom $f_3 = [8, 16]$	ima $f_3 = [0, 20]$

Dans le graphique ci-dessus, la fonction f_1 est croissante (taux de variation positif), la fonction f_2 est constante (taux de variation nul) et la fonction f_3 est décroissante (taux de variation négatif).

Les mesures statistiques et les diagrammes de quartiles

Les mesures de tendance centrale

Une mesure de tendance centrale est une mesure statistique autour de laquelle se concentrent généralement les données d'une distribution. Le mode, la médiane et la moyenne arithmétique sont des mesures de tendance centrale.

LE MODE (NOTÉ MOD)

- Le mode équivaut à la donnée ayant le plus grand effectif.

- La valeur du mode correspond nécessairement à l'une des données de la distribution.

> L'effectif d'une donnée est le nombre de fois que celle-ci apparaît dans la distribution.

- Le mode est représentatif lorsqu'une distribution contient une donnée ayant un grand effectif. Dans certains cas, il peut y avoir plus d'un mode ; dans d'autres, il est possible qu'il n'y en ait pas.

Exemples :

1) Distribution sans mode : 3, 4, 6, 8, 13, 16

2) Distribution avec un mode : 3, 4, 6, 6, 6, 6, 6, 8, 13, 16   Mod = 6

3) Distribution avec plus d'un mode : 3, 3, 4, 6, 6, 6, 6, 8, 8, 8, 8, 13, 16

Cette distribution est bimodale : $Mod_1 = 6$ et $Mod_2 = 8$.

LA MÉDIANE (NOTÉE MÉD)

- Dans une distribution où les données sont présentées par ordre croissant, s'il y a un **nombre impair** de données, la médiane équivaut à la donnée située au milieu de la distribution. S'il y a un **nombre pair** de données, la médiane équivaut à la moyenne arithmétique des deux données situées au milieu de la distribution.

- La valeur de la médiane ne correspond pas nécessairement à une donnée de la distribution.

- La médiane est représentative particulièrement dans les cas de distributions de données contenant des données éloignées des autres.

Exemples :

1) Distribution avec nombre impair de données : 2, 3, 5, 7, <u>7</u>, 8, 11, 13, 42
La médiane est 7, soit Méd = 7.

2) Distribution avec nombre pair de données : 0, 2, 5, <u>6, 7</u>, 8, 8, 12
La médiane est 6,5, soit Méd = $\dfrac{6 + 7}{2} = 6{,}5$.

LA MOYENNE ARITHMÉTIQUE (NOTÉE X̄)

- C'est la valeur qui pourrait remplacer chacune des données de la distribution sans que cela modifie la somme des données de la distribution.

- Pour trouver sa valeur, il faut additionner toutes les données, puis diviser le résultat par le nombre de données de la distribution. La moyenne ne correspond pas nécessairement à une donnée de la distribution.

- La moyenne arithmétique est représentative lorsqu'il n'y a pas de données éloignées des autres.

Exemple : Soit la distribution : 11, 8, 23, 17, 30.

La moyenne est 17,8, soit $\overline{X} = \dfrac{11+8+23+17+30}{5} = 17,8$.

Le diagramme de quartiles

Le diagramme de quartiles nous renseigne sur la répartition ou l'éparpillement des données dans une distribution. Il est conçu à partir de cinq valeurs : la valeur minimale, la valeur maximale et les trois quartiles de la distribution. Le diagramme de quartiles est toujours accompagné d'un axe de nombres. Voici les étapes à suivre pour réaliser un diagramme de quartiles.

> Les **quartiles** sont trois mesures de position qui séparent une distribution présentée par ordre croissant **en quatre groupes ayant le même nombre de données**.
>
> Le deuxième quartile (Q_2) est la médiane de la distribution.
>
> Le premier quartile (Q_1) est la médiane de la première moitié de la distribution.
>
> Le troisième quartile (Q_3) est la médiane de la seconde moitié.

Étape 1 : Calculer les quartiles.

Pour calculer les quartiles, il faut d'abord mettre les données de la distribution par ordre croissant. On calcule ensuite le deuxième quartile (Q_2), soit la médiane, puis le premier (Q_1) et le troisième (Q_3).

Exemple : Soit la distribution de données suivantes.   41 53 56 60 66 71 75 89 98

Le deuxième quartile (Q_2) est la médiane de la distribution : $Q_2 = 66$

Le premier quartile (Q_1) est la médiane de la première moitié de la distribution : $Q_1 = \dfrac{53+56}{2} = 54,5$

Le troisième quartile (Q_3) est la médiane de la seconde moitié de la distribution : $Q_3 = \dfrac{75+89}{2} = 82$

Étape 2 : Construire un axe de nombres.

On détermine les graduations de l'axe en considérant l'étendue de la distribution. Il est préférable d'avoir de 10 à 20 graduations.

> L'**étendue** d'une distribution correspond à l'écart entre la valeur minimale et la valeur maximale de la distribution. Elle est représentée sur le diagramme par la longueur totale de ce dernier.

(suite de l'exemple)

Dans ce cas-ci, l'étendue est de 57, soit $98 - 41$ ou environ 60. Si l'on utilise 15 graduations, chacune représente un pas de 4 (soit $60 \div 15 = 4$).

40   52   64   76   88   100

Étape 3 : Construire le diagramme de quartiles au-dessus de l'axe de nombres.

Voici comment procéder pour construire le diagramme.

- Positionner les cinq valeurs déterminées précédemment sur l'axe de nombres : la valeur minimale, Q_1, Q_2, Q_3 et la valeur maximale.

- Tracer des traits verticaux vis-à-vis de ces cinq valeurs.

- Au-dessus de l'axe, construire un rectangle dont le côté droit et le côté gauche correspondent respectivement aux traits verticaux représentant Q_1 et Q_3.

- Tracer un segment horizontal (une tige) reliant les deux traits verticaux les plus à gauche.

- Tracer un autre segment horizontal (une autre tige) reliant les deux traits verticaux les plus à droite.

Exemple :

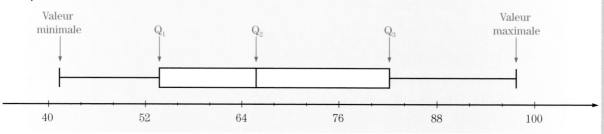

COMPOSANTES D'UN DIAGRAMME DE QUARTILES

- Les tiges à gauche et à droite représentent chacune un intervalle comportant environ 25 % des données de la distribution.

- Le grand rectangle central représente un intervalle comportant environ 50 % des données.

Les mesures de dispersion

Une mesure de dispersion est une mesure statistique qui rend compte de l'éparpillement des données d'une distribution. L'étendue et l'étendue interquartile sont des mesures de dispersion.

- À l'aide du diagramme de quartiles, on peut déterminer l'étendue et l'étendue interquartile, qui nous renseignent sur la répartition des données.

- On considère qu'une distribution de données comporte des données aberrantes (données fortement éloignées des autres) si l'une ou l'autre des tiges est au moins une fois et demie plus longue que la longueur du rectangle. Ce renseignement peut nous guider dans le choix d'une mesure de tendance centrale, telle que la moyenne arithmétique, pour représenter judicieusement la distribution.

> L'étendue interquartile d'une distribution correspond à l'écart entre la valeur du troisième quartile (Q_3) et celle du premier quartile (Q_1), soit ($Q_3 - Q_1$). Elle est représentée par la longueur du rectangle.

Exemple :

Dans la distribution précédente, il n'y a pas de données aberrantes, car chacune des tiges est plus petite qu'une fois et demie l'étendue interquartile. En effet, l'étendue interquartile est 27,5 (soit $82 - 54,5$). Les tiges mesurent 13,5 et 16 (soit $54,5 - 41$ et $98 - 82$). On a donc $13,5 < 41,25$ et $16 < 41,25$ (soit $13,5 < 1,5 \times 27,5$ et $16 < 1,5 \times 27,5$).

Les histogrammes et les mesures de tendance centrale de données groupées

Choix d'un diagramme pour représenter des données

On peut distinguer trois catégories de diagrammes selon le type de données que l'on veut représenter.

- **Données qualitatives :** diagramme à bandes ou diagramme circulaire.

- **Données quantitatives discrètes peu nombreuses :** diagramme à bandes ou diagramme à ligne brisée.

- **Données quantitatives continues ou données nombreuses et très diversifiées :** histogramme et diagramme de quartiles.

Tableau de compilation de données groupées en classes et histogramme

Avant de construire un histogramme, il faut compiler les données dans un tableau de distribution où les données sont réparties dans différentes classes. Pour établir les classes, on peut procéder de la façon suivante.

> **RAPPEL**
>
> L'étendue d'une distribution correspond à l'écart entre la valeur minimale et la valeur maximale de la distribution.

1) On détermine d'abord l'étendue des données à classer.

2) Le nombre de classes est généralement de 5 à 10, selon la quantité et la diversité des données à classer. On divise l'étendue par le nombre de classes désiré afin d'avoir une idée de la largeur d'une classe. On ajuste ensuite la largeur des classes en considérant que :

- chaque classe doit avoir la même largeur ;

- les classes doivent couvrir toute l'étendue sans se chevaucher.

> **RAPPEL**
>
> Effectif d'une classe : nombre de données appartenant à une classe.
>
> Fréquence : rapport d'un effectif au nombre total de données (généralement exprimé en pourcentage).

3) Une fois les classes établies, on compile les données en les plaçant dans les différentes classes, pour finalement déterminer le nombre de données dans chacune d'elles (l'effectif de la classe).

Exemple :

Tableau de compilation

CLASSE	EFFECTIF	FRÉQUENCE
[0, 5[	12	4 %
[5, 10[	36	12 %
[10, 15[	96	32 %
[15, 20[	87	29 %
[20, 25[	54	18 %
[25, 30[	15	5 %

Histogramme et ses composantes

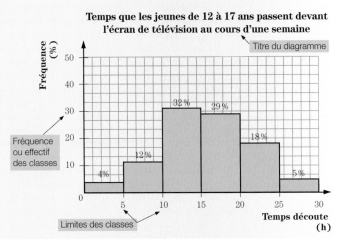

Calculer des mesures de tendance centrale de données groupées en classes

LA CLASSE MODALE ET LE MODE

La classe modale est la classe ayant le plus grand effectif ou la plus grande fréquence. Le mode correspondra à la valeur centrale de la classe modale

Classe modale : → [10, 15[heures

Mod = 12,5 heures

Exemple :

CLASSE	EFFECTIF	FRÉQUENCE
[0, 5[	12	4 %
[5, 10[	36	12 %
[10, 15[	96	32 %
[15, 20[	87	29 %
[20, 25[	54	18 %
[25, 30[	15	5 %

LA MÉDIANE

On détermine les fréquences cumulées. La médiane correspond à la valeur centrale de la classe où l'on atteint 50 % des données.

Méd = 17,5 heures →

Exemple :

CLASSE	EFFECTIF	FRÉQUENCE	FRÉQUENCE CUMULÉE
[0, 5[	12	4 %	4 %
[5, 10[	36	12 %	16 %
[10, 15[	96	32 %	48 %
[15, 20[	87	29 %	77 %
[20, 25[	54	18 %	95 %
[25, 30[	15	5 %	100 %

LA MOYENNE

On établit la moyenne par approximation, en remplaçant chaque donnée par la valeur centrale de la classe à laquelle elle appartient. On multiple alors chaque valeur centrale des classes par son effectif. On additionne ensuite tous les produits obtenus et l'on divise par l'effectif total. On peut aussi calculer la moyenne en considérant les fréquences : on multiplie chaque valeur centrale des classes par sa fréquence, puis on additionne tous les produits obtenus.

Exemple :

	DONNÉES			CALCUL DE LA MOYENNE	
Classe	Valeur centrale	Effectif	Fréquence	Avec effectif	Avec fréquence
[0, 5[	2,5	12	4 %	$2,5 \times 12 = 30$	$2,5 \times 4 \% = 0,1$
[5, 10[	7,5	36	12 %	$7,5 \times 36 = 270$	$7,5 \times 12 \% = 0,9$
[10, 15[	12,5	96	32 %	$12,5 \times 96 = 1200$	$12,5 \times 32 \% = 4$
[15, 20[	17,5	87	29 %	$17,5 \times 87 = 1522,5$	$17,5 \times 29 \% = 5,075$
[20, 25[	22,5	54	18 %	$22,5 \times 54 = 1215$	$22,5 \times 18 \% = 4,05$
[25, 30[	27,5	15	5 %	$27,5 \times 15 = 412,5$	$27,5 \times 5 \% = 1,375$
		300	100 %	4650 $\overline{X} = 4650 \div 300$ $= 15,5$	$\overline{X} = 15,5$

La représentation d'un solide et le calcul de son aire

Pour représenter un solide sur une surface plane, on peut utiliser différentes techniques.

La perspective cavalière

L'illustration ci-contre est une représentation en perspective cavalière d'un prisme à base rectangulaire.

Pour donner un effet de profondeur, on trace les arêtes fuyantes à un angle de 30° à 45° par rapport à l'horizontale. Les arêtes qui ne sont pas visibles dans la réalité sont en pointillé. De plus, les arêtes qui sont isométriques et parallèles dans la réalité le demeurent sur la représentation.

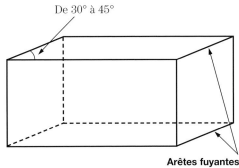

De 30° à 45°

Arêtes fuyantes
Les arêtes fuyantes sont réduites par rapport à ce qu'elles nous apparaissent dans la réalité.

Exemple : Voici la représentation d'une boîte de carton en perspective cavalière.

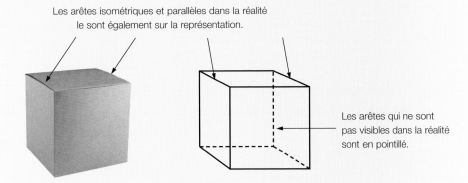

Les arêtes isométriques et parallèles dans la réalité le sont également sur la représentation.

Les arêtes qui ne sont pas visibles dans la réalité sont en pointillé.

Le développement de solides

Le développement d'un solide est une représentation de toutes les faces du solide. Les faces du développement sont reliées entre elles de manière que l'on puisse s'imaginer une reconstitution du solide.

Le développement d'un solide est une représentation que l'on peut obtenir en visualisant la mise à plat de ce solide. Inversement, à partir d'un développement, on peut imaginer la reconstitution du solide.

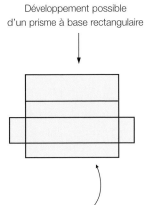

Développement possible d'un prisme à base rectangulaire

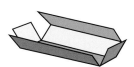
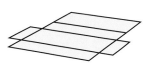

Le calcul de l'aire d'un solide

Pour s'approprier une situation exigeant le calcul de l'aire d'un solide, on peut représenter le solide en perspective cavalière ou à l'aide de son développement. Sur la représentation, on note ensuite des mesures associées à différentes longueurs prises sur le solide. En calculant l'aire de chaque face du solide, puis en additionnant tous les résultats, on obtient son aire totale (A_t).

Exemple :

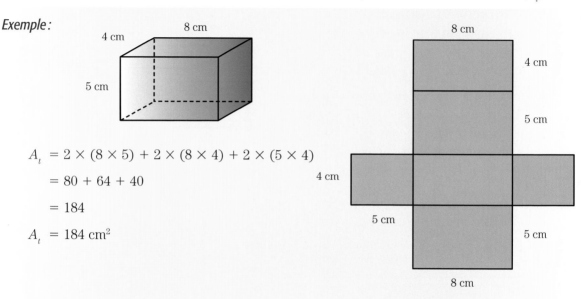

$$A_t = 2 \times (8 \times 5) + 2 \times (8 \times 4) + 2 \times (5 \times 4)$$
$$= 80 + 64 + 40$$
$$= 184$$
$$A_t = 184 \text{ cm}^2$$

Dans la section Ma mémoire (p. 315, 316 et 322), tu trouveras des formules te permettant de calculer l'aire d'une figure plane selon certaines mesures.

La relation de Pythagore et sa réciproque

Le côté opposé à l'angle droit d'un triangle rectangle est toujours le côté le plus long. Il s'appelle l'**hypoténuse**. Les côtés adjacents à l'angle droit sont les **cathètes** du triangle rectangle.

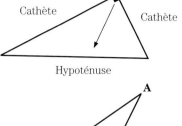

La relation de Pythagore

Dans un triangle rectangle, le carré de la mesure de l'hypoténuse est égal à la somme des carrés des mesures des autres côtés (les cathètes).

$$\left(m\overline{\mathbf{AB}}\right)^2 = \left(m\overline{\mathbf{AC}}\right)^2 + \left(m\overline{\mathbf{BC}}\right)^2$$

Rechercher des mesures manquantes

Dans un triangle rectangle, la relation de Pythagore permet de trouver la mesure d'un côté lorsqu'on connaît celle des deux autres côtés.

Exemples :

1) Trouver la mesure h de l'hypoténuse d'un triangle rectangle dont les autres côtés mesurent 6 et 8 unités.

$h^2 = 8^2 + 6^2$

$h^2 = 64 + 36$

$h^2 = 100$

$h = \sqrt{100}$

$h = 10$

L'hypoténuse mesure 10 unités.

2) Déduire la valeur de x dans le triangle rectangle ci-dessous.

$14^2 = 12^2 + x^2$

$196 = 144 + x^2$

$196 - 144 = x^2$

$52 = x^2$

$\sqrt{52} = x$

$7,21 \approx x$

La valeur exacte de x est $\sqrt{52}$ unités et sa valeur approximative, 7,21 unités.

La réciproque de la relation de Pythagore

Si un triangle est tel que le carré de la mesure d'un côté est égal à la somme des carrés des mesures des deux autres côtés, alors ce triangle est rectangle.

Exemple 1 :

Les côtés d'un triangle mesurent 3 cm, 4 cm et 5 cm.

Ce triangle est-il rectangle ?

L'hypoténuse est le côté le plus long.

Puisque dans un triangle rectangle l'hypoténuse est

le côté le plus long, il sera rectangle si l'égalité suivante est vraie : $5^2 = 4^2 + 3^2$.

Puisque $25 = 16 + 9$, ce triangle est un triangle rectangle.

Exemple 2 :

Les côtés d'un triangle mesurent 5,2 cm, 8,4 cm et 4,6 cm.

Ce triangle est-il rectangle ?   L'hypoténuse est le côté le plus long.

Il sera rectangle si l'égalité suivante est vraie : $8,4^2 = 5,2^2 + 4,6^2$.

Puisque 70,56 $\neq$ $\underbrace{27,04 + 21,16}$, ce triangle n'est pas un triangle rectangle.

De plus, puisque 70,56 > 48,20, soit le carré de la mesure attendue de l'hypoténuse, alors ce triangle est obtusangle.

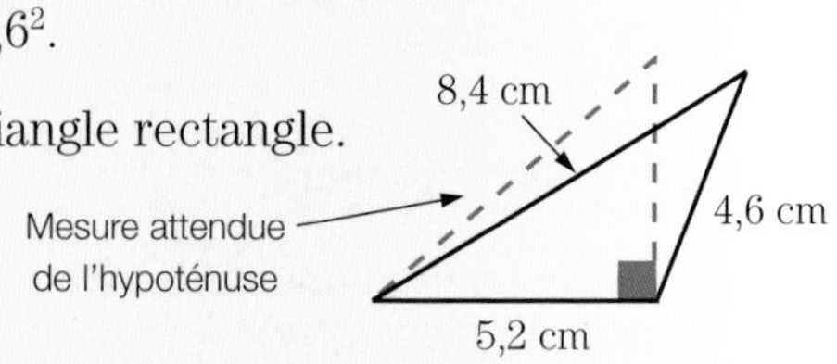

8,4 cm

Mesure attendue de l'hypoténuse

4,6 cm

5,2 cm

Exemple 3 :

Les côtés d'un triangle mesurent 10,4 cm, 9,2 cm et 12,5 cm.

Ce triangle est-il rectangle ?   L'hypoténuse est le côté le plus long.

Il sera rectangle si l'égalité suivante est vraie : $12,5^2 = 10,4^2 + 9,2^2$.

Puisque 156,25 $\neq$ $\underbrace{108,16 + 84,64}$, ce triangle n'est pas un triangle rectangle.

De plus, puisque 156,25 < 192,80, soit le carré de la mesure attendue de l'hypoténuse, alors ce triangle est acutangle.

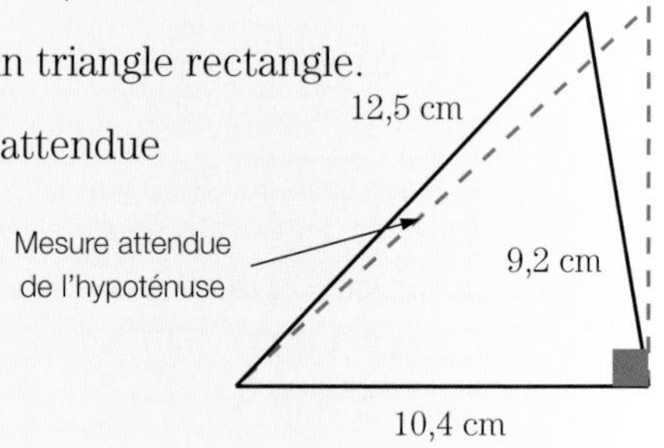

12,5 cm

Mesure attendue de l'hypoténuse

9,2 cm

10,4 cm

L'aire du cône, de la sphère et de solides décomposables

L'aire totale du cône

L'aire totale du cône correspond à la somme des aires de toutes ses faces, soit son aire latérale et l'aire de sa base.

$$A_{totale} = A_{latérale} + A_{base}$$

$$A_t = \frac{2\pi r \times a}{2} + \pi r^2$$

$$A_t = \pi r a + \pi r^2$$

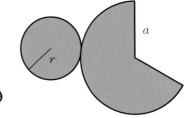

Exemple :

L'aire totale du cône ci-contre est :

$$A_{totale} = \pi r a + \pi r^2$$

$$A_t = (\pi)(2)(8) + \pi(2)^2$$

$$A_t = 16\pi + 4\pi$$

$$A_t = 20\pi \quad \longleftarrow \quad \text{Valeur exacte de l'aire totale de ce cône (cm}^2\text{)}$$

$$A_t \approx 20(3,1416)$$

$$A_t \approx 62,83 \text{ cm}^2 \quad \longleftarrow \quad \text{Valeur approximative de l'aire totale de ce cône en considérant que } \pi \approx 3,1416$$

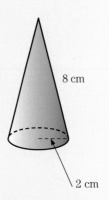

8 cm

2 cm

L'aire de la sphère

$$A = 4\pi r^2$$

Exemple :

L'aire d'une sphère dont le diamètre est de 10 cm est :

$$A = 4\pi r^2$$

$$A = 4\pi(5)^2 \quad \longleftarrow \quad \text{Le rayon est la moitié du diamètre.}$$

$$A = 4\pi(25)$$

$$A = 100\pi \quad \longleftarrow \quad \text{Valeur exacte de l'aire de cette sphère (cm}^2\text{)}$$

$$A \approx 100(3,1416)$$

$$A \approx 314,16 \text{ cm}^2 \quad \longleftarrow \quad \text{Valeur approximative de l'aire de cette sphère en considérant que } \pi \approx 3,1416$$

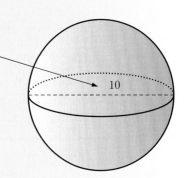

10

L'aire de solides décomposables

Pour calculer l'aire totale d'un solide décomposable, il faut considérer l'aire de toutes les régions visibles si l'on observe les différentes vues possibles de ce solide.

Exemple 1 :

Quelle est l'aire totale du solide ci-dessous
(les mesures sont en centimètres) ?

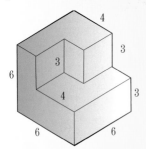

Dans certains cas, on peut utiliser des projections orthogonales pour guider notre calcul.

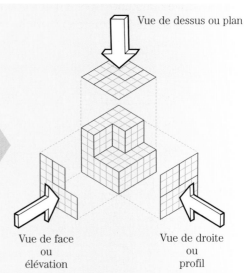

Vue de dessus ou plan

Vue de face
ou
élévation

Vue de droite
ou
profil

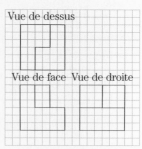

Vue de dessus

Vue de face   Vue de droite

Vue de face : $A_1 = (6 \times 6) - (2 \times 3) = 30$

Vue de dessus : $A_2 = 6 \times 6 = 36$

Vue de droite : $A_3 = 6 \times 6 = 36$

Aire totale : $A_t = 2 \times A_1 + 2 \times A_2 + 2 \times A_3$

$\quad A_t = (2 \times 30) + (2 \times 36) + (2 \times 36) = 204$

$\quad A_t = 204 \text{ cm}^2$

Exemple 2 :

Quelle est l'aire du solide décomposable ci-contre
(les mesures sont en centimètres) ?

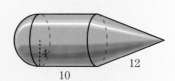

Ce solide est composé d'une demi-sphère, d'un cylindre et d'un cône.

Aire totale = Aire d'une demi-sphère + Aire latérale du cylindre + Aire latérale du cône

$A_t = \dfrac{4\pi r^2}{2} + 2\pi rh + \pi ra$

$A_t = \dfrac{4\pi(4)^2}{2} + 2\pi(4)(10) + \pi(4)(12)$

$A_t = 32\pi + 80\pi + 48\pi$

$A_t = 160\pi$ ◄——— Valeur exacte de l'aire de ce solide (cm²)

$A_t \approx 502,66 \text{ cm}^2$ ◄——— Valeur approximative de l'aire de ce solide en considérant que $\pi \approx 3,1416$

Le volume d'un prisme et d'un cylindre

La représentation en perspective axonométrique

La perspective axonométrique permet de représenter des figures géométriques en trois dimensions en tenant compte de trois axes correspondant chacun à une dimension. Ces trois axes définissent trois angles de 120°.

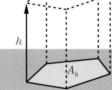

Voici quelques caractéristiques de ce type de représentation.

- Ce qui est parallèle dans la réalité est parallèle sur la représentation.

- Ce qui est isométrique dans la réalité est isométrique sur la représentation.

- Les mesures sur la représentation sont proportionnelles aux mesures dans la réalité.

Le volume d'un prisme

Le volume (V) d'un prisme peut être déterminé par l'aire d'une de ses bases (A_b) et par sa hauteur (h), à l'aide de la relation suivante.

$$V = A_b \cdot h$$

> **RAPPEL**
>
> Le volume est la mesure de l'espace occupé par un solide.

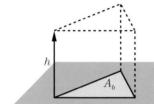
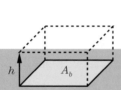
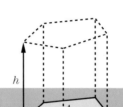
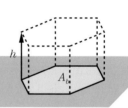

Exemple :

Quel est le volume du prisme représenté ci-dessous ?

$V = A_b \cdot h$

$V = \dfrac{3 \times 4}{2} \times 7$

$V = 6 \times 7$

$V = 42 \text{ cm}^3$

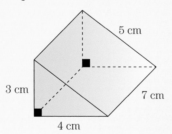

> Aux pages 315 et 322 de la section Ma mémoire, tu trouveras des formules permettant de calculer l'aire de différentes figures planes.

Le volume d'un cylindre

Le volume (V) d'un cylindre peut être déterminé par l'aire d'une de ses bases (A_b) et par sa hauteur (h), à l'aide de la même relation que pour les prismes :

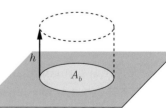

$$V = A_b \cdot h$$

Si r représente le rayon d'une des bases du cylindre, la relation s'écrit :

$$V = \pi r^2 \cdot h$$

Exemple : On cherche le volume d'un cylindre, dont la hauteur est de 12 cm
et dont le diamètre mesure 4 cm.

$$V = \pi r^2 \cdot h$$

$$V = \pi(2)^2 \cdot 12$$

$$V = 4\pi \cdot 12$$

$$V = 48\pi \quad \longleftarrow \quad \text{Valeur exacte du volume (cm}^3\text{)}$$

$$V \approx 48 \times 3{,}1416$$

$$V \approx 150{,}80 \text{ cm}^3 \quad \longleftarrow \quad \text{Valeur approximative du volume}$$

Les unités de volume et de capacité

Voici les différentes relations qui existent entre les unités de volume et de capacité.

- Un espace de 1 m^3 a une capacité de 1 kL.

- Un espace de 1 dm^3 a une capacité de 1 L.

- Un espace de 1 cm^3 a une capacité de 1 mL.

Les tableaux ci-dessous indiquent les relations numériques entre les unités. Par exemple, pour transformer 25 dm^3 en centimètres cubes, il faut multiplier 25 par 1000. Ainsi, 25 dm^3 est équivalent à 25 000 cm^3.

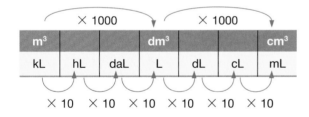 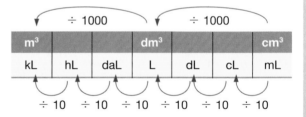

On peut utiliser ces relations pour faire des transformations d'unités.

Exemple 1 : Transformons 23 dm^3 en centimètres cubes. Puisqu'il y a 1000 cm^3 dans 1 dm^3, alors il y a 23 000 cm^3 (23 × 1000) dans 23 dm^3.

Exemple 2 : Transformons 4,5 L en millilitres. Puisqu'il y a 1000 mL dans 1 L, alors il y a 4500 mL (4,5 × 1000) dans 4,5 L.

Exemple 3 : Transformons 3,2 m^3 en litres.
Puisque 1 m^3 équivaut à 1 kL, alors 3,2 m^3 équivaut à 3,2 kL.
Puisqu'il y a 1000 L dans 1 kL, alors il y a 3200 L (3,2 × 1000) dans 3,2 kL.

Le volume des pyramides, des cônes et de la boule

Le volume d'une pyramide ou d'un cône

Pour déterminer le volume (V) d'une pyramide ou d'un cône, on utilise la relation $V = \dfrac{A_b \cdot h}{3}$, où A_b correspond à l'aire de la base et h, à la hauteur de la pyramide ou du cône.

Exemple 1 : Soit la pyramide ci-contre. La base est un hexagone régulier de 3 cm de côté dont l'apothème mesure 2,6 cm. La hauteur de la pyramide est de 6 cm.

> Dans Ma mémoire, aux pages 315 et 322, tu trouveras des formules permettant de calculer l'aire de différentes figures planes.

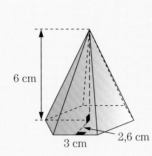

6 cm

3 cm   2,6 cm

Le volume se détermine ainsi :

$$V = \frac{\left(\dfrac{p \cdot a}{2}\right) \cdot h}{3}$$

$$V = \frac{\left(\dfrac{18 \cdot 2,6}{2}\right) \cdot 6}{3}$$

$$V = \frac{23,4 \cdot 6}{3}$$

$$V = 46,8 \text{ cm}^3$$

> Dans ce cas, l'aire de la base (A_b) correspond à l'aire d'un polygone régulier $\left(\dfrac{p \cdot a}{2}\right)$.

Exemple 2 : Le volume d'un cône dont la hauteur est de 10 cm et dont le rayon de la base est de 5 cm se détermine ainsi :

$$V = \frac{\pi r^2 \cdot h}{3}$$

$$V = \frac{\pi 5^2 \cdot 10}{3}$$

Volume exact du cône (cm³) ⟶ $V = \dfrac{250\pi}{3}$

Volume approximatif, calculé en utilisant $\pi \approx 3,1416$ ⟶ $V \approx 261,8 \text{ cm}^3$

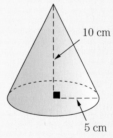

10 cm

5 cm

> Dans ce cas, l'aire de la base (A_b) correspond à l'aire d'un disque (πr^2).

Le volume d'une boule

Pour déterminer le volume (V) d'une boule de rayon r, on utilise la relation $V = \dfrac{4\pi r^3}{3}$.

Exemple : Pour une boule de 12 cm de rayon, le volume se détermine ainsi :

$$V = \frac{4\pi (12)^3}{3}$$

$$V = \frac{4\pi \cdot 1728}{3}$$

$$V = \frac{6912\pi}{3}$$

Volume exact de la boule (cm³) ⟶ $V = 2304\pi$

Volume approximatif, calculé en utilisant $\pi \approx 3,1416$ ⟶ $V \approx 7238,25 \text{ cm}^3$

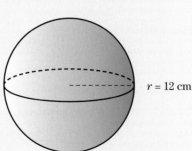

$r = 12$ cm

CHAPITRE 1

Page 6 – Mise en pratique

1. a) 10 fois plus petite.

  b) 1000 fois plus grande.

  c) 1000 fois plus petite.

  d) 1 000 000 000 000 (un billion) de fois plus grande.

  e) 1 000 000 000 (un milliard) de fois plus petite.

  f) 1 000 000 (un million) de fois plus petite.

  g) 100 fois plus petite.

  h) 1 000 000 000 000 (un billion) de fois plus petite.

  i) 1 000 000 (un million) de fois plus grande.

Page 7 – Mise en pratique

1. Plusieurs réponses possibles. *Exemples :*

  a) 4 500 000 000 000 ou 4500 milliards

  b) $3,476\ 523\ 4 \times 10^{10}$

  c) $8,5 \times 10^{-8}$

  d) 0,000 006 9

  e) 471 361 200

  f) $-0,000\ 000\ 007\ 91$

  g) $-7,24 \times 10^{-8}$

  h) $4,9 \times 10^9$ ou 4 900 000 000 tonnes

  i) $1,5 \times 10^{-8}$ ou 0,000 000 015 seconde

Page 9 – Exercices

1. a) 1×10^9 **f)** 1×10^{-2}

  b) 1×10^8 **g)** 1×10^{-4}

  c) 1×10^4 **h)** 1×10^{-1}

  d) 1×10^{12} **i)** 1×10^{12}

  e) 1×10^{-6}

3. a) 1×10^{-1} **e)** 1×10^{-6}

  b) 1×10^{-7} **f)** 5×10^{12}

  c) 1×10^6 **g)** 6×10^{-6}

  d) 1×10^{-12} **h)** $1,25 \times 10^{-4}$

Page 10 – Exercices (*suite*)

  6. a) 785,21 km   **d)** 0,0089 g

  b) 0,124 5 L   **e)** 0,000 002 1 s

  c) 31 410 octets   **f)** 50 000 000 personnes

  8. a) $3,55 \times 10^{-1}$ s   **d)** $6,15 \times 10^{-1}$ L

  b) 4×10^7 m   **e)** $2,2 \times 10^{-11}$ octet

  c) $4,326 \times 10^{12}$ watts   **f)** $5,79 \times 10^{-7}$ s

11. A $2,6 \times 10^9$ m   **D** $1,1 \times 10^{-6}$ m

  B $4,5 \times 10^{-4}$ m   **E** $1,9 \times 10^6$ m

  C $6,06 \times 10^3$ m   **F** $1,7 \times 10^{-9}$ m

  Ordre croissant : **F**, **D**, **B**, **C**, **E**, **A**

Page 15 – Autoévaluation

1. 2000 chansons.

2. 3 000 000 de fois.

3. a) $2,31 \times 10^9$ **f)** $5,11 \times 10^6$

  b) $7,84 \times 10^6$ **g)** $2,84 \times 10^0$

  c) $6,8 \times 10^{-2}$ **h)** $8,27 \times 10^5$

  d) $5,42 \times 10^{10}$ **i)** $3,1 \times 10^2$

  e) 2×10^{-4} **j)** $3,33 \times 10^8$

4. a) 7×10^{-7} m

  b) 142,857 fois plus grosse.

Page 16 – Mise en pratique

1. 1) Plusieurs réponses possibles. *Exemple :*

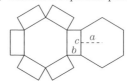

$$A_t = 2 \times \frac{6ac}{2} + 6bc = 6ac = 6bc$$

  2) Plusieurs réponses possibles. *Exemple :*

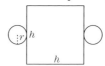

$$A_t = 2\pi r^2 + 2\pi rh$$

  3) Plusieurs réponses possibles. *Exemple :*

$$A_t = 6c^2$$

  4) Plusieurs réponses possibles. *Exemple :*

$$A_t = 4\left(\frac{bh}{2}\right) = 2bh$$

Page 17 – Mise en pratique

1. a) Plusieurs réponses possibles. *Exemple :*

  b) Plusieurs réponses possibles. *Exemple :*

  c) Plusieurs réponses possibles. *Exemple :*

Page 20 – Exercices

2. a)

 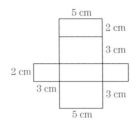

b) 62 cm²

3. a) 1)   3)   5)

2)   4)   6)

b)

	NOM DU SOLIDE	NOMBRE DE FACES	NOMBRE D'ARÊTES	NOMBRE DE SOMMETS
1	Cube	6	12	8
2	Prisme à base rectangulaire	6	12	8
3	Prisme à base pentagonale	7	15	10
4	Pyramide à base rectangulaire	5	8	5
5	Tétraèdre	4	6	4
6	Prisme à base triangulaire	5	9	6

Page 22 – Exercices (*suite*)

8. a)

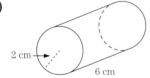

2 cm   6 cm

b) ≈ 75,40 cm²

c) ≈ 100,53 cm²

Page 25 – Autoévaluation

1. a) Plusieurs réponses possibles.

b) 11 développements possibles.

c) 1150 cm²

d)

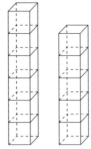

e) Non.

2. a)

b) $12\pi x^2$

c) ≈ 150,80 cm²

d) ≈ 5 cm

Page 28 – Mise en pratique

1. a) 20 unités.

b) 14 unités.

2. 24 unités.

Page 29 – Mise en pratique

1. a) Oui, le triangle **ABC** est un triangle rectangle.

b) Non, le triangle **CDE** est un triangle obtusangle.

c) Non, le triangle **DFG** est un triangle acutangle.

Page 32 – Exercices

3. a) 25 cm

b) 35,355 cm

c) 40 cm

8. 23,382 686 cm

9. 212 cm

Page 33 – Exercices (*suite*)

11. a) Triangle rectangle.

b) Triangle non rectangle.

c) Triangle non rectangle.

d) Triangle rectangle.

e) Triangle rectangle.

f) Triangle non rectangle.

g) Triangle non rectangle.

h) Triangle non rectangle.

Page 34 – Exercices (*suite*)

15. a) $x \approx 8,602$ cm   **e)** $x \approx 6,079$ cm

    b) $x \approx 16,971$ cm   **f)** $x \approx 26,581$ cm

    c) $x \approx 22,627$ cm   **g)** $x \approx 28,284$ cm

    d) $x \approx 27,212$ cm   **h)** $x = \sqrt{2a^2}$

Page 40 – Autoévaluation

1. $\approx 5,905\ 9$ m   **3.** $\approx 11,412\ 7$ m

2. $\approx 109,997\ 5$ m   **4.** $\approx 8,291\ 5$ m

Page 41 – Mise en pratique

1. $\approx 565,49$ cm^2

2. $A_t \approx 150,80$ cm^2 et $r \approx 4$ cm

3. $\approx 1884,96$ cm^2

Page 42 – Mise en pratique

1. $\approx 19,635$ cm^2

2. 11 unités.

Page 43 – Mise en pratique

1. a) Deux prismes à base rectangulaire.

    $A_t = 350,2$ cm^2

   b) Un cylindre et un cône.

    $A_t = 188,5$ cm^2

Page 47 – Exercices

3.

FIGURE	Cornet	Cône de bois	Ballon	Demi-sphère
APOTHÈME	18 cm	7,8 unités	—	—
RAYON	7 cm	5 unités	17,8 cm	$\approx 4,30$ m
AIRE LATÉRALE	395,84 cm^2	122,52 unités carrées	—	$\approx 116,18$ m^2
AIRE DE LA BASE	—	25π unités carrées ou $\approx 78,54$ unités carrées	—	≈ 58 m^2
AIRE TOTALE	395,84 cm^2	201,06 unités carrées	$\approx 3981,53$ cm^2	$\approx 174,18$ m^2

Pages 48 – Exercices (*suite*)

9. a) 1) 2) 3)

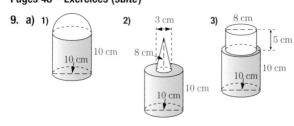

b) 1) $A_t \approx 549,8$ cm^2

   2) $A_t \approx 502,52$ cm^2

   3) $A_t \approx 596,9$ cm^2

Page 49 – Exercices (*suite*)

12. a) Vue de dessus   Vue de droite   Vue de face

 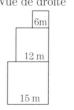 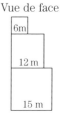

     $A_t = 2070$ m^2

   b) Vue de dessus

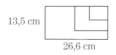

     Vue de droite   Vue de face

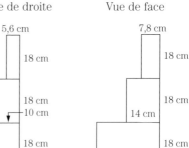

     $A_t = 3508,2$ cm^2

   c) Vue de dessus   Vue de droite et de face

 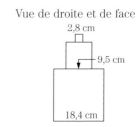

     $A_t = 2423,72$ cm^2

Page 53 – Autoévaluation

1. Plusieurs réponses possibles. Le rayon de la sphère doit avoir la même mesure que celui du disque à la base du cône. L'apothème du cône doit mesurer quatre fois plus que son rayon.

2. La municipalité recevra 1298,01 $.

3. La sphère a l'aire totale la plus grande.

    Aire totale de la sphère $\approx 22\ 698$ cm^2

    Aire totale du cône $\approx 22\ 420,329$ cm^2

CHAPITRE 2

Page 64 – Mise en pratique

1.

FRACTION OU NOMBRE FRACTIONNAIRE	$\frac{1}{16}$	$\frac{1}{32}$	$\frac{4}{5}$	$\frac{1}{8}$	$\frac{1}{3}$
NOMBRE DÉCIMAL	0,0625	0,031 25	0,8	0,125	—
POURCENTAGE	6,25 %	3,125 %	80 %	12,5 %	$\approx 33,3$ %
RAPPORT	1 : 16	1 : 32	4 : 5	1 : 8	1 : 3
FORME EXPONENTIELLE	2^{-4}	2^{-5}	$\frac{2^2}{5}$ ou $2^2 \times 5^{-1}$	2^{-3}	3^{-1}

Page 65 – Mise en pratique

1. Nombres rationnels : $\sqrt{121}$, $\sqrt[3]{343}$, $\sqrt[3]{1000}$, $\sqrt{169}$

Nombres irrationnels : $\sqrt{2}$, $\sqrt[3]{10}$, $\sqrt[3]{36}$, $\sqrt{1000}$

2. Plusieurs réponses possibles. *Exemples* :

Nombres rationnels : 5 ; $3,05$; $\sqrt[3]{27}$; $-\frac{5}{6}$; 0

Nombres irrationnels : $\sqrt{5}$, $\frac{\sqrt{3}}{2}$, $\sqrt[3]{49}$, $^-\sqrt{99}$, $^-\pi$

Page 68 – Exercices

3.

NOTATION FRACTIONNAIRE	NOTATION DÉCIMALE	POURCENTAGE
$\frac{1}{5}$	$0,2$	20 %
$\frac{2}{3}$	$0,\overline{6}$	67 %
$\frac{4}{9}$	$0,\overline{4}$	44 %
$6\frac{1}{3}$	$6,\overline{3}$	633 %
$\frac{3}{20}$	$0,15$	15 %
$2\frac{1}{8}$	$2,125$	213 %
$\frac{2}{25}$	$0,08$	8 %
$\frac{1}{4}$	$0,25$	25 %

5. a) $2,41 < 2,\overline{4}$

b) $0,7 < 0,\overline{70}$

c) $0,5\overline{6} > 0,5\overline{62}$

d) $9,\overline{3} = 9,3\overline{3}$

7. Ordre croissant :

$-1,\overline{4}$; $^-\sqrt{2}$; $-\frac{5}{5}$; $-\frac{5}{12}$; $\frac{1}{3}$; $1,5$; $\sqrt{4}$; $2\frac{1}{2}$; $\frac{6}{2}$; π

Page 70 – Exercices (*suite*)

12.

	$\mathbb{N}^*$	$\mathbb{N}$	$\mathbb{Z}$	$\mathbb{Z}_-$	$\mathbb{Q}$	$\mathbb{Q}'$	$\mathbb{R}^*_+$	$\mathbb{R}$
$15,5$	$\notin$	$\notin$	$\notin$	$\notin$	$\in$	$\notin$	$\in$	$\in$
$\sqrt{34}$	$\notin$	$\notin$	$\notin$	$\notin$	$\notin$	$\in$	$\in$	$\in$
$\frac{7}{9}$	$\notin$	$\notin$	$\notin$	$\notin$	$\in$	$\notin$	$\in$	$\in$
-38	$\notin$	$\notin$	$\in$	$\in$	$\in$	$\notin$	$\notin$	$\in$
0	$\notin$	$\in$	$\in$	$\in$	$\in$	$\notin$	$\notin$	$\in$
$-\frac{5}{4}$	$\notin$	$\notin$	$\notin$	$\notin$	$\in$	$\notin$	$\notin$	$\in$
$^-\sqrt{16}$	$\notin$	$\notin$	$\in$	$\in$	$\in$	$\notin$	$\notin$	$\in$
π	$\notin$	$\notin$	$\notin$	$\notin$	$\notin$	$\in$	$\in$	$\in$
$^-\sqrt[3]{36}$	$\notin$	$\notin$	$\notin$	$\notin$	$\notin$	$\in$	$\notin$	$\in$
$\sqrt{121}$	$\in$	$\in$	$\in$	$\notin$	$\in$	$\notin$	$\in$	$\in$

Page 73 – Autoévaluation

1. a) Aire de **EFGH** : 2 unités carrées. C'est un nombre rationnel.

b) EF : $\sqrt{2}$ unités. C'est un nombre irrationnel.

2. a) 1) $\mathbb{N}$ 4) $\mathbb{Z}$ 7) $\mathbb{Q}$ 10) $\mathbb{Q}$ 13) $\mathbb{Q}$

     2) $\mathbb{N}$ 5) $\mathbb{Z}$ 8) $\mathbb{Q}$ 11) $\mathbb{Q}$ 14) $\mathbb{Q}'$

     3) $\mathbb{N}$ 6) $\mathbb{N}$ 9) $\mathbb{N}$ 12) $\mathbb{Q}$ 15) $\mathbb{Z}$

b) $\mathbb{N}$, $\mathbb{Z}$, $\mathbb{Q}$ et $\mathbb{R}$

Page 74 – Mise en pratique

1. a) $x^3 y^2 z^4$

b) $\frac{n^3 + m^4 p^2}{m^2 np}$

c) $\frac{c}{a^2 b} + a^2 b^2 c^3$ ou $\frac{c + a^4 b^2 c^3}{a^2 b}$

d) $x^5 y^4 z^2$

2. a) $a^5 b$

b) $m^3 + m^2 n$

c) $x^4 y^6 + xy^2$

d) $\frac{a^2}{b^2}$

Page 75 – Mise en pratique

1. a) $\sqrt{169} = 13$

b) $\sqrt[3]{8^2} = 4$

c) $\sqrt[4]{625} = 5$

d) $\sqrt[4]{6^3} \approx 3,83$

e) $\sqrt{2} \times \sqrt[4]{2} \approx 1,68$

2. a) $2^{\frac{1}{2}}$ **b)** $3^{\frac{2}{3}}$ **c)** $4^{\frac{3}{2}}$ **d)** $5^{\frac{3}{4}}$ **e)** $6^{\frac{5}{2}}$

3. a) $\approx 1,59$ **b)** $\approx 2,83$ **c)** 6 **d)** $\approx 6,08$ **e)** $\approx 4,90$

Page 77 – Exercices

1. **a)** 7^{11} **f)** $2^3 \times 3^3 \times 4^3$

  b) 5^{16}

  c) 3^2 ou 9 **g)** $\left(-\dfrac{1}{2}\right)^7$ ou $-\dfrac{1}{2^7}$

  d) 2^9

  e) $8^5 \times 7^5$ **h)** $\left(\dfrac{2}{3}\right)^3$, $\dfrac{2^3}{3^3}$ ou $\dfrac{8}{27}$

2. **a)** 5^5 **d)** 2^{-7}

  b) 3^7 **e)** $\left(\dfrac{1}{4}\right)^{-2}$, 4^2 ou 16

  c) 7^6 **f)** 74

5. **a)** $\sqrt{5}$ **c)** $\sqrt[5]{b^2}$ **e)** $\sqrt{a^3}$ **g)** $\sqrt[5]{7^3}$

  b) $\sqrt[3]{a}$ **d)** $\sqrt[3]{y^2}$ **f)** $\sqrt[3]{5^2 a^4}$ **h)** $\sqrt[3]{20}$

6. **a)** $6^{\frac{1}{3}}$ **b)** $a^{\frac{3}{2}}$ **c)** $\left(ab^3\right)^{\frac{1}{2}}$ **d)** $\left(2^2 \times 3^3\right)^{\frac{1}{4}}$

Page 78 – Exercices (*suite*)

10. **a)** Faux.   **d)** Faux.   **g)** Faux.

  b) Faux.   **e)** Faux.   **h)** Vrai.

  c) Faux.   **f)** Vrai.   **i)** Vrai.

Page 85 – Autoévaluation

1. **a)** Groenland : $\approx 2,339 \times 10^{-6}$ habitant par mètre carré.
Hondo : $\approx 0,042$ habitant par mètre carré.
Cuba : $\approx 0,011$ habitant par mètre carré.
Taiwan : $0,0625$ habitant par mètre carré.

  b) C'est au Groenland qu'il y a le moins d'habitants par mètre carré et à Taiwan qu'il y en a le plus. On ne peut pas utiliser un tel rapport pour comparer la densité de population sur ces territoires parce qu'une grande superficie du Groenland est inhabitable en raison du climat.

2. **a)** $\left(\dfrac{4}{25}\right)^{\frac{1}{2}} = \dfrac{4^{\frac{1}{2}}}{25^{\frac{1}{2}}} = \dfrac{2}{5}$

  b) La propriété 5.

  c) 1) $\dfrac{4}{9}$ 2) $\dfrac{5}{10} = \dfrac{1}{2}$ 3) $\dfrac{1}{2}$ 4) $\dfrac{6}{7}$ 5) $\dfrac{13}{25}$ 6) $\dfrac{1}{8}$

  d) 1) $\dfrac{1}{4}$ 2) $\dfrac{1}{2}$ 3) $\dfrac{3}{10}$

3.

TEMPS DE DÉPLACEMENT	VITESSE MOYENNE	DÉPLACEMENT TOTAL
$4,5 \times 10^3$ secondes	$1,7 \times 10^{-4}$ km/h	$1,916 \times 10^{-3}$ heure
$2,125 \times 10^{-4}$ kilomètre	$4,6 \times 10^{-5}$ m/s	$3,7 \times 10^8$ micromètres
$0,4 \times 10^2$ minutes	$2,625 \times 10^{-6}$ m/s	$6,3$ mm
$8,043 \times 10^6$ secondes	$1,2 \times 10^{-4}$ km/h	$2,3 \times 10^{-2}$ cm

Page 88 – Mise en pratique

1. **a)** Variable dépendante : la quantité de carburant dans le réservoir.
Variable indépendante : la distance parcourue.
Graphique :

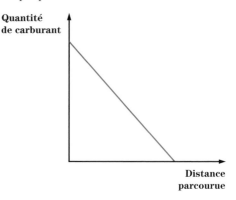

  b) Variable dépendante : le prix.
Variable indépendante : la durée du séjour.
Graphique :

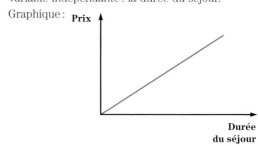

  c) Variable dépendante : la consommation d'électricité.
Variable indépendante : la durée d'utilisation.
Graphique :

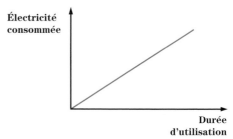

Page 89 – Mise en pratique

1. **a)** La Rame

Équation :
$y = 5x + 10$

Table de valeurs :

x	y
1	15
2	20
3	25
4	30
5	35

Graphique :

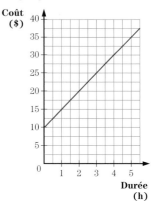

Le Roi du canot

Équation :

$y = 10x$

Table de valeurs :

x	y
1	10
2	20
3	30
4	40
5	50

Graphique :

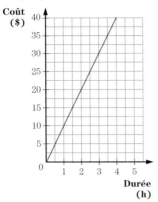

Le Canot d'écorce

Équation :

$y = 35$

Table de valeurs :

x	y
1	35
2	35
3	35
4	35
5	35

Graphique :

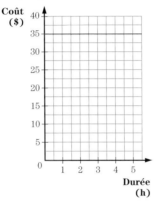

b) Pour une location d'une heure, le tarif du Roi du canot est le plus bas.

Pour une location de deux heures, les tarifs du Roi du canot et de La Rame sont les plus bas.

Pour une location de trois ou quatre heures, le tarif de La Rame est le plus bas.

Pour une location de cinq heures, les tarifs de La Rame et du Canot d'écorce sont les plus bas.

Pour une location de plus de cinq heures, le tarif du Canot d'écorce est le plus bas.

Page 90 – Mise en pratique

Réponses personnelles. *Exemples :*

1. a) 1) Félix s'intéresse au salaire offert au Dépanneur Ducoin en fonction du nombre d'heures travaillées.

2) Un entrepreneur veut savoir le paiement à effectuer pour la location de machinerie en fonction du nombre de mois de location.

3) Josée s'intéresse à l'argent qu'elle a en banque en fonction du nombre de semaines écoulées.

b) 1) Taux de variation : 8, le salaire horaire (en dollars).

2) Taux de variation : 150, le coût mensuel de la location (en dollars).

3) Taux de variation : 25, le montant du retrait par semaine (en dollars).

c) 1) Valeur de y : 0. La personne ne reçoit aucun salaire si elle ne travaille pas.

2) Valeur de y : 500. Un paiement de base de 500 $ est exigé pour la location.

3) Valeur de y : 500. Au départ, la personne avait 500 $ en banque.

d) 1) Il s'agit d'une situation de proportionnalité croissante.

2) Ce n'est pas une situation de proportionnalité. La relation est croissante.

3) Ce n'est pas une situation de proportionnalité. La relation est décroissante.

Page 95 – Exercices

4. Situation 1

a) Variable dépendante : la quantité de billets vendus.
Variable indépendante : le temps.

b) Valeur de la variable dépendante : 1000, soit le nombre de billets à vendre au départ.

c) La relation est décroissante.

Situation 2

a) Variable dépendante : le coût de la consommation par jour.
Variable indépendante : la consommation journalière.

b) Valeur de la variable dépendante : 0,41 $, soit le tarif de base, par jour, pour le service d'électricité.

c) La relation est croissante.

Situation 3

a) Variable dépendante : le coût des oranges.
Variable indépendante : la masse des oranges.

b) Valeur de la variable dépendante : 0 $. S'il n'y a pas d'orange, il n'y a pas de coût.

c) La relation est croissante.

Page 96 – Exercices (*suite*)

6. a) Taux de variation : 1
La relation est croissante.
C'est une situation de proportionnalité.

b) Taux de variation : 2
La relation est croissante.
Ce n'est pas une situation de proportionnalité.

c) Taux de variation : $-\dfrac{1}{5}$

La relation est décroissante.

Ce n'est pas une situation de proportionnalité.

d) Taux de variation : $^-1$

La relation est décroissante.

Ce n'est pas une situation de proportionnalité.

e) Taux de variation : $-\dfrac{1}{2}$

La relation est décroissante.

C'est une situation de proportionnalité.

f) Taux de variation : 5

La relation est croissante.

C'est une situation de proportionnalité.

Page 97 – Exercices (*suite*)

8. a) Le taux de variation est constant seulement dans la situation **1)**. Ce taux est de $\dfrac{1}{3}$.

b)

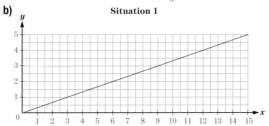

Situation 1

Page 98 – Exercices (*suite*)

11. a) Le nombre d'exemplaires livrés.

b)

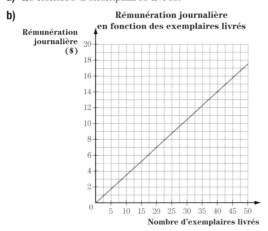

Rémunération journalière en fonction des exemplaires livrés

13. a) $-\dfrac{3}{5}$ **b)** 5 **c)** $^-1$ **d)** $-\dfrac{1}{6}$ **e)** $\dfrac{7}{4}$ **f)** $-\dfrac{3}{2}$

Page 103 – Autoévaluation

1. a)

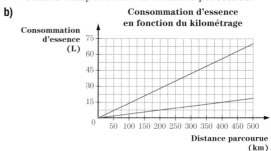

Coût des interurbains en fonction du temps d'appel

b) *Au bout du fil* : $y = 20$

Téléplus : $y = 0{,}05x + 2{,}55$

c) Tout dépend du temps d'utilisation.

2. a) Variable dépendante : la consommation d'essence.

Variable indépendante : la distance parcourue.

b)

Consommation d'essence en fonction du kilométrage

c) Voiture compacte : $\approx 1052{,}63$ km

Voiture de luxe : $\approx 291{,}97$ km

d) La ligne qui la représente est en dessous de l'autre.

e) Plusieurs réponses possibles. *Exemple :* Il montre que plus le kilométrage est élevé, plus la voiture compacte est économique.

f)

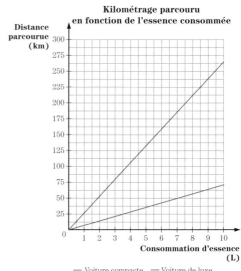

Kilométrage parcouru en fonction de l'essence consommée

g) Plusieurs réponses possibles. *Exemple :* Dans le second graphique, contrairement au premier, c'est la ligne de la voiture qui consomme le plus qui se retrouve en dessous. Ce graphique montre que, pour une même quantité d'essence, on fait plus de kilomètres avec la voiture compacte. Cela démontre qu'il faut bien lire les graphiques, car selon le cas, la ligne la plus haute indique soit une plus grande consommation au kilomètre (1er cas), soit une plus grande quantité de kilomètres parcourus au litre (2e cas).

Page 104 – Mise en pratique

1. $5n + 2$

Page 105 – Mise en pratique

1. a) 16 carrés.   **b)** Non.

Page 108 – Exercices

5. a)  5 carrés et 21 bâtonnets.

6 carrés et 25 bâtonnets.

b) 81 bâtonnets.

c) 32 carrés.

d) Taux de variation : 4

e) $y = 4x + 1$

f) Non.

Page 109 – Exercices (*suite*)

8. a) Pour réaliser 15 nœuds, il faut une corde de 317,5 cm.
Pour réaliser 34 nœuds, il faut une corde de 669 cm.
Pour réaliser 72 nœuds, il faut une corde de 1372 cm.

b) On peut former 24 nœuds et il restera 16 cm de corde.

Page 115 – Autoévaluation

1. a) La montre a cinq secondes de retard une heure après la mise à l'heure.
La montre a une minute de retard 12 heures après la mise à l'heure.

b) Oui. L'équation de cette relation $y = 5x$, où x représente le nombre d'heures qui suit sa mise à l'heure et y, le temps de retard de sa montre (en secondes). Cette relation est de la forme $y = ax$.

c) Sa montre indique 12 h 56.

d) Depuis 15 jours.

2. a) $y = 1,2x + 5$, où x représente le temps d'enregistrement en secondes et y, la longueur du ruban de la bande en centimètres.

b) Oui. Elle s'exprime par une relation de la forme $y = ax + b$.

c) Cette longueur correspond au 5 cm de bande sur laquelle on ne peut pas enregistrer.

d) 8645 cm

e) Environ 8329,17 secondes, soit environ 2 heures 18 minutes 49 secondes.

CHAPITRE 3

Page 138 – Mise en pratique

1. a) $x = \dfrac{4}{3}$

b) Toutes les mesures plus petites que $\dfrac{4}{3}$ et plus grandes que 0 sont acceptables.

c) $\dfrac{4}{3} < x$

Page 139 – Mise en pratique

1. a) $x \leq 10,5$

b) $x \geq \dfrac{2}{3}$

Page 140 – Mise en pratique

1.

ENSEMBLE-SOLUTION	Soit x le temps en heures, $x \geq 3$	Soit x la circonférence d'un cercle, $x < 50,26$
REPRÉSENTATION À L'AIDE D'UN AXE DE NOMBRES	3 $\mathbb{R}$	0 50,26 $\mathbb{R}$
REPRÉSENTATION EN INTERVALLE	$[3, +\infty[$	$]0, 50,26[$
REPRÉSENTATION EN COMPRÉHENSION	$\{x \in \mathbb{R} \mid x \geq 3\}$	$\{x \in \mathbb{R}_+^* \mid x < 50,26\}$

Page 142 – Exercices

2. a) $a > {}^-4$ $\{{}^-3, {}^-2, {}^-1, 0, 1, \ldots\}$

b) $n > 8$ $\{8, 9, 10, 11, \ldots\}$

c) $n \leq 8$ $\{0, 1, 2, 3, 4, 5, 6, 7, 8\}$

d) $n \geq 5$ $\{5, 6, 7, 8, 9, 10, 11, \ldots\}$

e) $n < 5$ $\{0, 1, 2, 3, 4\}$

f) $a < 3$ $\{\ldots, {}^-1, 0, 1, 2\}$

Page 143 – Exercices (*suite*)

3. a) $2m + 5 > 40$

b) $4n \geq 24$

c) $30n + 15 \leq 110$

4.

DESCRIPTION EN COMPRÉHENSION	INTERVALLE	AXE DE NOMBRES
$\{x \in \mathbb{R} \mid 10 < x\}$	$]10, +\infty[$	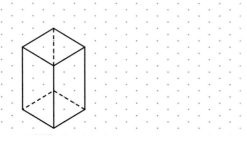 10 $\mathbb{R}$
$\{x \in \mathbb{R} \mid 5 > x\}$	$]-\infty, 5[$	5 $\mathbb{R}$
$\{x \in \mathbb{R} \mid -2,5 \leq x\}$	$[-2,5, +\infty[$	$-2,5$ $\mathbb{R}$
$\{y \in \mathbb{R} \mid y \leq -12\}$	$]-\infty, -12]$	-12 $\mathbb{R}$
$\{x \in \mathbb{R} \mid 3 > x\}$	$]-\infty, 3[$	3 $\mathbb{R}$
$\{x \in \mathbb{R} \mid 8 > x\}$	$]-\infty, 8[$	8 $\mathbb{R}$

Page 144 – Exercices (*suite*)

10. a) $]-\infty, -15]$ **c)** $\left]\dfrac{38}{7}, +\infty\right[$

   b) $]-\infty, 0[$

   d) $\left]-\infty, -\dfrac{9}{16}\right]$

Page 145 – Exercices (*suite*)

11. a) $\{0, 1, 2, 3, 4, 5, 6, 7, 8, 9, 10, 11, 12\}$

   b) $\{0\}$

   c) $\{2, 3, 4, 5, ...\}$

Page 148 – Autoévaluation

1. a) $25\ 000 + 2500x > 55\ 000$

   b) $2(x + 3x) < 40$

   c) $0,25x > 0,10x + 20$

2. $h > 27,104$ cm

Page 149 – Mise en pratique

1. Mesurer les côtés de la base et la hauteur de chacune des boîtes.
Calculer le volume en multipliant la longueur, la largeur et la hauteur.
Comparer les deux résultats.

Page 150 – Mise en pratique

1. a)

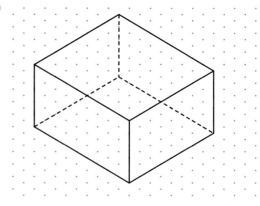

b)

2. Plusieurs réponses possibles. *Exemple :*

   a) 1 cube-unité = 125 cm^3 (cube de 5 cm de côté)
   Le volume serait alors de 4500 cm^3.

   b) 1 cube-unité = 216 cm^3 (cube de 6 cm de côté)
   Le volume serait alors de 48 384 cm^3.

Page 151 – Mise en pratique

1. a) 345 cm^3 = 0,345 dm^3 **g)** 0,01 kL = 10 L

   b) 4 m^3 = 4000 dm^3 **h)** 2345 mL = 234,5 cL

   c) 2000 cm^3 = 2 dm^3 **i)** 1 L = 1000 cm^3

   d) 0,004 m^3 = 4 dm^3 **j)** 15 mL = 0,015 dm^3

   e) 1 L = 1000 mL **k)** 4 m^3 = 4000 L

   f) 12 dL = 1,2 L **l)** 67 cm^3 = 0,67 dL

Page 154 – Exercices

3. a) 1 700 000 cm^3 = 1,7 m^3

   b) 3,5 cm^3 = 3500 mm^3

   c) 0,008 m^3 = 8 dm^3

   d) 35 dm^3 = 3,5 × 10^{-11} km^3

   e) 4 580 000 mm^3 = 0,004 58 m^3

   f) 2,5 km^3 = 2 500 000 000 m^3

6. a) 400 000 mm^3 = 0,4 L

   b) 37,6 cm^3 = 0,037 6 L

   c) 0,000 148 m^3 = 0,148 L

   d) 0,029 m^3 = 29 L

   e) 478 dm^3 = 478 L

   f) 0,000 12 km^3 = 120 000 000 L

7. a) 1 dm^3

   b) 1,89 dm^3

   c) 0,25 dm^3

   d) 0,5 dm^3

Page 155 – Exercices (*suite*)

12. La perspective cavalière et la perspective axonométrique ont les ressemblances suivantes : dans les deux cas, les arêtes qui sont parallèles et isométriques dans la réalité sont parallèles et isométriques sur la représentation, et les angles ne sont pas les mêmes dans la réalité que sur la représentation.

La différence entre les deux perspectives concerne les mesures : dans la perspective axonométrique, les mesures sur la représentation sont proportionnelles aux mesures dans la réalité. Ce n'est pas vrai pour la perspective cavalière.

Page 156 – Exercices (*suite*)

15. **a)** $V = 1500$ cm^3

b) $V \approx 199\ 428{,}30$ cm^3

c) $V \approx 1178{,}097$ cm^3

Page 157 – Exercices (*suite*)

19. **a)** $A_l = 960$ cm^2

b) $A_t \approx 1292{,}554$ cm^2

c) $V \approx 3335{,}538$ cm^3

d) $\approx 3{,}326$ L

Page 161 – Autoévaluation

1. **a)** $A = 4800$ cm^2

b) $V \approx 3015{,}929$ cm^3

c) $A_l \approx 1507{,}964$ cm^2

2. Elle pourra mettre six disques.

3. On peut remplir 17 verres.

Page 164 – Mise en pratique

1. **a)** Mod = 56   **b)** Mod = 19

Méd = 57,5   Méd = 19

$\overline{\text{X}} = 58{,}3$ $\overline{\text{X}} = 19$

Page 165 – Mise en pratique

1. **a)**

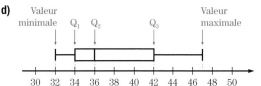

b) La valeur maximale est éloignée des autres données de la distribution, sans être aberrante. Les autres données de la distribution sont regroupées autour de la médiane.

Page 169 – Exercices

3. Plusieurs réponses possibles. *Exemple :*

a) 2, 3, 5, 8, 9, 15, 15, 17, 20, 21, 22

b) 13, 14, 16, 18, 20, 20, 20, 20, 21, 23, 24

c) 12, 12, 13, 14, 20, 20, 20, 20, 21, 22, 23

d) 5, 6, 12, 16, 17, 23, 24, 25, 25, 25, 35

e) 10, 11, 12, 13, 14, 15, 20, 20, 20, 34, 40

6. 30

Page 170 – Exercices (*suite*)

9. **a)**

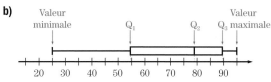

b)

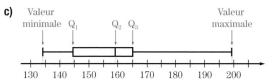

c)

d)

Page 171 – Exercices (*suite*)

12. **a)** Le mode n'est pas représentatif.

b) La moyenne n'est pas représentative.

c) La moyenne n'est pas représentative.

d) La médiane n'est pas représentative.

Page 172 – Exercices (*suite*)

15. **a)** 44

b) $\overline{\text{X}} = 77{,}5$

Méd = 77,5

Mod = 78

c) 16

d)

e) Toutes les réponses [de **a)** à **d)**] auraient été différentes. Elles sont obtenues en divisant les réponses en pourcentage par 5.

Page 177 – Autoévaluation

1. a) $\overline{X} \approx 13{,}16$
Méd $= 15$
Mod $= 0$ et 17

b)

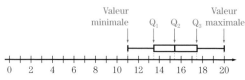

c) $\overline{X} = 15{,}625$
Méd $= 15{,}5$
Mod $= 17$

d) Il n'y a plus qu'un seul mode. La médiane a légèrement augmenté. La moyenne a augmenté.

e)

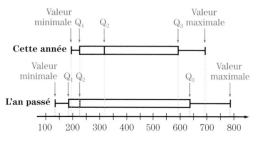

f) La tige droite est plus courte dans le nouveau diagramme. Il n'y plus de données aberrantes dans ce nouveau diagramme de quartiles.

2. a)

L'an dernier	Cette année
$\overline{X} \approx 394{,}15$	$\overline{X} \approx 395{,}94$
Méd $= 228{,}45$	Méd $= 322{,}78$
Aucun mode.	Aucun mode.

b) Mathilde n'a pas une bonne impression.

Page 178 – Mise en pratique

1. a) $V = 1620$ cm^3
b) $V = 205$ cm^3
c) $V \approx 769{,}69$ cm^3

Page 179 – Mise en pratique

1. a) $V \approx 113{,}097$ cm^3
b) $V \approx 523{,}599$ km^3

Page 181 – Exercices

2. a) ≈ 2 dm
b) $\sqrt{12}$ cm $\approx 3{,}46$ cm
c) $\sqrt{300}$ dm $\approx 17{,}32$ dm
d) $\sqrt{26{,}04}$ m $\approx 5{,}1$

3. a) $V \approx 2{,}67$ dm^3
b) $V \approx 69{,}28$ cm^3
c) $V \approx 692{,}82$ dm^3
d) $V \approx 81{,}65$ m^3

Page 182 – Exercices (*suite*)

7. a) $V \approx 41{,}04$ m^3
b) $V \approx 205{,}41$ mm^3

Page 183 – Exercices (*suite*)

8. a) $V \approx 4188{,}79$ cm^3
b) $V \approx 24\ 429{,}02$ mm^3
c) $V \approx 28\ 952{,}92$ cm^3
d) $V \approx 883{,}57$ dm^3

Page 184 – Exercices (*suite*)

14. a) $V = 96$ cm^3
b) $V = 342{,}562\ 5$ m^3
c) $V \approx 3526{,}36$ cm^3
d) $V \approx 4146{,}22$ cm^3 ou $0{,}004\ 146\ 22$ m^3
e) $V \approx 1526{,}81$ cm^3
f) $V \approx 197{,}92$ cm^3
g) $V \approx 74{,}088$ cm^3
h) $V \approx 20\ 579{,}53$ cm^3
i) $V \approx 41{,}57$ cm^3
j) $V \approx 42{,}75$ m^3

Page 185 – Exercices (*suite*)

16. a) $h \approx 0{,}898$ cm
b) $r \approx 9{,}38$ cm
c) $A_b \approx 450{,}78$ cm^2
d) $h \approx 330{,}61$ cm

Page 191 – Autoévaluation

1. a) $r \approx 5{,}636$ cm
b) $A \approx 399{,}16$ cm^2
c) Non.

2. On peut remplir environ 191 verres.

3. Il fait environ 81 boules.

CHAPITRE 4

Page 202 – Mise en pratique

1. a) Trinôme du 2e degré.
b) Monôme du 5e degré.
c) Binôme du 4e degré.
d) Binôme du 2e degré.

2. a) 34
b) -360
c) 48
d) 148

Page 203 – Mise en pratique

1. a) $15x + 2y$
b) $xy - 4xy^2 + 3x^2y$
c) $-\dfrac{x^2}{4} + 6$

2. a) $3y^2 - 16$
b) $5a^2 - 5ab + 2b^2$
c) $9x - 9y = 9(x - y)$

Page 204 – Mise en pratique

1. a) $-180a^3$
b) $48a^3b^2$
c) $-75x^2$
d) $2a^7b^3$
e) $-24x^3y^2$

2. a) $y^2 + 6y - 7$ **c)** $6x^2 - 19xy - 15y^2$

   b) $15x^2 + 13x + 2$ **d)** $a^2 + 2ab + b^2$

3. a) $x + 4y$

   b) $a^2b + 2a + 3b$

   c) $x^2y^2 + 4xy - 8y$

Page 208 – Exercices

4. a) xy et ^-6xy, $4xy^2$ et $2xy^2$

   b) $^-3a^2b$ et $^-a^2b$, $12a^2$ et $4a^2$

   c) $5mn^3$ et mn^3, $^-8m^3n$ et $^-m^3n$

   d) $2ab$, $3ba$ et $7ba$, ^-4cb et ^-7bc

Page 209 – Exercices (*suite*)

7. a) $^-48$ **b)** $\dfrac{14}{3}$ **c)** $^-4$ **d)** $^-8$ **e)** 2 **f)** $\dfrac{58}{5}$

Page 210 – Exercices (*suite*)

11. a) $^-x^3 + \dfrac{7}{2}x^2 + \dfrac{4}{3}x - 6$

    b) ^-15xy

    c) $\dfrac{7}{12}b^3 - \dfrac{13}{6}ba + \dfrac{1}{6}a^2$

14. a) $4x^3 + 4x^2$ **e)** $8a^2 + 3ab - ac$

    b) $^-4a^3 - 2a^2 + 2a$ **f)** $^-x^4 + 4x^2$

    c) $^-12a^3 + 6a^2b$ **g)** $6x^2b^2 - 6x^2a^2$

    d) $x^2y - xy^2$ **h)** $^-10y^3 + 2xy^2 - 2x^2y$

Page 211 – Exercices (*suite*)

15. a) $2x^2 + xy - 3y^2$

    b) $2a^2 + ab - b^2$

    c) $\dfrac{1}{3}x^2y - \dfrac{3}{8}xy - \dfrac{2}{9}x^3 + \dfrac{1}{4}x^2$

    d) $12a^2 - 23ab + 10b^2$

    e) $^-2x^2 + 8x - 8$

    f) $9a^4 - 6a^2bc + b^2c^2$

19. a) $2a^3 + ab + 4a^2b + 2b^2$

    b) $2x^2 - 9x + 5$

    c) $2y - 23$

    d) $3y^2 - 2y - 6$

    e) $a^4b^2 + 7a^2b + 3$

    f) $^-x^2 - 2x - 9$

    g) $^-3a^2 + 2a - 11$

    h) $^-6x + 3$

    i) $4x^2 - 23x + 4$

Page 217 – Autoévaluation

1. a) $4a$ **b)** $4ab$ **c)** $4a^2 + 4ab$

2. a) $6a + 8$ **b)** $5x + 10y$

3. $2a^2 + b^2 + 4a + 1$

Page 218 – Mise en pratique

1. a) $\mathbb{R}_+^*$

   b) $\mathbb{R}_+^*$

   c) $f(x) = 2400x$

   d) Non.

   e)

x	$f(x)$
0	0
3,5	8400
8	19 200

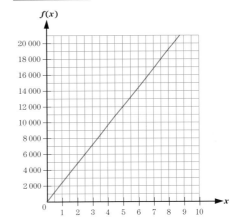

2. a) $\mathbb{R}_+^*$

   b) $\mathbb{R}_+^*$

   c) $f(x) = 8\pi x + 32\pi$

   d) Non.

   e)

x	$f(x)$
0	32π
3,5	60π
8	96π

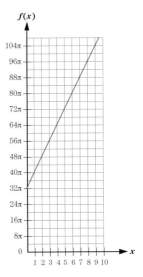

Page 219 – Mise en pratique

1. $f(x) = 2,54x$ ou $f(x) = \dfrac{x}{2,54}$

La seule mesure qui s'exprime avec le même nombre en centimètres ou en pouces est 0.

2. a) Variable indépendante : la surface à peindre.
Variable dépendante : le nombre de contenants de peinture.
Ensemble de départ : $\mathbb{R}_+$
Ensemble d'arrivée : $\mathbb{N}$

b) Variable indépendante : l'épaisseur du livre.
Variable dépendante : le nombre de pages.
Ensemble de départ : $\mathbb{R}_+$
Ensemble d'arrivée : $\mathbb{N}$

c) Variable indépendante : la largeur du rectangle.
Variable dépendante : l'aire du rectangle.
Ensemble de départ : $\mathbb{R}_+$
Ensemble d'arrivée : $\mathbb{R}_+$

d) Variable indépendante : le nombre de côtés du polygone.
Variable dépendante : le périmètre du polygone régulier.
Ensemble de départ : $\mathbb{N}$
Ensemble d'arrivée : $\mathbb{R}_+$

e) Variable indépendante : la circonférence du tronc.
Variable dépendante : le nombre d'années de l'arbre.
Ensemble de départ : $\mathbb{R}_+$
Ensemble d'arrivée : $\mathbb{Q}_+$ ou $\mathbb{R}_+$

Page 223 – Exercices (*suite*)

5. a) Variable indépendante, x : le nombre de jours.
Variable dépendante, $f(x)$: le nombre de patients vus.
Équation : $f(x) = 8x$

b) Variable indépendante, x : le nombre d'heures de leçon.
Variable dépendante, $f(x)$: le coût.
Équation : $f(x) = 45x + 100$

c) Variable indépendante, x : le nombre d'heures travaillées.
Variable dépendante, $f(x)$: le coût.
Équation : $f(x) = 50x + 45$

d) Variable indépendante, x : le nombre d'années.
Variable dépendante, $f(x)$: la valeur de la voiture.
Équation : $f(x) = {}^-3000x + 27\,000$

e) Variable indépendante, x : le nombre de jours.
Variable dépendante, $f(x)$: le nombre d'échantillons analysés par une technicienne.
Équation : $f(x) = 12x$

ou

Variable indépendante, x : le nombre de techniciennes au travail.
Variable dépendante, $f(x)$: le nombre d'échantillons analysés dans une journée.
Équation : $f(x) = 12x$

Page 225 – Exercices (*suite*)

10. a) 3 **b)** 6 **c)** 4 **d)** 5 **e)** 2 **f)** 1

11. a) Les relations **a)**, **b)**, **c)**, **d)** et **f)**.

b) La fonction **a)**.

Page 229 – Autoévaluation

1. a) Variable indépendante, x : la vitesse du vent.
Variable dépendante, $f(x)$: le nombre de tours à la minute.
Équation : $f(x) = \dfrac{10}{3}x$

b) Oui.

c) $\dfrac{10}{3}$. Chaque augmentation de 10 tours à la minute correspond à une augmentation de la vitesse du vent de 3 km/h.

d) 66 km/h

e) Le nombre de tours que l'anémomètre fait pour une vitesse de 100 km/h.
$f(100) \approx 333,3$

f) L'anémomètre effectue 24 tours à la minute.
$x = 7,2$ km/h

2. a)

Frais d'interurbain de Karine au cours des cinq derniers mois

b) $f(x) = 0,03x + 5$
Le lien n'est pas directement proportionnel.

c) 0,03 $ par minute.

d) $f(150) = 9,5$. Pour 150 minutes, Karine paiera 9,50 $.

$f(160) = 9,8$. Pour 160 minutes, Karine paiera 9,80 $.

e) À une facture de 7,40 $ correspondent 80 minutes d'appel, soit $x = 80$.

Page 232 – Mise en pratique

1. a) Un histogramme ou un diagramme de quartiles.

b) Un diagramme à bandes ou un diagramme circulaire.

c) Un diagramme à ligne brisée.

d) Un diagramme à bandes ou un diagramme circulaire.

Page 233 – Mise en pratique

1. Tableau de compilation :

CLASSES	EFFECTIF	FRÉQUENCE
[60, 65[	1	5 %
[65, 70[	3	15 %
[70, 75[	5	25 %
[75, 80[	9	45 %
[80, 85[	1	5 %
[85, 90[	1	5 %

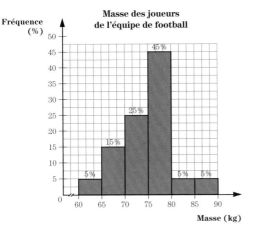

Page 234 – Mise en pratique

1. a) Classe modale : [1,70, 1,75[
   Médiane : 1,725 m
   Moyenne : 1,757 m
   Étendue : 0,3 m

b) Classe modale : [0, 10[
   Médiane : 5
   Moyenne : 7,2
   Étendue : 40

Page 238 – Exercices

3. a)

NOTES	EFFECTIF	EFFECTIFS CUMULÉS	FRÉQUENCE	FRÉQUENCES CUMULÉES
[20, 30[	1	1	2,9 %	2,9 %
[30, 40[	1	2	2,9 %	5,8 %
[40, 50[	2	4	5,7 %	11,5 %
[50, 60[	4	8	11,4 %	22,9 %
[60, 70[	7	15	20 %	42,9 %
[70, 80[	8	23	22,9 %	65,8 %
[80, 90[	8	31	22,9 %	88,7 %
[90, 100[	4	35	11,4 %	100,1 %
Total	**35**	—	**100,1 %**	—

b)

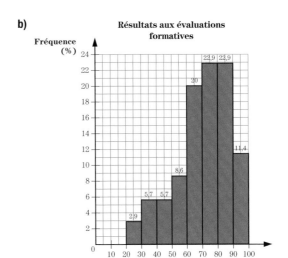

Page 239 – Exercices (*suite*)

7. a) Classe modale : [8, 10[
   Médiane : 9
   Moyenne : 10,2

b) Classe modale : [31, 34[
   Médiane : 26,5
   Moyenne : 25,9

c) Classe modale : [160, 170[
   Médiane : 165
   Moyenne : 167,5

d) Classe modale : [70, 80[
   Médiane : 75
   Moyenne : 75

Page 240 – Exercices (*suite*)

9. a) Classe modale : [20, 25[

b) Médiane : ≈ 17,5

c) Moyenne : ≈ 20,5

d) Étendue : 50

e)

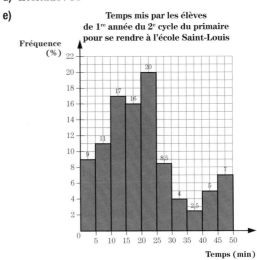

Page 245 – Autoévaluation

1. a)

Âge des gens
qui écoutent la radio

Fréquence (%)

b) Classe modale : [40, 50[

c) Moyenne : ≈ 44,28
Médiane : ≈ 45
Étendue : 70

d) Non.

2. a) Tableau de distribution :

TAILLE (m)	EFFECTIF	FRÉQUENCE DES ÉLÈVES
[1,40, 1,50[	3	10 %
[1,50, 1,60[	6	20 %
[1,60, 1,70[	12	40 %
[1,70, 1,80[	5	16,7 %
[1,80, 1,90[	4	13,3 %

La moyenne se trouve bien dans la classe modale.

Non, il n'y a pas de mesure de tendance centrale plus représentative qu'une autre, car elles oscillent toutes autour de 1,65 m.

b)

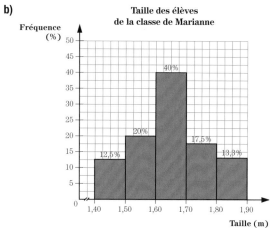

Taille des élèves
de la classe de Marianne

Fréquence (%)

c) Plusieurs réponses possibles. *Exemple :*
Plus des trois quarts des élèves mesurent entre 1,50 m et 1,80 m.

Page 246 – Mise en pratique

1. a) $\text{dom} f = [0, 11{,}25]$ $\text{ima} f = [0, 225]$

b) $\text{dom} f = \{0, 1, 2, 3, 4, 5, \ldots\}$ $\text{ima} f = \{7{,}50\}$

c) $\text{dom} f = [0, {}^+\infty[$ $\text{ima} f = [0, {}^+\infty[$

Page 247 – Mise en pratique

1. $f_1(x) = {}^-5$ $\text{dom} f_1 = [0, 7]$
$\text{ima } f_1 = \{{}^-5\}$ Constante

$f_2(x) = 3{,}25x - 27{,}75$ $\text{dom} f_2 = [7, 11]$
$\text{ima } f_2 = [{}^-5, 8]$ Croissante

$f_3(x) = 8$ $\text{dom} f_3 = [11, 17]$
$\text{ima } f_3 = \{8\}$ Constante

$f_4(x) = {}^-2x + 42$ $\text{dom} f_4 = [17, 22]$
$\text{ima } f_4 = [{}^-2, 8]$ Décroissante

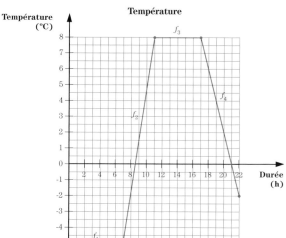

Température (°C)

Température

Page 249 – Exercices

1. a) Constante : V_3
Croissantes : V_1 et V_2
Décroissante : V_4

b) 1) $\text{dom } V_1 = [0, 2]$ $\text{ima } V_1 = [0, 40]$
2) $\text{dom } V_2 = [2, 10]$ $\text{ima } V_2 = [40, 80]$
3) $\text{dom } V_3 = [10, 18]$ $\text{ima } V_3 = \{80\}$
4) $\text{dom } V_4 = [18, 20]$ $\text{ima } V_4 = [0, 80]$

c) $V_1 : y = 20x$
$V_2 : y = 5x + 30$
$V_3 : y = 80$
$V_4 : y = {}^-40x + 800$

3. a) $\mathrm{dom}\,f_1 = [0, 24]$
   $\mathrm{dom}\,f_2 = [24, 52]$
   $\mathrm{dom}\,f_3 = [52, {}^+\infty[$

b) $\mathrm{ima}\,f_1 = \{6\}$
   $\mathrm{ima}\,f_2 = [6, 20]$
   $\mathrm{ima}\,f_3 = \{20\}$

c) $f(72) = 20$
   Le maximum de 20 $ a été atteint.

6. $f_1(x) = \dfrac{2}{3}x + 2$ $\qquad$ $\mathrm{dom}\,f_1 = [0, 3]$
   $\mathrm{ima}\,f_1 = [2, 4]$ $\qquad$ Croissante

   $f_2(x) = 4$ $\qquad$ $\mathrm{dom}\,f_2 = [3, 5]$
   $\mathrm{ima}\,f_2 = \{4\}$ $\qquad$ Constante

   $f_3(x) = \dfrac{1}{2}x + \dfrac{3}{2}$ $\qquad$ $\mathrm{dom}\,f_3 = [5, 7]$
   $\mathrm{ima}\,f_3 = [4, 5]$ $\qquad$ Croissante

   $f_4(x) = {}^-2x + 19$ $\qquad$ $\mathrm{dom}\,f_4 = [7, 9]$
   $\mathrm{ima}\,f_4 = [1, 5]$ $\qquad$ Décroissante

   $f_5(x) = -\dfrac{1}{2}x + \dfrac{11}{2}$ $\qquad$ $\mathrm{dom}\,f_5 = [9, 11]$
   $\mathrm{ima}\,f_5 = [0, 1]$ $\qquad$ Décroissante

1. a)

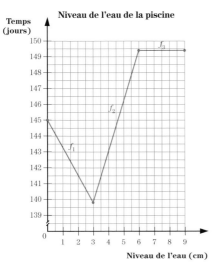

Niveau de l'eau de la piscine

b) $f_1(x) = -\dfrac{26}{15}x + 145$ $\qquad$ $\mathrm{dom}\,f_1 = [0, 3]$
   $\mathrm{ima}\,f_1 = [139{,}8, 145]$

   $f_2(x) = 3{,}2x + 130{,}2$ $\qquad$ $\mathrm{dom}\,f_2 = [3, 6]$
   $\mathrm{ima}\,f_2 = [139{,}8, 149{,}4]$

   $f_3(x) = 149{,}4$ $\qquad$ $\mathrm{dom}\,f_3 = [6, 9]$
   $\mathrm{ima}\,f_3 = \{149{,}4\}$

c) f_1 est décroissante.
   f_2 est croissante.
   f_2 est constante.

2. a)

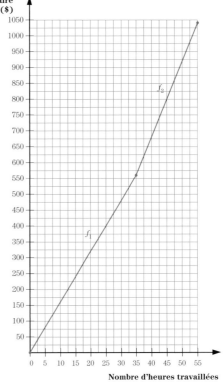

Salaire hebdomadaire de Pierre

b) $f_1(x) = 16x$
   $f_2(x) = 24x - 280$

c) $\mathrm{dom}\,f_1 = [0, 35]$
   Cette fonction représente le salaire de Pierre lorsqu'il ne fait pas d'heures supplémentaires.

d) Dans chaque cas, le taux de variation correspond au salaire horaire de Pierre, soit 16 $/h pour ses heures normales de travail et 24 $/h pour ses heures supplémentaires.

A

Addition et soustraction de nombres exprimés en notation scientifique

Lorsqu'on additionne ou soustrait des nombres exprimés en notation scientifique, il faut tenir compte de l'ordre de grandeur de chaque nombre. En effet, si l'on additionne une nanoseconde à une année, par exemple, cela ne change pas de façon significative le temps correspondant à une année.

Amplitude d'une classe

L'amplitude d'une classe, c'est la longueur de l'intervalle qui la désigne.

Angle aigu

Un angle aigu est un angle dont la mesure est comprise entre 0° et 90°. Il est plus petit qu'un angle droit.

Angle obtus

Un angle obtus est un angle dont la mesure est comprise entre la mesure d'un angle droit (90°) et celle d'un angle plat (180°).

Apex

L'apex d'une pyramide ou d'un cône correspond au sommet opposé à la base.

Apothème

L'apothème d'une pyramide droite régulière est un segment joignant l'apex au milieu de l'un des côtés du polygone lui servant de base. L'apothème d'un cône droit est un segment qui joint l'apex à l'un des points du cercle délimitant sa base. Dans les deux cas, la grandeur d'un tel segment est aussi appelée apothème.

B

Binôme

Polynôme qui comporte deux termes.

C

Capacité

La capacité d'un contenant est l'espace utilisable dans ce contenant. Dans le système international, la capacité s'exprime en litres.

Cathètes

Dans un triangle restangle, les côtés adjacents à l'angle droit sont appelés cathètes.

Classe

Lorsque les données provenant d'une collecte sont à caractère continu (longueur, masse, temps, etc.), nombreuses et très diversifiées, il faut les organiser en classes afin de mieux les représenter. On utilise souvent une écriture sous la forme d'intervalle pour désigner les classes.

Exemple : [0, 10[[10, 20[[20, 30[

Classe modale

La classe modale est la classe ayant le plus grand effectif, ou la plus grande fréquence, dans une distribution dont toutes les classes sont de même dimension. Dans certains cas, il peut y avoir plus d'une classe modale.

Coefficient

Le coefficient d'un terme est le facteur numérique de ce terme, excluant la ou les variables.

Cube d'un nombre

On obtient le cube d'un nombre en effectuant le produit de trois facteurs égaux à ce nombre.

D

Degré d'un monôme

Le degré d'un monôme est la somme des exposants qui affectent les variables qui le composent.

Degré d'un polynôme

Le degré d'un polynôme est le plus grand des degrés des monômes qui le composent lorsque le polynôme est réduit. Le degré d'un monôme est la somme des exposants affectant ses variables.

Exemple : $5xy^3$ est de degré 4 (car $1 + 3 = 4$) et $4x^2y^3 + 5xy^3 + 2xy - 7$ est de degré 5 (car $2 + 3 = 5$ est le plus grand des degrés des monômes).

Densité

La densité indique combien de fois un matériau est plus lourd que l'eau.

Développement d'un solide

Le développement d'un solide est une représentation de toutes les faces du solide. Les faces du développement sont reliées entre elles de manière que l'on puisse s'imaginer une reconstitution du solide.

Exemple : Voici ci-dessous un développement possible d'un prisme à base rectangulaire.

Le développement d'un solide est une représentation que l'on peut obtenir en visualisant la mise à plat de ce solide. Inversement, à partir d'un développement, on peut s'imaginer reconstituer le solide.

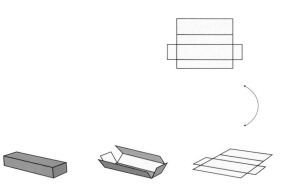

Diagramme de quartiles

Le diagramme de quartiles nous renseigne sur la répartition ou l'éparpillement des données dans une distribution. Il est conçu à partir de cinq valeurs : la valeur minimale, la valeur maximale et les trois quartiles de la distribution. Le diagramme de quartiles est toujours accompagné d'un axe de nombres. Ces composantes apparaissent dans l'exemple ci-dessous.

Diagramme statistique

Représentation schématique d'un ensemble de données. On peut distinguer trois catégories de diagrammes selon le type de données que l'on veut représenter.

- **Données qualitatives** : diagramme à bandes ou diagramme circulaire.
- **Données quantitatives discrètes peu nombreuses** : diagramme à bandes ou diagramme à ligne brisée.
- **Données quantitatives continues ou données nombreuses et très diversifiées** : histogramme et diagramme de quartiles.

Domaine d'une fonction

Le domaine d'une fonction f est l'ensemble de toutes les valeurs que peut prendre la variable indépendante dans l'ensemble de départ et qui respectent la fonction. Il est noté dom f. Le domaine d'une fonction est un sous-ensemble de l'ensemble de départ.

E

Échantillon

Petit groupe d'individus ou d'éléments choisis de manière à représenter le plus fidèlement possible la population visée par une étude. Un échantillon est dit représentatif d'une population dans la mesure où il reflète le plus fidèlement possible les caractéristiques de la population visée selon l'objet de l'étude.

Effectif d'une classe

Nombre de données appartenant à une classe.

Effectif d'une donnée

L'effectif d'une donnée est le nombre de fois que celle-ci apparaît dans la distribution.

Égalité

Énoncé qui utilise le signe = et qui est soit vrai, soit faux.

Ensemble d'arrivée

Dans une fonction, les valeurs de la variable dépendante varient dans un ensemble appelé ensemble d'arrivée (souvent $\mathbb{R}$ ou l'un de ses sous-ensembles).

Ensemble de départ

Dans une fonction, les valeurs de la variable indépendante varient dans un ensemble appelé ensemble de départ (souvent $\mathbb{R}$ ou l'un de ses sous-ensembles).

Ensemble des nombres réels

Le regroupement des ensembles des nombres naturels, entiers, rationnels et irrationnels est appelé l'ensemble des nombres réels, symbolisé par $\mathbb{R}$.

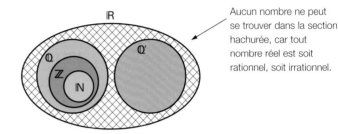

Aucun nombre ne peut se trouver dans la section hachurée, car tout nombre réel est soit rationnel, soit irrationnel.

Ensemble-solution

Un ensemble-solution est l'ensemble de toutes les solutions possibles qui satisfont une relation.

Étendue

L'étendue d'une distribution correspond à l'écart entre la valeur minimale et la valeur maximale de la distribution.

Étendue interquartile

L'étendue interquartile d'une distribution correspond à l'écart entre la valeur du troisième quartile, Q_3, et celle du premier quartile, Q_1, soit $(Q_3 - Q_1)$.

Euler (relation d'Euler)

Le mathématicien Leonhard Euler (1707-1783) a découvert la relation ci-dessous, qui s'applique à tous les polyèdres convexes.

$$S + F = A + 2$$

Dans cette relation, S correspond au nombre de sommets, F au nombre de faces et A au nombre d'arêtes.

Expression algébrique

Expression pouvant contenir des nombres et une ou des variables qui sont tous liés entre eux par des opérations.

F

Fermeture

En mathématiques, on dit qu'un ensemble de nombres est fermé pour une opération donnée si, en effectuant cette opération avec n'importe quels éléments de l'ensemble de nombres, on obtient toujours un résultat qui est un élément de cet ensemble.

(*suite à la page 376*)

Par exemple, l'ensemble des nombres naturels ($\mathbb{N}$) est fermé pour l'addition, car peu importe les nombres naturels que l'on additionne, on obtient toujours un résultat qui est un nombre naturel.

Par contre, l'ensemble des nombres naturels n'est pas fermé pour la soustraction, car il est possible de trouver au moins un cas de soustraction de deux nombres naturels où le résultat n'est pas un élément de l'ensemble des nombres naturels.

Exemple : $2 - 3 \notin \mathbb{N}$.

Fonction

Une fonction (souvent notée f) est une relation qui fait correspondre à chaque valeur de la variable indépendante au plus une valeur de la variable dépendante. Cette correspondance s'exprime par un processus opératoire appelé « la règle de correspondance ».

Fonction affine

Une fonction qui se représente graphiquement par une droite est appelée une fonction affine. Toutes les fonctions dont la règle de correspondance peut s'exprimer sous la forme $f(x) = ax + b$ sont représentées graphiquement par une droite. Ces fonctions sont des fonctions affines.

Fréquence

Rapport d'un effectif au nombre total de données d'une distribution statistique. Ce rapport est généralement exprimé en pourcentage.

H

Histogramme

L'histogramme est un diagramme statistique utilisé pour représenter des données à caractère continu (longueur, masse, temps, etc.), nombreuses et très diversifiées. On le construit à partir d'un tableau de compilation où les données sont regroupées en classes, généralement toutes de même dimension. L'histogramme permet d'avoir une vue d'ensemble de la répartition des données recueillies.

Les composantes de l'histogramme apparaissent dans l'exemple ci-dessous.

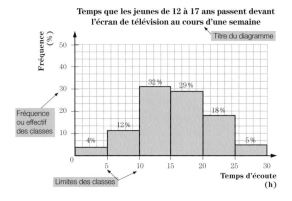

Hypoténuse

Dans un triangle rectangle, le côté opposé à l'angle droit est appelé hypoténuse. L'hypoténuse est toujours le côté le plus long.

I

Image d'une fonction

L'image d'une fonction f est l'ensemble de toutes les valeurs que peut prendre la variable dépendante dans l'ensemble d'arrivée et qui respectent la fonction. On la note ima f. L'image d'une fonction est un sous-ensemble de l'ensemble d'arrivée.

Inégalité

Énoncé qui utilise l'un des symboles $<$, $>$, $\leq$ ou $\geq$ et qui est soit vrai, soit faux.

Inéquation

Une inéquation est une relation d'inégalité comportant au moins une variable.

Intervalle

La notation en intervalle est une façon de décrire un sous-ensemble des nombres réels. Par exemple, voici comment on peut décrire, à l'aide d'un axe de nombres ou d'un intervalle, toutes les longueurs possibles d'un segment mesurant au plus 12 cm.

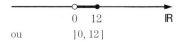

ou   ]0, 12]

On utilise souvent une écriture sous la forme d'intervalle pour désigner les classes représentant des données provenant d'une collecte lorsque ces données sont à caractère continu. Par exemple, voici comment interpréter la classe suivante.

[0, 10[: Toutes les valeurs comprises entre 0 et 10, incluant 0, mais excluant 10.

M

Médiane (statistique)

Lorsque les données d'une distribution sont présentées par ordre croissant, la médiane (notée Méd) équivaut à la donnée située au milieu de la distribution. S'il y a un nombre pair de données, c'est la moyenne arithmétique des deux données situées au milieu de la distribution.

Lorsque les données sont groupées en classes, la médiane correspond à la valeur centrale de la classe où l'on atteint 50 % des données.

Méthode d'échantillonnage

Façon dont les éléments ou les individus d'un échantillon sont choisis dans la population visée. Parmi les différentes méthodes d'échantillonnage, il y a la méthode aléatoire, où chaque élément de l'échantillon a la même possibilité d'être choisi au hasard, et la méthode systématique où, à partir de la liste des éléments de l'échantillon, on choisit des éléments selon un intervalle régulier.

Mise en évidence simple

Faire une mise en évidence simple sur un polynôme, c'est décomposer ce polynôme en deux facteurs dont l'un est un monôme et l'autre, un polynôme.

Exemples : $2x^2 + 2x = 2x(x + 1)$

$$8x^2 + 4x + 16 = 4(2x^2 + x + 4)$$

On peut vérifier la mise en évidence en multipliant les deux facteurs trouvés. On devrait alors obtenir le polynôme initial.

Mode

Le mode (noté Mod) d'une distribution de données équivaut à la donnée ayant le plus grand effectif. (Dans certains cas, il peut y avoir plus d'un mode ; dans d'autres, il est possible qu'il n'y en ait pas.)

Lorsque les données sont groupées en classes, le mode correspond à la valeur centrale de la classe modale.

Monôme

Un monôme est une expression algébrique qui ne contient qu'un seul terme.

Moyenne arithmétique

La moyenne arithmétique est la valeur qui pourrait remplacer chacune des données d'une distribution sans que cela modifie la somme des données de la distribution. Pour trouver sa valeur, il faut additionner toutes les données, puis diviser le résultat par le nombre de données de la distribution. La moyenne ne correspond pas nécessairement à une donnée de la distribution.

Lorsque les données sont groupées en classes, on établit la moyenne par approximation, en remplaçant chaque donnée par la valeur centrale de la classe à laquelle elle appartient. On multiple alors chaque valeur centrale des classes par son effectif. On additionne ensuite tous les produits obtenus et l'on divise par l'effectif total. On peut aussi calculer la moyenne en considérant les fréquences : on multiplie chaque valeur centrale des classes par sa fréquence, puis on additionne tous les produits obtenus.

La moyenne arithmétique est symbolisée par $\overline{X}$. Elle est représentative lorsque la distribution ne comporte pas de données fortement éloignées des autres.

N

Nombre décimal

Un nombre décimal est un nombre rationnel dont l'écriture, en notation décimale, comporte une suite finie de chiffres à droite de la virgule.

Nombre fractionnaire

Un nombre fractionnaire est un nombre exprimé à l'aide d'un entier et d'une fraction.

Exemple : $2\frac{3}{4}$ est un nombre fractionnaire.

Nombre irrationnel ($\mathbb{Q}'$)

Les nombres ne pouvant pas s'écrire sous la forme d'une fraction ($\frac{a}{b}$, où a et b sont des entiers et $b \neq 0$) sont appelés des nombres irrationnels.

Nombre rationnel ($\mathbb{Q}$)

Les nombres pouvant s'écrire sous la forme d'une fraction ($\frac{a}{b}$, où a et b sont des entiers et $b \neq 0$) sont appelés des nombres rationnels.

Notation scientifique

En science, on doit parfois utiliser de très grandes ou de très petites grandeurs. Afin de faciliter la communication des données, une notation composée de deux informations est utilisée :

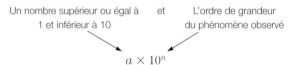

Un nombre supérieur ou égal à 1 et inférieur à 10   et   L'ordre de grandeur du phénomène observé

$$a \times 10^n$$

Exemple : La distance entre la Terre et le Soleil est de $1{,}5 \times 10^8$ km.

O

Ordre de grandeur

Approximation d'une grandeur qui correspond à une puissance de 10.

Exemple : Le diamètre d'une pièce de monnaie est de l'ordre du centième de mètre (ou du centimètre), soit 10^{-2} m.

P

Période

Lorsqu'on écrit un nombre rationnel en notation décimale, la période est un groupe de chiffres qui se répètent indéfiniment dans la partie décimale.

Exemples : $\frac{3}{11} = 0{,}272\,727\,27...$, que l'on note $0{,}\overline{27}$ (la période est 27).

$\frac{326}{45} = 7{,}244\,444...$, que l'on note $7{,}2\overline{4}$ (la période est 4).

Perspective axonométrique

La perspective axonométrique permet de représenter des figures géométriques en trois dimensions en tenant compte de trois axes correspondant chacun à une dimension.

Exemple :

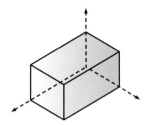

Perspective cavalière

L'illustration ci-dessous est une représentation en perspective cavalière d'un prisme à base rectangulaire.

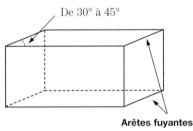

De 30° à 45°

Arêtes fuyantes

Pour donner un effet de profondeur, on trace les arêtes fuyantes à un angle de 30° à 45° par rapport à l'horizontale et on les réduit par rapport à ce qu'elles nous apparaissent relativement à la réalité. Les arêtes qui ne sont pas visibles dans la réalité sont en pointillé. De plus, les arêtes qui sont isométriques et parallèles dans la réalité le demeurent sur la représentation.

Polynôme

Un polynôme est une expression algébrique réduite qui peut être composée d'un seul monôme ou de la somme de plusieurs monômes. Si l'expression comporte un seul terme, on la nomme monôme. Si elle en comporte deux, on la nomme binôme. Si elle comporte trois termes, on la nomme trinôme. S'il y a plus de trois termes, on dit tout simplement qu'il s'agit d'un polynôme.

Q

Quartiles

Les quartiles sont trois mesures de position qui séparent une distribution présentée par ordre croissant en quatre groupes ayant le même nombre de données.

Le deuxième quartile (Q_2) est la médiane de la distribution.

Le premier quartile (Q_1) est la médiane de la première moitié de la distribution.

Le troisième quartile (Q_3) est la médiane de la seconde moitié.

R

Racine cubique

Si l'on connaît le cube d'un nombre et que l'on cherche ce nombre, on recherche alors une racine cubique, notée $\sqrt[3]{}$.

Exemple : $\sqrt[3]{64} = 4$

On dit que 4 est la racine cubique de 64, car $4 \times 4 \times 4 = 64$.

Réduire une expression algébrique

Réduire une expression algébrique, c'est trouver une expression équivalente qui est plus simple. On peut réduire une expression algébrique en additionnant ou en soustrayant les termes semblables.

Relation

Une relation établit une correspondance, c'est-à-dire un lien, entre deux grandeurs. Cette correspondance peut s'exprimer de différentes façons : avec des mots, par exemple, ou par une règle, une équation, un graphique, une table de valeurs, etc.

Relation linéaire

Lorsqu'une relation entre deux variables a un taux de variation constant, cette relation est linéaire.

Relation linéaire croissante

Si le taux de variation est positif (les deux variables mises en relation varient dans le même sens), alors la relation est croissante.

Relation linéaire décroissante

Si le taux de variation est négatif (les deux variables mises en relation varient l'une dans le sens contraire de l'autre), alors la relation est décroissante.

T

Taux de variation

Lorsque deux grandeurs sont en relation, une variation des valeurs de la variable indépendante entraîne une variation des valeurs correspondantes de la variable dépendante. On peut alors établir le **taux de variation** de la façon suivante.

$$\frac{\text{variation de la variable dépendante}}{\text{variation de la variable indépendante}}$$

Exemple : Si un appel de 14 minutes entraîne un coût de 13,50 $ et un appel de 20 minutes, un coût de 15 $, alors le taux de variation sera de :

$$\frac{15 - 13,50}{20 - 14} = \frac{1,50}{6}.$$

Ainsi, à chaque variation de 6 minutes correspond une variation de 1,50 $, soit un coût de 0,25 $/min.

Terme

Dans une expression algébrique, les termes sont les différentes parties de l'expression séparées par les symboles d'opérations $+$ et $-$.

Termes semblables

Les termes semblables dans une expression algébrique sont des termes qui sont identiques ou qui ne diffèrent que par leur coefficient.

Tétraèdre régulier

Un tétraèdre régulier est une pyramide à base triangulaire dont chaque face est un triangle équilatéral.

Triangle acutangle

Un triangle est acutangle si ses angles intérieurs sont aigus.

Triangle obtusangle

Un triangle est obtusangle si l'un de ses angles intérieurs est obtus.

Trinôme

Polynôme qui comporte trois termes.

U

Unités de base

Le système international d'unités (SI) est fondé sur les sept unités suivantes, appelées unités de base : ampère (A), candela (cd), kelvin (K), kilogramme (kg), mètre (m), mole (mol), seconde (s).

V

Variable dépendante et variable indépendante

Lorsque deux grandeurs sont mises en relation, les valeurs de l'une d'elles (la variable dépendante) sont déterminées par les valeurs de l'autre grandeur (la variable indépendante).

Volume

Le volume est la mesure de l'espace occupé par un solide.

Unités de mesure conventionnelles

Longueur

Le mètre (m) est l'unité de base pour mesurer les longueurs.

Un millimètre (mm) équivaut à $\frac{1}{1000}$ de mètre.

Un centimètre (cm) équivaut à $\frac{1}{100}$ de mètre.

Un décimètre (dm) équivaut à $\frac{1}{10}$ de mètre.

Un décamètre (dam) équivaut à 10 mètres.

Un hectomètre (hm) équivaut à 100 mètres.

Un kilomètre (km) équivaut à 1000 mètres.

Aire

Le mètre carré (m^2) est l'unité de base pour mesurer les aires.

Un mètre carré est l'aire d'un carré de un mètre de côté.

Un millimètre carré (mm^2) équivaut à $\frac{1}{1\,000\,000}$ de mètre carré.

Un centimètre carré (cm^2) équivaut à $\frac{1}{10\,000}$ de mètre carré.

Un décimètre carré (dm^2) équivaut à $\frac{1}{100}$ de mètre carré.

Un décamètre carré (dam^2) équivaut à 100 mètres carrés.

Un hectomètre carré (hm^2) équivaut à 10 000 mètres carrés.

Un kilomètre carré (km^2) équivaut à 1 000 000 de mètres carrés.

Volume

Le mètre cube (m^3) est l'unité de base pour mesurer les volumes.

Un mètre cube est le volume d'un cube de un mètre de côté.

Un millimètre cube (mm^3) équivaut à $\frac{1}{1\,000\,000\,000}$ de mètre cube.

Un centimètre cube (cm^3) équivaut à $\frac{1}{1\,000\,000}$ de mètre cube.

Un décimètre cube (dm^3) équivaut à $\frac{1}{1000}$ de mètre cube.

Un décamètre cube (dam^3) équivaut à 1000 mètres cubes.

Un hectomètre cube (hm^3) équivaut à 1 000 000 mètres cubes.

Un kilomètre cube (km^3) équivaut à 1 000 000 000 de mètres cubes.

Capacité

Le litre (L) est l'unité de base pour mesurer les capacités.

Un litre est la capacité d'un récipient cubique de un décimètre de côté.

Un millilitre (mL) correspond à $\frac{1}{1000}$ de litre.

Un kilolitre (kL) correspond à 1000 litres.

Masse

Le kilogramme (kg) est l'unité de base pour mesurer les masses.

Un kilogramme équivaut approximativement à la masse de un litre d'eau pure.

Un gramme (g) équivaut à $\frac{1}{1000}$ de kilogramme.

Une tonne (t) équivaut à 1000 kilogrammes.

Angle

Le degré est l'unité de base pour mesurer les angles.

Un degré équivaut à $\frac{1}{360}$ d'un angle plein.

Temps

La seconde (s) est l'unité de base pour mesurer le temps.

Une minute (min) équivaut à 60 secondes.

Une heure (h) équivaut à 60 minutes.

Une journée (d) équivaut à 24 heures.

Une année équivaut approximativement à $365\frac{1}{4}$ jours.

RÉFÉRENCES ICONOGRAPHIQUES

Légende : d : droite, g : gauche, h : haut, b : bas, c : centre

Page couverture : Don Hammond/Design Pics/Corbis • The Bridgeman Art Library (p. 2 cg) • Presse canadienne (p. 4 bg) • Pierre St-Jacques (p. 5 cg) • Frans Lemmens/zefa/Corbis (p. 5 cd) • James Tour and Yasuhiro Shirai (p. 6 hd) • Ria Novosti/SPL/Publiphoto (p. 11 bd) • Scott Houston/Sygma/Corbis (p. 13 cd) • Jim Richardson/Corbis (p. 13 hd) • Hélène Décoste (p. 19 cd, c, bc, 198 bd, 217 bd, 254 cd) • François Folcher (p. 27 hd) • Chantier de Guédelon, [En ligne] (p. 27 bc, p. 26 bg) • Held Collection, Iraq Museum, Baghdad/The Bridgeman Art Library (p. 28 hd) • Vanni Archive/Corbis (p. 37 hd) • David Ducros/SPL/Publiphoto (p. 39 cd) • Bibliothèque et Archives Canada (p. 54 bd) • Bettmann/Corbis (p. 54 bg, p. 62 hg) • Catapulte (p. 62 hg) • akg-images (p. 62 hd) • George McCarthy/Corbis (p. 113 hd) • Fine Art Photographic Library/Corbis (p. 120 b) • Huy Lam/Firstlight (p. 126 b) • Biophoto Associates/Photo Researchers, Inc./Publiphoto (p. 127 hd) • Schlaich Bergermann und Partner (p. 130 b) • Firstlight (p. 131 hd) • Photo12.com – Collection Cinéma (p. 131 cg) • Buckminster Fuller Institute/Chris Rywalt (p. 132 hd, p. 132 hc, p. 132 hg) • Nicolas Ciana (p. 133 bg) • Superstock/Stockbyte (p. 148 hd) • Kenneth G. Libbrecht (p. 197 hd) • Dr. Najeeb Layyous/SPL/Publiphoto (p. 198 hd) • Bill Bachman/Photo Researchers, Inc./Publiphoto (p. 198 hc) • Nintendo Canada (p. 198 cg) • Matt Rainey/Star Ledger/Corbis (p. 198 cd) • Geoeye/SPL/Publiphoto (p. 198 bc) • Gaétan Fontaine (p. 226) • Jerry Cooke/Corbis (p. 230 bd) • Photo Researchers/Firstlight (p. 240) • Lucy Pemoni/Reuters/Corbis (p. 252) • Earth Simulator Center/JAMSTEC (p. 256) • NASA/Science Photo Library/Publiphoto (p. 257 hd) • Quadricycle International (p. 262 hd) • Entreprises Dacel (p. 264 bd) • Presse canadienne (p. 271 bd) • USA Library of Medecine/SPL/Publiphoto (p. 272 hd) • Megapress (p. 273 cg) • Natalie Fobes/Corbis (p. 273 bd).